La evolución geográfica de la productividad y el empleo

ESTUDIOS DEL BANCO MUNDIAL SOBRE AMÉRICA LATINA Y EL CARIBE

La evolución geográfica de la productividad y el empleo

Ideas para lograr un crecimiento inclusivo a través de una perspectiva territorial en América Latina y el Caribe

Elena Ianchovichina

GRUPO BANCO MUNDIAL

Índice

Gráficos

Mapas

Cuadros

Prólogo

Durante demasiado tiempo, ha sido difícil alcanzar soluciones duraderas para el bajo crecimiento económico de América Latina y el Caribe (ALC). Y lo que resulta aún más desconcertante es que la elevada densidad de ciudades en esta región altamente urbanizada no ha generado economías de aglomeración fuertes como ha ocurrido en otras partes del mundo. Esta paradoja no solo ha impedido que la región de ALC alcance los niveles de vida de las economías avanzadas, sino que también ha planteado desafíos, constituyéndose así en un obstáculo para que la fuerza laboral de la región, en gran medida urbana, desarrolle su verdadero potencial.

En *La evolución geográfica de la productividad y el empleo* se procura arrojar nueva luz sobre esta paradoja con nuevas fuentes de datos y nuevos métodos. El objetivo central del informe es examinar los desafíos desde una perspectiva "territorial" y obtener así una comprensión más profunda, detallada y matizada de los obstáculos al crecimiento inclusivo en una región conocida por su alta desigualdad de ingresos.

En el estudio se analiza la evolución geográfica de la productividad y el empleo en la región de ALC en diversas categorías territoriales, desde las economías nacionales hasta los niveles provincial, municipal y local. Entre los hallazgos más destacados se encuentra el hecho de que la desigualdad territorial ha disminuido en la mayoría de los países desde el cambio de siglo, en gran parte debido a que el crecimiento de la productividad urbana quedó rezagado frente al crecimiento de la productividad en las zonas agropecuarias y mineras más pobres. Muchas de estas áreas han prosperado gracias a las inversiones realizadas durante el auge de los productos básicos impulsado por la demanda en China.

En el estudio se identifican tres factores interrelacionados que han debilitado la productividad urbana. En primer lugar, a medida que las ciudades de ALC se desindustrializaron en las últimas tres décadas, el empleo urbano se desplazó hacia servicios no comercializables menos dinámicos y de baja productividad que tienden a beneficiarse menos con las economías de aglomeración, especialmente en las ciudades más grandes, que suelen estar muy congestionadas. En segundo lugar, las distintas ciudades de ALC no cuentan con una conexión óptima entre sí. La falta de infraestructura y la mala planificación en esa área constituyen uno de los factores que ha encarecido el transporte de mercancías dentro de los países y entre ellos, limitando el acceso al mercado y haciendo que a las empresas les resulte más difícil beneficiarse de la especialización trasladándose a lugares más pequeños y de bajo costo. En tercer lugar, en las ciudades divididas en zonas de bajos ingresos distantes y zonas prósperas, las economías de aglomeración y los efectos secundarios del conocimiento están geográficamente limitados, y la elevada informalidad de los asentamientos de bajos ingresos genera ineficiencias económicas.

En este informe se concluye que América Latina solo podrá reactivar su estancado crecimiento inclusivo si logra reequilibrar su modelo de desarrollo para aprovechar mejor las habilidades y el talento de su fuerza laboral urbana. Asimismo, se propone una serie de políticas en diferentes niveles territoriales destinadas a mejorar la productividad de las economías urbanas y la eficiencia con que los países transforman su enorme riqueza natural en capital humano, infraestructura e instituciones.

A nivel local, se destaca la importancia de mejorar la competitividad, el dinamismo económico y la habitabilidad de las ciudades. Las ciudades competitivas suelen contar con instituciones locales sólidas, conectividad intraurbana adecuada, apoyo al sector empresarial, acceso a financiamiento y a tierras, procesos eficientes de obtención de permisos, y una aplicación eficaz de la ley. Las mejoras en la calidad del aire, el transporte público, la educación pública y los servicios de salud también pueden ayudar a las autoridades urbanas a atraer talentos y fomentar la innovación en sus municipios.

A nivel regional, se deben intensificar los esfuerzos destinados a mejorar la infraestructura nacional con el fin de reducir los costos del transporte interurbano, coordinando al mismo tiempo con los socios de los bloques comerciales regionales para mejorar la conectividad transnacional. Ello también ayudaría a abolir las regulaciones que limitan la competencia en el sector de transporte, y a acelerar las inversiones en tecnología de la información y las comunicaciones y servicios complementarios.

Por último, para impulsar la competitividad a nivel nacional, los Gobiernos de la región de ALC deben seguir realizando mejoras en una gran variedad de esferas: desde la gestión macroeconómica y la educación hasta la capacidad de innovación a nivel nacional y el entorno para hacer negocios.

Sin duda, se trata de una agenda de políticas compleja pero que vale la pena. Si se adapta a las necesidades de cada país y se coordina a través de escalas geográficas, se puede esperar que finalmente se acelere el crecimiento inclusivo en América Latina.

William F. Maloney
Economista en jefe
Región de América Latina y el Caribe
Banco Mundial

Carlos Felipe Jaramillo
Vicepresidente
Región de América Latina y el Caribe
Banco Mundial

Agradecimientos

El estudio que se describe en este informe fue dirigido por Elena Ianchovichina, economista principal y jefa de investigación y análisis del Grupo de Soluciones Transversales en materia de Empleo del Banco Mundial, y se realizó bajo la orientación general de William F. Maloney, economista en jefe de la Oficina Regional de América Latina y el Caribe (ALC). Durante la etapa de la nota conceptual, el informe contó con la orientación de Martín Rama, ex economista en jefe de ALC.

El informe fue redactado por Elena Ianchovichina con aportes de un equipo que incluyó a Prottoy Akbar (Universidad de Aalto), Karen Barreto (Banco Mundial), Martijn Burger (Universidad Erasmus), Bruno Conte (Universidad de Bolonia), Olivia D'Aoust (Banco Mundial), Carolina Díaz Bonilla (Banco Mundial), Juan Carlos Duque (Universidad EAFIT), Virgilio Galdo (Banco Mundial), Gustavo García (Universidad EAFIT), Nicole Gorton (Universidad de California, Los Ángeles), Federico Haslop (Universidad George Washington), Anton Heil (Facultad de Economía y Ciencias Políticas de Londres), Remi Jedwab (Universidad George Washington), Nancy Lozano-Gracia (Banco Mundial), Ruth Montañés (Banco Mundial), Juan Ospina (Universidad EAFIT), Jorge Patiño (Universidad EAFIT), Rafael Prieto Curiel (Universidad EAFIT), Luis Quintero (Universidad Johns Hopkins), Diana Sánchez (Banco Mundial), Pedro Ferreira de Souza (Instituto de Investigación Económica Aplicada, Brasil), Roy van der Weide (Banco Mundial), Hernán Winkler (Banco Mundial) y Román Zárate (Banco Mundial).

El equipo tuvo la suerte de recibir el apoyo de muchos expertos y colegas. Javier Morales (Banco Mundial) ofreció valiosas sugerencias sobre datos de redes viales. Klaus Desmet (Universidad Metodista del Sur), Pablo Fajgelbaum (Universidad de California, Los Ángeles), David Nagy (Facultad de Economía y Empresa de Barcelona), Esteban Rossi-Hansberg (Universidad de Chicago) y Edouard Schaal (Facultad de Economía y Empresa de Barcelona) compartieron sus códigos de elaboración de modelos. Prottoy Akbar, Victor Couture (Universidad de Columbia Británica), Gilles Duranton (Universidad de Pensilvania) y Adam Storeygard (Universidad de Tufts) compartieron sus datos sobre movilidad.

Varios distinguidos expertos evaluadores proporcionaron excelentes consejos. Lorenzo Caliendo (Universidad de Yale), Klaus Desmet, Somik Lall (Banco Mundial) y Mark Roberts (Banco Mundial) aportaron valiosos comentarios durante la etapa de la nota conceptual, y en el Banco Mundial, Carlos Rodríguez-Castelán, Luc Christiaensen y Mathilde Lebrand hicieron lo propio sobre el borrador final. Se agradece a Klaus Desmet y Esteban Rossi-Hansberg por su orientación durante las etapas iniciales de este trabajo, y a Matías Herrera Dappe, Doerte Doemeland, Imad Fakhoury, He He, Michel Kerf, Nancy Lozano-Gracia, Ayah Mahgoub, Carolina Monsalve, Sally Murray, Kristin Panier, Nicolas Peltier, María Marcela Silva, David Sislen, Dmitry Sivaev, Ayat Soliman, Maria Vagliasindi y Anna Wellenstein —todos del Banco Mundial— por sus valiosos comentarios sobre el borrador de la decisión.

Además, en el estudio se tuvieron en cuenta los comentarios de Erhan Artuc (Banco Mundial), Sam Asher (Imperial College London), Martina Kirchberger (Trinity College Dublin), Somik Lall, Mathilde Lebrand, Eduardo Lora (Laboratorio de Crecimiento de la Universidad de Harvard), Nancy Lozano-Gracia, Bob Rijkers (Banco Mundial), Adam Storeygard y Frank van Oort (Universidad Erasmus). Todos ellos analizaron las notas y los documentos de antecedentes elaborados para el informe y presentados en un taller de autores celebrado en junio de 2021. Luis Andrés (Banco Mundial), Marek Hanusch (Banco Mundial), William F. Maloney, Javier Morales, Martín Rama, Kavita Sethi (Banco Mundial), Aiga Stokenberga (Banco Mundial) y asistentes a los seminarios celebrados en la Universidad de Purdue y las reuniones de la Asociación de Economía Urbana también aportaron valiosos comentarios sobre los borradores preliminares de los trabajos de antecedentes.

Durante sus etapas finales, el estudio se vio beneficiado por los comentarios de los participantes de dos seminarios organizados por las Prácticas de Desarrollo Sostenible y de Infraestructura de ALC, así como por los excelentes consejos y aportes de Nancy Lozano-Gracia, Dmitry Sivaev y Aiga Stokenberga en materia de políticas.

Patricia Katayama (editora de adquisiciones), Stephen Pazdan (editor de producción), Sabra Ledent (editora del informe) y Gwenda Larsen (correctora de pruebas), del programa formal de publicaciones del Banco Mundial, supervisaron y llevaron a cabo la publicación del informe. Bruno Bonansea y Brenan Gabriel Andre, oficiales de información de la Unidad de Cartografía del Banco Mundial, prepararon las versiones finales de algunos de los mapas que aparecen en el libro. José Andrée Camarena Fonseca (Banco Mundial) revisó la traducción del panorama general al español y Rafael Vilarouca Nunes (Banco Mundial), la traducción al portugués. Por último, Jacqueline Larrabure Rivero brindó un excelente apoyo administrativo.

A pesar de la valiosa orientación de los revisores, asesores o analistas de este informe, no se les deberá atribuir ningún error, omisión o interpretación que aún pueda existir tras su participación.

Acerca de la autora

Elena Ianchovichina es economista principal y jefa de investigación y análisis del Grupo de Soluciones Transversales en materia de Empleo del Banco Mundial. Anteriormente, se desempeñó como economista en jefe adjunta y economista principal para las regiones de América Latina y el Caribe y Oriente Medio y Norte de África. Su trabajo se centra en las políticas de crecimiento inclusivo, un concepto que ayudó a definir y vincular con el empleo productivo en 2009. Desde entonces, ha dirigido investigaciones y estudios de diagnóstico sobre diversas dimensiones del crecimiento inclusivo, como la geografía del empleo urbano, la desigualdad, el bienestar subjetivo, la migración y las fricciones comerciales, la dinámica de la clase media, la infraestructura y la creación de empleo, la inversión extranjera directa, el riesgo político, la polarización y el conflicto, y las formas de impulsar el empleo femenino. Antes de 2009, trabajó en el Grupo de Investigación sobre Comercio del Banco Mundial, en la región de Asia oriental y el Pacífico, y en el Departamento de Política Económica y Deuda, donde se centró en políticas para el crecimiento económico, la sostenibilidad fiscal y el comercio. Su investigación se ha publicado en libros y revistas académicas, como *Journal of Development Economics*, *Journal of International Business Studies*, *Review of Income and Wealth* y *World Bank Economic Review*. Tiene un doctorado de la Universidad de Purdue, que en 2022 le confirió el título de académica distinguida.

Mensajes principales

- En *La evolución geográfica de la productividad y el empleo* se utiliza una perspectiva "territorial" para analizar el persistente problema del bajo crecimiento en América Latina y el Caribe (ALC). Se emplean nuevas fuentes de datos y nuevos métodos para analizar cómo evolucionaron la productividad y el empleo en distintas ubicaciones geográficas y se arroja luz sobre la paradoja de la productividad urbana de la región, en virtud de la cual las ciudades tienen una gran densidad demográfica, pero no son particularmente productivas.
- Una conclusión clave es que una sorprendente convergencia en la productividad laboral y por ubicación dentro de los países redujo la desigualdad territorial entre principios de la década de 2000 y fines de la década de 2010 en toda la región de ALC. Las regiones pobres, predominantemente rurales, comenzaron a recuperar terreno gracias a las mejoras en la productividad agrícola y la inversión en actividades mineras. Sin embargo, el crecimiento de la productividad urbana siguió siendo relativamente débil.
- La convergencia redujo las disparidades de ingreso con las principales áreas metropolitanas de la región de ALC, incluidas las brechas que podrían explotarse migrando a estas zonas principales, que se desindustrializaron pero continuaron atrayendo migrantes. Entre los residentes situados en el 40 % más bajo de la distribución de ingresos, estas brechas se volvieron insignificantes en la mayoría de los países de ALC, excepto Bolivia, Brasil, Panamá y Perú, donde la desigualdad regional se mantuvo elevada.
- En este informe se identifican tres factores interrelacionados que han debilitado los beneficios de las economías de aglomeración, con lo cual se explica la paradoja de la productividad urbana en la región: 1) la desindustrialización de las ciudades, 2) los problemas de conectividad y 3) las divisiones dentro de las ciudades.
  - Debido a la desindustrialización de las ciudades de ALC que se produjo en las últimas tres décadas, el empleo urbano se ha desplazado hacia servicios no comercializables menos dinámicos y de baja productividad, como el comercio minorista y los servicios personales y de otro tipo. Estas actividades ofrecen salarios más bajos y menos beneficios en función de la experiencia, tienen un

potencial más limitado para ponerse al día a través de ganancias dinámicas de productividad y se ven menos favorecidas por beneficios internos de las economías de escala que los bienes y servicios comercializables urbanos, como la manufactura y los servicios comercializables. El cambio limita el crecimiento de la productividad en todo el país, dado que la fuerza laboral de la región es principalmente urbana. También limita la productividad urbana por ubicación, debido a que las empresas que ofrecen productos y servicios no comercializables se benefician menos de la colocalización que las empresas que ofrecen bienes y servicios comercializables, y los beneficios de la aglomeración se reducen más rápidamente con el aumento de la congestión, que es un problema importante en las ciudades más grandes de la región.

- Los problemas de conectividad afectan negativamente el desempeño de la red de ciudades de ALC, dado que limitan el acceso al mercado, los efectos secundarios del conocimiento y la capacidad de las empresas para especializarse trasladándose a zonas urbanas más pequeñas. Los elevados costos del transporte interurbano reflejan en distinta medida en los distintos países una gran variedad de problemas, entre ellos, la escasez y distribución ineficiente de las inversiones en mejoras viales, los problemas con el retorno de carga, la competencia imperfecta, las regulaciones gubernamentales y las fricciones en materia de información. Las tecnologías digitales pueden aprovecharse para superar las deficiencias de la infraestructura de transporte, pero los avances de la región de ALC en la ampliación del acceso a servicios de internet de alta velocidad asequibles, sobre todo entre las comunidades pobres y rurales, han sido lentos.

- Reforzadas por largos y costosos desplazamientos, las divisiones dentro de las ciudades, especialmente en algunas de las principales áreas metropolitanas de la región, han afectado la productividad urbana limitando el alcance geográfico de las economías de aglomeración a los distritos económicos centrales. Las divisiones también generan una asignación espacial inadecuada producto de las trampas de la informalidad en los barrios de bajos ingresos, que a menudo se encuentran en la periferia urbana. Además, las deficiencias en la infraestructura básica y los servicios públicos en estas zonas de bajos ingresos reducen la empleabilidad, la productividad y la resiliencia de los habitantes con menos recursos, dado que contribuyen a que estén más expuestos a las conmociones climáticas, las enfermedades y los delitos.

• Las conclusiones del informe revelan que, durante la década dorada (2003-13), el modelo de desarrollo de la región de ALC impulsado por los productos básicos generó convergencia en la productividad territorial y los niveles de vida, pero solo permitió lograr un crecimiento económico de corta duración. Para acelerar el crecimiento de manera sostenible e inclusiva, la región debe combinar su modelo de desarrollo impulsado por los recursos con uno que permita aprovechar mejor las habilidades y el trabajo de la fuerza de trabajo urbana. Para elaborar este modelo de desarrollo dual, los países de la región deberán mejorar la productividad y competitividad de su economía urbana y aumentar la eficiencia con la que transforman la riqueza natural en capital humano, infraestructura e instituciones.

• Para encender el motor del crecimiento urbano es necesario aplicar políticas en tres escalas territoriales: nacional, regional y local.

- A nivel nacional, los países deben impulsar la competitividad para estimular el crecimiento de los bienes y servicios comercializables urbanos y, de ese modo, el potencial de estos sectores para generar empleos de alta productividad. Se necesitan mejoras en una gran variedad de esferas: desde la gestión macroeconómica y la educación hasta la capacidad de innovación a nivel nacional, la política de competencia y el entorno para hacer negocios. Es posible atraer inversiones y estimular el crecimiento de las exportaciones simplificando las regulaciones y haciéndolas más previsibles, aumentando la transparencia de los marcos jurídicos y la protección de la propiedad, reforzando la política de competencia, mejorando el acceso al financiamiento, fortaleciendo el Estado de derecho, facilitando el comercio y la inversión, y armonizando las reglamentaciones locales. El escaso aumento de la proporción de empleo correspondiente a los servicios comercializables durante los últimos 30 años indica que la región de ALC también debe implementar reformas integrales que aceleren la competencia y la innovación en dichos sectores, además de cerrar las brechas de habilidades que limitan la disponibilidad de personal capacitado en ellos. Los avances en estas áreas deben ir acompañados de esfuerzos destinados a consolidar las instituciones nacionales encargadas de gestionar los ingresos provenientes de los recursos y el gasto eficiente de dichos recursos.

– A nivel regional, se deben intensificar los esfuerzos destinados a mejorar la infraestructura nacional con el fin de reducir los costos del transporte interurbano, coordinando al mismo tiempo con los socios comerciales regionales para mejorar la conectividad transnacional. También sería útil eliminar las regulaciones que limitan la competencia en el sector del transporte y acelerar las inversiones en conectividad digital y servicios complementarios. En este contexto, es importante mejorar la eficiencia del gasto subnacional y la capacidad de los Gobiernos regionales para movilizar sus propios recursos.

– A nivel local, es importante mejorar la competitividad, el dinamismo económico y la habitabilidad de las ciudades. Para cambiar la suerte de sus ciudades, los Gobiernos locales deben brindar apoyo a las instituciones y empresas locales, y mejorar el acceso al financiamiento y a las tierras, la eficiencia de los procesos de permisos y la eficacia en la aplicación de la ley. La inversión en infraestructura urbana básica, viviendas asequibles y mejoras en la calidad del aire, el transporte público, la educación, los servicios de salud y otros servicios también podría ayudar a atraer talentos y fomentar la innovación en sus municipios.

• El complejo programa de políticas que se acaba de esbozar debe adaptarse a las necesidades de cada país y coordinarse en diferentes escalas territoriales mediante una mayor colaboración intergubernamental. Si se implementan de manera adecuada, estas políticas podrían contribuir a que el crecimiento inclusivo en América Latina finalmente se eleve por encima de los niveles decepcionantes de las últimas décadas.

Resumen

Los factores geográficos han sido en gran medida ignorados por quienes intentan explicar el historial de crecimiento económico persistentemente bajo de América Latina y el Caribe (ALC). En el estudio descrito en este informe se ha procurado corregir ese descuido. A partir de los conceptos básicos de la geografía económica, técnicas de avanzada y nuevas fuentes de datos, se adopta una perspectiva "territorial" para identificar los factores geográficos que limitan el crecimiento inclusivo de la región. Un marco analítico que abarca todas las escalas espaciales ofrece ideas que no pueden obtenerse enfocándose por separado en cada nivel espacial o realizando un análisis a nivel nacional que pase por alto la desigualdad espacial de la actividad económica y su persistencia a lo largo del tiempo.

El informe comienza con una visión amplia de las diferencias de productividad territorial en varios lugares —desde áreas predominantemente urbanas hasta zonas mayoritariamente rurales—, y su evolución entre principios de la década de 2000 y fines de la década de 2010 en muchos países de ALC. Luego se analizan las fricciones que limitan la movilidad de bienes y personas dentro de los países de la región y entre ellos, y se cuantifica la medida en que esas fricciones obstaculizan el crecimiento económico y el bienestar. A continuación, se pone la lupa sobre las zonas urbanas. En el análisis se explora la evolución de la composición del empleo urbano por tamaño de ciudad y los factores que debilitan el crecimiento de la productividad urbana, como los problemas de movilidad y congestión. Por último, se desplaza el foco hacia la actividad económica dentro de las ciudades, y se arroja luz sobre las diferencias socioeconómicas que se observan entre los barrios de algunas de las ciudades más grandes de la región de ALC y sus implicaciones en la productividad.

En el estudio se concluye que hay tres factores que menoscaban las ventajas económicas de las ciudades y merecen especial atención: 1) la desindustrialización de las ciudades, que ha minado su dinamismo y ha desplazado la actividad económica hacia servicios no comercializables de baja productividad; 2) los costos de la distancia entre las ciudades, que obstaculizan la integración económica, la especialización, los efectos secundarios de los conocimientos y, por lo tanto, el aumento de la productividad, y 3) la división de las ciudades en zonas pobres y prósperas desconectadas, que limitan la extensión geográfica de las economías de aglomeración, obstruyen los flujos de información y generan una asignación inadecuada de los recursos debido a la prevalencia de la informalidad en los barrios de bajos ingresos.

La productividad territorial y las tendencias del empleo

Hasta comienzos de la década de 2000, las diferencias territoriales en los ingresos laborales dentro de los países de ALC eran grandes y persistentes, o estaban disminuyendo a un ritmo relativamente lento. Sin embargo, a principios de esa década, muchos países de la región habían comenzado a desviarse del camino seguido por otros países de ingreso bajo y mediano, donde la industrialización, a través del crecimiento impulsado por las exportaciones, había contribuido al crecimiento de las ciudades. Este informe da cuenta de una notable convergencia en la productividad laboral y por ubicación a nivel regional en la mayoría de los países latinoamericanos y a nivel municipal en todos ellos. Esta convergencia redujo la desigualdad regional en la mayoría de los países durante las primeras dos décadas del siglo XXI. Dentro de los países, las disparidades de ingresos entre las principales áreas metropolitanas y otras áreas también disminuyeron desde principios de la década de 2000 hasta fines de la década de 2010, lo que refleja mejoras en la dotación de recursos de los hogares que viven fuera de las ciudades más grandes y, en muchos casos, diferencias menos significativas en los beneficios de la educación. Por lo tanto, a fines de la década de 2010, los beneficios potenciales de la migración a las principales localidades metropolitanas se habían vuelto relativamente pequeños (sobre todo entre el 40 % más pobre de la distribución del ingreso) en todos los países, excepto Bolivia, Brasil, Panamá y Perú, donde los habitantes de las regiones subnacionales más pobres aún enfrentan grandes barreras a la migración.

Mientras tanto, muchas zonas rurales prosperaron tras varios años en que los precios de los productos básicos se mantuvieron elevados producto de la creciente demanda de recursos y productos agrícolas por parte de China y otras economías en rápido crecimiento. Durante el auge de los productos básicos de la década dorada (2003-13), las inversiones y los ingresos de las zonas rurales se incrementaron, pero los efectos del síndrome holandés derivados del aumento inesperado de los ingresos relacionados con los productos básicos (y, en algunos países, de las remesas) también impulsaron el gasto en bienes y servicios importados, lo que debilitó la competitividad de los bienes y servicios comercializables urbanos. Al mismo tiempo, la fuerte competencia extranjera, especialmente de China tras su ingreso a la Organización Mundial del Comercio en 2001, junto con los avances en las tecnologías que ahorran mano de obra a medida que las máquinas reemplazaron a los trabajadores, contribuyeron aún más a la disminución del empleo en el sector manufacturero.

Estas circunstancias continuaron una tendencia de desindustrialización que había comenzado años antes. En respuesta a los crecientes problemas económicos, muchos países de América Latina abandonaron las costosas e ineficientes políticas de sustitución de importaciones que los habían ayudado a industrializarse, pero hicieron poco por crear sectores manufactureros competitivos a nivel mundial. En cambio, los países se apoyaron en sectores con ventaja comparativa, a saber: la agricultura, la minería, el procesamiento de alimentos y los recursos naturales. Entre 1980 y 2013, las grandes extensiones de suelo fértil y recursos naturales, y el uso creciente de capital y fertilizantes mejoraron la productividad laboral en la agricultura y en otros sectores de productos básicos, e impulsaron la expansión de las exportaciones de productos básicos.

Un modelo de desarrollo desequilibrado

Como respuesta, el modelo de desarrollo de la región se volvió cada vez más desequilibrado. Las economías rurales y mineras se convirtieron en poderosos motores de crecimiento económico, pero las ciudades fueron perdiendo gradualmente su dinamismo. Después de que la mayoría de los países latinoamericanos redujeron drásticamente los aranceles y otras restricciones comerciales a fines de la década de 1980 o principios de los años noventa, se produjeron despidos en el sector manufacturero formal, sobre todo en las ciudades más grandes, donde los trabajadores despedidos cambiaron a empleos informales de menor calidad en el sector de bienes y servicios no comercializables.

La desindustrialización de las ciudades no condujo a la desurbanización, dado que la expansión agrícola no requirió más mano de obra. Si bien aumentó el empleo en el sector de servicios comercializables, como las finanzas, los seguros y los bienes raíces, el alza comenzó en un nivel bajo y no fue lo suficientemente firme como para compensar la disminución del empleo en el sector manufacturero. Las fuerzas de la aglomeración dificultaron la realización de nuevas actividades comercializables en otros lugares, debido a que la desindustrialización modificó el perfil de empleo de las ciudades, independientemente de su tamaño, y las alejó de los bienes y servicios comercializables. En consecuencia, el empleo urbano se orientó hacia bienes y servicios no comercializables menos dinámicos y productivos, como el comercio minorista, los servicios personales y la construcción. Esto sucedió en distintos grados en los diferentes países, pero, en casi todos, la desindustrialización fue más pronunciada en las áreas metropolitanas más grandes.

Al comienzo del nuevo milenio, América Latina registraba un déficit de lo que se conoce como ciudades de producción, con un porcentaje desproporcionadamente grande de empleos en bienes y servicios comercializables. Ninguna de las ciudades de producción era grande o importante a nivel mundial. Sin embargo, las ciudades continuaron atrayendo a quienes querían aprender de los trabajadores calificados que ya vivían allí, y beneficiarse de las opciones más variadas y de mejor calidad con que contaban los consumidores, y del acceso al poder político. La concentración de habilidades generó beneficios, pero los rendimientos netos de las economías de aglomeración no fueron significativos en la mayoría de los países latinoamericanos, debido a que las ciudades no generaron beneficios a partir de la coubicación y el acceso a los mercados. En promedio, durante los últimos años de la década de 2010, las primas de productividad en localidades predominantemente urbanas fueron apenas más altas que en localidades mayoritariamente rurales.

Explicación de la paradoja de la productividad urbana en ALC

La paradoja de la productividad urbana de las ciudades con alta densidad demográfica pero relativamente improductivas plantea un importante desafío de crecimiento, sobre todo debido a la naturaleza altamente urbanizada de la fuerza laboral de América Latina y la gran concentración de trabajadores en las ciudades importantes y densamente pobladas. Los factores que *aumentan* los costos de la densidad de población —incluidos los asociados a la congestión, el delito, la competencia de las empresas informales y los precios inmobiliarios— son las principales razones que explican los bajos rendimientos netos de las economías de aglomeración en América Latina. Estos costos aumentan cuando las políticas, la planificación y la gestión urbanas, así como las mejoras en el transporte, las comunicaciones y la infraestructura básica, no se corresponden con los aumentos de la densidad. La productividad urbana puede verse aún más restringida por problemas como el tamaño y la forma de las ciudades y la conectividad dentro de ellas. En este estudio se señalan otras tres razones interconectadas que explican los bajos rendimientos netos de las economías de aglomeración en América Latina. Las tres se centran en los factores que *reducen* los beneficios de la aglomeración.

En primer lugar, la *desindustrialización* ha limitado tanto la mano de obra como el aumento de la productividad en las zonas urbanas de la región. En las ciudades desindustrializadas donde el empleo se orienta hacia los servicios no comercializables de baja productividad, los beneficios de la aglomeración son menores debido a que dichas actividades resultan menos favorecidas por llevarse a cabo en ciudades densamente pobladas. Las actividades no comercializables suelen emplear mano de obra no calificada, representan una gran proporción de la actividad de una economía y rara vez se ven beneficiadas por las economías de escala cuando se aglomeran. Con el aumento de la congestión, los beneficios de la aglomeración tienden a disminuir más rápidamente en el caso de los bienes y servicios no comercializables que en el de los bienes y servicios comercializables. Aunque los mercados de bienes y servicios no comercializables son potencialmente más extensos en ciudades más grandes y con mayor densidad demográfica, la congestión del tráfico y la competencia pueden reducir en gran medida su tamaño debido a que los servicios no comercializables a menudo se brindan en persona durante las horas pico de actividad. Las empresas manufactureras pueden enfrentar mejor la congestión utilizando el almacenamiento y transportando insumos y productos finales durante las horas de menor tráfico. Desafortunadamente, la congestión es un problema grave en las ciudades más grandes de América Latina, que se encuentran entre las más congestionadas del mundo.

El desplazamiento del empleo hacia el sector de bienes y servicios no comercializables también ha reducido las posibilidades de lograr aumentos dinámicos de la productividad en las zonas urbanas de América Latina. Los estudios han demostrado que los beneficios de la educación y la experiencia laboral varían según el sector urbano, y son mayores en el sector de los bienes y servicios comercializables. En los países donde la proporción de trabajadores urbanos del sector de bienes y servicios comercializables es baja, el capital humano está empleado en sectores urbanos menos productivos y, en general, los beneficios de la experiencia son menores. El crecimiento de la productividad también es más lento en los países que muestran un nivel desproporcionadamente alto de empleo en el sector de bienes y servicios comercializables urbanos, dado que estas actividades no se ven beneficiadas por la innovación endógena ni por las ventajas dinámicas del comercio.

En segundo lugar, los costos de la distancia tanto dentro de las ciudades como entre ellas son elevados. Los problemas de *conectividad* dentro de las ciudades reducen los beneficios de la aglomeración para las empresas, en especial las de los sectores de bienes y servicios no comercializables. Incluso cuando no hay congestión, en las ciudades latinoamericanas, independientemente de su tamaño, se requiere más tiempo para desplazarse que en ciudades comparables del resto del mundo. En escenarios sin congestión, la movilidad urbana disminuye mucho más rápido a medida que aumenta la densidad demográfica de las ciudades, lo que sugiere que existen deficiencias de planificación y de infraestructura. Al mismo tiempo, los problemas de conectividad interurbana menoscaban el desempeño de la red de ciudades de la región, dado que limitan el acceso a los mercados interurbanos y la capacidad de las empresas manufactureras para especializarse y beneficiarse de las economías de escala internas reubicándose en áreas más pequeñas. A su vez, estas últimas también enfrentan dificultades en términos de infraestructura, servicios básicos para el consumidor, y bienes y servicios públicos locales.

Los costos del transporte interurbano son más elevados en ALC que en la Unión Europea y en Asia oriental debido a que la región no ha invertido lo suficiente en infraestructura de transporte, especialmente en los segmentos que conectan las zonas urbanas más pobladas y productivas de la región. Las pérdidas derivadas de esta mala asignación en términos de producción agregada y bienestar son considerables en Argentina y Brasil. No obstante, pueden compensarse en su totalidad con inversiones adicionales en rutas que no han recibido suficientes inversiones en el pasado. La mejora de la conectividad vial interurbana transnacional también puede estimular el comercio regional y generar el aumento de la eficiencia que tanto se necesita, como quedó demostrado en los casos del Mercosur y la Comunidad Andina.

Mientras tanto, las inversiones en infraestructura digital y servicios de internet de alta velocidad pueden reducir los costos de la distancia y permitir que las personas interactúen virtualmente. Las estimaciones sugieren que los trabajadores de América Latina recurren al teletrabajo en mucha menor medida que los de los países de la Organización para la Cooperación y el Desarrollo Económicos. Las diferencias territoriales en la prevalencia del teletrabajo también son importantes, ya que reflejan diferencias en la disponibilidad de empleos en los que se permite dicha modalidad, en la infraestructura digital y en la asequibilidad de los servicios de internet. Asimismo, en las zonas urbanas de varios países de América Latina hay importantes déficits de acceso a internet. El porcentaje de trabajadores urbanos con empleos en los que se permite el teletrabajo, pero sin acceso a internet en el hogar, es mayor en Bolivia, Colombia, Guatemala, México y Nicaragua.

En tercer lugar, las ciudades de ALC son desiguales y están divididas en zonas pobres y prósperas geográficamente distantes. Utilizando ejemplos de Colombia y México, en el informe se muestra que tales divisiones debilitan las economías de aglomeración y generan ineficiencias económicas. Las *divisiones urbanas* —acentuadas por problemas de conectividad intraurbana— reducen los beneficios de la densidad demográfica limitando su alcance geográfico. En las ciudades divididas, los grandes beneficios de compartir, buscar coincidencias y aprender se limitan a los barrios de los distritos económicos centrales donde operan las empresas formales, el consumidor cuenta con numerosas opciones que le facilitan la experiencia y los residentes disfrutan de infraestructura básica y servicios públicos de mejor calidad. Lo contrario sucede en los barrios de bajos ingresos, cuyos habitantes a menudo enfrentan múltiples privaciones en términos de acceso a infraestructura básica y servicios públicos. Por lo general, en la periferia urbana, las empresas y los trabajadores de los barrios de bajos ingresos son, en su mayoría, informales, y la infraestructura básica y los servicios públicos suelen ser deficientes, lo que expone a los habitantes al riesgo de inundaciones, deslizamientos de tierra, enfermedades y delitos. La existencia de una economía urbana dual —una economía formal en los distritos económicos centrales y otra de baja productividad en los barrios de bajos ingresos donde los residentes se encuentran atrapados en la informalidad— genera una mala asignación espacial debido a que las empresas informales no pagan impuestos. La mala asignación en las ciudades más grandes de la región podría socavar significativamente el crecimiento de la producción total.

Hoja de ruta sobre políticas

El análisis espacial presentado en este informe tiene varias implicaciones importantes para la política económica. En las últimas dos décadas, el modelo de desarrollo de América Latina impulsado por los recursos generó convergencia en la productividad territorial y los niveles de vida, pero solo permitió lograr un breve crecimiento económico durante la década dorada. Para acelerar el crecimiento de manera sostenible e inclusiva, la región debe combinar su modelo de desarrollo impulsado por los recursos con uno que permita aprovechar mejor las habilidades y el trabajo de la fuerza de trabajo urbana. Para elaborar un modelo de desarrollo de dos dimensiones será necesario mejorar la productividad y competitividad de la economía urbana y aumentar la eficiencia con que los países transforman el patrimonio natural en capital humano, infraestructura e instituciones. Si la región de ALC lleva a cabo estas tareas exitosamente, el crecimiento económico se verá impulsado por dos motores —el urbano y el rural— que lo llevarán a superar los bajos niveles del pasado y generarán los puestos de trabajo de alta productividad que tanto se necesitan en las zonas urbanas. Sin embargo, la transición a un modelo de desarrollo de dos dimensiones depende de que los países puedan superar desafíos multidimensionales en materia de desarrollo en todas las escalas geográficas —nacional, regional y local— reconociendo que la combinación de cuestiones varía en importancia de un país a otro.

A nivel nacional, los países deben abordar las *debilidades en términos de competitividad* que limitan el crecimiento inclusivo, sobre todo el de los bienes y servicios comercializables urbanos y el potencial de estos sectores para generar empleos de alta productividad. Los Gobiernos deben proteger la estabilidad macroeconómica, mejorar la calidad de la educación pública y el acceso a ella, promover la capacidad de innovación a nivel nacional, y simplificar y reducir las distorsiones normativas y regulatorias. Para atraer inversiones privadas de calidad en los sectores de bienes y servicios comercializables urbanos es preciso aumentar la previsibilidad del entorno normativo, aumentar la transparencia de los marcos jurídicos y la protección de la propiedad, fortalecer la política de competencia y el Estado de derecho, mejorar el acceso al financiamiento, facilitar el comercio y la inversión, y armonizar las reglamentaciones locales con las normas internacionales. La mejora del estado de la infraestructura de conectividad internacional y la logística (como puertos y carreteras) también ayudará a fortalecer la competitividad de las exportaciones y permitirá que las empresas latinoamericanas aprovechen los cambios globales en la producción, como los vinculados al crecimiento verde, la impresión 3D y los esfuerzos dirigidos a aumentar la importancia de los servicios en el sector manufacturero. El escaso aumento de la proporción de empleo correspondiente a los servicios comercializables durante los últimos 30 años indica que la región también debe implementar reformas integrales que aceleren la competencia y la innovación en dichos sectores, además de cerrar las brechas de habilidades que limitan la disponibilidad de personal capacitado en ellos. Los avances en estas áreas deben ir acompañados del fortalecimiento de las instituciones nacionales encargadas de gestionar los ingresos provenientes de los recursos y mejorar los sistemas fiscales intergubernamentales.

A nivel regional, el informe muestra que las mejoras en la infraestructura de transporte nacional y transnacional pueden reducir los costos del transporte interurbano e impulsar significativamente el crecimiento económico de la región. Estas inversiones deberán complementarse con inversiones en servicios ambientales para abordar los problemas asociados con las inundaciones y otros desafíos relacionados con los desastres. Al mismo tiempo, los Gobiernos deben trabajar para eliminar las regulaciones que limitan la competencia en el sector del transporte e inflan los precios a lo largo de determinadas rutas, y para acelerar las inversiones en conectividad digital. Cerrar las brechas de educación, conocimiento e información con las principales áreas metropolitanas contribuirá a la difusión tecnológica y aumentará la empleabilidad de los habitantes de regiones rezagadas y su potencial para beneficiarse de la migración y el empleo en los centros urbanos regionales y nacionales.

A nivel local, las autoridades deberían crear un entorno propicio para el crecimiento del sector privado y la creación de empleos productivos. Si bien no existe una receta para convertirse en una ciudad competitiva exitosa, en algunos estudios se ha identificado una serie de requisitos previos que pueden ayudar a las ciudades a reinventarse y ser competitivas. Entre ellos se incluyen instituciones locales eficientes, apoyo y financiamiento para las empresas, habilidades e innovación, infraestructura y acceso a la tierra, y una buena coordinación para superar satisfactoriamente los problemas de fragmentación que podrían obstaculizar los avances o aumentar los costos de la prestación de servicios. Las autoridades locales deben intensificar sus esfuerzos para proporcionar infraestructura que mejore la movilidad intraurbana, que es baja en todas las ciudades, independientemente de su tamaño, e implementar políticas que aborden la congestión. Las autoridades de las ciudades pueden satisfacer la demanda de movilidad urbana a un costo de inversión en infraestructura relativamente bajo a través de la planificación integrada del uso de la tierra y el transporte, una mayor utilización de los sistemas de transporte público integrados (que incluyen medios masivos como el metro y el tránsito rápido de autobuses), y la adopción de políticas que aumenten la ocupación ferroviaria, desalienten el transporte privado y mejoren la gestión del tráfico. Esto último incluye 1) tarifas por congestión; 2) restricciones a vehículos de alta ocupación; 3) gestión del estacionamiento; 4) mejor acceso a infraestructura de internet y servicios digitales asequibles, rápidos y confiables, y 5) reducción de los subsidios a los combustibles. También se deben intensificar los esfuerzos para mejorar la infraestructura urbana básica, la oferta de viviendas asequibles de calidad y el acceso a los servicios públicos, especialmente en los barrios pobres.

Cada país debe adaptar esta estrategia a sus propias circunstancias y coordinar las políticas en las distintas escalas territoriales. Se trata de una empresa ambiciosa y compleja, pero, si se implementa de manera adecuada, América Latina podría finalmente ingresar a una nueva era de crecimiento económico más elevado e inclusivo.

Abreviaturas

ALC	América Latina y el Caribe
AUF	área urbana funcional
CEDLAS	Centro de Estudios Distributivos, Laborales y Sociales
COVID-19	enfermedad por coronavirus 2019
DANE	Departamento Administrativo Nacional de Estadísticas (Colombia)
DENUE	Directorio Estadístico Nacional de Unidades Económicas
EE. UU.	Estados Unidos
G-7	Grupo de los Siete
GWP	Encuesta Mundial de Gallup
IPUMS	Serie Integrada de Microdatos de Uso Público
OCDE	Organización para la Cooperación y el Desarrollo Económicos
PIB	producto interno bruto
PPA	paridad del poder adquisitivo
SEDAC	Centro de Datos y Aplicaciones Socioeconómicas
SEDLAC	Base de Datos Socioeconómicos para América Latina y el Caribe
TIC	tecnología de la información y las comunicaciones
TLCAN	Tratado de Libre Comercio de América del Norte
USD	dólares estadounidenses

Panorama general

¿**P**or qué la región de América Latina y el Caribe (ALC)[1] registra un crecimiento económico persistentemente bajo? Los repetidos intentos de los economistas por responder a esta pregunta[2] rara vez se han centrado en factores geográficos, es decir, aquellos que limitan el movimiento de bienes y trabajadores de una zona a otra y aquellos que debilitan la productividad urbana. Sin embargo, estos factores pueden contribuir de manera decisiva a que el crecimiento económico de la región se mantenga bajo.

Tres cuestiones merecen especial atención: 1) la desindustrialización de las ciudades, que ha minado su dinamismo, pero no ha detenido su crecimiento; 2) la mala conectividad entre las ciudades y dentro de ellas, que dificulta la integración económica, la especialización y las economías de aglomeración, y 3) las divisiones de las ciudades en zonas pobres y prósperas, que limitan el alcance geográfico de las economías de aglomeración y generan ineficiencia. Paradójicamente, aunque muchas zonas rurales han prosperado tras varios años en que los precios de los productos básicos se mantuvieron elevados, las ciudades de la región no han tenido un desempeño tan bueno, a pesar de su gran densidad. De hecho, las ciudades latinoamericanas han crecido, pero no han mejorado. Hoy en día, la costosa desconexión entre las economías urbanas y rurales de la región —así como entre las ciudades y entre las zonas pobres y prósperas dentro de estas— puede ser uno de los mayores obstáculos al crecimiento inclusivo en América Latina.

Hace más de cuatro siglos, Francis Bacon, el padre del empirismo, señaló la importancia de la conectividad y el dinamismo urbano. Destacó "el fácil transporte de hombres y bienes de un lugar a otro" y "los talleres ocupados" como dos de los tres factores que hacen grandes a las naciones (el otro es el "suelo fértil"). Esta idea crucial se reflejó más recientemente en el *Informe sobre el desarrollo mundial 2009* del Banco Mundial, en el que se sostuvo que tanto la concentración de la producción industrial en las zonas urbanas como las instituciones que contribuyen a la convergencia de los niveles de vida son componentes esenciales de toda economía exitosa (Banco Mundial, 2009).

En el presente estudio se analiza cómo evolucionaron los ingresos laborales y la productividad en diversos lugares geográficos —desde ciudades densamente pobladas hasta zonas remotas— de la mayoría de los países latinoamericanos entre principios de la década de 2000 y fines de la década de 2010[3]. Luego se evalúa el alcance de la movilidad limitada analizando los costos del transporte y la migración, y el grado en que la movilidad limitada conduce a una asignación inadecuada de recursos y pone freno a la producción nacional y la mejora del bienestar. Por último, pero no por eso menos importante, se destaca la manera en que algunas características estructurales y geográficas de los países de ALC, como la desindustrialización y la segregación residencial, afectan la productividad de las ciudades.

Utilizando los conceptos básicos de la geografía económica, técnicas de última generación y una amplia variedad de fuentes de datos, en este informe se adopta una perspectiva "territorial" para estudiar las principales limitaciones a la especialización, la migración y la aglomeración, y su impacto en el crecimiento económico a largo plazo de América Latina. También se explora la geografía del empleo urbano y la evolución de su composición según el tamaño de las ciudades en las últimas décadas. El enfoque territorial ofrece perspectivas sobre cómo evolucionaron la productividad laboral y la productividad por ubicación en distintos lugares dentro de los países, y las implicaciones de dicho escenario para el crecimiento inclusivo.

Las fuerzas de la desindustrialización

Hasta los primeros años de la década de 2000, las diferencias territoriales en los ingresos laborales dentro de los países latinoamericanos eran grandes y persistentes, o estaban disminuyendo a un ritmo relativamente lento[4] como en la mayoría de los demás países de ingreso bajo y mediano donde la industrialización, a través del crecimiento impulsado por las exportaciones, había impulsado el crecimiento de las ciudades. Se observaron marcados contrastes entre los territorios rezagados y los de mejor desempeño en el norte y el sur de México[5], las regiones periféricas y centrales de Colombia[6], el noreste y el sur de Brasil[7], y las zonas costeras y del interior de Perú[8]. Mientras tanto, no se observó una convergencia territorial de ingresos[9] o esta se produjo a un ritmo muy lento[10].

En la década de 2000, América Latina comenzó a mostrar un comportamiento distinto del de otras economías emergentes. La prima salarial urbana comenzó a disminuir, se desplomó rápidamente entre 2003 y 2008 y se estancó a partir de entonces (Rodríguez-Castelán y otros, 2022), lo que llevó a que disminuyera la desigualdad entre las zonas urbanas y rurales. Este cambio de suerte fue impulsado en parte por el aumento de los ingresos provenientes de los productos básicos debido a la creciente demanda de recursos y productos agrícolas por parte de China y otras economías de rápido crecimiento. Durante el auge de los productos básicos de la década dorada (2003-13), las inversiones y los ingresos de las zonas rurales se incrementaron, pero los efectos del síndrome holandés[11] derivados del aumento inesperado de los ingresos relacionados con los productos básicos (y, en algunos países, de las remesas) también impulsaron el gasto en bienes y servicios importados, lo que debilitó la competitividad de las actividades comercializables urbanas[12] (Venables, 2017). Al mismo tiempo, la fuerte competencia extranjera, especialmente de China tras su ingreso a la Organización Mundial del Comercio en 2001, junto con los avances en las tecnologías que ahorran mano de obra a medida que las máquinas reemplazaron a los trabajadores, contribuyeron aún más a la disminución del empleo en el sector manufacturero. Con la desindustrialización, la composición del empleo urbano se orientó principalmente hacia los servicios no comercializables de baja productividad, como el comercio minorista, la construcción y los servicios personales (Jedwab, Ianchovichina y Haslop, 2022), lo que llevó a que disminuyera el aumento de la productividad laboral en las zonas urbanas[13]. Aunque las zonas rurales se estaban beneficiando de los cambios, no sucedía lo mismo con las ciudades. Estas siguieron creciendo, pero no se volvieron más eficientes. Simplemente se volvieron más concurridas y congestionadas.

En realidad, la desindustrialización de las ciudades latinoamericanas comenzó años antes (Beylis y otros, 2020). En respuesta a los crecientes problemas económicos, muchos países de América Latina abandonaron las costosas e ineficientes políticas de sustitución de importaciones que los habían ayudado a industrializarse, pero hicieron poco por crear sectores manufactureros competitivos a nivel mundial. En cambio, los países se apoyaron en sectores con ventaja comparativa, a saber: la agricultura, la minería, el procesamiento de alimentos y los recursos naturales. Las grandes extensiones de suelo fértil y recursos naturales, y el uso creciente de capital y fertilizantes mejoraron la productividad laboral en la agricultura (Nin Pratt y otros, 2015) y otros sectores de productos básicos (Adão, 2015) entre 1980 y 2012, e impulsaron la expansión de las exportaciones de productos básicos. Gracias a esta expansión, la región se convirtió con el tiempo en el mayor exportador agrícola del mundo y en el tercer mayor exportador de combustible y productos mineros (Jedwab, Ianchovichina y Haslop, 2022).

Como respuesta, su modelo de desarrollo se volvió cada vez más desequilibrado. A medida que las economías rurales se convirtieron en poderosos motores del crecimiento económico, las ciudades latinoamericanas fueron perdiendo gradualmente su dinamismo. Después de que la mayoría de los países latinoamericanos redujeron drásticamente los aranceles y otras restricciones comerciales a fines de la década de 1980 o principios de la década de 1990 (Bellon, 2018; Dix-Carneiro y Kovak, 2023; Terra, 2003)[14], continuaron los despidos en el sector manufacturero formal[15], sobre todo en las ciudades más grandes, donde los trabajadores despedidos cambiaron a empleos en el sector de bienes y servicios no comercializables, que a menudo eran informales y de menor calidad (Dix-Carneiro y Kovak, 2017; Jedwab, Ianchovichina y Haslop, 2022).

La desindustrialización no condujo a la desurbanización en la región, dado que la expansión agrícola no requirió más mano de obra. Por consiguiente, como se muestra en el gráfico PG.1, especialmente en las ciudades más grandes, la proporción del empleo en el sector de los bienes y servicios comercializables urbanos disminuyó y el empleo urbano se orientó hacia bienes y servicios no comercializables y menos dinámicos (Jedwab, Ianchovichina y Haslop, 2022)[16]. Hacia el año 2000, la región de ALC registraba un déficit de lo que se conoce como "ciudades de producción" (aquellas con un porcentaje desproporcionadamente grande de empleos en sectores de bienes y servicios comercializables), y ninguna de ellas era grande o importante a nivel mundial (mapa PG.1). En cambio, la mayoría de los habitantes de las ciudades se concentraban en grandes "ciudades neutrales" (como Buenos Aires y Ciudad de México), donde el porcentaje de empleo en los sectores de bienes y servicios comercializables no era ni demasiado bajo ni demasiado alto, o en "ciudades de consumo" (como Bogotá y Río de Janeiro), donde el porcentaje de empleo en los sectores comercializables era desproporcionadamente bajo. La concentración en estos importantes centros de negocios también se vio impulsada por el acceso al poder político, a los servicios públicos y a las opciones atractivas para el consumidor.

El análisis en mayor detalle

El marco economía-regiones-ciudades-barrios del gráfico PG.2 permite organizar las investigaciones a nivel de país en el presente estudio utilizando escalas territoriales de mayor a menor: 1) economía nacional, 2) regiones subnacionales, 3) ciudades y 4) barrios. Asimismo, permite comenzar con una visión amplia de las diferencias territoriales de la productividad en las regiones administrativas de primero y segundo nivel, y su evolución entre principios de la década de 2000 y fines de la década de 2010 en 14 países latinoamericanos. Las regiones administrativas de primer nivel son unidades administrativas que se encuentran por debajo del nivel nacional: estados, provincias o departamentos,

GRÁFICO PG.1 **Evolución de la proporción de empleos correspondiente al sector de bienes y servicios comercializables, por tamaño de ciudad y década: Región de ALC, desde 1980 hasta 2010 aproximadamente**

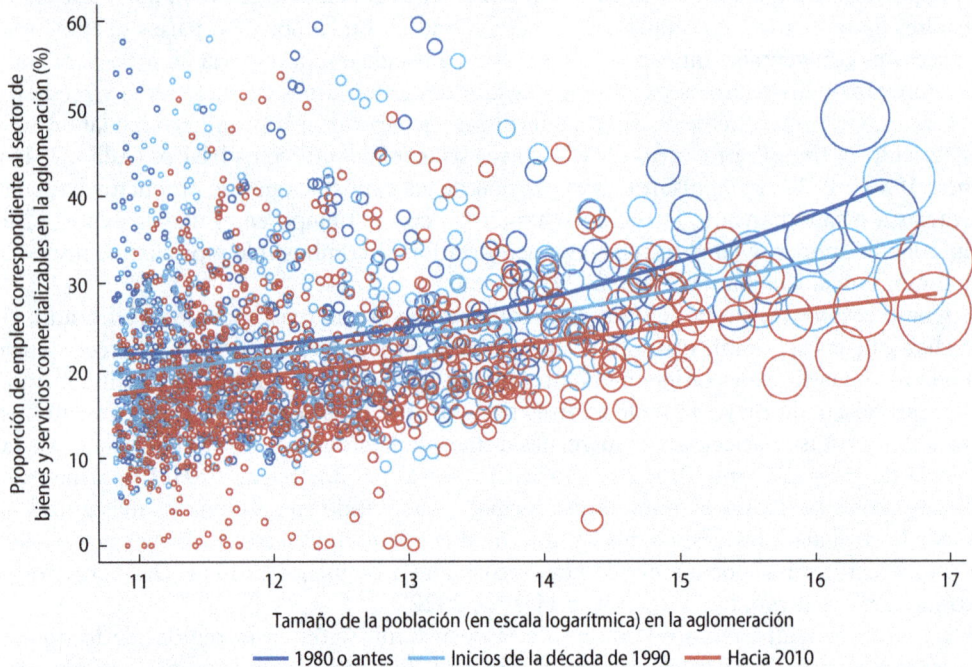

Fuente: Jedwab, Ianchovichina y Haslop (2022), utilizando datos censales de la Serie Integrada de Microdatos de Uso Público (IPUMS, https://www.ipums .org/) y la base de datos Capa Global de Asentamientos Humanos (https://ghsl.jrc.ec.europa.eu/download.php).
Nota: El gráfico muestra el desplazamiento vertical (hacia abajo), a lo largo del tiempo, de la línea de tendencia que vincula la proporción de empleo correspondiente al sector de bienes y servicios comercializables, que incluye las manufacturas y los servicios comercializables (como las finanzas, los seguros y los servicios inmobiliarios), con el tamaño de las áreas urbanas funcionales, representadas de manera indirecta con el logaritmo del número de habitantes del área en cuestión.

dependiendo del país. Las unidades administrativas de segundo nivel son los municipios (como en Brasil, Colombia, la República Dominicana, Honduras y México), las provincias (como en Perú), los cantones (como en Costa Rica y Ecuador) y las comunas (como en Chile), que pueden ser localidades grandes o pequeñas predominantemente rurales, urbanas o metropolitanas[17].

El marco permite refinar gradualmente el enfoque del análisis restringiendo la perspectiva espacial para identificar mejor la asignación inadecuada de recursos y las diferencias de productividad entre lugares de tamaño descendente. Utilizando técnicas econométricas avanzadas y modelos de equilibrio general, en el presente estudio se construye una narrativa basada en un amplio conjunto de fuentes empíricas y de encuestas de hogares y datos censales armonizados recientemente publicados, que se utilizan, siempre que sea posible, en cada una de las cuatro escalas espaciales. Este enfoque proporciona información que no puede obtenerse centrándose por separado en cuestiones relacionadas con cada escala espacial. También permite detectar problemas que no pueden develarse o estudiarse fácilmente a nivel global, dado que se ignora la desigualdad espacial de la actividad económica y su persistencia en el tiempo[18].

MAPA PG.1 **Distribución mundial de ciudades de consumo, ciudades de producción y ciudades neutrales, hacia el año 2000**

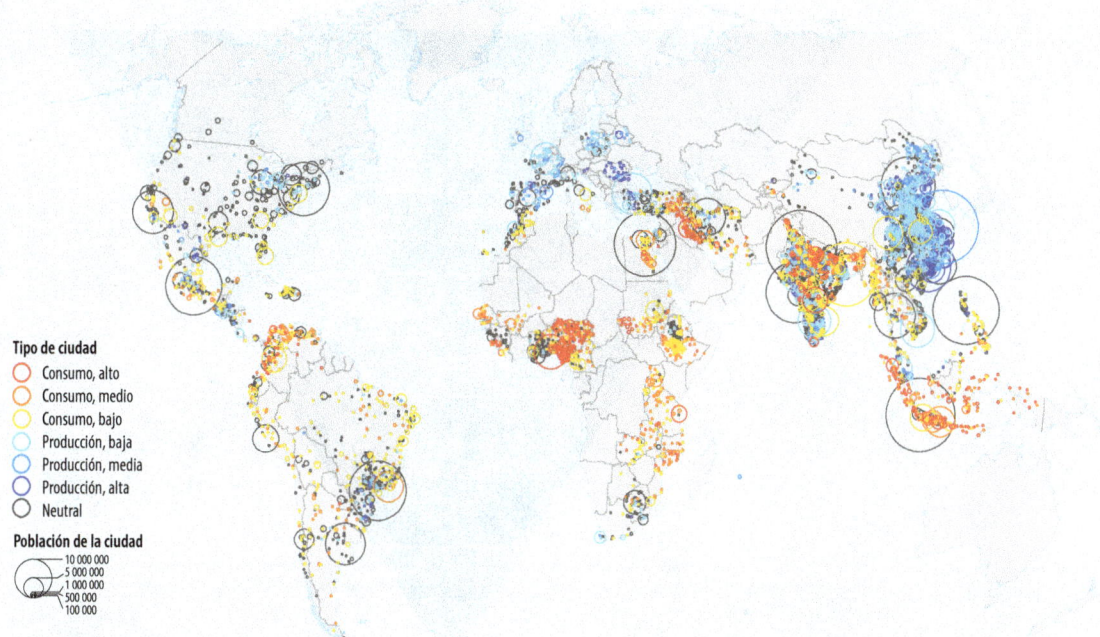

Tipo de ciudad
- ○ Consumo, alto
- ○ Consumo, medio
- ○ Consumo, bajo
- ○ Producción, baja
- ○ Producción, media
- ○ Producción, alta
- ○ Neutral

Población de la ciudad
- 10 000 000
- 5 000 000
- 1 000 000
- 500 000
- 100 000

BIRF 46275 | FEBRERO DE 2022

Fuente: Jedwab, Ianchovichina y Haslop (2022), utilizando datos censales de la Serie Integrada de Microdatos de Uso Público (IPUMS, https://www.ipums.org/) y la base de datos Capa Global de Asentamientos Humanos (https://ghsl.jrc.ec.europa.eu/download.php).
Nota: Un área urbana se clasifica como una *ciudad de consumo* (con un porcentaje desproporcionadamente bajo de empleo correspondiente al sector de bienes y servicios comercializables), una *ciudad de producción* (con un porcentaje desproporcionadamente alto de empleo correspondiente al sector de bienes y servicios comercializables) o una *ciudad neutral* (en la cual la proporción de empleo correspondiente al sector de bienes y servicios comercializables no es ni demasiado baja ni demasiado alta). Los tonos más claros de cada color indican valores más bajos en cuanto a la medida en que una ciudad puede clasificarse como cada tipo específico.

Convergencia

En las últimas dos décadas, la mayor integración en la economía mundial ha aumentado la desigualdad espacial en muchos países avanzados y en desarrollo. Las diferencias salariales entre las zonas rurales y urbanas aumentaron en China, Etiopía e India[19], donde la industrialización a través del crecimiento impulsado por las exportaciones contribuyó a la expansión de las zonas urbanas. En cambio, en América Latina, la convergencia de ingresos no se vio obstaculizada por la concentración de personas y empresas en las ciudades. La década dorada marcó el comienzo de un período de convergencia absoluta en la productividad laboral y por ubicación a nivel regional en la mayoría de los países (gráfico PG.3) y a nivel municipal en todos ellos (véase el capítulo 2). El auge de los productos básicos impulsó las inversiones en localidades rurales y mineras, a menudo remotas, incluso en algunas regiones rurales relativamente pobres[20]. En muchos países, el mayor aumento del ingreso laboral per cápita se registró principalmente en zonas rurales (D'Aoust, Galdo e Ianchovichina, 2023).

Al mismo tiempo, el crecimiento de la productividad laboral urbana se desaceleró a medida que la desindustrialización modificó la composición del empleo urbano orientándolo hacia los sectores de bienes y servicios no comercializables de baja productividad[21]. Si bien aumentó el empleo en los servicios comercializables, como las finanzas, los seguros y

GRÁFICO PG.2 **Marco economía-regiones-ciudades-barrios para el análisis del desarrollo espacial de un país**

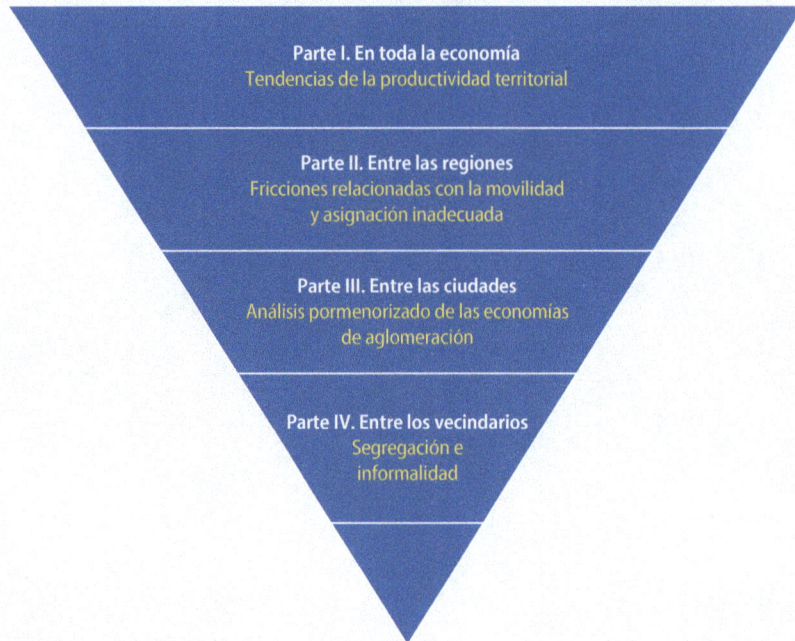

Parte I. En toda la economía
Tendencias de la productividad territorial

Parte II. Entre las regiones
Fricciones relacionadas con la movilidad
y asignación inadecuada

Parte III. Entre las ciudades
Análisis pormenorizado de las economías
de aglomeración

Parte IV. Entre los vecindarios
Segregación e
informalidad

Fuente: Gráfico original para esta publicación.

los bienes raíces (gráfico PG.4), el alza comenzó en un nivel bajo y no fue lo suficientemente firme como para compensar la disminución del empleo en el sector manufacturero. Por lo tanto, el proceso de mejora en América Latina reflejó tanto los avances de las localidades relativamente pobres como la desaceleración del aumento de la productividad en los municipios urbanos más grandes y relativamente prósperos[22].

Las disparidades de ingresos en relación con las principales áreas metropolitanas también disminuyeron entre principios de la década de 2000 y fines de la década de 2010 (gráfico PG.5). Estos avances reflejaron tanto mejoras en las capacidades de los hogares que viven fuera de las ciudades más grandes como diferencias menores en los beneficios de la educación debido a la relativa movilidad de la mano de obra y la disminución de los rendimientos del empleo en las principales áreas desindustrializadas (gráfico PG.5). En este contexto, a fines de la década de 2010, los beneficios potenciales de la migración a las principales localidades metropolitanas se habían vuelto relativamente pequeños (sobre todo entre el 40 % más pobre de la distribución del ingreso) en todos los países, excepto Bolivia, Brasil, Panamá y Perú.

GRÁFICO PG.3   Convergencia absoluta de los ingresos laborales per cápita por región administrativa de primer nivel, países seleccionados, región de ALC

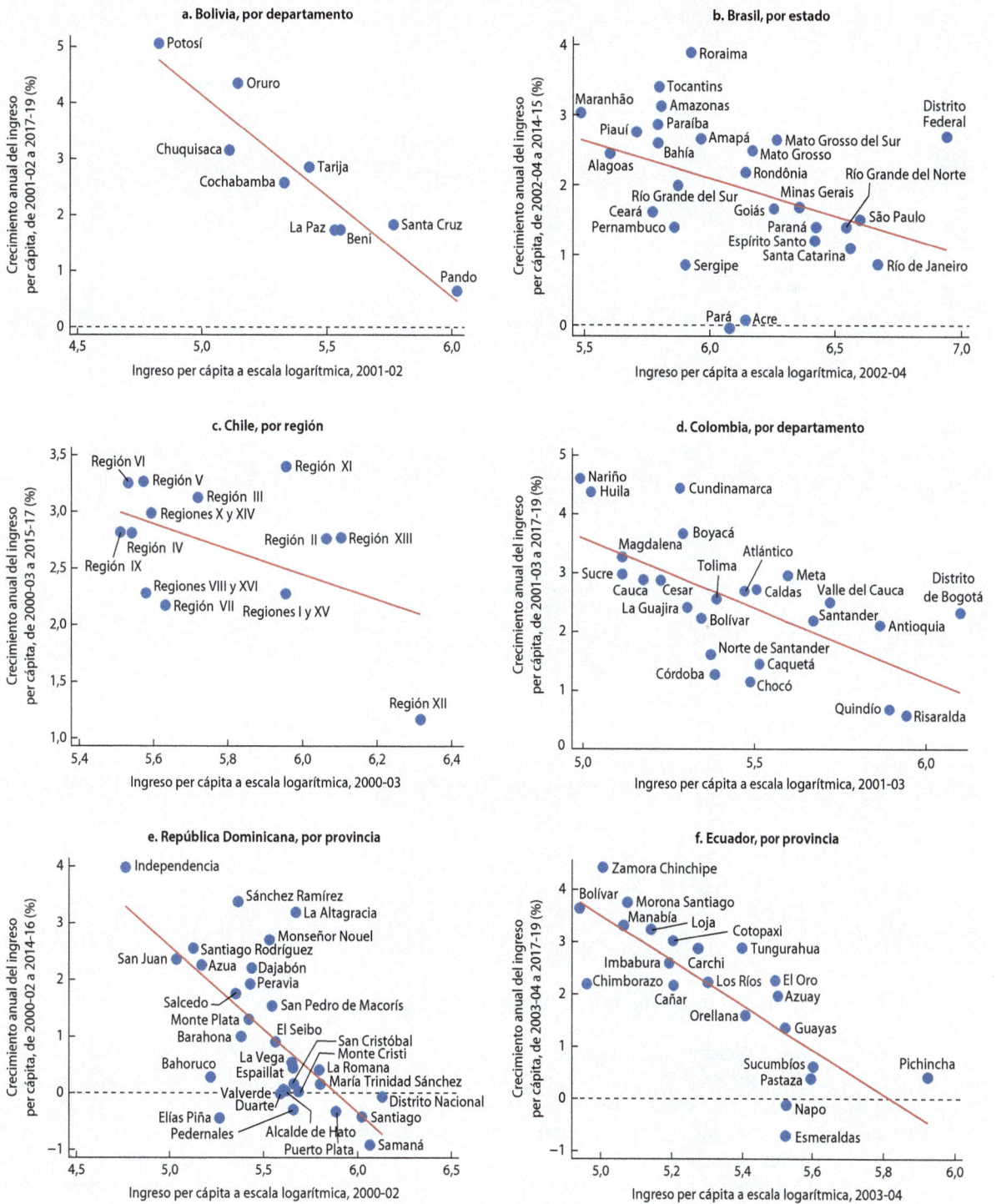

a. Bolivia, por departamento

Eje Y: Crecimiento anual del ingreso per cápita, de 2001-02 a 2017-19 (%)
Eje X: Ingreso per cápita a escala logarítmica, 2001-02

Etiquetas: Potosí, Oruro, Chuquisaca, Cochabamba, Tarija, La Paz, Beni, Santa Cruz, Pando

b. Brasil, por estado

Eje Y: Crecimiento anual del ingreso per cápita, de 2002-04 a 2014-15 (%)
Eje X: Ingreso per cápita a escala logarítmica, 2002-04

Etiquetas: Roraima, Maranhão, Tocantins, Amazonas, Piauí, Paraíba, Amapá, Mato Grosso del Sur, Distrito Federal, Bahía, Mato Grosso, Alagoas, Rondônia, Río Grande del Norte, Río Grande del Sur, Minas Gerais, Ceará, Goiás, São Paulo, Pernambuco, Paraná, Espírito Santo, Santa Catarina, Sergipe, Río de Janeiro, Pará, Acre

c. Chile, por región

Eje Y: Crecimiento anual del ingreso per cápita, de 2000-03 a 2015-17 (%)
Eje X: Ingreso per cápita a escala logarítmica, 2000-03

Etiquetas: Región VI, Región V, Región XI, Región III, Regiones X y XIV, Región IV, Región II, Región XIII, Región IX, Regiones VIII y XVI, Región VII, Regiones I y XV, Región XII

d. Colombia, por departamento

Eje Y: Crecimiento anual del ingreso per cápita, de 2001-03 a 2017-19 (%)
Eje X: Ingreso per cápita a escala logarítmica, 2001-03

Etiquetas: Nariño, Huila, Cundinamarca, Boyacá, Magdalena, Atlántico, Sucre, Tolima, Meta, Distrito de Bogotá, Cauca, Cesar, Caldas, Valle del Cauca, La Guajira, Bolívar, Santander, Antioquia, Norte de Santander, Caquetá, Córdoba, Chocó, Quindío, Risaralda

e. República Dominicana, por provincia

Eje Y: Crecimiento anual del ingreso per cápita, de 2000-02 a 2014-16 (%)
Eje X: Ingreso per cápita a escala logarítmica, 2000-02

Etiquetas: Independencia, Sánchez Ramírez, La Altagracia, Monseñor Nouel, San Juan, Santiago Rodríguez, Azua, Dajabón, Peravia, Salcedo, San Pedro de Macorís, Monte Plata, El Seibo, Barahona, San Cristóbal, Bahoruco, La Vega, Monte Cristi, Espaillat, La Romana, María Trinidad Sánchez, Valverde, Distrito Nacional, Duarte, Elías Piña, Santiago, Pedernales, Alcalde de Hato, Samaná, Puerto Plata

f. Ecuador, por provincia

Eje Y: Crecimiento anual del ingreso per cápita, de 2003-04 a 2017-19 (%)
Eje X: Ingreso per cápita a escala logarítmica, 2003-04

Etiquetas: Zamora Chinchipe, Bolívar, Morona Santiago, Manabí, Loja, Cotopaxi, Imbabura, Carchi, Tungurahua, Chimborazo, Los Ríos, El Oro, Cañar, Azuay, Orellana, Guayas, Sucumbíos, Pichincha, Pastaza, Napo, Esmeraldas

(El gráfico continúa en la página siguiente)

GRÁFICO PG.3 **Convergencia absoluta de los ingresos laborales per cápita por región administrativa de primer nivel, países seleccionados, región de ALC** *(continuación)*

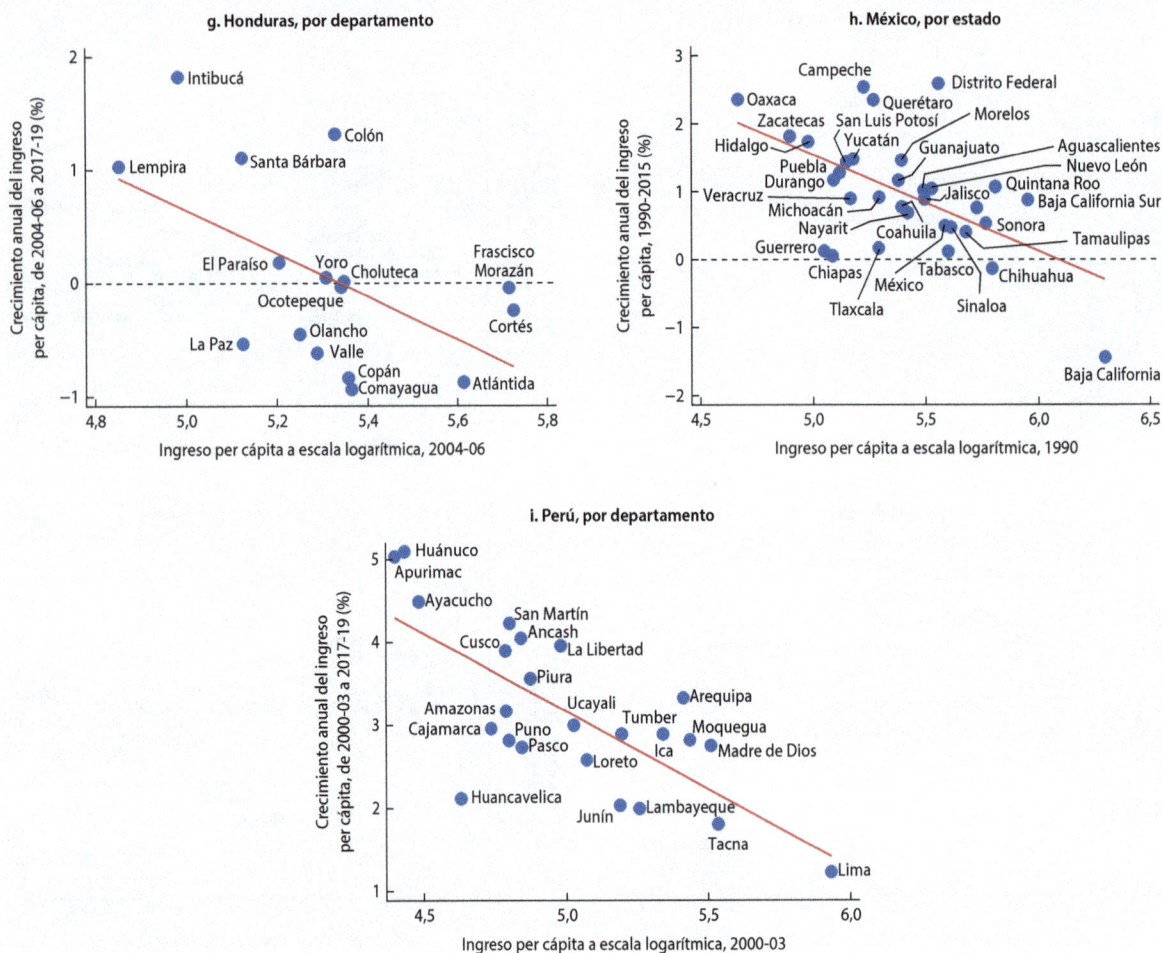

g. Honduras, por departamento

h. México, por estado

i. Perú, por departamento

Fuente: D'Aoust, Galdo e Ianchovichina (2023).

Nota: Para garantizar la comparabilidad dentro de los países y entre ellos, los ingresos laborales per cápita de los hogares se deflactan para ajustar los ingresos teniendo en cuenta las diferencias del costo de vida en el espacio y el tiempo. En 2018, Chile modificó el nombre de sus regiones administrativas de primer nivel: la región I pasó a ser Tarapacá; la región II, Antofagasta; la región III, Atacama; la región IV, Coquimbo; la región V, Valparaíso; la región VI, O'Higgins; la región VII, Maule; la región VIII, Biobío; la región IX, Araucanía; la región X, Los Lagos; la región XI, Aysén; la región XII, Magallanes; la región XIII, la Metropolitana de Santiago; la región XIV, Los Ríos; la región XV, Arica y Parinacota, y la región XVI, Ñuble.

La paradoja de la productividad urbana

Las ciudades de América Latina tienen mayor densidad de población que las del resto del mundo[23], pero no son particularmente productivas. La *prima de productividad por ubicación*[24] en las ciudades de gran tamaño y densamente pobladas, que se muestra en tonos verdes en el panel b del mapa PG.2, es mucho menor que la productividad laboral promedio, que se muestra en azul oscuro en el panel a. Los ingresos per cápita son elevados en las zonas urbanas más grandes y densas, sobre todo porque los trabajadores productivos y calificados se sienten atraídos por las oportunidades de aprender de los trabajadores calificados que ya viven allí (Quintero y Roberts, 2018)[25], y por las opciones más variadas y de mejor calidad que existen para los consumidores[26]. Pero los

GRÁFICO PG.4   Evolución de la proporción de empleo correspondiente al sector manufacturero y a los servicios comercializables, por tamaño de ciudad y década: América Latina, 1980 (o antes) hasta 2010 aproximadamente

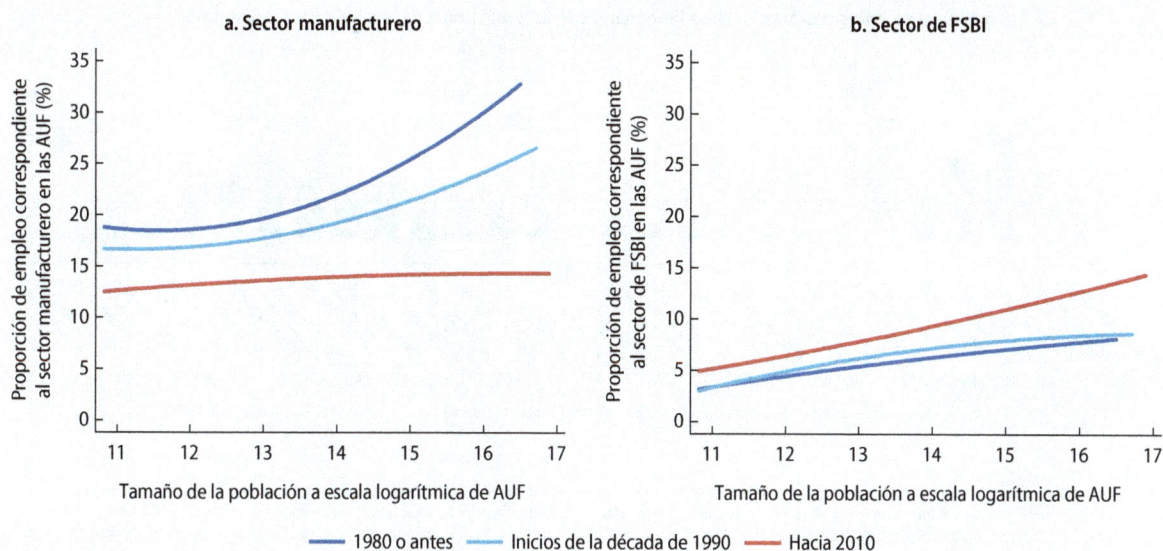

Fuente: Jedwab, Ianchovichina y Haslop (2022), utilizando microdatos de encuestas de la Serie Integrada de Microdatos de Uso Público (IPUMS, https://www.ipums.org/).
Nota: FSBI = finanzas, seguros y bienes inmuebles; AUF = área urbana funcional. FSBI es un parámetro indirecto de los servicios comercializables. Las manufacturas y los servicios comercializables representan conjuntamente todos los bienes y servicios comercializables urbanos. Todas las demás actividades urbanas son bienes y servicios no comercializables. Una AUF se compone de una ciudad y su zona de desplazamiento. Los gráficos muestran cómo evolucionó la proporción promedio de empleo correspondiente al sector manufacturero y de FSBI en las AUF de diferentes tamaños entre 1980 y 2010, aproximadamente.

GRÁFICO PG.5   Brechas de ingresos laborales entre la principal área metropolitana y el resto de las localidades del país, y su descomposición por país y período, región de ALC

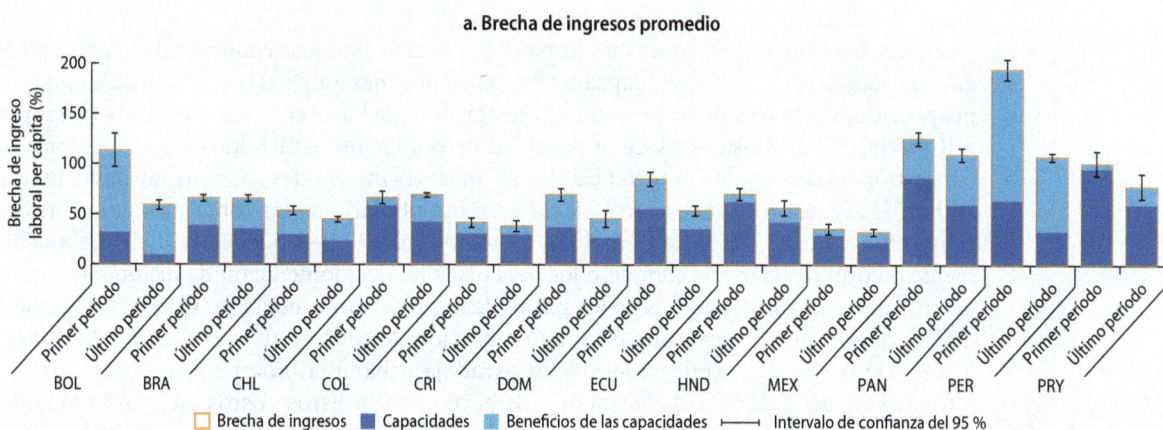

(El gráfico continúa en la página siguiente)

GRÁFICO PG.5 **Brechas de ingresos laborales entre la principal área metropolitana y el resto de las localidades del país, y su descomposición por país y período, región de ALC** *(continuación)*

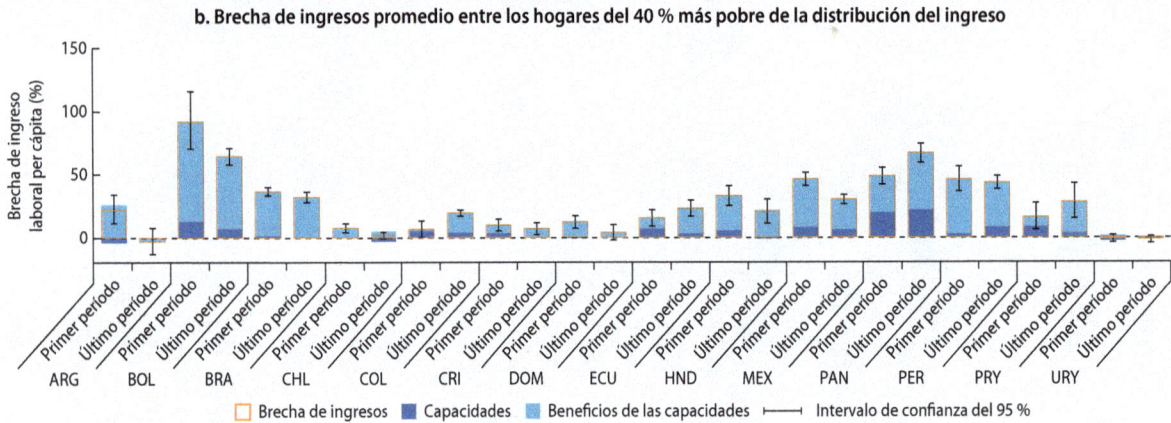

b. Brecha de ingresos promedio entre los hogares del 40 % más pobre de la distribución del ingreso

Fuente: D'Aoust, Galdo e Ianchovichina (2023).
Nota: La brecha de ingresos se desglosa en un componente de capacidades, que refleja las diferencias entre las características no geográficas de los hogares, como la educación, la demografía y el empleo, en las áreas principales y en otras áreas, y un componente relativo a los beneficios de las capacidades, que refleja las diferencias entre los beneficios de tales características en la principal área metropolitana y otras áreas. El gráfico también muestra el intervalo de confianza del 95 %. Para garantizar la comparabilidad dentro de los países y entre ellos, los ingresos laborales per cápita de los hogares se deflactan para ajustar los ingresos teniendo en cuenta las diferencias del costo de vida en el espacio y el tiempo. Argentina y Uruguay no figuran en el panel a, dado que las encuestas en estos países cubren solo y principalmente áreas urbanas, respectivamente. Las principales áreas metropolitanas y el primer y último períodos respectivos son los siguientes: Argentina (ARG): Buenos Aires, 2003-05, 2017-19; Bolivia (BOL): Santa Cruz, 2001-02, 2015-19; Brasil (BRA): Belo Horizonte, Río de Janeiro y São Paulo, 2012-14, 2017-19; Chile (CHL): Santiago, 2000 y 2003, 2015 y 2017; Colombia (COL): Bogotá, 2001-03, 2017-19; Costa Rica (CRI): zona urbana del Valle Central (incluye San José y otras ciudades principales), 2001-03, 2008-09; República Dominicana (DOM): ciudad de Santo Domingo, 2000-02, 2014-16; Ecuador (ECU): Quito (Pichincha urbana), 2003-04, 2017-19; Honduras (HND): Tegucigalpa urbana (Francisco Morazán), 2004-06, 2017-19; México (MEX): zona metropolitana de Ciudad de México, 2000, 2002 y 2004; 2016 y 2018; Panamá (PAN): provincia urbana de Panamá, 2001-03, 2017-19; Paraguay (PRY): Asunción, 2002-04, 2017-19; Perú (PER): Lima, 2000-03, 2017-19; Uruguay (URY): Montevideo, 2000-02, 2017-19.

beneficios netos de esta concentración son insignificantes en la mayoría de los países latinoamericanos (Ferreyra y Roberts, 2018; Quintero y Roberts, 2018). En promedio, las primas de productividad en localidades predominantemente urbanas son apenas más altas que en localidades mayormente rurales (gráfico PG.6)[27].

Si bien las ciudades de América Latina se benefician significativamente de la concentración de *habilidades*, no logran capturar los beneficios más amplios que las ciudades pueden proporcionar a través de la proximidad geográfica y el acceso a los mercados (Ferreyra y Roberts, 2018). Los costos de la densidad de población —incluidos los asociados a la congestión, el delito y la competencia de las empresas informales (Burger, Ianchovichina y Akbar, 2022), así como el impacto en el sector inmobiliario en las zonas urbanas centrales (Duranton y Puga, 2020; Lall, Shalizi y Deichmann, 2004)— pueden reducir sustancialmente o contrarrestar por completo los beneficios de la aglomeración de los que disfrutan los trabajadores y las empresas en los países de ingreso bajo y mediano (Grover y Maloney, 2022), dando lugar a economías de aglomeración "estériles" (Grover, Lall y Maloney, 2022). De hecho, las explicaciones de la paradoja urbana latinoamericana enfatizan los altos costos de la densidad (Ferreyra y Roberts, 2018). Estos costos aumentan cuando las políticas, la planificación y la gestión urbanas, así como las mejoras en el transporte, las comunicaciones y la infraestructura básica, no están a la altura de los aumentos de densidad. La productividad urbana puede verse aún más restringida por problemas como el tamaño y la forma de las ciudades y la conectividad dentro de ellas (Duque, Lozano-Gracia, Patiño y otros, 2022).

Las ciudades latinoamericanas enfrentan desafíos de productividad que limitan el crecimiento económico, que, de hecho, ha disminuido en el último medio siglo. Dado que

MAPA PG.2 Primas de productividad laboral y por ubicación: América Latina, fines de la década de 2010

a. Primas de productividad laboral

b. Primas de productividad por ubicación

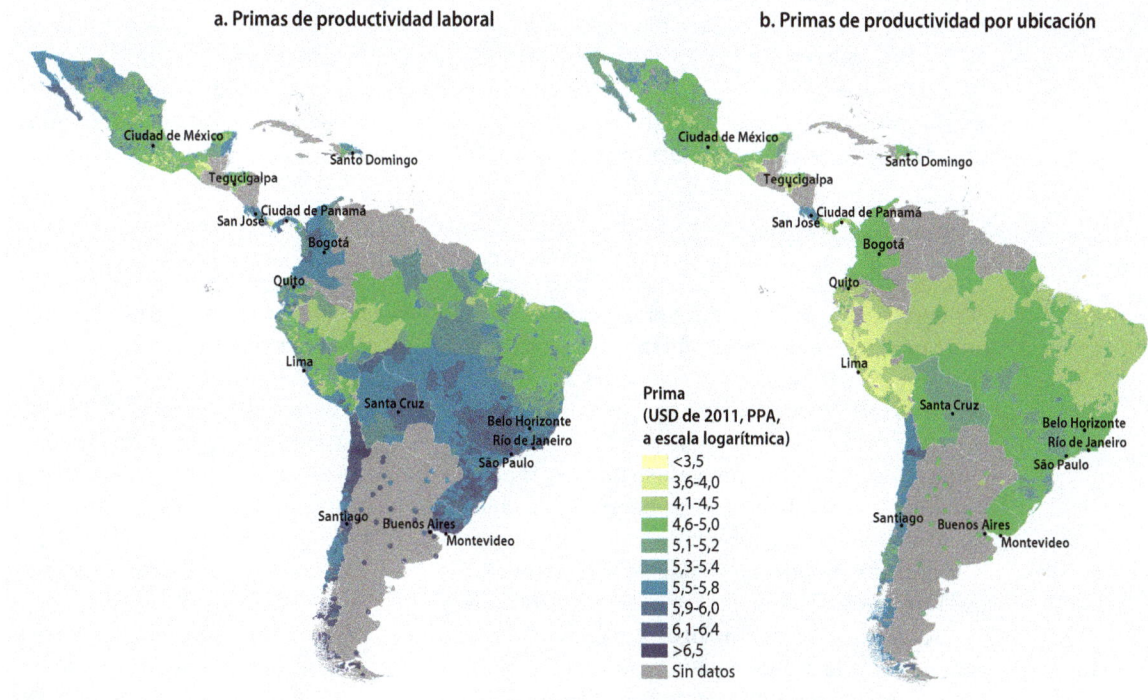

Prima
(USD de 2011, PPA,
a escala logarítmica)
- <3,5
- 3,6-4,0
- 4,1-4,5
- 4,6-5,0
- 5,1-5,2
- 5,3-5,4
- 5,5-5,8
- 5,9-6,0
- 6,1-6,4
- >6,5
- Sin datos

Fuente: D'Aoust, Galdo e Ianchovichina (2023).
Nota: La productividad laboral se mide de manera indirecta como el ingreso laboral per cápita neto del efecto de cualquier perturbación exógena que afecte a todas las localidades de un país en un momento dado. La prima de productividad por ubicación es la fracción del ingreso laboral per cápita del hogar que no puede explicarse por características observables no geográficas (transferibles) de dicho hogar ni por los efectos de factores exógenos que varían con el tiempo. Para garantizar la comparabilidad dentro de los países y entre ellos, los ingresos laborales per cápita de los hogares se deflactan para ajustar los ingresos teniendo en cuenta las diferencias del costo de vida en el espacio y el tiempo. El período disponible más reciente es 2008-09 en el caso de Costa Rica; 2010 en el de Brasil; 2014-16 en el de la República Dominicana; 2015 en el de México; 2015-17 en el de Chile, y 2017-19 en el de Argentina, Bolivia, Colombia, Ecuador, Honduras, Panamá, Perú y Uruguay. En el caso de Bolivia, Colombia, Panamá y Uruguay, estas estimaciones correspondan al primer nivel administrativo (como los estados). En el caso de Argentina, los cálculos corresponden al nivel de la aglomeración urbana (representados por puntos en los mapas). En el caso de los demás países, las estimaciones corresponden al segundo nivel administrativo (como los municipios). PPA = paridad del poder adquisitivo.

**GRÁFICO PG.6 Primas promedio de productividad por ubicación, por tipo de municipio y país:
Países seleccionados de ALC, fines de la década de 2010**

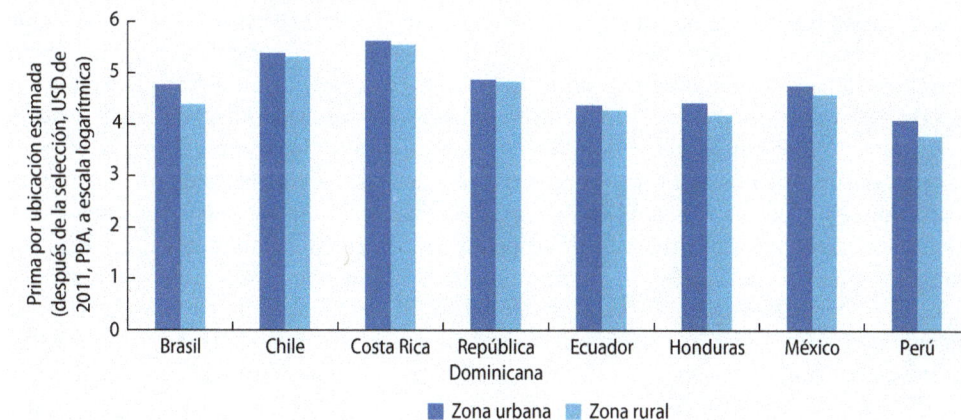

Fuente: D'Aoust, Galdo e Ianchovichina (2023).
Nota: La prima de productividad por ubicación es la fracción del ingreso laboral per cápita del hogar que no puede explicarse por características observables no geográficas (transferibles) de dicho hogar ni por los efectos de factores exógenos que varían con el tiempo. Para garantizar la comparabilidad dentro de los países y entre ellos, los ingresos laborales per cápita de los hogares se deflactan para ajustar los ingresos teniendo en cuenta las diferencias del costo de vida en el espacio y el tiempo. PPA = paridad del poder adquisitivo.

cuatro de cada cinco latinoamericanos viven en zonas urbanas, dicho crecimiento depende en gran medida de la productividad de la fuerza laboral urbana. Las grandes zonas urbanas revisten especial importancia para el crecimiento económico de la región, puesto que casi el 40 % de la población vive en ciudades de 1 millón o más de habitantes (Naciones Unidas, 2016). En alrededor de un tercio de los países de América del Sur, el 40 % de la población se concentra en una sola ciudad. Desafortunadamente, la grandes ciudades de la región no son centros de producción dinámicos.

Tres explicaciones

En este estudio se proponen tres explicaciones adicionales e interconectadas para comprender la paradoja de la productividad urbana en América Latina que no se habían destacado anteriormente. Las tres se centran en los factores que reducen los beneficios de la aglomeración. En primer lugar, en las ciudades *desindustrializadas* donde el empleo se orienta hacia los servicios no comercializables de baja productividad, los beneficios pueden ser menores debido a que dichas actividades resultan menos favorecidas por el hecho de tener lugar en ciudades densamente pobladas (Burger, Ianchovichina y Akbar, 2022; Venables, 2017). También tienen mucho menos potencial de crecimiento a través de aumentos dinámicos de la productividad que los bienes y servicios comercializables (Duarte y Restuccia, 2010). Por consiguiente, la desindustrialización ha limitado tanto la mano de obra como el aumento de la productividad en las zonas urbanas de la región.

En segundo lugar, los problemas de *conectividad* dentro de las ciudades reducen los beneficios de la aglomeración para las empresas, en especial aquellas de los sectores de bienes y servicios no comercializables (Burger, Ianchovichina y Akbar, 2022). Mientras tanto, los problemas de conectividad interurbana socavan el rendimiento de la red de ciudades de ALC, dado que limitan el acceso al mercado y la capacidad de las empresas manufactureras para especializarse y beneficiarse de las economías de escala internas reubicándose en áreas urbanas más pequeñas[28].

En tercer lugar, los beneficios de la aglomeración pueden ser menores en las ciudades mal conectadas donde existe segregación residencial. Las *divisiones urbanas* —reforzadas por problemas de conectividad intraurbana— reducen las economías de aglomeración al limitar su alcance geográfico. En las ciudades divididas, los grandes beneficios de compartir, buscar coincidencias y aprender se limitan a los barrios de los distritos económicos centrales donde operan empresas formales, el consumidor cuenta con numerosas opciones que le facilitan la experiencia y los residentes disfrutan de infraestructura básica y servicios públicos de mejor calidad. En los barrios de bajos ingresos se observa lo contrario. Por lo general, en la periferia urbana, las empresas y los trabajadores de estos barrios son, en su mayoría, informales, el consumidor cuenta con pocas opciones y la infraestructura básica y los servicios públicos suelen ser deficientes, lo que expone a los habitantes al riesgo de inundaciones, deslizamientos de tierra, enfermedades y delitos. La existencia de una economía urbana dual —una economía moderna y formal en los distritos económicos centrales y otra de baja productividad en los barrios de bajos ingresos donde los habitantes se encuentran atrapados en la informalidad— da lugar a una mala asignación espacial, debido a que las empresas informales no pagan impuestos (Hsieh y Klenow, 2009). La mala asignación en las ciudades más grandes de la región podría socavar significativamente el crecimiento de la producción total.

Desindustrialización
En las últimas décadas, las fuerzas de aglomeración no lograron impulsar en América Latina el crecimiento de ciudades productivas que sean competitivas a nivel internacional y

tengan relevancia a nivel mundial (mapa PG.1). Por el contrario, dificultaron la puesta en marcha de nuevas actividades comercializables en otros lugares (Venables, 2020), dado que la desindustrialización modificó el perfil laboral de las ciudades de todos los tamaños, alejándolas de la producción de bienes y servicios comercializables y orientándolas hacia los servicios no comercializables (gráfico PG.1). Esto sucedió en distintos grados en los diferentes países, pero, en casi todos, la desindustrialización fue más pronunciada en las áreas metropolitanas más grandes. Por lo tanto, de las 15 ciudades más importantes de América Latina, ninguna es una ciudad de producción, 5 (Belo Horizonte, Bogotá, Fortaleza, Recife y Río de Janeiro) son ciudades de consumo que muestran un porcentaje desproporcionadamente bajo de empleo en el sector de los servicios comercializables, y el resto son ciudades neutrales con una combinación de empleo más equilibrada entre bienes y servicios comercializables y actividades no comercializables (mapa PG.1). La mayoría de las ciudades de producción grandes y de importancia mundial se encuentran en China, partes de Europa, India y Viet Nam, mientras que en América Latina solo Brasil, México y América Central tienen ese tipo de ciudades, que son relativamente pequeñas.

El cambio hacia el empleo en sectores de bienes y servicios no comercializables ha debilitado la productividad de la mano de obra urbana, lo que supone un obstáculo para que América Latina pueda escapar de la trampa del ingreso mediano, es decir, la situación en la que un país no puede progresar después de alcanzar dicho nivel de ingreso. Los beneficios en términos de educación y experiencia laboral varían según el sector urbano y son mayores en los sectores de bienes y servicios comercializables (Jedwab, Ianchovichina y Haslop, 2022). En los países donde la proporción de trabajadores urbanos del sector de bienes y servicios comercializables es baja, el capital humano está empleado en sectores urbanos menos productivos y, en general, los beneficios en términos de experiencia son menores (Jedwab, Ianchovichina y Haslop, 2022). El crecimiento de la productividad también es más lento en los países con un nivel desproporcionadamente alto de empleo en el sector de bienes y servicios no comercializables urbanos, dado que la productividad en el sector de manufacturas varía poco de un país a otro (Duarte y Restuccia, 2010)[29], y el comercio internacional estimula la innovación y el crecimiento endógenos a través del acceso al mercado, la ventaja comparativa, la competencia y los efectos indirectos de los conocimientos (Melitz y Redding, 2021). Cada uno de estos cuatro canales tiene el potencial de generar beneficios dinámicos del comercio a largo plazo. Según Duarte y Restuccia (2010), en el sector de manufacturas, la recuperación de la productividad explica alrededor de la mitad de los aumentos de la productividad agregada de los países, mientras que, en los servicios, la baja productividad y la incapacidad de recuperarse explican todas las desaceleraciones, el estancamiento y las caídas observadas en los países.

Las empresas de los sectores de bienes y servicios no comercializables también se benefician menos de estar cerca de otras empresas que las empresas de bienes y servicios comercializables, sobre todo aquellas que utilizan mano de obra más calificada. Las actividades no comercializables (como el comercio minorista y mayorista, la construcción y los servicios personales) tienden a emplear mano de obra no calificada, representan una gran proporción de la actividad en una economía y rara vez muestran rendimientos crecientes a escala si se aglomeran (Venables, 2017). Las empresas más pequeñas de los sectores de bienes y servicios no comercializables también están expuestas a una fuerte competencia en mercados urbanos más grandes y densos. De hecho, Burger, Ianchovichina y Akbar (2022) han estimado diferentes beneficios de la densidad urbana. Como se pone de manifiesto en el capítulo 5, la rentabilidad es mayor para los establecimientos formales de manufacturas (especialmente las empresas de exportación y de propiedad extranjera) que para las empresas que prestan servicios en el mercado local. Estas últimas suelen ser más pequeñas, de menor trayectoria y más jóvenes (gráfico PG.7).

GRÁFICO PG.7   **Economías de aglomeración heterogéneas "puras"**

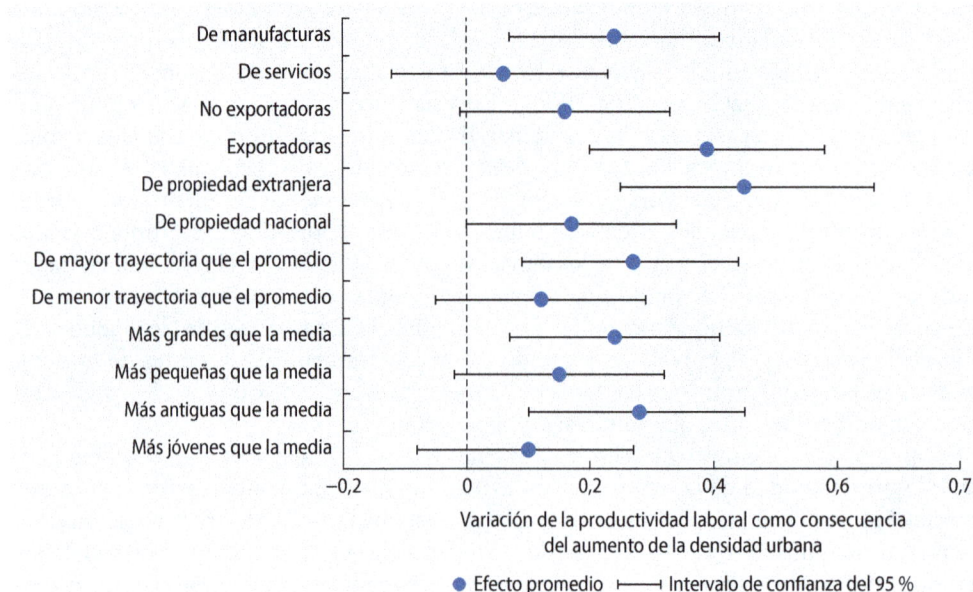

Variación de la productividad laboral como consecuencia
del aumento de la densidad urbana

● Efecto promedio   ├───┤ Intervalo de confianza del 95 %

Fuente: Burger, Ianchovichina y Akbar (2022).
Nota: En el gráfico se muestran los efectos "puros" de las aglomeración por tipo de empresa —es decir, el cambio estimado en la productividad laboral, medido como el logaritmo natural de las ventas por trabajador que surge del aumento de la densidad urbana después de controlar las características de la empresa, las deseconomías de aglomeración a nivel metropolitano y de las empresas, los promedios a nivel metropolitano de las variables a nivel de las empresas, y los efectos fijos de la industria, el país y el año— basados en datos geocodificados de empresas relativos a 38 526 establecimientos en 356 áreas metropolitanas de 80 economías en desarrollo. Un coeficiente de 0,1 significa que, si la densidad urbana se duplica, la productividad laboral aumenta un 10 %. Los servicios incluyen empresas que participan en actividades comercializables o no comercializables.

Los problemas de conectividad y la maldición de la distancia

Los beneficios económicos de la aglomeración se pierden debido a la congestión (Burger, Ianchovichina y Akbar, 2022), lo que constituye un grave problema en las ciudades más grandes de América Latina. Una comparación sistemática de los patrones de tráfico urbano de la región con los del resto del mundo[30] sugiere que algunas de las ciudades más congestionadas del mundo son grandes ciudades latinoamericanas (gráfico PG.8)[31]. Bogotá encabeza la clasificación, y Ciudad de México, Ciudad de Guatemala y Ciudad de Panamá se encuentran entre las 20 ciudades más congestionadas del mundo (cuadro PG.1). La congestión es especialmente perjudicial para las economías de aglomeración en las ciudades de megaconsumo, donde los bienes y servicios no comercializables desempeñan un papel desproporcionadamente importante. Aunque los mercados de bienes y servicios no comercializables son potencialmente más grandes en ciudades más grandes y densas, la congestión del tráfico y la competencia pueden reducir considerablemente su tamaño debido a que los servicios no comercializables a menudo se brindan en persona durante las horas pico de actividad. Las empresas manufactureras pueden enfrentar mejor la congestión utilizando el almacenamiento y transportando insumos y productos finales durante las horas de menor tráfico. En efecto, en este estudio se concluye que, si bien la congestión del tráfico reduce los beneficios de la aglomeración para todas las empresas, este efecto es mucho más acentuado en el caso de las empresas de servicios y las empresas locales, más pequeñas y de menor trayectoria que operan en el mercado interno (gráfico PG.9).

GRÁFICO PG.8 **Movilidad urbana y congestión en las ciudades, la región de ALC y el resto del mundo**

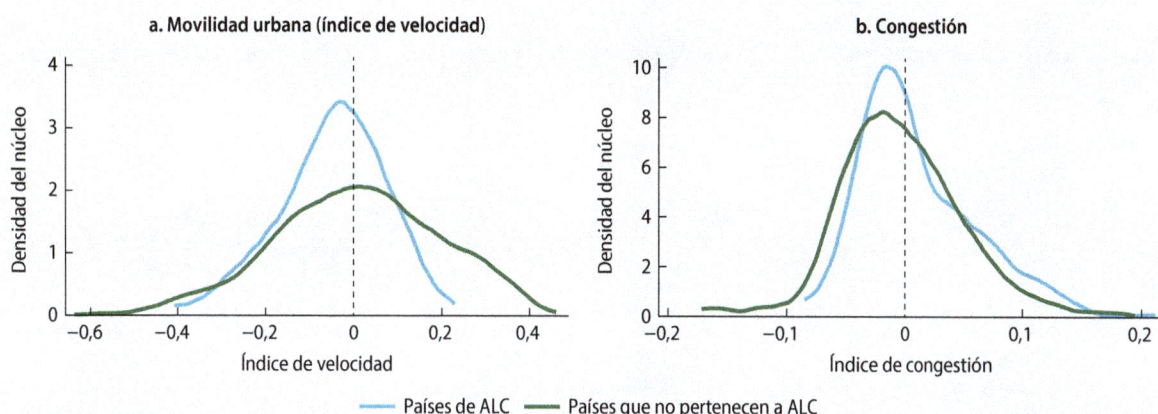

a. Movilidad urbana (índice de velocidad)

b. Congestión

— Países de ALC ▬ Países que no pertenecen a ALC

Fuente: Datos de Akbar y otros (2022).
Nota: La región de ALC comprende Argentina, Bolivia, Brasil, Colombia, Costa Rica, la República Dominicana, Ecuador, El Salvador, Guatemala, Honduras, Jamaica, México, Nicaragua, Paraguay, Perú, Trinidad y Tabago, Uruguay y la República Bolivariana de Venezuela. El eje y de los gráficos son estimaciones de densidad del núcleo en las que se utiliza la función kdensity de Stata (https://www.stata.com/manuals/rkdensity.pdf).

CUADRO PG.1 **Clasificación mundial: Las 10 ciudades más lentas y congestionadas de la región de ALC**

Las más lentas				Las más congestionadas			
Clasificación mundial	Ciudad	País	Índice	Clasificación mundial	Ciudad	País	Índice
19	Lima	Perú	−0,41	1	Bogotá	Colombia	0,21
25	Bogotá	Colombia	−0,40	10	Ciudad de México	México	0,15
33	Ciudad de México	México	−0,36	15	Ciudad de Guatemala	Guatemala	0,14
38	La Paz	Bolivia	−0,36	19	Ciudad de Panamá	Panamá	0,13
63	São Paulo	Brasil	−0,30	22	Santo Domingo	República Dominicana	0,13
67	Huancayo	Perú	−0,30	24	Medellín	Colombia	0,12
69	Ciudad de Guatemala	Guatemala	−0,29	25	Río de Janeiro	Brasil	0,12
73	Cusco	Perú	−0,29	32	São Paulo	Brasil	0,12
75	Oaxaca de Juárez	México	−0,28	38	San José	Costa Rica	0,11
85	Medellín	Colombia	−0,27	41	Recife	Brasil	0,11

Fuente: Akbar (2022), con datos de Akbar y otros (2022).

Tanto en ALC como en el resto del mundo, la movilidad urbana disminuye a medida que aumenta la densidad de población de las ciudades, sobre todo debido a la falta de movilidad, incluso cuando no hay congestión (Akbar, 2022). Esto se debe a que en las ciudades más densamente pobladas las carreteras son más estrechas y tienen más intersecciones, lo que limita la velocidad de los vehículos. Sin embargo, esta situación también acorta los viajes y mejora el acceso al mercado. Aun así, incluso cuando no hay congestión, en las ciudades de ALC, independientemente de su tamaño, se requiere más tiempo para desplazarse que en ciudades comparables del resto del mundo (capítulo 5), y en escenarios sin congestión la movilidad urbana disminuye mucho más rápido a medida que aumenta la densidad de población de las ciudades (gráfico PG.10). Esta conclusión sugiere que la planificación

GRÁFICO PG.9 **El efecto moderador de la congestión en las economías de aglomeración "pura", por sector y tipo de empresa**

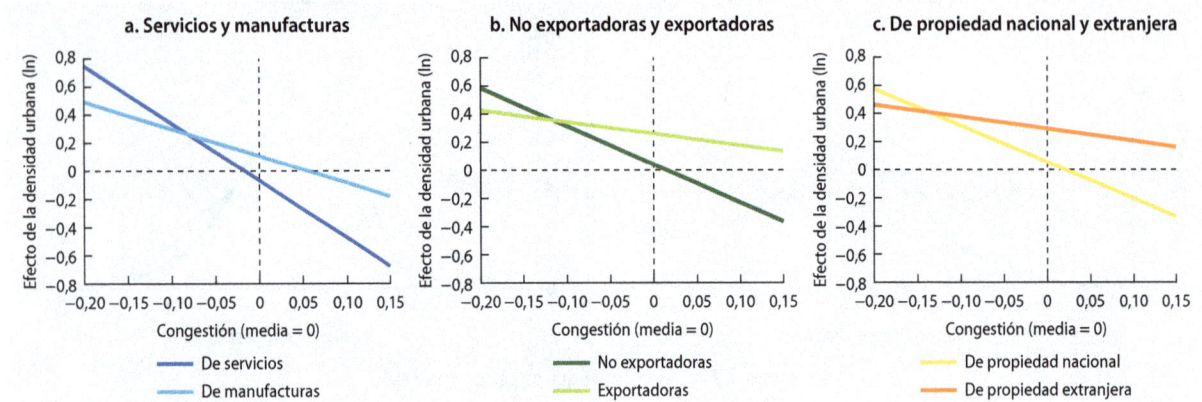

a. Servicios y manufacturas

b. No exportadoras y exportadoras

c. De propiedad nacional y extranjera

Fuente: Burger, Ianchovichina y Akbar (2022), utilizando datos geocodificados empresariales de 38 526 establecimientos formales en 356 áreas metropolitanas de 80 economías en desarrollo extraídos de las encuestas a empresas realizadas por el Banco Mundial (https://www.enterprisesurveys.org/en/enterprisesurveys) y una nueva base de datos mundial sobre movilidad y congestión en las ciudades (Akbar y otros, 2022).
Nota: La diferencia en la pendiente indica la diferencia en la velocidad con que el aumento de la congestión reduce los beneficios de la densidad para los respectivos tipos de empresas.

GRÁFICO PG.10 **Cómo varían la movilidad urbana, la congestión y la movilidad sin congestión según la densidad, para el mundo y la región de ALC**

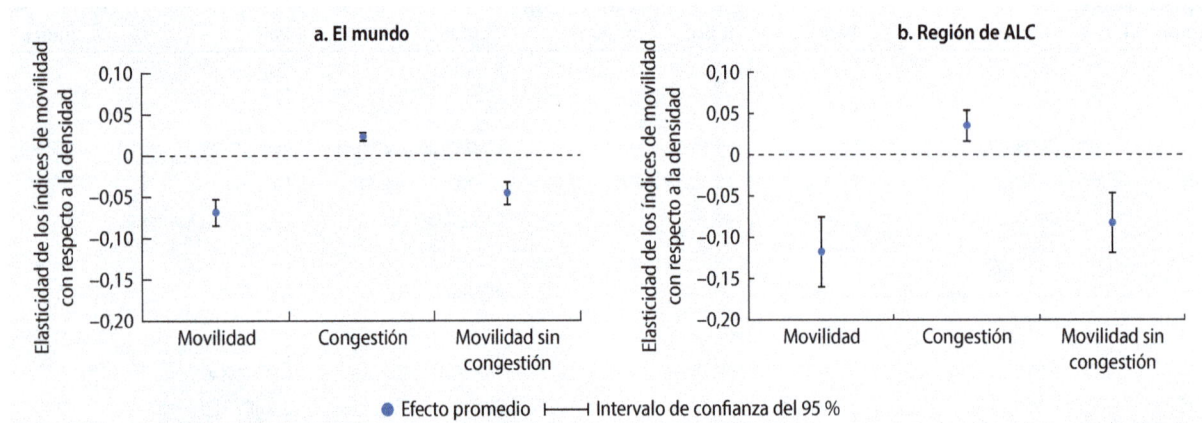

a. El mundo

b. Región de ALC

● Efecto promedio ├────┤ Intervalo de confianza del 95 %

Fuente: Akbar (2022), con datos de Akbar y otros (2022).
Nota: Los gráficos muestran el efecto promedio de la densidad en la movilidad, así como el intervalo de confianza del 95 %. La elaboración de índices de movilidad permite derivar la elasticidad de la movilidad con respecto a la densidad restando la elasticidad de la congestión a la elasticidad de la movilidad sin congestión. Este enfoque revela que la mayor parte de los efectos de la densidad en la movilidad se debe a sus efectos en la movilidad sin congestión y no en la congestión propiamente dicha. La región de ALC comprende Argentina, Bolivia, Brasil, Colombia, Costa Rica, la República Dominicana, Ecuador, El Salvador, Guatemala, Honduras, Jamaica, México, Nicaragua, Paraguay, Perú, Trinidad y Tabago, Uruguay y la República Bolivariana de Venezuela.

urbana y los problemas de infraestructura son un factor que debe tenerse en cuenta al abordar los problemas de conectividad interurbana de la región.

Los elevados costos interregionales del transporte, junto con los obstáculos a la movilidad laboral, afectan la distribución espacial de la actividad económica y las personas y, por ende, las diferencias de productividad dentro de los países y entre ellos, así como sus cambios a lo largo del tiempo. Los limitados y costosos servicios de transporte y la inadecuada o deficiente infraestructura vial generan obstáculos tanto para el comercio como para la migración. Una serie de otros factores también puede evitar que las personas se desplacen. La escasa información sobre oportunidades económicas, la oferta insuficiente de tierras, la falta de disponibilidad de viviendas formales asequibles y opciones para el consumidor, las restricciones legales a la migración, las prácticas discriminatorias y los factores sociales o culturales pueden desalentar en mayor o menor medida la movilidad de los distintos grupos socioeconómicos (Bryan y Morten, 2019) y, de ese modo, limitar el crecimiento inclusivo.

Las barreras migratorias representan el costo promedio de ingresar a un lugar, que incluye el costo de superar las restricciones migratorias, el costo del viaje, los costos psicológicos y de información, y las restricciones derivadas de la falta de viviendas. Estos obstáculos varían dentro de los países de la región de ALC y entre ellos (mapa PG.3). Los costos de migración estimados son más bajos en los países de ingreso bajo de América Central y en Bolivia y Perú[32], y más altos en los países de ingreso alto como Argentina, Brasil, Costa Rica, México y Panamá, así como en algunas zonas remotas donde las condiciones de vida son difíciles (mapa PG.3). También tienden a ser elevados en algunas de las zonas urbanas densamente pobladas de la región. No obstante, las pérdidas de eficiencia asociadas a la

MAPA PG.3 **Costos de migración calibrados según ubicaciones geográficas minuciosamente desagregadas: Región de ALC, año 2000 aproximadamente**

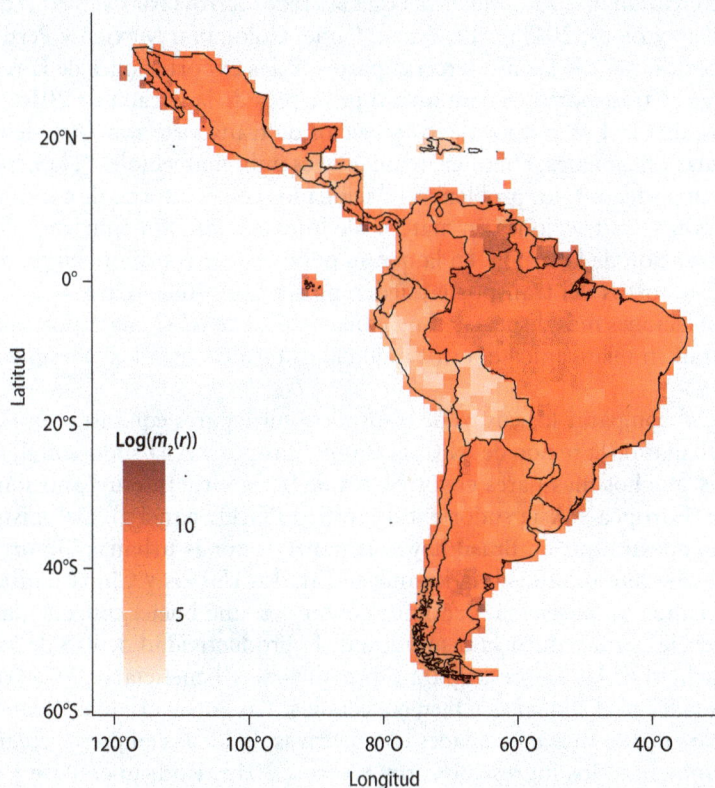

Fuente: Conte e Ianchovichina (2022).
Nota: Conte e Ianchovichina (2022) calibran los costos migratorios de entrada utilizando el modelo de equilibrio general espacial dinámico de Desmet, Nagy y Rossi-Hansberg (2018), datos geocodificados de Latinobarómetro y la Encuesta Mundial de Gallup, y datos desagregados minuciosamente sobre población y valor agregado por celda de cuadrícula (normalmente, una celda de 1 grado de arco) a partir de los datos de G-Econ correspondientes a 2000 (Nordhaus y otros, 2006). La región de ALC incluye a México, todos los países de América Central y del Sur, y la República Dominicana y Haití en el Caribe.

dispersión de estas barreras dentro de los países son pequeñas. Según el análisis realizado, no se espera que al reducir las barreras migratorias promedio en las principales zonas urbanas de ALC al nivel de las barreras que existen en el cuartil inferior de la distribución de costos de entrada de los respectivos países se generen aumentos en el ingreso real per cápita de la región (Conte e Ianchovichina, 2022). Esta conclusión implica que las barreras migratorias, incluidas las derivadas de la reglamentación de la tierra y la oferta de vivienda, no constituyen grandes limitaciones para el crecimiento económico agregado[33].

Aun así, los habitantes de las regiones subnacionales más pobres, que suelen ser remotas, se enfrentan a barreras a la migración significativamente mayores (véase el capítulo 3)[34]. La distancia es importante para la movilidad al menos por dos razones. En primer lugar, la fuerza de las redes de migrantes —que revisten especial importancia para los habitantes más pobres— tiende a disminuir con la distancia. Las preferencias de ubicación y la discriminación también pueden desalentar la migración. Los afrodescendientes y los trabajadores indígenas del norte y noreste de Brasil tienen muchas menos probabilidades de migrar fuera de sus estados que los habitantes blancos con niveles educativos similares (D'Aoust, Galdo e Ianchovichina, 2023). En segundo lugar, el costo del viaje aumenta con la distancia y es elevado en los países más grandes, donde el transporte aéreo suele ser la única forma de llegar a destinos remotos.

De hecho, muchos países de América del Sur tienen grandes territorios y topografías únicas. Las redes viales de la región son menos densas que las de otras regiones de ingreso mediano (Banco Mundial, 2009), mientras que las redes ferroviarias siguen estando subdesarrolladas (Fay y otros, 2017)[35]. En Brasil, Chile, Colombia, México y Perú —que en conjunto representan más de las dos terceras partes de las exportaciones de la región—, el 80 % de la carga se transportó en camiones a principios de la década de 2010 (Mesquita Moreira y otros, 2013). Los precios de los servicios de transporte son altos debido a una serie de problemas adicionales, como las regulaciones gubernamentales[36], la ineficiencia[37], la competencia imperfecta[38], los problemas relacionados con el retorno de carga, las demoras por congestión y las fricciones en materia de información. Sin embargo, debido a la avanzada urbanización de la región, en la que su población se concentra en grandes zonas urbanas, los altos costos del transporte pueden no ser tan problemáticos como en otras regiones con poblaciones más dispersas. En algunos países de ALC, las exportaciones también se concentran en relativamente pocos municipios bien conectados (Mesquita Moreira y otros, 2013).

No obstante, al comparar los costos de transporte entre pares equidistantes de las principales zonas urbanas de la región de ALC, la Unión Europea y Asia sudoriental, se observa que en ALC hay muchos más pares cuyos costos de transporte interurbano son elevados que en la Unión Europea y Asia sudoriental (gráfico PG.11, panel a). Del mismo modo, la comparación muestra que en Brasil hay más pares de zonas urbanas importantes con costos de transporte interurbano elevados que en Estados Unidos y China (gráfico PG.11, panel b). Esto plantea un problema, dado que contar con una buena conectividad interurbana resulta esencial para reducir la dispersión de la productividad dentro de los países y mejorar la capacidad de las empresas para especializarse y beneficiarse de las economías de escala en ciudades más pequeñas y bien conectadas. Las zonas urbanas secundarias tienen potencial para convertirse en ciudades competitivas donde las empresas crean empleos productivos y aumentan los ingresos (Kilroy y otros, 2015; Rodríguez-Pose y Griffiths, 2021)[39]. Sin embargo, en la región de ALC, además de los problemas de conectividad, las ciudades más pequeñas tienen dificultades para suministrar infraestructura, comodidades básicas para el consumidor, y bienes y servicios públicos locales.

Una de las razones de los altos costos del transporte interurbano en la región de ALC es la subinversión en infraestructura de transporte. Desde 1990, la región ha destinado

GRÁFICO PG.11 **Distribución de los costos de transporte entre pares de las principales zonas urbanas, por región y país**

a. Por región

b. Por país

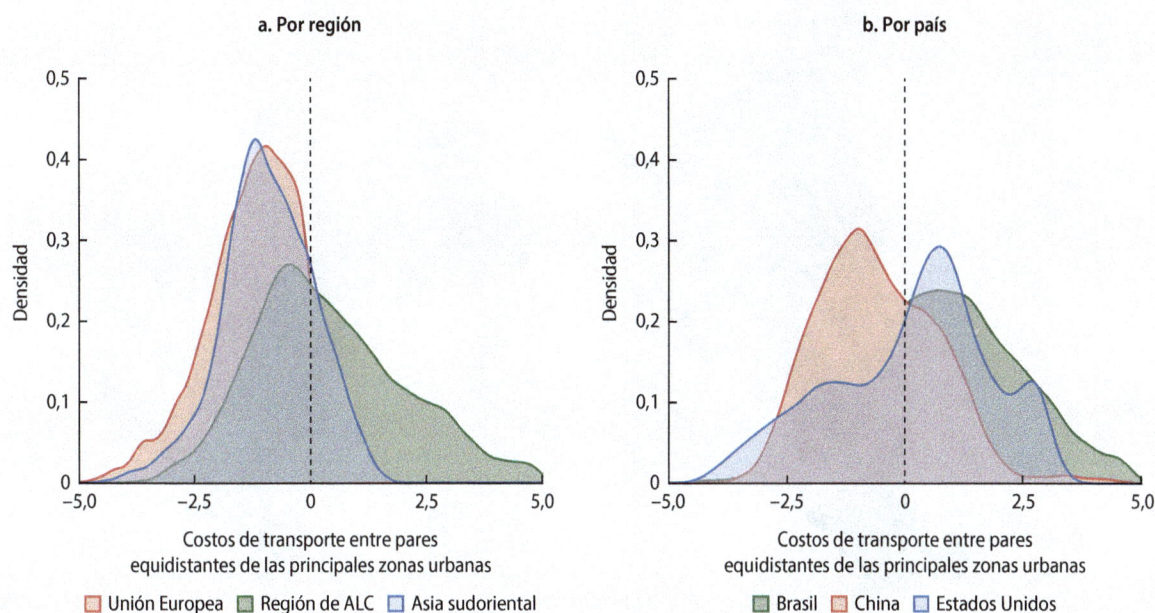

Costos de transporte entre pares equidistantes de las principales zonas urbanas

Unión Europea Región de ALC Asia sudoriental

Brasil China Estados Unidos

Fuente: Conte e Ianchovichina (2022), sobre la base del enfoque de la ruta de menor costo utilizado en Allen y Arkolakis (2014) y la metodología en Desmet, Nagy y Rossi-Hansberg (2018).
Nota: El costo entre cualquier par de zonas refleja la geografía de dichas zonas y la distancia entre ellas, la disponibilidad de diferentes tipos de infraestructura de conectividad y los costos relativos de utilizar diferentes modos de transporte terrestre. En las secciones a y b se comparan los costos entre pares equidistantes de las principales zonas urbanas de cada región. Las principales zonas urbanas de un país o una región son aquellas cuya población y productividad son superiores a la mediana y al cuartil superior, respectivamente. La región de ALC incluye a México, todos los países de América Central y del Sur, y la República Dominicana y Haití en el Caribe.

alrededor del 3 % de su producto interno bruto (PIB) a inversiones públicas, es decir, mucho menos que el gasto registrado en Asia oriental y la mayoría de las demás regiones en desarrollo. Asimismo, ha asignado de manera ineficiente la escasa inversión que ha realizado en carreteras (véase el capítulo 4)[40]. No ha invertido lo suficiente en mejoras viales en tramos que conectan las zonas urbanas más pobladas y productivas de América Latina, como se resalta en verde en el mapa PG.4. Al mismo tiempo, ha sobreinvertido en carreteras que conectan regiones periféricas, como se muestra en rojo en el mapa PG.4[41]. La sobreinversión en caminos rurales tal vez refleje la necesidad de transportar productos básicos de regiones remotas a los distintos puertos para exportarlos a China y otros países. Sin embargo, también puede indicar que se realizan inversiones en infraestructura basadas en consideraciones de equidad[42] o prioridades políticas más que en la búsqueda de eficiencia.

Las pérdidas anuales en términos de bienestar derivadas de la mala asignación de las inversiones en infraestructura vial varían de un país a otro en América Latina. Se estima que son mayores en Argentina y Brasil, con un promedio del 2,4 % y el 2,1 % del consumo nacional, respectivamente, y son insignificantes en América Central y Uruguay (Gorton e Ianchovichina, 2021)[43]. Las pérdidas de bienestar pueden compensarse con mejoras en las carreteras interurbanas[44], que en el pasado no han recibido suficientes inversiones. A corto plazo, estas mejoras aumentan la equidad, dado que benefician a las regiones ubicadas en la periferia de estas inversiones (mapa PG.5) brindando un mejor acceso a las ciudades más grandes. Las evidencias de India sugieren que estas mejoras pueden estimular el desarrollo económico en los distritos ubicados a lo largo de carreteras, especialmente en aquellos que cuentan con mejor acceso a la educación y al financiamiento (Das y otros, 2019; Ghani, Grover y Kerr, 2013).

MAPA PG.4   Sobreinversión y subinversión en carreteras, países seleccionados, América Latina

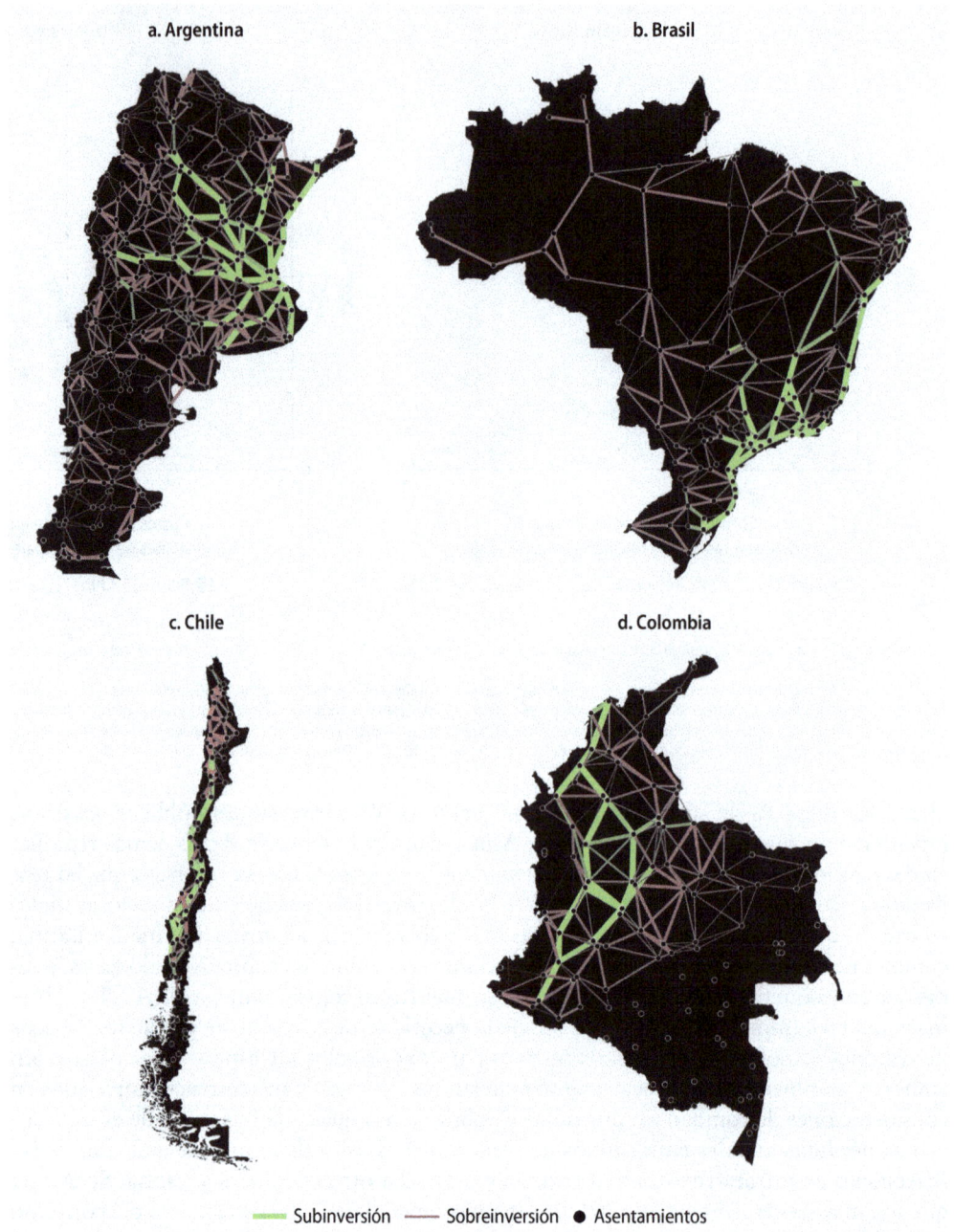

a. Argentina

b. Brasil

c. Chile

d. Colombia

━━ Subinversión   ━━ Sobreinversión   ● Asentamientos

(El mapa continúa en la página siguiente)

MAPA PG.4   Sobreinversión y subinversión en carreteras, países seleccionados, América Latina *(continuación)*

e. México

f. Perú

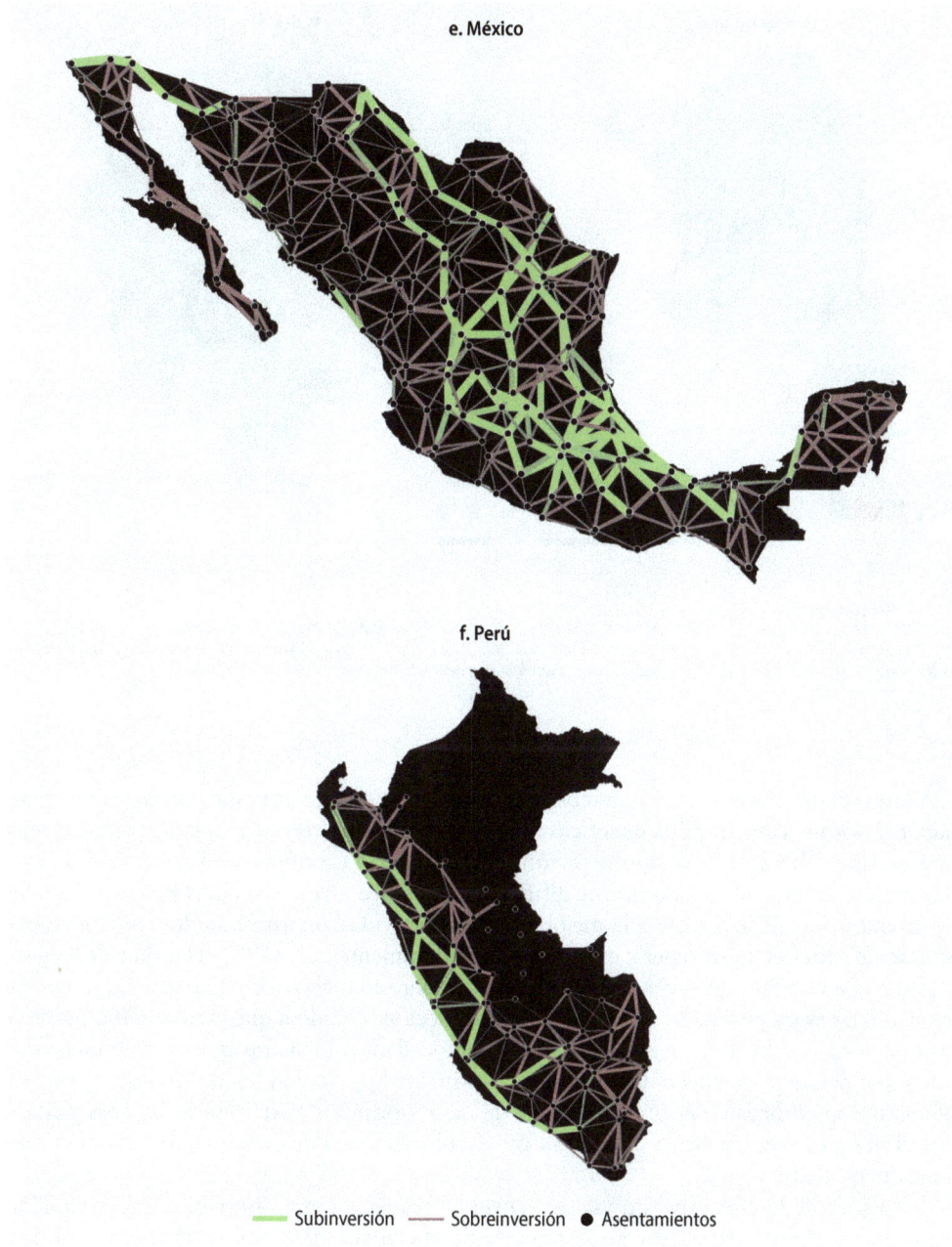

—— Subinversión   —— Sobreinversión   ● Asentamientos

Fuente: Gorton e Ianchovichina (2021).
Nota: El verde indica subinversión y el rojo, sobreinversión. Los segmentos más gruesos representan enlaces con mayores desviaciones de los niveles eficientes de inversión. Los nodos representan asentamientos.

MAPA PG.5   Distribución espacial de los efectos en el bienestar producto de las mejoras viales óptimas, Argentina y Brasil

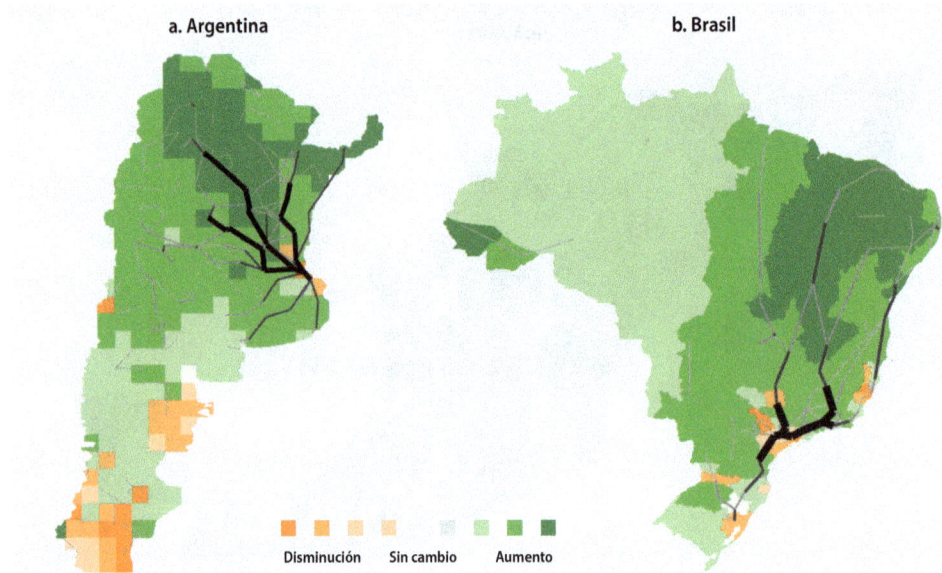

a. Argentina   b. Brasil

Disminución   Sin cambio   Aumento

Fuente: Gorton e Ianchovichina (2021).
Nota: Los tonos verdes identifican las celdas en las que se registraron aumentos en el bienestar y los tonos naranjas, aquellas en las que este ha disminuido. Cuanto más oscuro es el tono, mayor es el aumento o la disminución. Las líneas negras y grises indican los enlaces viales que reciben inversiones de infraestructura adicionales para mejoras viales. Cuanto más oscura y gruesa es la línea, mayores son las inversiones.

A largo plazo, los efectos dinámicos de estas mejoras estratégicas son considerablemente mayores porque capturan los beneficios económicos derivados de las mejores condiciones para la especialización y la aglomeración de la actividad económica en zonas con acceso más amplio al mercado y una mayor difusión tecnológica a zonas vecinas (mapa PG.6). Se espera que para 2100, gracias a la mejora de la conectividad interurbana, los valores actuales descontados del ingreso per cápita real regional aumenten un 15 % y el índice de bienestar, un 53 % respecto del escenario sin cambios (Conte e Ianchovichina, 2022)[45]. La mejora del bienestar es mayor que el aumento de la producción, debido a que la migración permite a las personas reubicarse en zonas con más comodidades. Estas inversiones también permiten que países pequeños y de ingreso relativamente bajo (como los de América Central) retengan a miembros de la población que de otro modo podrían emigrar a otros países. Con el tiempo, este resultado conduce a un círculo virtuoso de crecimiento y aumento de la productividad.

La mejora de la conectividad vial interurbana transnacional también puede estimular el comercio regional y generar las ganancias de eficiencia que tanto se necesitan, ya que la mayoría de los países de América del Sur comercian menos de lo que podrían con sus socios regionales (Beaton y otros, 2017). Dentro del Mercosur[46], la necesidad de mejoras viales es mayor en Brasil, que representa el 71 % del total de inversiones óptimas adicionales en el bloque, seguido de Argentina (22 %), Uruguay (7 %) y Paraguay (7 %) (véase el mapa PG.7). Dentro de la Comunidad Andina[47], se necesitan inversiones adicionales a lo largo de las carreteras que van desde La Paz (Bolivia) hacia el norte a lo largo de la costa peruana hasta Lima, y luego a través de Quito hasta Medellín (Colombia). La mitad de las necesidades de crecimiento de la infraestructura corresponde a Colombia, una cuarta

MAPA PG.6   **Efectos de la reducción de los costos del transporte interurbano en 2100, por ubicación, región de ALC**

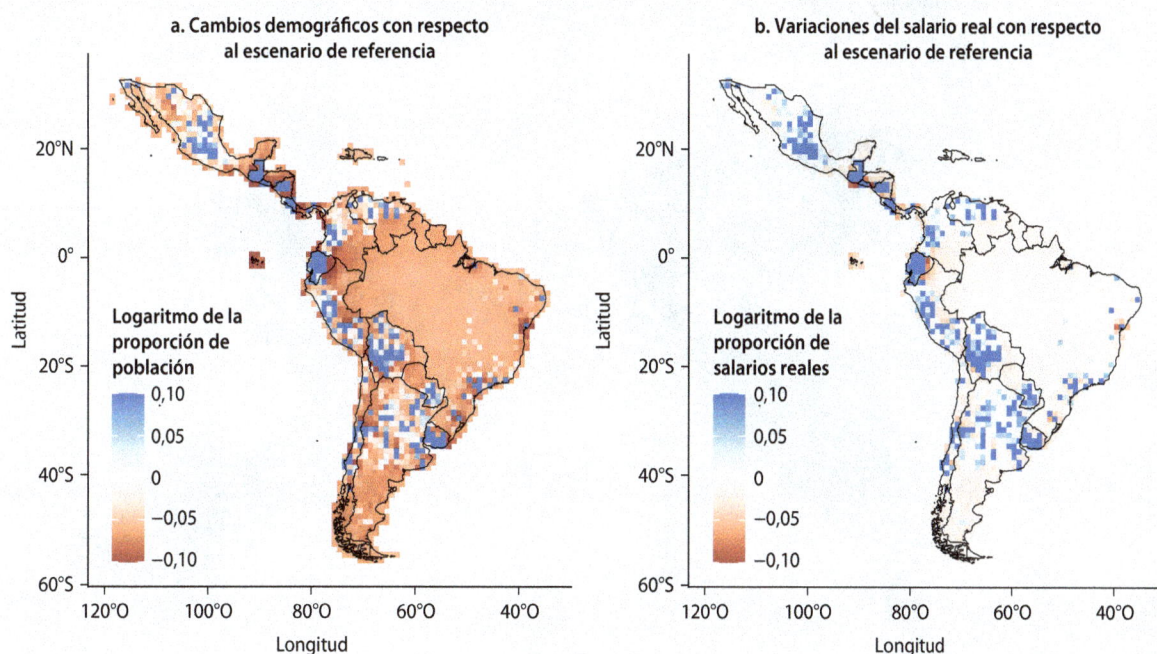

a. Cambios demográficos con respecto al escenario de referencia

b. Variaciones del salario real con respecto al escenario de referencia

Fuente: Conte e Ianchovichina (2022), utilizando el modelo de equilibrio general espacial dinámico en Desmet, Nagy y Rossi-Hansberg (2018) y las reducciones óptimas de los costos comerciales de Gorton e Ianchovichina (2021).

Nota: Los mapas muestran la relación logarítmica entre el nivel de población (o salarios reales) a nivel de las celdas cuadriculadas en la simulación con recortes óptimos en los costos comerciales y el escenario de referencia sin recortes. Los valores superiores a cero indican resultados más altos, y los valores inferiores a cero indican resultados más bajos en la simulación con menores fricciones comerciales.

parte a Perú, algo menos de un cuarto a Ecuador y el resto, a Bolivia. Afortunadamente, en los países que realizaron el grueso de las inversiones —Brasil, Colombia y Perú—, las mejoras potencian de manera óptima la conectividad vial tanto interna como transnacional (Gorton e Ianchovichina, 2021). Así, existe una alineación entre las necesidades internas y regionales de mejorar la conectividad vial interurbana[48]. Los mayores beneficios de las inversiones óptimas adicionales se registran en Bolivia y Paraguay, los miembros sin litoral de los dos bloques comerciales.

Gracias a los servicios de internet de alta velocidad y las tecnologías digitales para compartir datos y colaborar, hoy es posible trabajar de forma remota y realizar a través de la modalidad virtual muchos trabajos que antes requerían la interacción cara a cara. Dichos recursos fueron especialmente útiles para ayudar a las personas a hacer frente a las restricciones de movilidad durante la pandemia de COVID-19. A su vez, el teletrabajo ha disminuido drásticamente la necesidad de viajes interurbanos e intraurbanos, en particular durante las horas pico de actividad, lo que ha reducido la congestión y permitido a los teletrabajadores evitar viajes largos y costosos a los lugares de trabajo. Las nuevas estimaciones, presentadas en el capítulo 4, sugieren que los habitantes de la región de ALC recurrieron a este mecanismo de respuesta en mucha menor medida que los de las economías que integran la Organización para la Cooperación y el Desarrollo Económicos (OCDE). En estas economías, antes de la pandemia, entre el 15 % y el 38 % de los trabajadores tenían empleos en los que se permitía el teletrabajo, mientras que en ALC esta tasa se ubicaba por debajo del 14 % (Montañés y otros, 2021).

MAPA PG.7 **Mejoras óptimas en las redes viales transnacionales, el Mercosur y la Comunidad Andina**

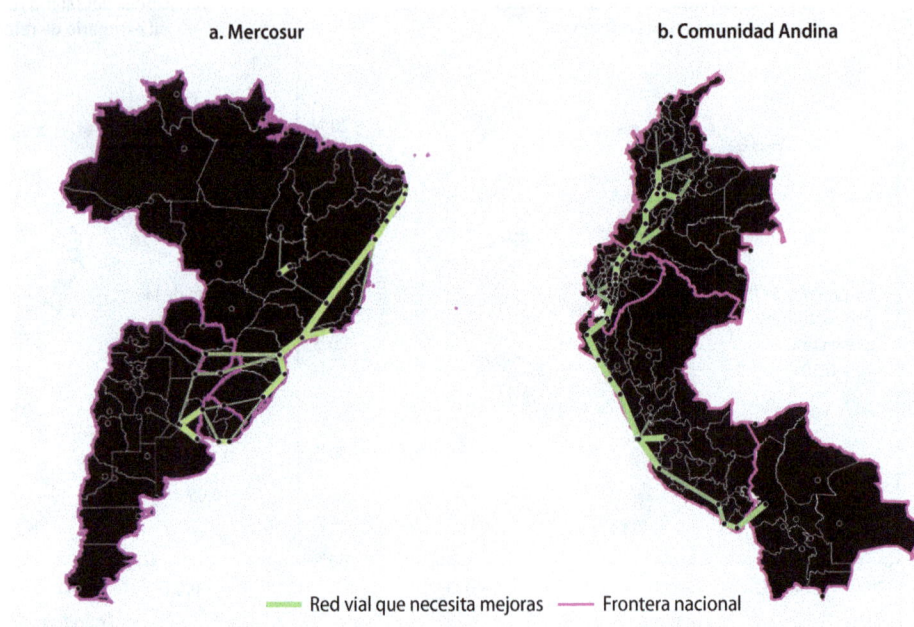

a. Mercosur

b. Comunidad Andina

—— Red vial que necesita mejoras   —— Frontera nacional

Fuente: Gorton e Ianchovichina (2021), utilizando el modelo de equilibrio general espacial de Fajgelbaum y Schaal (2020).
Nota: El Mercosur es un bloque comercial sudamericano cuyos miembros plenos son Argentina, Brasil, Paraguay y Uruguay. La Comunidad Andina es una zona de libre comercio que incluye a Bolivia, Colombia, Ecuador y Perú. Los segmentos de la red vial identificados en verde necesitan mejoras. Cuanto más gruesa y brillante es la línea, mayores son las inversiones.

Las diferencias territoriales en la prevalencia del teletrabajo también son importantes, ya que reflejan diferencias en la disponibilidad de empleos en los que se permite dicha modalidad, así como en la infraestructura digital y de tecnología de la información y las comunicaciones, y la asequibilidad de los servicios de internet. Además de que en muchas comunidades pobres y rurales los servicios de internet resultan inaccesibles, sus habitantes son quienes menos probabilidades tienen de conseguir empleos en los que se permite el teletrabajo, debido a la falta de habilidades y a la baja prevalencia de este tipo de empleos en la economía rural y en áreas urbanas pequeñas. En varios países latinoamericanos también hay importantes déficits de acceso a internet en las zonas urbanas. El porcentaje de trabajadores urbanos con empleos en los que se permite el teletrabajo, pero sin acceso a internet en el hogar es mayor en Bolivia, Colombia, Guatemala, México y Nicaragua (gráfico PG.12).

Divisiones urbanas

Las ciudades de ALC son desiguales[49] y están divididas[50] en zonas pobres y prósperas geográficamente distantes (mapa PG.8). El lugar donde viven las personas en las ciudades refleja las preferencias de los trabajadores más calificados por mejores opciones en los barrios acomodados (gráfico PG.13) y su capacidad para afrontar un costo de vida más elevado[51]. Sin embargo, como se muestra en la bibliografía sobre economías avanzadas, la segregación residencial tiene efectos negativos bien conocidos sobre la escolaridad (Baum-Snow y Lutz, 2011; Katz, Kling y Liebman, 2001), la salud (Acevedo-García y otros, 2003; Alexander y Currie, 2017), la igualdad de oportunidades (OCDE, 2018), la movilidad intergeneracional (Chetty, Hendren y Katz, 2016), los flujos de información (Glaeser, 1994) y el capital social (Chetty y otros, 2022; Granovetter, 1973). Los lazos fuertes

GRÁFICO PG.12 **Trabajadores rurales y urbanos con empleos adecuados para el teletrabajo, pero sin acceso a internet en el hogar, región de ALC**

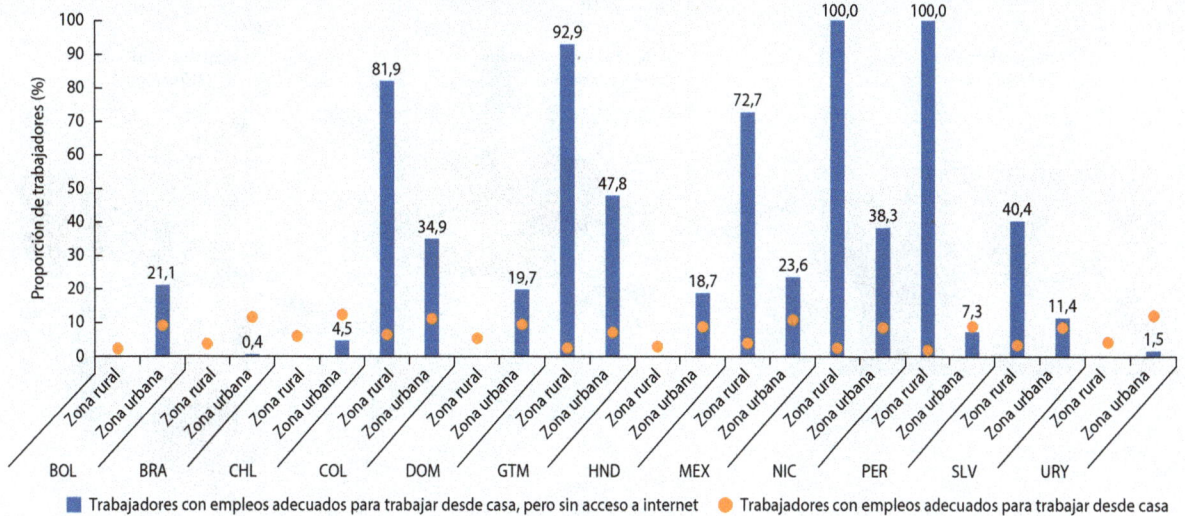

Fuente: Montañés y otros (2021), a partir de los datos de las encuestas de hogares de la Base de Datos Socioeconómicos para América Latina y el Caribe (Centro de Estudios Distributivos, Laborales y Sociales y Banco Mundial, https://www.cedlas.econo.unlp.edu.ar/wp/en/estadisticas/sedlac/).
Nota: En el caso de Bolivia, la República Dominicana y Honduras, el porcentaje nulo de trabajadores que tienen empleos que permiten trabajar desde casa, pero carecen de acceso a internet en el hogar indica que no hay personas con empleos adecuados para el teletrabajo. En el caso de Brasil, Chile y Uruguay, el porcentaje nulo indica que todos los trabajadores con empleos adecuados para el trabajo desde casa tienen acceso a internet en el hogar. Para las siglas y abreviaturas de países, consulte la página de la Organización Internacional de Normalización (ISO): https://www.iso.org/obp/ui/es/#search.

con amigos y vecinos son de poca utilidad si no hay recursos para compartir o buenos empleos disponibles (Granovetter, 1973). Por el contrario, tener lazos fuertes con un conjunto diverso de amigos durante las etapas formativas de la vida puede ayudar a mejorar la situación socioeconómica de las personas durante la edad adulta (Chetty y otros, 2022).

Esas divisiones y sus efectos en la productividad urbana de América Latina no se comprenden en toda su dimensión. A partir de datos recientemente disponibles de censos de población y encuestas de ciudades, en el capítulo 6 se analizan las desigualdades socioeconómicas y la segregación residencial en las ciudades más grandes de ALC y la medida en que restringen el alcance geográfico de las economías de aglomeración urbanas y dan lugar a una mala asignación agravada por la informalidad.

Este estudio proporciona evidencias de que los habitantes pobres de ciudades latinoamericanas a menudo enfrentan múltiples privaciones en términos de acceso a infraestructura básica y servicios públicos en sus barrios. Tanto en Colombia como en México, el acceso limitado a una vivienda digna es la principal fuente de vulnerabilidad socioeconómica, que se ve agravada por la insuficiencia de los servicios educativos en Colombia y las malas condiciones del mercado laboral en México. Los patrones geográficos también revelan vulnerabilidades superpuestas. Por ejemplo, en Bogotá, los hogares vulnerables en términos de educación, vivienda y condiciones del mercado laboral se concentran en el sur de la ciudad, mientras que los hogares más acomodados se encuentran en el norte (mapa PG.8, panel b). En las principales ciudades de México, la vulnerabilidad socioeconómica suele ser baja en el centro y alta en las afueras (mapa PG.8, panel c).

MAPA PG.8   **Pobreza y vulnerabilidad socioeconómica en los barrios de las áreas metropolitanas de mayor tamaño de Brasil, Colombia y México**

a. Brasil, 2010

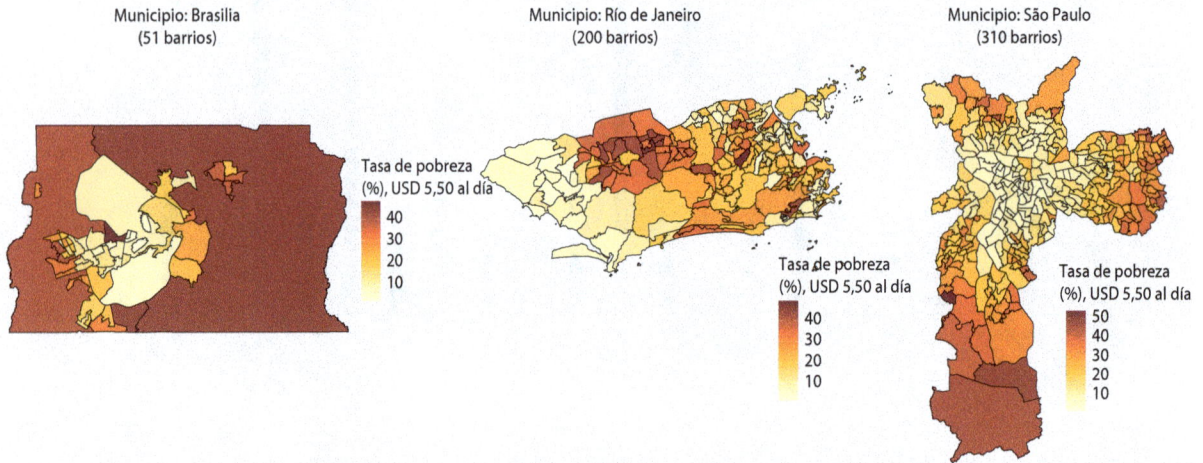

Municipio: Brasilia
(51 barrios)

Municipio: Río de Janeiro
(200 barrios)

Municipio: São Paulo
(310 barrios)

Tasa de pobreza
(%), USD 5,50 al día

40
30
20
10

b. Colombia, 2018

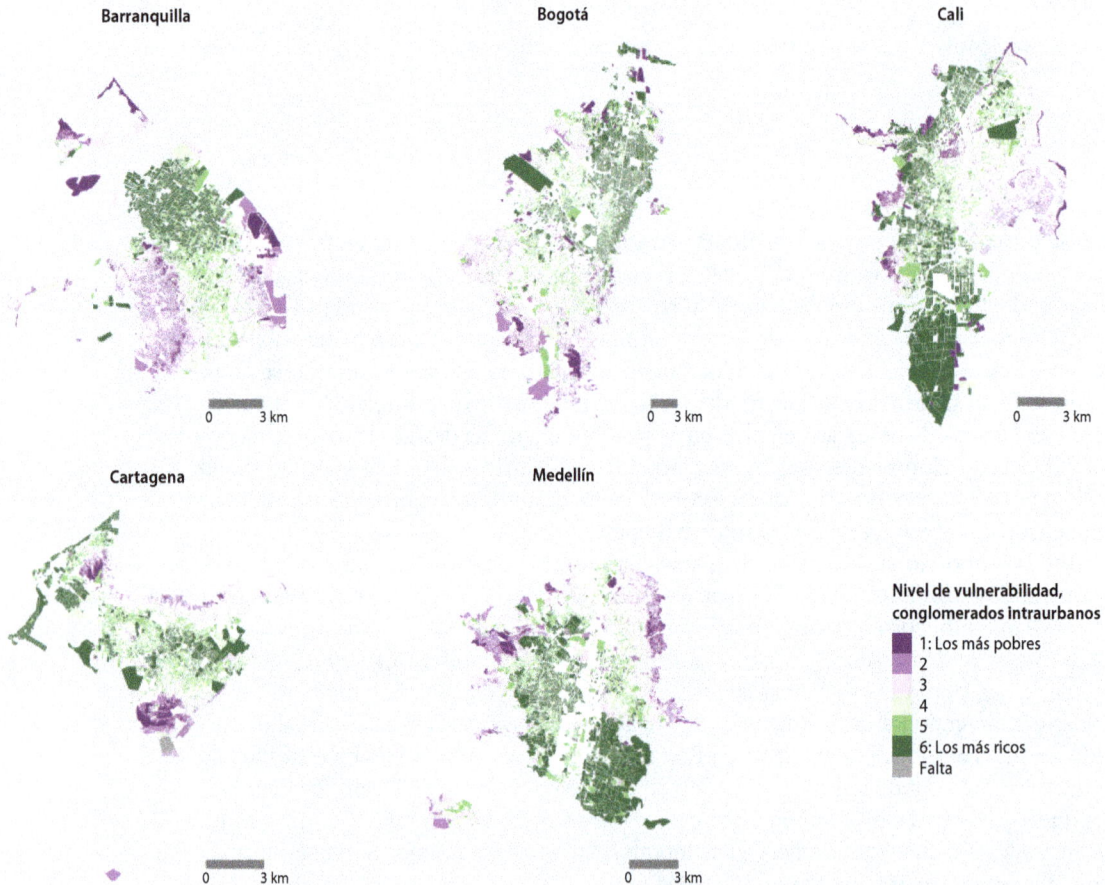

Barranquilla

Bogotá

Cali

0   3 km

Cartagena

Medellín

0   3 km

Nivel de vulnerabilidad, conglomerados intraurbanos

1: Los más pobres
2
3
4
5
6: Los más ricos
Falta

(El mapa continúa en la página siguiente)

MAPA PG.8 **Pobreza y vulnerabilidad socioeconómica en los barrios de las áreas metropolitanas de mayor tamaño de Brasil, Colombia y México** *(continuación)*

c. México, 2020

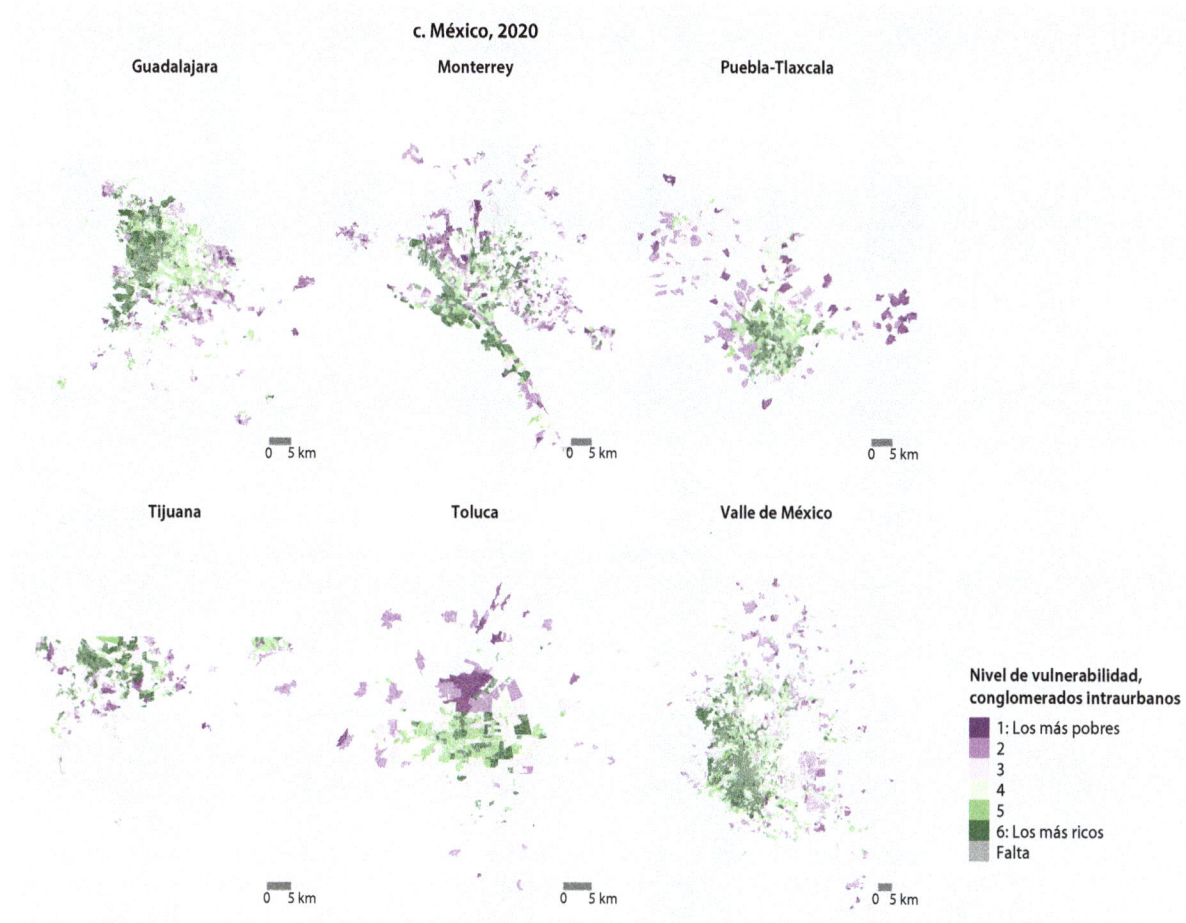

Guadalajara · Monterrey · Puebla-Tlaxcala · Tijuana · Toluca · Valle de México

0 5 km

Nivel de vulnerabilidad, conglomerados intraurbanos
- 1: Los más pobres
- 2
- 3
- 4
- 5
- 6: Los más ricos
- Falta

Fuentes: Panel a: Van der Weide, Ferreira de Souza y Barbosa (2020); panel b: Duque y otros (2021); panel c: Duque, Lozano-Gracia, García y otros (2022).

En las ciudades divididas, las primas de productividad por ubicación varían de un barrio a otro. En Bogotá, las primas de productividad de los barrios solo son positivas en el distrito central de negocios donde se encuentran las empresas más grandes y mejor consolidadas, o cerca de dicho distrito, y son negativas en la zona sur pobre de la ciudad, donde las empresas suelen ser establecimientos pequeños, informales y familiares (mapa PG.9). Este resultado coincide con otras evidencias empíricas presentadas en este estudio que muestran que las empresas grandes y de larga trayectoria se benefician relativamente más de las economías de aglomeración que las pequeñas y menos consolidadas (gráfico PG.7). Si bien el sistema de autobuses de TransMilenio ha aliviado los problemas de conectividad desde el año 2000, Bogotá sigue siendo la ciudad más congestionada del mundo (cuadro PG.1). Los viajes largos y costosos limitan el acceso de los trabajadores que viven en barrios de bajos ingresos y mal conectados a trabajos productivos en el centro de la ciudad. Las deficiencias en la infraestructura básica y los servicios públicos de los barrios marginales también aumentan el riesgo de enfermedades, delitos y daños por desastres naturales, reduciendo así la empleabilidad y productividad de los habitantes de bajos ingresos de Bogotá.

GRÁFICO PG.13 **Relación entre la cantidad de trabajadores de un lugar con la proporción de calles con elementos que mejoran la calidad de vida en dicho lugar, por nivel de habilidad, Ciudad de México**

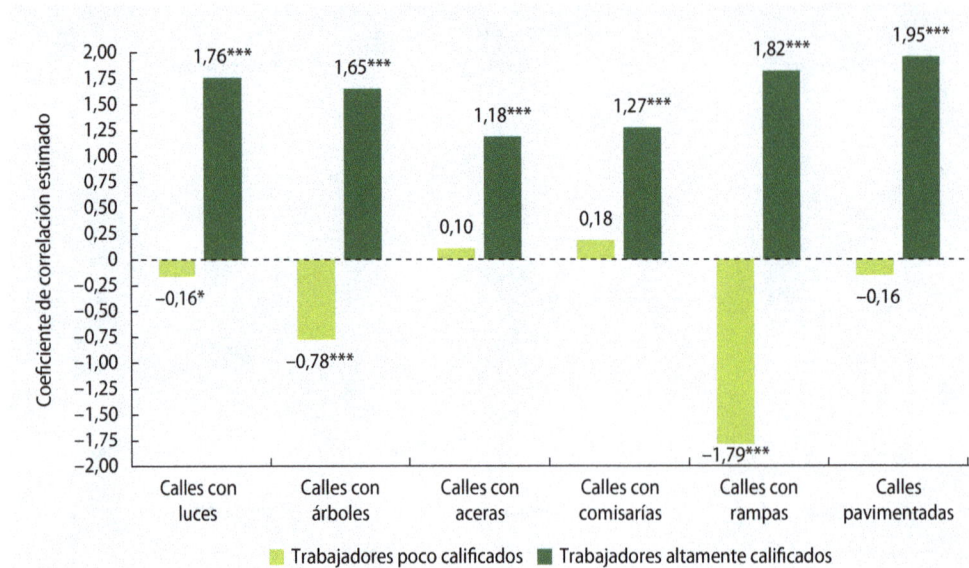

Fuente: Ianchovichina y Zárate (2021).
Nota: En el gráfico se muestra que en los lugares donde viven muchos trabajadores poco calificados suele haber una baja proporción de calles con elementos que mejoran la calidad de vida, como luces, árboles y rampas. Por el contrario, en los lugares donde viven muchos trabajadores altamente calificados se observa una gran proporción de calles con diversos elementos de ese tipo. La cantidad de trabajadores se calcula a nivel censal, y la proporción de calles con un elemento específico que mejora la calidad de vida se calcula a nivel de las alcaldías.
Nivel de importancia: * = 10 %, *** = 1 %.

En una ciudad mal conectada, la segregación residencial puede dar lugar a la segregación en el mercado laboral si gran parte de la población puede acceder a solo una fracción de todos los empleos de la ciudad dentro de parámetros razonables en lo que respecta a tiempo y costos de viaje[52]. Si los habitantes de bajos ingresos de zonas periféricas eligen trabajar de manera informal cerca de sus hogares (Suárez, Murata y Campos, 2015) y comprar en tiendas informales locales (Bachas, Gadenne y Anders, 2020), la segregación residencial en el mercado laboral también puede generar una asignación espacial inadecuada debido a las trampas de la informalidad[53]. Las divisiones también crean barreras informativas entre la economía formal y la informal, reduciendo aún más el potencial de productividad de una ciudad (Glaeser, 1994).

Ciudad de México ilustra este patrón de segregación. Los trabajadores de bajos ingresos de la ciudad viven y trabajan principalmente en la periferia, donde la mayoría de los empleos son informales, mientras que los trabajadores de ingreso mediano alto y alto viven y trabajan en lugares céntricos, donde predomina la economía formal (mapa PG.10). Asimismo, los trabajadores de bajos ingresos viajan principalmente a destinos ubicados en la periferia, y los habitantes más acomodados tienden a viajar a destinos ubicados en el centro (mapa PG.11). La división de la ciudad en un núcleo formal y una periferia informal da lugar a una mala asignación de recursos. Las consiguientes pérdidas de eficiencia pueden reducirse mejorando la conectividad desde el centro de la ciudad hasta su periferia. Se estima que una nueva línea de metro que conecte los barrios periféricos de Ciudad de México con ubicaciones centrales mejoraría el bienestar general en un 1,3 % y reduciría la informalidad total en 4 puntos porcentuales (Zárate, 2022). La mejora de la conectividad

MAPA PG.9   Primas de productividad del vecindario y distancia a las estaciones de autobuses más cercanas de TransMilenio (TM), Bogotá

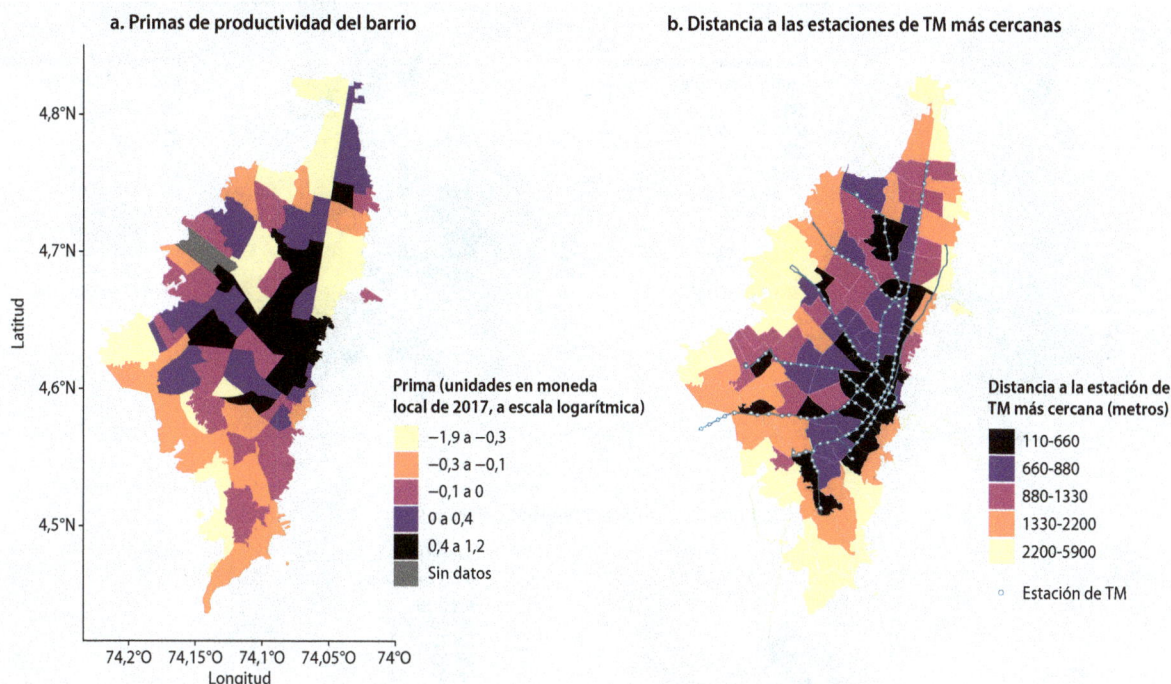

a. Primas de productividad del barrio

b. Distancia a las estaciones de TM más cercanas

Fuente: Heil, Ianchovichina y Quintero (2022), tomando como base la Encuesta Multipropósito de 2017, https://www.sdp.gov.co/gestion-estudios-estrategicos/estudios-macro/encuesta-multiproposito.
Nota: Cada unidad de planeamiento zonal (UPZ) o barrio tiene una superficie media de 4,5 kilómetros cuadrados. Las primas de productividad a nivel de las UPZ constituyen la fracción de los salarios por hora que no pueden explicarse por características individuales observables no geográficas (transferibles).

con las zonas de bajos ingresos compensaría cualquier efecto de desplazamiento causado por el aumento de los precios de la vivienda y los alquileres cerca de las estaciones de metro inauguradas recientemente[54]. Mientras tanto, un aumento del 15 % en la cantidad de viviendas asequibles para trabajadores de bajos ingresos en las ubicaciones centrales de Ciudad de México podría incrementar el bienestar general en un 1,6 % y reducir la informalidad general en 1,5 puntos porcentuales (Ianchovichina y Zárate, 2021). Sin embargo, estas medidas pueden ser insuficientes para abordar el problema que plantea la economía urbana dual. Los proyectos de viviendas asequibles en el distrito central de negocios de Ciudad de México, como el Bando 2, han resultado difíciles de implementar. Es posible que también sea necesario realizar esfuerzos para abordar el delito y resolver las deficiencias de larga data en la infraestructura básica y los servicios públicos. Además, la proximidad a los puestos de trabajo puede no ser suficiente para mejorar los medios de subsistencia. Nuevos datos de Argentina indican que para ayudar a los habitantes de barrios marginales a encontrar mejores empleos se necesita la intermediación en el mercado laboral combinada con mejoras de los niveles de vida.

Hoja de ruta sobre políticas

En el presente estudio se identifican tres desafíos relacionados con la productividad espacial que limitan el crecimiento económico en América Latina: 1) la desindustrialización de las

MAPA PG.10 **Divisiones espaciales en Ciudad de México: Un núcleo moderno y una periferia informal**

a. Tasas de informalidad, trabajadores

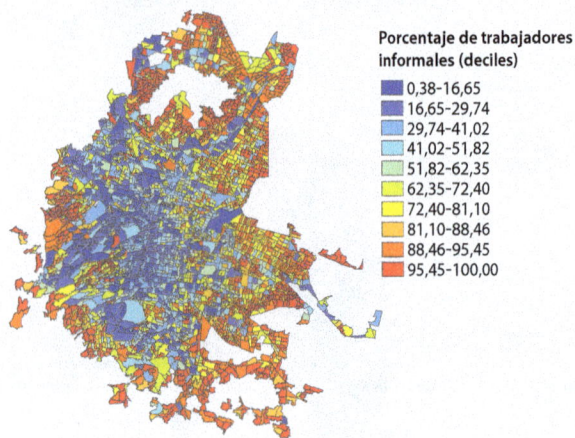

Porcentaje de trabajadores
informales (deciles)

- 0,38-16,65
- 16,65-29,74
- 29,74-41,02
- 41,02-51,82
- 51,82-62,35
- 62,35-72,40
- 72,40-81,10
- 81,10-88,46
- 88,46-95,45
- 95,45-100,00

b. Tasas de informalidad, habitantes

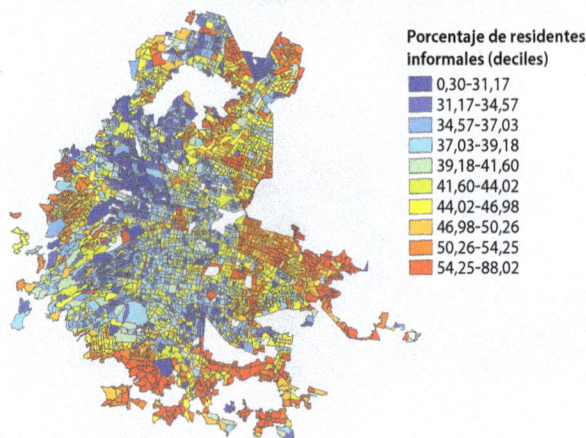

Porcentaje de residentes
informales (deciles)

- 0,30-31,17
- 31,17-34,57
- 34,57-37,03
- 37,03-39,18
- 39,18-41,60
- 41,60-44,02
- 44,02-46,98
- 46,98-50,26
- 50,26-54,25
- 54,25-88,02

c. Número de trabajadores poco calificados

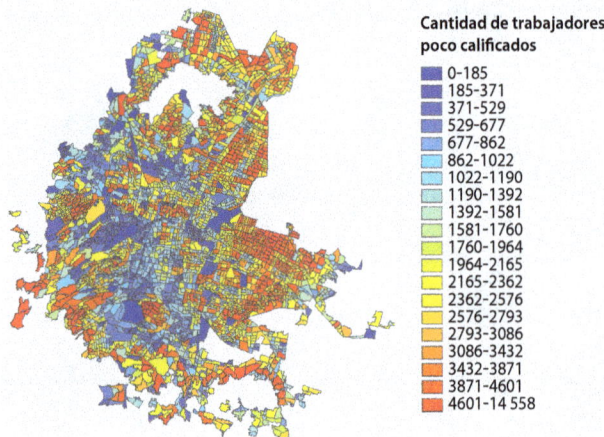

Cantidad de trabajadores
poco calificados

- 0-185
- 185-371
- 371-529
- 529-677
- 677-862
- 862-1022
- 1022-1190
- 1190-1392
- 1392-1581
- 1581-1760
- 1760-1964
- 1964-2165
- 2165-2362
- 2362-2576
- 2576-2793
- 2793-3086
- 3086-3432
- 3432-3871
- 3871-4601
- 4601-14 558

Fuentes: Paneles a y b: Zárate (2022); panel c: Ianchovichina y Zárate (2021).
Nota: Los mapas muestran las tasas de informalidad de trabajadores y residentes y la cantidad de trabajadores poco calificados en cada sección censal.

ciudades, 2) los problemas de conectividad interurbana e intraurbana y 3) las divisiones dentro de las ciudades. También se presentan varias conclusiones analíticas clave.

Entre principios de la década de 2000 y fines de la de 2010, la desigualdad regional se vio reducida por una notable convergencia en los ingresos laborales y la productividad territorial dentro de los países[55]. Esta disminución trae consigo aspectos positivos y negativos. La buena noticia es que las regiones relativamente pobres y predominantemente rurales comenzaron a ponerse al día gracias a las mejoras en la productividad agrícola y el aumento de las inversiones de capital en la minería durante el auge de los productos básicos de la década de 2000. La mala noticia es que el crecimiento de la productividad urbana fue relativamente débil en muchas zonas.

La convergencia ha reducido las disparidades de ingresos con las principales áreas metropolitanas, incluidas las brechas que podrían aprovecharse migrando a dichos lugares,

MAPA PG.11   Destinos de viaje, por grupo de ingreso, Ciudad de México

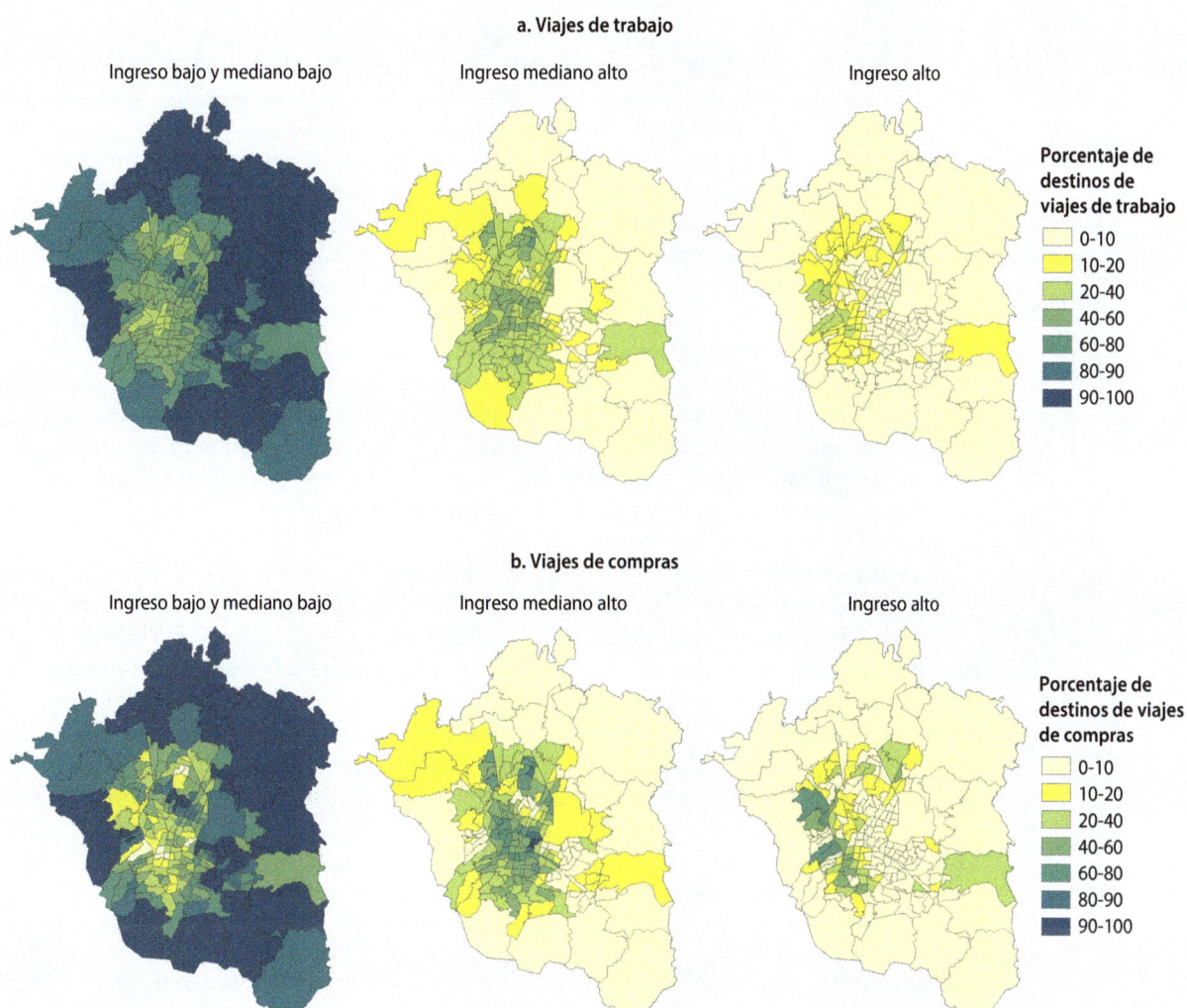

a. Viajes de trabajo

Ingreso bajo y mediano bajo   Ingreso mediano alto   Ingreso alto

Porcentaje de destinos de viajes de trabajo
- 0-10
- 10-20
- 20-40
- 40-60
- 60-80
- 80-90
- 90-100

b. Viajes de compras

Ingreso bajo y mediano bajo   Ingreso mediano alto   Ingreso alto

Porcentaje de destinos de viajes de compras
- 0-10
- 10-20
- 20-40
- 40-60
- 60-80
- 80-90
- 90-100

Fuente: Ianchovichina y Zárate (2021).
Nota: El ingreso se estima de forma indirecta teniendo en cuenta el estatus de tres grupos socioeconómicos: de ingreso bajo y mediano bajo, de ingreso mediano alto, y de ingreso alto.

que se desindustrializaron pero continuaron atrayendo migrantes. Entre el 40 % más pobre de la distribución del ingreso, estas brechas se han vuelto insignificantes en la mayoría de los países latinoamericanos, excepto Bolivia, Brasil, Panamá y Perú, donde las disparidades regionales siguen siendo grandes.

La desindustrialización ha limitado el crecimiento inclusivo orientando el empleo urbano hacia actividades no comercializables, menos dinámicas y de baja productividad. El cambio ha limitado el crecimiento de la productividad laboral a nivel nacional, dado que la fuerza laboral de la región es mayormente urbana. También ha limitado la productividad de los lugares urbanos, debido a que los bienes y servicios no comercializables tienden a verse beneficiados en menor medida por las economías de aglomeración que los bienes y servicios urbanos, y los beneficios de la aglomeración se reducen más rápidamente con el aumento de la congestión, que es un problema importante en las ciudades más grandes de la región.

La deficiente conectividad interurbana ha desacelerado el aumento de la productividad tanto urbana como a nivel nacional restringiendo el acceso a los mercados, la especialización, los efectos secundarios de los conocimientos y las economías de aglomeración. Los costos relativamente altos del transporte interurbano reflejan una gran cantidad de problemas, entre ellos, la escasez y distribución ineficiente de las inversiones en mejoras viales, los problemas con el retorno de carga, la competencia imperfecta, las regulaciones gubernamentales y las fricciones en materia de información. Las tecnologías digitales pueden aprovecharse para superar las deficiencias de la infraestructura de transporte, pero los avances de la región en la ampliación del acceso a servicios de internet de alta velocidad asequibles, sobre todo entre el 40 % más pobre de la población y las comunidades rurales, han sido lentos.

Las divisiones dentro de algunas de las principales áreas metropolitanas de América Latina —reforzadas por largos y costosos desplazamientos— afectan la productividad urbana, dado que limitan el alcance geográfico de las economías de aglomeración y generan una asignación inadecuada de recursos debido a las trampas de la informalidad en las zonas de bajos ingresos, a menudo periféricas, de las ciudades. Las deficiencias en la infraestructura básica y los servicios públicos en los barrios de bajos ingresos también reducen la empleabilidad, la productividad y la resiliencia de los trabajadores que viven en esas zonas, dado que contribuyen a que estén más expuestos a las conmociones climáticas, las enfermedades y los delitos.

El análisis espacial presentado en este estudio tiene varias implicaciones importantes para la política económica. El modelo de desarrollo de América Latina impulsado por los recursos generó convergencia en la productividad territorial y los niveles de vida, pero solo permitió lograr un breve crecimiento económico durante la década dorada. Para acelerar el crecimiento de manera sostenible e inclusiva y escapar de la trampa del ingreso mediano, la región necesita combinar su modelo de desarrollo impulsado por los recursos con uno que permita provechar mejor las habilidades y el trabajo de los trabajadores urbanos. Para elaborar un modelo de desarrollo de dos dimensiones será necesario mejorar la productividad y competitividad de la economía urbana y aumentar la eficiencia con que los países transforman el patrimonio natural en capital humano, infraestructura e instituciones. Si la región lleva a cabo estas tareas exitosamente, el crecimiento económico se verá impulsado por dos motores —el urbano y el rural— y superará los bajos niveles del pasado sin una divergencia territorial en los niveles de vida. Sin embargo, la transición a un modelo de desarrollo de dos dimensiones depende de que los países puedan superar desafíos multidimensionales en materia de desarrollo en todas las escalas geográficas —local, regional y nacional— en un contexto en el que la combinación de cuestiones varía en importancia de un país a otro.

Prioridades nacionales en materia de competitividad

Los países deben abordar las *deficiencias de competitividad a nivel nacional* que limitan el crecimiento de los bienes y servicios urbanos comercializables. Los Gobiernos deben proteger la estabilidad macroeconómica[56], mejorar la calidad de la educación pública y el acceso a ella[57], abordar la falta de habilidades[58], impulsar la capacidad de innovación a nivel nacional[59] y reducir las distorsiones normativas y regulatorias. Es posible atraer inversiones de calidad y estimular el crecimiento de las exportaciones simplificando las regulaciones y haciéndolas más previsibles, aumentando la transparencia de los marcos jurídicos y la protección de la propiedad, reforzando la política de competencia, mejorando el acceso al financiamiento, fortaleciendo el Estado de derecho, facilitando el comercio y la inversión, y armonizando las reglamentaciones locales con las normas internacionales[60]. La mejora del estado de la infraestructura de conectividad internacional y la logística (como puertos y carreteras) también ayudará a fortalecer la competitividad de las exportaciones de la región[61] permitiendo a las empresas latinoamericanas aprovechar los cambios globales en la producción, como los vinculados al crecimiento verde[62], la impresión 3D y los esfuerzos dirigidos a aumentar la importancia de los servicios en la manufactura[63]. El escaso aumento de la proporción de empleo correspondiente a los servicios comercializables durante los últimos 30 años indica que la región también debe implementar reformas integrales que aceleren la competencia y la innovación en dichos sectores, además de cerrar las brechas de habilidades que limitan la disponibilidad de personal capacitado en ellos.

Los avances en estas áreas deberían ir acompañados del fortalecimiento de las instituciones nacionales que pueden ayudar a gestionar la volatilidad de los ingresos provenientes de los productos básicos, siguiendo el ejemplo de Chile, que ha creado instituciones de alta calidad con este propósito, además de brindar servicios sociales y regular el sector privado (Gill y otros, 2014). En un contexto de margen fiscal limitado y prioridades contrapuestas, el uso eficiente de los ingresos derivados de los recursos es crucial para que los países puedan financiar las necesidades de infraestructura de la región, que, según las estimaciones, representarán el 3,4 % del PIB regional por año durante el período 2015-30 (Rozenberg y Fay, 2019).

Otra prioridad es mejorar los sistemas fiscales intergubernamentales. En un informe del Banco Interamericano de Desarrollo y la Comisión Económica para América Latina y el Caribe (CEPAL) (2022) se señala que la participación subnacional en el gasto público agregado de la región se duplicó entre 1985 y 2010, y se estabilizó en un 26 % en 2019. Pero los Gobiernos subnacionales tienen facultades tributarias limitadas y siguen dependiendo en gran medida de las transferencias del Gobierno central para financiar la educación, la salud, el transporte, la seguridad y muchos otros servicios comunitarios esenciales. Es, por lo tanto, esencial no solo mejorar la eficiencia del gasto subnacional y la capacidad de los Gobiernos regionales y locales para movilizar sus propios recursos, sino también mejorar la coordinación intergubernamental, clarificar las responsabilidades de los diferentes niveles de gobierno y fortalecer los marcos de responsabilidad fiscal de manera tal de proteger la inversión pública subnacional y permitir el acceso responsable de los Gobiernos subnacionales a los mercados financieros.

Prioridades de integración regional

Las mejoras en la infraestructura de transporte interno pueden reducir los costos del transporte interurbano y generar beneficios sustanciales en los ingresos y el bienestar (Conte e Ianchovichina, 2022; Gorton e Ianchovichina, 2021). La coordinación de las mejoras nacionales con los asociados regionales podría mejorar la conectividad transnacional y así generar beneficios adicionales en términos de producción sin aumentar significativamente los costos en que incurra cada país. Se prevé que los beneficios de dichas mejoras serán considerables, pero los costos de inversión estimados también lo son (Rozenberg y Fay, 2019). Muchos países tendrán que complementar estas inversiones en infraestructura de transporte con inversiones en servicios ambientales para abordar, por ejemplo, los problemas asociados a las inundaciones.

En vista de que los proyectos de infraestructura avanzan lentamente y requieren recursos financieros considerables que a menudo son insuficientes debido a las prioridades contrapuestas, los Gobiernos deberían eliminar las regulaciones que limitan la competencia en el sector del transporte y mantienen los precios elevados a lo largo de ciertas rutas. También deberían alentar inversiones complementarias en bienes y servicios públicos locales. Por ejemplo, en India, los avances en la actividad económica asociados a la construcción del Cuadrilátero Dorado son mayores en los distritos que cuentan con mejor acceso a la educación y a los servicios financieros (Das y otros, 2019; Ghani, Grover y Kerr, 2013).

En Argentina, estas inversiones complementarias han incrementado los efectos de las inversiones viales en el bienestar a lo largo de los corredores que unen Buenos Aires con el noroeste y la Mesopotamia en alrededor de un 45 % y un 65 %, respectivamente (Banco Mundial, 2020). Además, deberían acelerarse las inversiones en conectividad de las TIC. Cerrar las brechas de educación, conocimiento e información con las principales áreas metropolitanas contribuirá a la difusión tecnológica y aumentará la empleabilidad de los habitantes de regiones rezagadas y su potencial para beneficiarse de la migración y el empleo en los centros urbanos regionales y nacionales.

Prioridades locales en materia de productividad

¿Cómo pueden las ciudades de ALC impulsar el aumento de la productividad a nivel nacional? El promedio relativamente bajo de las primas de productividad urbana de la región (gráfico PG.6) y su avanzado nivel de urbanización implican un aumento limitado de la productividad a nivel nacional derivado de la migración de las zonas rurales a las urbanas, salvo en algunos de los países de ingreso bajo de ALC, donde la agricultura todavía emplea a un gran segmento de la población. Para aumentar la contribución de las ciudades al aumento de la productividad, más zonas urbanas de ALC deben convertirse en ciudades de producción, donde las actividades comercializables prosperen y generen efectos positivos en la productividad y el empleo. Dos ejemplos de ciudades estadounidenses que han aumentado con éxito su productividad a lo largo de los años son Boston y Pittsburgh. En Boston, diferentes tipos de capital humano y una base industrial diversificada han contribuido a que la ciudad se vuelva más próspera y resiliente durante los últimos tres siglos y medio (Glaeser, 2003). Pittsburgh ha demostrado que las ciudades desindustrializadas pueden recuperarse orientándose hacia los servicios urbanos comercializables y mejorando su habitabilidad (King y Crommelin, 2021).

En un informe del Banco Mundial se identifican 750 ciudades "competitivas" que han proporcionado un entorno fértil para el crecimiento del sector privado y la creación de empleo productivo (Kilroy y otros, 2015). En los países de ingreso mediano bajo y mediano alto, estas ciudades son, en su mayoría, ciudades de producción especializadas en manufacturas y servicios comercializables. Entre 2005 y 2010, muchas ciudades competitivas superaron las medias nacionales en términos de crecimiento del empleo (73 %), pero fueron menos las que lo lograron en términos de productividad (42 %) y crecimiento de la producción (50 %), y una proporción mucho menor de ciudades supercompetitivas superó las medias nacionales en las tres áreas (18 %), lo que indica que existen compensaciones entre dichas áreas. No se observaron tales compensaciones entre el crecimiento del empleo en los sectores de bienes y servicios comercializables y no comercializables (Kilroy y otros, 2015)[64]. Las ciudades en las que el crecimiento del empleo en los sectores de bienes y servicios comercializables fue más rápido también registraron un alto crecimiento del empleo en los sectores de bienes y servicios no comercializables. En ciudades menos competitivas, el crecimiento del empleo fue bajo en el sector de bienes y servicios comercializables y no comercializables (Kilroy y otros, 2015).

Si bien no hay ninguna receta para convertirse en una ciudad competitiva exitosa, Kilroy y otros (2015) señalan una serie de requisitos previos que pueden ayudar a las ciudades a reinventarse y ser competitivas, entre ellos, instituciones locales adecuadas, apoyo y financiamiento empresarial, habilidades e innovación, e infraestructura y acceso a la tierra. Los Gobiernos locales de ciudades competitivas facilitan y agilizan la concesión de permisos; garantizan la seguridad pública y el cumplimiento de la ley, así como el acceso a servicios esenciales, como agua, saneamiento, carreteras de acceso y electricidad; proporcionan terrenos y espacios de oficina de bajo costo, buenos servicios de logística y capacitación en habilidades, y superan con éxito los problemas de fragmentación que podrían obstaculizar el progreso o aumentar los costos de la prestación de servicios.

Las autoridades locales deben incrementar el suministro de infraestructura que mejore la movilidad intraurbana, que es baja en todas las ciudades de ALC, independientemente del tamaño, e implementar políticas que aborden la congestión. Según Rozenberg y Fay (2019), las autoridades de las ciudades pueden satisfacer la demanda de movilidad urbana con un costo de infraestructura relativamente bajo de alrededor del 0,45 % del PIB de la región a través de la planificación integrada del uso de la tierra y el transporte; una mayor utilización de los sistemas de transporte público integrados (que incluyen medios masivos como el metro y el tránsito rápido de autobuses), y la adopción de políticas que aumenten la ocupación ferroviaria, desalienten el transporte privado y mejoren la gestión del tráfico. Estos últimos incluyen: 1) cargos por congestión; 2) restricciones de vehículos de alta ocupación; 3) gestión de estacionamiento; 4) mejor acceso a infraestructura de internet y servicios digitales asequibles, rápidos y confiables, y 5) reducciones en los subsidios a los combustibles.

Los Gobiernos locales también deben seguir trabajando para mejorar la infraestructura urbana básica y el acceso a los servicios públicos, especialmente en los barrios pobres, donde los servicios son deficientes o inexistentes. Mejorar la habitabilidad de las ciudades de ALC generará crecimiento, ya que las ciudades más habitables atraen a trabajadores talentosos y calificados (Glaeser y Xiong, 2017). Se ha comprobado que invertir en aspectos que mejoran la experiencia del consumidor relacionados con el aire limpio, el transporte público, la educación pública y los servicios sanitarios estimula la actividad de innovación en las ciudades chinas (Zhang, Partridge y Song, 2020), mientras que las inversiones en capital humano y en bienes y servicios públicos desempeñan un papel importante en la actividad de patentamiento en las áreas metropolitanas de Estados Unidos, sobre todo en aquellas que tienen ventajas naturales limitadas (Mulligan, 2020).

Por último, pero no por eso menos importante, aunque los costos de entrada asociados con la vivienda no parecen generar pérdidas de eficiencia agregada sustanciales en la región de ALC, los Gobiernos locales deben seguir trabajando para mejorar la oferta de viviendas de calidad asequibles, que son escasas en los barrios de bajos ingresos. Al mismo tiempo, deberían abordar los problemas de larga data relacionados con la gestión de la tierra y establecer instituciones que garanticen la fluidez de los mercados de tierras. Michaels y otros (2021) concluyen que la división de la tierra en las afueras de las ciudades en parcelas conectadas a carreteras y redes de abastecimiento de agua permite el crecimiento de barrios con edificios más grandes y mejor diseñados, y viviendas de mejor calidad que zonas similares donde no se invirtió en infraestructura básica. Sin embargo, el debate sobre los méritos de mejorar y comenzar nuevos proyectos en barrios de bajos ingresos existentes (Duranton y Venables, 2020) está en curso, lo que sugiere que las prácticas de uso y gestión de la tierra urbana en la región de ALC siguen siendo áreas que requieren una mayor exploración.

En el presente estudio se identifican las prioridades en materia de políticas que requieren distinto grado de atención a nivel nacional, regional y local en todos los países de ALC. Dado que la cantidad de reformas e inversiones recomendables propuestas es elevada, los países deberán priorizar y diseñar estrategias que tengan en cuenta sus condiciones iniciales y circunstancias específicas. En este estudio no se analiza el cómo ni el quién de estas estrategias. En un estudio reciente de Grover, Lall y Maloney (2022) se brinda orientación sobre los pasos que deben seguir los Gobiernos para evaluar el mérito de las políticas focalizadas espacialmente y las principales partes interesadas con las que deben trabajar para progresar y aumentar las posibilidades de que los paquetes de reformas promuevan tanto la inclusión espacial como la transformación económica. En el informe de Kilroy y otros (2015) se hace lo mismo a nivel de las ciudades, detallando las partes interesadas y los pasos que las autoridades locales deben seguir para que las ciudades sean más competitivas.

Notas

1. América Latina incluye México y los países de América Central y del Sur. A lo largo del informe, la composición de los países en los agregados regionales varía según la disponibilidad de datos. En algunos casos, el informe incluye países del Caribe, que forman parte de los agregados regionales informados.

2. Entre los ejemplos se incluyen los análisis centrados en el papel que juegan las conmociones externas y la mala gestión macroeconómica (Goyal y Sahay, 2007; Vegh y otros, 2018); la asignación inadecuada de recursos sectoriales (Beylis y otros, 2020); la elevada desigualdad (Programa de las Naciones Unidas para el Desarrollo [PNUD], 2021); la elevada informalidad (Perry y otros, 2007), y los escasos esfuerzos de innovación de las empresas (Dutz, Almeida y Packard, 2018; Lederman y otros, 2014; Maloney y Rodríguez-Clare, 2007).

3. El período finaliza en 2019, antes del inicio de la pandemia de COVID-19 (coronavirus).

4. Véase Acemoglu y Dell (2010).

5. Véanse Aroca, Bosch y Maloney (2005), y González Rivas (2007).

6. Véanse Burger, Hendriks e Ianchovichina (2022), y Galvis y Meisel Roca (2010).

7. Véase Ferreira, Filho y Horridge (2006).

8. Véase Escobal y Ponce (2011).

9. Véanse Aroca, Bosch y Maloney (2005), y Bosch y otros (2003).

10. Véanse Serra y otros (2006), y Soto y Torche (2004).

11. El "síndrome holandés" puede obedecer a la apreciación del tipo de cambio real, la desigualdad en la distribución de los ingresos provenientes de los recursos naturales o la inestabilidad política, que desalienta las inversiones en manufacturas y servicios comercializables (Ianchovichina y Onder, 2017).

12. Los bienes y servicios comercializables urbanos comprenden las manufacturas y los servicios comercializables, como las finanzas, los seguros y los servicios de tecnología de la información. Todas las demás actividades urbanas son bienes y servicios no comercializables. Los bienes y servicios comercializables incluyen bienes y servicios comercializables urbanos y rurales (como los productos básicos agrícolas y mineros). Los servicios incluyen tanto servicios comercializables como no comercializables.

13. En consonancia con la naturaleza eficiente de la agricultura de América Latina, el auge de los productos básicos no condujo a la desurbanización, sino que solo desaceleró el ritmo de la migración de las zonas rurales a las urbanas (Rodríguez-Vignoli y Rowe, 2018).

14. Solo Chile liberalizó sus actividades a fines de los años setenta (1976).

15. En Brasil, los recortes arancelarios en los sectores de las manufacturas provocaron disminuciones importantes y prolongadas del empleo formal (Dix-Carneiro y Kovak, 2017).

16. Según Dix-Carneiro y Kovak (2019), en Brasil, las regiones más afectadas por la liberalización del comercio experimentaron inicialmente aumentos tanto en el desempleo como en el grado de informalidad, pero una década y media después no se observó ningún efecto en el desempleo y se produjo un gran impacto positivo en el empleo informal, sobre todo en el sector de bienes y servicios no comercializables, que actuó como amortiguador, absorbiendo a los desplazados por la crisis comercial. Estos resultados están respaldados por Ponczek y Ulyssea (2022).

17. Las localidades rurales son aquellas en las que el 50 % o más de los habitantes son rurales. Por lo tanto, algunas localidades predominantemente rurales pueden tener una proporción minoritaria de población urbana.

18. Véase Maloney y Caicedo (2016).

19. En el caso de China, véanse Baum-Snow y otros (2017); Etiopía, Grover (2019); e India, Dasgupta y Grover (2022).

20. Adão (2015) documenta un aumento de entre el 8 % y el 16 % en la prima salarial de los productos básicos en Brasil derivado del alza de los precios mundiales de los productos básicos que se registró entre 1991 y 2010.

21. Dix-Carneiro y Kovak (2017) explican esta erosión duradera de la productividad laboral señalando la pérdida de economías de aglomeración y la lenta reasignación de capital lejos de las zonas desindustrializadas debido a la lenta depreciación del capital y al flujo de nuevas inversiones a otras áreas.

22. Costa, Garred y Pessoa (2016) concluyen que el fuerte aumento de la productividad en China generó una feroz competencia de importaciones en los sectores manufactureros de Brasil, pero también creó una mayor demanda de exportaciones de productos básicos brasileños, lo que implica que las regiones productoras de estos productos se beneficiaron de la competencia china y que los principales centros urbanos de manufacturas experimentaron disminuciones. Determinar en qué medida los distintos factores que impulsaron la desindustrialización han contribuido a la reducción de la desigualdad territorial en la región de ALC excede el alcance del presente estudio. Los efectos de estas fuerzas son específicos tanto del contexto como del horizonte temporal y requieren una mirada profunda a las instituciones, la estructura económica y la organización de mercado de los países (Dix-Carneiro y Kovak, 2023; Goldberg, 2015).

23. En toda la región, más del 70 % de las zonas urbanas registra una densidad demográfica superior a la mediana mundial (Roberts, 2018).

24. La *prima de productividad por ubicación* es la fracción del ingreso laboral per cápita del hogar que no puede explicarse por características observables no geográficas (transferibles) de dicho hogar ni por los efectos de factores exógenos que varían con el tiempo. En este estudio, los siguientes términos se utilizan indistintamente: "primas por ubicación después de la selección", "primas por ubicación" y "productividad por ubicación".

25. Los aumentos estáticos de productividad provienen de las economías de aglomeración, mientras que los aumentos dinámicos provienen del aprendizaje en el trabajo. De la Roca y Puga (2017) aportan evidencias de que el valor adicional de la experiencia adquirida en las ciudades más grandes persiste después de abandonar la ciudad. Diamond (2016) concluye que los cambios en la demanda de trabajo local son la razón principal del aumento de la selección basada en el nivel de competencias, aunque en Estados Unidos entre 1980 y 2000 también se adaptaron los aspectos que mejoran la calidad de vida para reforzar este efecto.

26. Glaeser, Kolko y Saiz (2001) argumentan que las opciones que mejoran la experiencia del consumidor, como los restaurantes, las tiendas y los servicios públicos, son importantes para atraer empresas y trabajadores calificados, quienes tienden a generar mayores ingresos y a valorar más la calidad y variedad de las opciones. Las grandes ciudades ofrecen una mayor variedad y calidad de opciones, debido a que son mercados más grandes.

27. En promedio, como se muestra en el capítulo 2, la productividad urbana por ubicación es mucho menor que la productividad de la mano de obra urbana.

28. El desempeño de las ciudades más pequeñas (secundarias o intermedias) se ve socavado por una gran cantidad de otros problemas. Está fuera del alcance de este estudio evaluar las diferencias en las limitaciones al aumento de la productividad en las ciudades secundarias y primarias de la región, o proporcionar una lista completa de los factores que socavan el aumento de los bienes y servicios urbanos comercializables.

29. Duarte y Restuccia (2010) concluyen que entre los países existen grandes diferencias de productividad en agricultura y servicios, y pequeñas diferencias en manufacturas.

30. Esta comparación no puede realizarse en el caso del acceso a los mercados intraurbanos, ya que no se dispone de datos sobre dicha accesibilidad en un gran conjunto de ciudades de países en desarrollo.

31. En el capítulo 5 se muestra la distribución de la movilidad sin congestión y la congestión según el tamaño de la ciudad en la región de ALC y el resto del mundo.

32. Las barreras de entrada son menores en los países de ingreso bajo de ALC principalmente porque es más fácil obtener los documentos necesarios para ingresar a estos países que a los de ingreso más alto.

33. Sin embargo, el aumento en el bienestar asociado con esta reducción es mayor (19 %), dado que permite que algunas personas se trasladen a zonas con más comodidades y obtengan una mayor utilidad.

34. Skoufias y López-Acevedo (2009) y Bryan y Morten (2019) llegan a conclusiones similares.

35. En América Latina, solo el 22 % de la carga terrestre se transporta por ferrocarril; en América del Norte, Europa y Asia oriental, dicha cifra asciende a entre el 35 % y el 45 % (Ferreyra y Roberts, 2018).

36. En Colombia, el Gobierno exige que los transportistas de la mayoría de los sectores, excepto agricultura y cerveza, contraten empresas de transporte por camión a través de intermediarios, y establece precios mínimos para los servicios de dicho transporte a lo largo de las rutas más importantes del país, los cuales son obligatorios en algunas rutas, como se muestra en Cantillo y Hernández (2022).

37. Excepto en Brasil y México, las empresas que prestan estos servicios son pequeños establecimientos de baja productividad y con flotas desgastadas (Banco Mundial, 2021).

38. Allen y otros (2022) y Osborne, Pachón y Araya (2014) proporcionan evidencias de competencia imperfecta en Colombia y América Central, respectivamente.

39. En Brasil, hubo tantas personas que abandonaron el área metropolitana como personas que se mudaron a dicha área, y las que partieron se reubicaron en ciudades intermedias (secundarias) y lograron mejorar sus salarios reales. Solo pierden en términos nominales los migrantes internos poco calificados (Egger, 2021).

40. En el modelo utilizado para identificar la asignación incorrecta se considera solo el trazado de las redes viales, dado que el transporte por carretera es el modo predominante en ALC. El desarrollo de modos de transporte alternativos (como fluviales y ferroviarios) a lo largo de rutas donde no se ha invertido lo suficiente en infraestructura vial puede justificarse en función de otras prioridades (como el clima) o cuando otros modos de transporte son económicamente viables.

41. En el capítulo 4 se presentan los resultados correspondientes al conjunto completo de 16 países de ALC.

42. El transporte por carretera es el modo más eficiente en lugares con baja densidad demográfica. Las personas que viven en estas zonas pueden mostrarse renuentes a trasladarse a otros lugares debido a sus preferencias y a los obstáculos a la migración. En las zonas agrícolas, los caminos rurales también ofrecen acceso de última milla a zonas urbanas secundarias donde las actividades de procesamiento agregan valor a las cadenas de valor agrícolas.

43. En el escenario se asume que, a medida que los costos del transporte disminuyen, aumenta la congestión vial. Si la congestión no aumenta, los efectos en el bienestar son mucho mayores (Gorton e Ianchovichina, 2021).

44. En el modelo no se distingue entre diferentes tipos de mejoras viales, como proyectos de mantenimiento o rehabilitación, proyectos para mejorar la superficie de las carreteras (por ejemplo, mediante la pavimentación de caminos de tierra o la repavimentación de carreteras degradadas), proyectos para ampliar las carreteras existentes agregando nuevos carriles, o proyectos para mejorar el flujo de tráfico, como puentes e intercambiadores.

45. Cuando las inversiones en infraestructura de transporte se realizan de manera óptima, los beneficios de los lugares que se vuelven más densos y productivos superan los costos de la congestión y las pérdidas de los lugares afectados por la emigración.

46. El Mercosur es un bloque comercial sudamericano establecido mediante el Tratado de Asunción en 1991, cuyos miembros plenos son Argentina, Brasil, Paraguay y Uruguay. La República Bolivariana de Venezuela fue suspendida indefinidamente en diciembre de 2016.

47. La Comunidad Andina es una zona de libre comercio que incluye a Bolivia, Colombia, Ecuador y Perú.

48. En todos los casos, excepto Argentina y Perú, los beneficios en materia de bienestar derivados de las mejoras en las redes viales transnacionales son comparables con los asociados a las mejoras en las redes viales nacionales.

49. Según Acemoglu y Dell (2010), el 80 % de la desigualdad de ingresos se explica por las diferencias de ingresos dentro de los municipios.

50. Duque y otros (2021) y Duque, Lozano-Gracia, García y otros (2022) aportan evidencias de la desigualdad socioeconómica y la segregación en muchas ciudades colombianas y mexicanas, respectivamente.

51. Las evidencias recientes muestran que, una vez que se incluyen los efectos fijos de los modos de transporte, en Ciudad de México las diferencias entre los trabajadores de ingreso alto y bajo se asocian con diferencias en la elección de los barrios que se basa en las comodidades y no tanto en consideraciones relativas a los tiempos de viaje (Ianchovichina y Zárate, 2021).

52. Si el acceso al mercado de todos los grupos socioeconómicos es comparable, una ciudad puede estar *segmentada*, pero no *segregada* espacialmente.
53. Dado que las empresas informales no pagan impuestos, existe una heterogeneidad en el producto marginal de la mano de obra entre los establecimientos ubicados en barrios urbanos céntricos y periféricos, lo que genera una asignación de recursos deficiente (Hsieh y Klenow, 2009).
54. Según Pfutze, Rodríguez-Castelán y Valderrama-González (2018), dicho desplazamiento ocurrió cerca de las estaciones de tránsito rápido de autobuses recientemente inauguradas en Barranquilla, Colombia. Tsivanidis (2019) observó lo mismo cerca de dicho sistema en Bogotá, donde los trabajadores altamente calificados se mudaron a barrios caros y con todas las comodidades en el norte de la ciudad, mientras que los trabajadores poco calificados se reubicaron en los barrios pobres del sur.
55. La convergencia refleja las tendencias en los ingresos laborales netos de las transferencias sociales y otras fuentes, como las remesas.
56. La Comisión sobre Crecimiento y Desarrollo (2008) ha determinado que la estabilidad macroeconómica es un ingrediente clave de cualquier estrategia exitosa para mantener tasas de crecimiento elevadas durante más de dos décadas.
57. El Banco Mundial (2022) ofrece estrategias para cerrar las brechas de aprendizaje que se generaron durante la pandemia de COVID-19.
58. Ferreyra y otros (2021) ofrecen un análisis en profundidad de los programas de ciclo corto de la región de ALC. Estos programas ofrecen una forma de responder a las necesidades de la economía local brindando capacitación a las personas durante un tiempo más corto y a un costo menor que los programas universitarios de cuatro años.
59. Ferreyra y otros (2017) documentan la expansión de la educación superior en la región de ALC y ofrecen sugerencias de políticas para mejorar su calidad.
60. Estas cuestiones se describen en profundidad en Rocha y Ruta (2022).
61. Si bien el análisis de la logística internacional excede el alcance del presente estudio, en un informe reciente del Banco Interamericano de Desarrollo elaborado por Calatayud y Montes (2021) se concluye que la región de ALC está sumamente rezagada frente a otras regiones en lo que respecta a desempeño logístico.
62. En un próximo informe del Banco Mundial se analizarán las oportunidades de crecimiento verde en la región.
63. Nayyar, Hallward-Driemeier y Davies (2021) analizan las perspectivas de desarrollo impulsado por los servicios.
64. En ALC, Saltillo en México y Bucaramanga en Colombia son ejemplos de "ciudades competitivas" exitosas que superaron a sus economías nacionales tanto en términos de empleo como de producción.

Bibliografía

Acemoglu, D., and M. Dell. 2010. "Productivity Differences between and within Countries." *American Economic Journal: Macroeconomics* 2 (1): 16988.

Acevedo-García, D., K. Lochner, T. Osypuk, and S. Subramanian. 2003. "Future Directions in Residential Segregation and Health Research: A Multilevel Approach." *American Journal of Public Health* 93 (2): 215–21.

Adão, R. 2015. "Worker Heterogeneity, Wage Inequality, and International Trade: Theory and Evidence from Brazil." Massachusetts Institute of Technology, Cambridge, MA. https://economics.yale.edu/sites/default/files/adao_jmp_2015.pdf.

Akbar, P. 2022. "Mobility and Congestion in Urban Areas in Latin America and the Caribbean." Background paper prepared for this report, World Bank, Washington, DC.

Akbar, P., V. Couture, G. Duranton, and A. Storeygard. 2022. "The Fast, the Slow, and the Congested: Urban Transportation in Rich and Poor Countries." CEPR Press Discussion Paper No. 18401, Centre for Economic Policy Research, London. https://cepr.org/publications/dp18401.

Alexander, D., and J. Currie. 2017. "Is It Who You Are or Where You Live? Residential Segregation and Racial Gaps in Childhood Asthma." *Journal of Health Economics* 55: 186–200.

Allen, T., and C. Arkolakis. 2014. "Trade and the Topography of the Spatial Economy." *Quarterly Journal of Economics* 129 (3): 1085–140.

Allen, T., D. Atkin, S. C. Cantillo, and C. Hernández. 2022. "Trucks." https://sites.google.com/site/treballen/research.

Aroca, P., M. Bosch, and W. F. Maloney. 2005. "Spatial Dimensions of Trade Liberalization and Economic Convergence: Mexico 1985–2002." Policy Research Working Paper 3744, World Bank, Washington, DC.

Bachas, P., L. Gadenne, and J. Anders. 2020. "Informality, Consumption Taxes and Redistribution." Policy Research Working Paper 9267, World Bank, Washington, DC.

Baum-Snow, N., L. Brandt, J. V. Henderson, M. A. Turner, and Q. Zhang. 2017. "Roads, Railroads and Decentralization of Chinese Cities." *Review of Economics and Statistics* 99 (3): 435–48.

Baum-Snow, N., and B. Lutz. 2011. "School Desegregation, School Choice, and Changes in Residential Location Patterns by Race." *American Economic Review* 101: 3019–46.

Beaton, K., A. Cebotari, X. Ding, and A. Komaromi. 2017. "Trade Integration in Latin America: A Network Perspective." IMF Working Paper WP/17/148, International Monetary Fund, Washington, DC.

Bellon, M. 2018. "Trade Liberalization and Inequality: A Dynamic Model with Firm and Worker Heterogeneity." https://matthieubellon.com/docs/TradeLiberalizationInequalityDynamics2018.pdf.

Beylis, G., R. Fattal-Jaef, R. Sinha, M. Morris, and A. Sebastian. 2020. *Going Viral: COVID-19 and the Accelerated Transformation of Jobs in Latin America and the Caribbean.* World Bank Latin American and Caribbean Studies. World Bank, Washington, DC.

Bosch, M., P. Aroca, I. J. Fernández, and C. R. Azzoni. 2003. "Growth Dynamics and Space in Brazil." *International Regional Science Review* 26 (3): 393–418.

Bryan, G., and M. Morten. 2019. "The Aggregative Productivity Effects of Internal Migration: Evidence from Indonesia." *Journal of Political Economy* 127 (5): 2229–68.

Burger, M., M. Hendriks, and E. Ianchovichina. 2022. "Happy but Unequal: Differences in Subjective Well-Being across Individuals and Space in Colombia." *Applied Research in Quality of Life* 17 (3): 1343–87.

Burger, M., E. Ianchovichina, and P. Akbar. 2022. "Heterogenous Agglomeration Economies in the Developing Countries: The Roles of Firm Characteristics, Sector Tradability, and Urban Mobility." Policy Research Working Paper 9954, World Bank, Washington, DC.

Calatayud, A., and L. Montes. 2021. *Logistics in Latin America and the Caribbean: Opportunities, Challenges and Courses of Action.* Washington, DC: Inter-American Development Bank.

Cantillo, S. C., and C. Hernández. 2022. "A Toolkit for Setting and Evaluating Price Floors." Social Science Research Network. https://doi.org/10.2139/ssrn.4207884.

Chetty, R., N. Hendren, and L. F. Katz. 2016. "The Effects of Exposure to Better Neighborhoods on Children: New Evidence from the Moving to Opportunity Project." *American Economic Review* 106 (4): 855–902.

Chetty, R., M. O. Jackson, T. Kuchler, J. Stroebel, N. Hendren, R. B. Fluegge, S. Gong, et al. 2022. "Social Capital I: Measurement and Associations with Economic Mobility." *Nature* 608: 108–21.

Commission on Growth and Development. 2008. *The Growth Report: Strategies for Sustained Growth and Inclusive Development.* Washington, DC: World Bank.

Conte, B., and E. Ianchovichina. 2022. "Spatial Development and Mobility Frictions in Latin America: Theory-Based Empirical Evidence." Policy Research Working Paper 10071, World Bank, Washington, DC.

Costa, F., J. Garred, and J. P. Pessoa. 2016. "Winners and Losers from a Commodities-for-Manufactures Trade Boom." *Journal of International Economics* 102: 50–69.

D'Aoust, O., V. Galdo, and E. Ianchovichina. 2023. "Territorial Productivity Differences and Dynamics within Latin American Countries." Policy Research Working Paper 10480, World Bank, Washington, DC.

Das, A., E. Ghani, A. Grover, W. Kerr, and R. Nanda. 2019. "Infrastructure and Finance: Evidence from India's GQ Highway Network." Working Paper No. 19-121, Harvard Business School, Boston, MA.

Dasgupta, K., and A. Grover. 2022. "Trade, Transport, and Territorial Development." Policy Research Working Paper 10066, World Bank, Washington, DC.

De La Roca, J., and D. Puga. 2017. "Learning by Working in Big Cities." *Review of Economic Studies* 84: 106–42.

Desmet, K., D. Nagy, and E. Rossi-Hansberg. 2018. "The Geography of Development." *Journal of Political Economy* 126 (3): 903–83.

Diamond, R. 2016. "The Determinants and Welfare Implications of US Workers' Diverging Location Choices by Skill: 1980–2000." *American Economic Review* 106 (3): 479–524.

Dix-Carneiro, R., and B. Kovak. 2017. "Trade Liberalization and Regional Dynamics." *American Economic Review* 107 (10): 2908–46.

Dix-Carneiro, R., and B. Kovak. 2019. "Margins of Labor Market Adjustment to Trade." *Journal of International Economics* 117: 125–42.

Dix-Carneiro, R., and B. Kovak. 2023. "Globalization and Inequality in Latin America." Inter-American Development Bank, Washington, DC.

Duarte, M., and D. Restuccia. 2010. "The Role of the Structural Transformation in Aggregate Productivity." *Quarterly Journal of Economics* 125 (1): 129–73.

Duque, J. C., N. Lozano-Gracia, G. García, J. Ospina, J. Patiño, and R. Curiel. 2022. "Intraurban Inequality in Mexican Cities." Background paper prepared for this report, Universidad EAFIT, Medellín, Colombia.

Duque, J. C., N. Lozano-Gracia, J. Patiño, and P. Restrepo. 2022. "Urban Form and Productivity: What Shapes Are Latin-American Cities?" *Urban Analytics and City Science* 49 (1): 131–50.

Duque, J. C., N. Lozano-Gracia, M. Quiñones, G. García, J. Ospina, J. Patiño, and K. Montoya. 2021. "Intraurban Inequality in Colombian Cities." Unpublished manuscript, Universidad EAFIT, Medellín, Colombia.

Duranton, G., and D. Puga. 2020. "The Economics of Urban Density." *Journal of Economic Perspectives* 34 (3): 3–26.

Duranton, G., and A. Venables. 2020. "Place-Based Policies for Development." In *Handbook of Regional Science*, edited by M. Fisher and P. Nijkamp. Berlin: Springer.

Dutz, M., R. Almeida, and T. Packard. 2018. *The Jobs of Tomorrow: Technology, Productivity, and Prosperity in Latin America and the Caribbean.* Directions in Development Series, Communication and Information Technologies. Washington, DC: World Bank.

Egger, E.-M. 2021. "Migrating Out of Mega-Cities: Evidence from Brazil." *IZA Journal of Development and Migration* 12 (1): 1–35.

Escobal, J., and C. Ponce. 2011. "Access to Public Infrastructure, Institutional Thickness and Pro-Poor Growth in Rural Peru." *Journal of International Development* 23 (3): 358–79.

Fajgelbaum, P., and E. Schaal. 2020. "Optimal Transport Networks in Spatial Equilibrium." *Econometrica* 88 (4): 1411–52.

Fay, M., L. Andres, C. Fox, U. Narloch, S. Straub, and M. Slawson. 2017. *Rethinking Infrastructure in Latin America and the Caribbean: Spending Better to Achieve More.* Washington, DC: World Bank.

Ferreira Filho, J., and M. Horridge. 2006. "Economic Integration, Poverty and Regional Inequality in Brazil." *Revista Brasileira de Economia* 60 (4): 363–87.

Ferreyra, M. M., C. Avitabile, J. Botero Álvarez, F. Haimovich Paz, and S. Urzúa. 2017. *At a Crossroads: Higher Education in Latin America and the Caribbean.* Washington, DC: World Bank.

Ferreyra, M. M., L. Dinarte, S. Urzúa, and M. Bassi. 2021. *The Fast Track to New Skills: Short-Cycle Higher Education Programs in Latin America and the Caribbean.* Washington, DC: World Bank.

Ferreyra, M. M., and M. Roberts, eds. 2018. *Raising the Bar for Productive Cities in Latin America and the Caribbean.* Washington, DC: World Bank.

Galvis, L. A., and A. Meisel Roca. 2010. "Persistencia de las desigualdades regionales en Colombia: Un análisis espacial." Documento de trabajo sobre economía regional no. 120, Banco de la República, Colombia.

Ghani, E., A. Grover, and W. Kerr. 2013. "Highway to Success in India: The Impact of the Golden Quadrilateral Project for the Location and Performance of Manufacturing." Policy Research Working Paper 6320, World Bank, Washington, DC.

Gill, I., I. Izvorski, W. van Eeghen, and D. De Rosa. 2014. *Diversified Development: Making the Most of Natural Resources in Eurasia.* Washington, DC: World Bank.

Glaeser, E. 1994. "Cities, Information, and Economic Growth." *Cityscape* 1 (1): 9–47.

Glaeser, E. 2003. "Reinventing Boston: 1640–2003." NBER Working Paper 10166, National Bureau of Economic Research, Cambridge, MA.

Glaeser, E., J. Kolko, and A. Saiz. 2001. "Consumer City." *Journal of Economic Geography* 1 (1): 27–50.

Glaeser, E., and W. Xiong. 2017. "Urban Productivity in the Developing World." NBER Working Paper 23279, National Bureau of Economic Research, Cambridge, MA.

Goldberg, P. 2015. *Trade and Inequality.* Edward Elgar Research Collections. Cheltenham, UK: Edward Elgar.

González Rivas, M. 2007. "The Effects of Trade Openness on Regional Inequality in Mexico." *Annals of Regional Science* 41: 545–61.

Gorton, N., and E. Ianchovichina. 2021. "Trade Networks in Latin America: Spatial Inefficiencies and Optimal Expansions." Policy Research Working Paper 9843, World Bank, Washington, DC.

Goyal, R., and R. Sahay. 2007. "Volatility and Growth in Latin America: An Episodic Approach." IMF Working Paper 06/287, International Monetary Fund, Washington, DC.

Granovetter, M. 1973. "The Strength of Weak Ties Theory." *American Journal of Sociology* 78 (6): 1360–80.

Grover, A. 2019. "Firms Far Up: Productivity, Agglomeration, and High-Growth Firms in Ethiopia." Policy Research Working Paper 9099, World Bank, Washington, DC.

Grover, A., S. Lall, and W. F. Maloney. 2022. *Place, Productivity, and Prosperity: Revisiting Spatially Targeted Policies for Regional Development.* Washington, DC: World Bank.

Grover, A., and W. F. Maloney. 2022. "Proximity without Productivity: Agglomeration Effects with Plant-Level Output and Price Data." Policy Research Working Paper 9977, World Bank, Washington, DC.

Heil, A., E. Ianchovichina, and L. Quintero. 2022. "Spatial Variations in Income and Wealth in a Segregated City: Evidence from Bogotá." Background paper prepared for this report, World Bank, Washington, DC.

Hsieh, C.-T., and P. Klenow. 2009. "Misallocation and Manufacturing TFP in China and India." *Quarterly Journal of Economics* 124 (4): 1403–48.

Ianchovichina, E., and H. Onder. 2017. "Dutch Disease: An Economic Illness Easy to Catch, Difficult to Cure." *Future Development* (blog). https://www.brookings.edu/tags/future-development/.

Ianchovichina, E., and R. Zárate. 2021. "Segregation, Informality, and Misallocation." Background paper prepared for this report, World Bank, Washington, DC.

IDB (Inter-American Development Bank) and CEPAL (Economic Commission for Latin America and the Caribbean). 2022. *Panorama de las relaciones fiscales entre niveles de gobierno de paises de America Latina y el Caribe.* Washington, DC: IDB and CEPAL.

Jedwab, R., E. Ianchovichina, and F. Haslop. 2022. "Consumption Cities versus Production Cities: New Considerations and Evidence." Policy Research Working Paper 10105, World Bank, Washington, DC.

Katz, L., J. Kling, and J. Liebman. 2001. "Moving to Opportunities in Boston: Early Results of a Randomized Mobility Experiment." *Quarterly Journal of Economics* 116 (2): 607–54.

Kilroy, A., L. Francis, M. Mukim, and S. Negri. 2015. *Competitive Cities for Jobs and Growth: What, Who, and How.* Washington, DC: World Bank.

King, C., and L. Crommelin. 2021. "A Different Perspective on Post-Industrial Labor Market Restructuring in Detroit and Pittsburgh." *Journal of Urban Affairs* 43 (7): 975–94.

Lall, S., Z. Shalizi, and U. Deichmann. 2004. "Agglomeration Economies and Productivity in Indian Industry." *Journal of Development Economics* 73 (2): 643–73.

Lederman, D., J. Messina, S. Pienknagura, and R. Jamele. 2014. *Latin American Entrepreneurs: Many Firms but Little Innovation.* World Bank Latin American and Caribbean Studies. Washington, DC: World Bank.

Maloney, W., and A. Rodríguez-Clare. 2007. "Innovation Shortfalls." *Review of Development Economics* 11 (4): 665–84.

Maloney, W., and F. V. Caicedo. 2016. "The Persistence of (Subnational) Fortune." *Economic Journal* 126 (598): 2363–401.

Melitz, M., and S. Redding. 2021. "Trade and Innovation." NBER Working Paper 28945, National Bureau of Economic Research, Cambridge, MA.

Mesquita Moreira, M., J. Blyde, C. Volpe, and D. Molina. 2013. *Too Far to Export: Domestic Transport Costs and Regional Export Disparities in Latin America and the Caribbean.* Washington, DC: Inter-American Development Bank.

Michaels, G., D. Nigmatulina, F. Rauch, T. Regan, N. Baruah, and A. Dahlstrand. 2021. "Planning Ahead for Better Neighborhoods: Long-Run Evidence from Tanzania." *Journal of Political Economy* 129 (7): 2112–156.

Montañés, R., J. Barreto, C. Bonilla, D. Sánchez, and H. Winkler. 2021. "Working from Home in Latin America and the Caribbean: Enabling Factors and Inequality Implications." Background paper prepared for this report, World Bank, Washington, DC.

Mulligan, G. 2020. "Revisiting Patent Generation in US Metropolitan Areas: 1990–2015." *Applied Spatial Analysis and Policy* 14: 473–96.

Nayyar, G., M. Hallward-Driemeier, and E. Davies. 2021. *At Your Service? The Promise of Services-Led Development.* Washington, DC: World Bank.

Nin Pratt, A., C. Falconi, C. Ludena, and P. Martel. 2015. "Productivity and the Performance of Agriculture in Latin America and the Caribbean: From the Lost Decade to the Commodity Boom." IDB Working Paper No. 608, Inter-American Development Bank, Washington, DC.

Nordhaus, W., Q. Azam, D. Novoa, K. Hood, N. Victor, M. Mohammed, A. Miltner, and J. Weiss. 2006. "The G-Econ Database on Gridded Output: Methods and Data." Working paper, Yale University, New Haven, CT.

OECD (Organisation for Economic Co-operation and Development). 2018 *Divided Cities: Understanding Intra-urban Inequalities.* Paris: OECD.

Osborne, T., M. Pachón, and G. Araya. 2014. "What Drives the High Price of Road Freight Transport in Central America?" Policy Research Working Paper 6844, World Bank, Washington, DC.

Perry, G., W. Maloney, O. Arias, P. Gajnzylber, A. Mason, and J. Saavedra-Chanduvi. 2007. *Informality: Exit and Exclusion.* World Bank Latin American and Caribbean Studies. Washington, DC: World Bank.

Pfutze, T., C. Rodríguez-Castelán, and D. Valderrama-González. 2018. "Urban Transport Infrastructure and Household Welfare: Evidence from Colombia." Policy Research Working Paper 8341, World Bank, Washington, DC.

Ponczek, V., and G. Ulyssea. 2022. "Enforcement of Labour Regulation and the Labour Market Effects of Trade: Evidence from Brazil." *Economic Journal* 132 (641): 361–90.

Quintero, L., and M. Roberts. 2018. "Explaining Spatial Variations in Productivity: Evidence from Latin America and the Caribbean." Policy Research Working Paper 8560, World Bank, Washington, DC.

Roberts, M. 2018. "The Many Dimensions of Urbanization and the Productivity of Cities in Latin America and the Caribbean." In *Raising the Bar for Productive Cities in Latin America and the Caribbean,* edited by M. M. Ferreyra and M. Roberts. Washington, DC: World Bank.

Rocha, N., and M. Ruta, eds. 2022. *Deep Trade Agreements: Anchoring Global Value Chains in Latin America and the Caribbean.* Washington, DC: World Bank.

Rodríguez-Castelán, C., L. López-Calva, N. Lustig, and D. Valderrama. 2022. "Wage Inequality in the Developing World: Evidence from Latin America." *Review of Development Economics* 26 (4): 1944–970.

Rodríguez-Pose, A., and J. Griffiths. 2021. "Developing Intermediate Cities." *Regional Science Policy and Practice* 13 (3): 441–56.

Rodríguez-Vignoli, J., and F. Rowe. 2018. "How Is Internal Migration Reshaping Metropolitan Populations in Latin America? A New Method and New Evidence." *Population Studies* 72 (2): 253–73.

Rozenberg, J., and M. Fay, eds. 2019. *Beyond the Gap: How Countries Can Afford the Infrastructure They Need while Protecting the Planet.* Sustainable Infrastructure Series. Washington, DC: World Bank.

Serra, M. I., M. F. Pazmino, G. Lindow, B. Sutton, and G. Ramírez. 2006. "Regional Convergence in Latin America." IMF Working Paper WP/06/125, International Monetary Fund, Washington, DC.

Skoufias, E., and G. López-Acevedo. 2009. *Determinants of Regional Welfare Disparities within Latin American Countries*, Vol. 1, *Synthesis.* Washington, DC: World Bank.

Soto, R., and A. Torche. 2004. "Spatial Inequality, Migration, and Economic Growth in Chile." *Latin American Journal of Economics* 41: 401–24.

Suárez, M., M. Murata, and J. Campos. 2015. "Why Do the Poor Travel Less? Urban Structure, Commuting and Economic Informality in Mexico City." *Urban Studies* 53 (12): 2548–66.

Terra, M. 2003. "Trade Liberalization in Latin American Countries and the Agreement on Textiles and Clothing in the WTO." *Économie Internationale* 94-93: 137–54.

Tsivanidis, N. 2019. "Evaluating the Impact of Urban Transit Infrastructure: Evidence from Bogota's TransMilenio." University of California, Berkeley.

UNDP (United Nations Development Programme). 2021. *Trapped: High Inequality and Low Growth in Latin America and the Caribbean.* Regional Human Development Report. New York: UNDP.

United Nations. 2016. *The World Cities Data Booklet.* New York: United Nations.

Van der Weide, R., P. Ferreira de Souza, and R. Barbosa. 2020. "Intergenerational Mobility in Education in Brazil." Unpublished manuscript, World Bank, Washington, DC.

Vegh, C., G. Vuletin, D. Riera-Crichton, J. P. Medina, D. Friedheim, L. Morano, and L. Venturo. 2018. *From Known Unknowns to Black Swans: How to Manage Risk in Latin America and the Caribbean.* LAC Semiannual Report, October 2018. Washington, DC: World Bank.

Venables, A. 2017. "Breaking into Tradables: Urban Form and Urban Function in a Developing City." *Journal of Urban Economics* 98 (C): 88–97.

Venables, A. 2020. "Winners and Losers in the Urban System." In *Urban Empire: Cities as Global Rulers in the New Urban World*, edited by E. Glaeser, K. Kourtit, and P. Nijkamp. New York: Routledge.

World Bank. 2009. *World Development Report 2009: Reshaping Economic Geography.* Washington, DC: World Bank.

World Bank. 2020. *Territorial Development in Argentina: Diagnosing Key Bottlenecks as the First Step toward Effective Policy.* Washington, DC: World Bank.

World Bank. 2021. "Regulation and Performance of Logistics Services Markets in Latin America." Background paper, *Productive Competition in Latin America and the Caribbean.* World Bank, Washington, DC.

World Bank. 2022. *Two Years After: Saving a Generation.* Washington, DC: World Bank.

Zárate, R. 2022. "Spatial Misallocation, Informality, and Transit Improvements: Evidence from Mexico City." Policy Research Working Paper 9990, World Bank, Washington, DC.

Zhang, M., M. Partridge, and H. Song. 2020. "Amenities and the Geography of Innovation: Evidence from Chinese Cities." *Annals of Regional Science* 65 (1): 105–45.

Introducción | 1

Hay tres cosas que hacen grande y fuerte a una nación: un suelo fértil, talleres ocupados y el fácil transporte de hombres y bienes de un lugar a otro.

Francis Bacon, filósofo y estadista inglés (1561-1626)

Hace más de cuatro siglos, Francis Bacon, el padre del empirismo, reconoció la importancia crucial de la integración económica y el dinamismo industrial para la capacidad de los países de resistir conmociones y prosperar. Su sabiduría ha resistido la prueba del tiempo. En el *Informe sobre el desarrollo mundial 2009* del Banco Mundial, se reflejan las ideas de Francis Bacon con una vuelta de tuerca (Banco Mundial, 2009). En él se señala que los países prósperos se benefician de una concentración de la producción industrial en las zonas urbanas gracias a la integración económica y a las instituciones que garantizan la convergencia de los niveles de vida dentro de los países.

Recordar estas ideas puede ayudar a comprender mejor la difícil situación del bajo crecimiento en América Latina y el Caribe (ALC)[1], donde, salvo por la aceleración del crecimiento impulsada por los productos básicos durante la década dorada (2003-13), los ingresos crecieron, en promedio, a la mitad del ritmo registrado en Asia emergente. Sin un crecimiento fuerte y sostenido, la región se ha quedado atrapada en la trampa del ingreso mediano (una situación en la que los países no pueden progresar después de alcanzar dicho nivel de ingreso), mientras que los niveles de vida se han quedado más rezagados que los de los países del Grupo de los Siete (G-7)[2]. A principios de la década de 1980, el ingreso per cápita promedio en términos de paridad del poder adquisitivo (PPA) en la región de ALC era casi la mitad del de los países del G-7, pero en 2020 era solo una tercera parte. El débil crecimiento también ha dificultado la reducción de la informalidad, el subempleo y el desempleo; la respuesta eficaz a las crisis económicas y los desastres naturales, y la inversión adecuada en capital humano e infraestructuras que puedan modernizar la economía y sentar las bases de un desarrollo verde, resiliente e inclusivo.

Motivación

El bajo crecimiento de la región de ALC lleva décadas desconcertando a los economistas. A lo largo de los años, han surgido numerosas explicaciones, entre ellas la volatilidad y la mala gestión macroeconómicas (Goyal y Sahay, 2007; Vegh y otros, 2018); la asignación inadecuada de recursos sectoriales (Beylis y otros, 2020); la elevada desigualdad (Programa de las Naciones Unidas para el Desarrollo [PNUD], 2021); la elevada informalidad (Perry y otros, 2007), y los escasos esfuerzos de innovación de las empresas (Dutz, Almeida y Packard, 2018; Lederman y otros, 2014; Maloney y Rodríguez-Clare, 2007). Sin embargo, pocos se han centrado en el papel de las fricciones relacionadas con la movilidad que limitan la integración económica entre regiones y generan ineficiencias espaciales, o en los factores estructurales y espaciales que debilitan la productividad urbana.

En este estudio, se documenta la evolución de las diferencias territoriales en los ingresos laborales y la productividad por ubicación en la mayoría de los países latinoamericanos entre principios de la década de 2000 y fines de la década de 2010. A continuación, se evalúa la magnitud de las fricciones relacionadas con la movilidad en forma de costos de transporte y migración y la medida en que generan una asignación inadecuada y reducen el crecimiento de la producción total. También se explora la geografía del empleo urbano y la evolución de su composición según el tamaño de las ciudades en las últimas décadas. Por último, el informe revela cómo algunas características estructurales y espaciales de las economías latinoamericanas han debilitado los beneficios en términos de densidad y, por tanto, la productividad urbana. Utilizando los conceptos básicos de la geografía económica, técnicas de última generación y diversas fuentes de datos de forma matizada y deliberativa, en este estudio, se adopta la denominada "perspectiva territorial" para investigar las principales limitaciones espaciales a la especialización, la migración y la aglomeración y, por tanto, al crecimiento económico a largo plazo de América Latina.

Analizar las cuestiones de productividad desde una perspectiva territorial es importante para comprender los cambios espaciales en el empleo productivo durante las transiciones económicas y sus implicaciones para la productividad territorial y el crecimiento inclusivo. En los últimos años, las grandes disparidades espaciales de los ingresos se han convertido en un importante reto político y normativo en países de todos los niveles de ingresos. En Oriente Medio y Norte de África, se asociaron a la violencia política tras las revueltas de la Primavera Árabe (Ianchovichina, 2018). En las economías avanzadas, se han vinculado a la creciente polarización política y social. En el Reino Unido, una de las economías avanzadas con mayor desigualdad espacial (Davenport y Zaranko, 2020)[3], el apoyo al Brexit fue mayor en las regiones rezagadas del país (Rodríguez-Pose, 2017).

En América Latina, las diferencias territoriales en los ingresos laborales dentro de los países eran grandes y persistentes o disminuyeron a un ritmo relativamente lento antes de mediados de la década de 2000. En la primera mitad de dicha década, las diferencias de ingresos laborales entre municipios de un mismo país eran, en promedio, dos veces superiores a las diferencias de ingresos laborales entre países de la región (Acemoglu y Dell, 2010). En varios estudios, se documentan los marcados contrastes entre los territorios rezagados y los de mejor desempeño, como el noreste y el sur de Brasil (Ferreira-Filho y Horridge, 2006); las regiones periféricas y centrales de Colombia (Burger, Hendriks e Ianchovichina, 2022; Galvis y Meisel Roca, 2010, 2012); el norte y el sur de México (Aroca, Bosch y Maloney, 2005; González Rivas, 2007), y las zonas costeras y del interior de Perú (Escobal y Ponce, 2011a, 2011b). En los estudios realizados en la primera mitad de la década de 2000, también se cuestiona la noción de convergencia territorial de ingresos en la región (Aroca, Bosch y Maloney, 2005; Bosch y otros, 2003) o se sostiene que la convergencia se produjo a un ritmo muy lento (Serra y otros, 2006; Soto y Torche, 2004).

No obstante, durante la década de 2000, la prima salarial urbana comenzó a disminuir, se desplomó rápidamente entre 2003 y 2008, y se estancó a partir de entonces (Rodríguez-Castelán y otros, 2022). Este cambio de suerte fue impulsado en parte por el incremento de los ingresos provenientes de los productos básicos debido al aumento de la demanda de recursos y productos agrícolas por parte de China y otras economías de rápido crecimiento (Costa, Garred y Pessoa, 2016). Durante los años de auge de los productos básicos de la década dorada (2003-13), las inversiones y los ingresos de las zonas rurales se incrementaron, pero los efectos del síndrome holandés[4] derivados del aumento inesperado de los ingresos relacionados con los productos básicos (y, en algunos países, de las remesas) también incrementaron el gasto en bienes y servicios importados, lo que debilitó la competitividad de los bienes y servicios comercializables urbanos[5] (Venables, 2017). Al mismo tiempo, la intensa competencia extranjera, principalmente de China, que ingresó a la Organización Mundial del Comercio en 2001 y aumentó considerablemente sus exportaciones (el "shock de China"), junto con los avances en las tecnologías que ahorran mano de obra, contribuyeron aún más a la disminución del empleo en el sector manufacturero. Con la desindustrialización (Costa, Garred y Pessoa, 2016), el porcentaje de empleo en los sectores de bienes y servicios comercializables urbanos se redujo (gráfico 1.1), y la composición del empleo urbano se orientó hacia los bienes y servicios no comercializables de

GRÁFICO 1.1   Evolución de la proporción de empleos correspondiente al sector de bienes y servicios comercializables, por tamaño de ciudad y década: Región de ALC, desde 1980 hasta 2010 aproximadamente

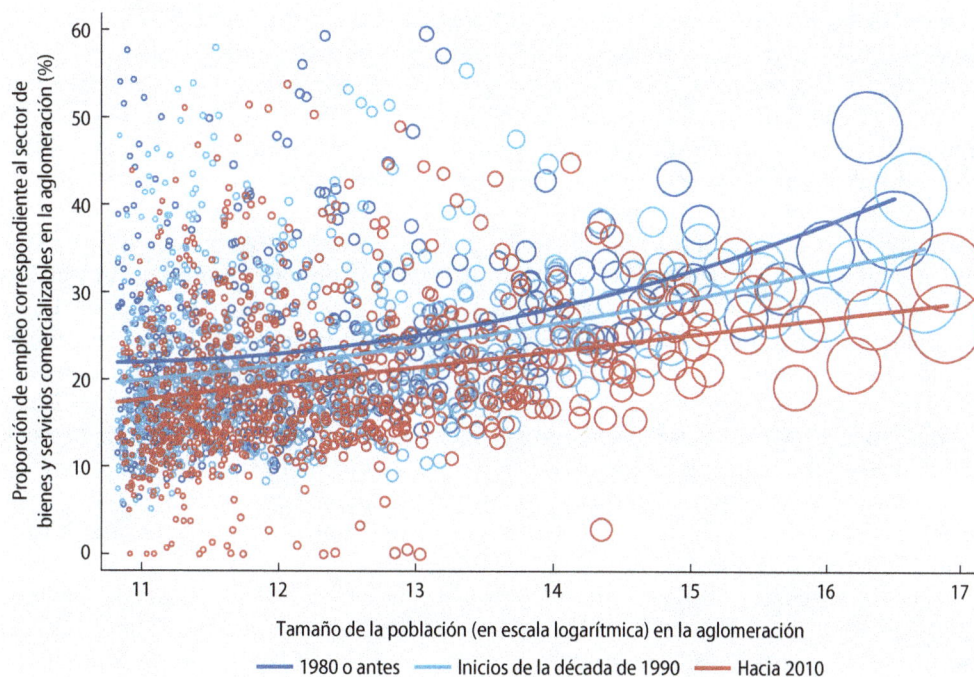

Fuente: Jedwab, Ianchovichina y Haslop (2022), utilizando datos censales de la Serie Integrada de Microdatos de Uso Público (IPUMS, https://www.ipums.org/) y la base de datos Capa Global de Asentamientos Humanos (https://ghsl.jrc.ec.europa.eu/download.php).
Nota: El gráfico muestra el desplazamiento vertical (hacia abajo), a lo largo del tiempo, de la línea de tendencia que vincula la proporción de empleo correspondiente al sector de bienes y servicios comercializables, que incluye las manufacturas y los servicios comercializables (como las finanzas, los seguros y los servicios inmobiliarios), con el tamaño de las áreas urbanas funcionales, representadas de manera indirecta con el logaritmo del número de habitantes del área en cuestión.

baja productividad, como el comercio minorista, la construcción y los servicios personales (Jedwab, Ianchovichina y Haslop, 2022), lo que llevó a que disminuyera el aumento de la productividad laboral en las zonas urbanas[6].

En realidad, la desindustrialización de las ciudades latinoamericanas comenzó años antes (Beylis y otros, 2020). En respuesta a los crecientes problemas económicos y de deuda, muchos países latinoamericanos abandonaron las costosas políticas de sustitución de importaciones que los habían ayudado a industrializarse, pero no a establecer sectores manufactureros competitivos. En cambio, los países se apoyaron en sus sectores con ventaja comparativa, a saber: la agricultura, el procesamiento de alimentos y recursos, y la minería. Entre 1980 y 2012, el uso creciente de capital y fertilizantes, combinado con grandes extensiones de tierra y recursos naturales, mejoraron la productividad laboral en la agricultura (Nin Pratt y otros, 2015) y otros sectores de productos básicos (Adão, 2015), e impulsaron la expansión de las exportaciones de recursos y alimentos. Sin embargo, durante el mismo período, las ciudades latinoamericanas fueron perdiendo gradualmente su dinamismo. Después de que la mayoría de los países redujeron drásticamente los aranceles y otras restricciones comerciales a fines de la década de 1980 o principios de la década de 1990 (Bellon, 2018; Dix-Carneiro y Kovak, 2023; Terra, 2003)[7], continuaron los despidos en las empresas manufactureras, sobre todo en las ciudades más grandes, donde los trabajadores despedidos cambiaron a empleos informales de menor calidad en el sector de bienes y servicios no comercializables (Dix-Carneiro y Kovak, 2017). En Brasil, el empleo informal en dicho sector siguió siendo muy elevado una década y media después de la apertura inicial al comercio (Dix-Carneiro y Kovak, 2019; Ponczek y Ulyssea, 2022)[8].

La desindustrialización no condujo a la desurbanización porque la expansión agrícola no incrementó la demanda de mano de obra; simplemente incrementó la dependencia de la región de las exportaciones de productos básicos (Rocha y Ruta, 2022)[9] y modificó la composición del empleo urbano, en especial en las ciudades más grandes, y lo orientó hacia actividades no comercializables menos dinámicas y relativamente improductivas (gráfico 1.1). Por consiguiente, hacia el año 2000, la región de ALC tenía un déficit de ciudades denominadas "de producción", con un porcentaje desproporcionadamente alto de empleo en el sector de los bienes y servicios comercializables urbanos, y ninguna ciudad de producción grande y de importancia mundial (mapa 1.1). La mayoría de las grandes ciudades de producción se concentraban en Asia oriental y Europa. La región solo tenía grandes ciudades "neutrales" (como Buenos Aires y Ciudad de México), donde el porcentaje de empleo en los sectores de bienes y servicios comercializables urbanos no era ni demasiado bajo ni demasiado alto, o grandes ciudades "de consumo" (como Bogotá y Río de Janeiro), donde el porcentaje de bienes y servicios comercializables urbanos era desproporcionadamente bajo. La concentración en estas zonas urbanas también se vio impulsada por el acceso al poder político, a los servicios públicos y a las opciones atractivas para el consumidor. Las ciudades de producción más pequeñas se encontraban principalmente en México, que se convirtió en el único exportador de productos y servicios de fabricación avanzada de la región, y en América Central y Brasil, que exportaban sobre todo productos clasificados como de fabricación limitada.

La debilidad de América Latina puede reflejar la ausencia de ciudades con los "talleres ocupados" de Francis Bacon. De hecho, dado que cuatro de cada cinco latinoamericanos viven en zonas urbanas, el crecimiento económico de la región, que ha disminuido en el último medio siglo, depende principalmente de la productividad de la fuerza laboral urbana de la región. Las grandes zonas urbanas, en particular, tienen una importancia *sistémica* para el crecimiento de América Latina, puesto que casi el 40 % de la población vive en ciudades de 1 millón o más de habitantes (Naciones Unidas, 2016). Aunque las ciudades latinoamericanas también tienen una mayor densidad demográfica que las de otras

MAPA 1.1 **Distribución mundial de ciudades de consumo, ciudades de producción y ciudades neutrales, hacia el año 2000**

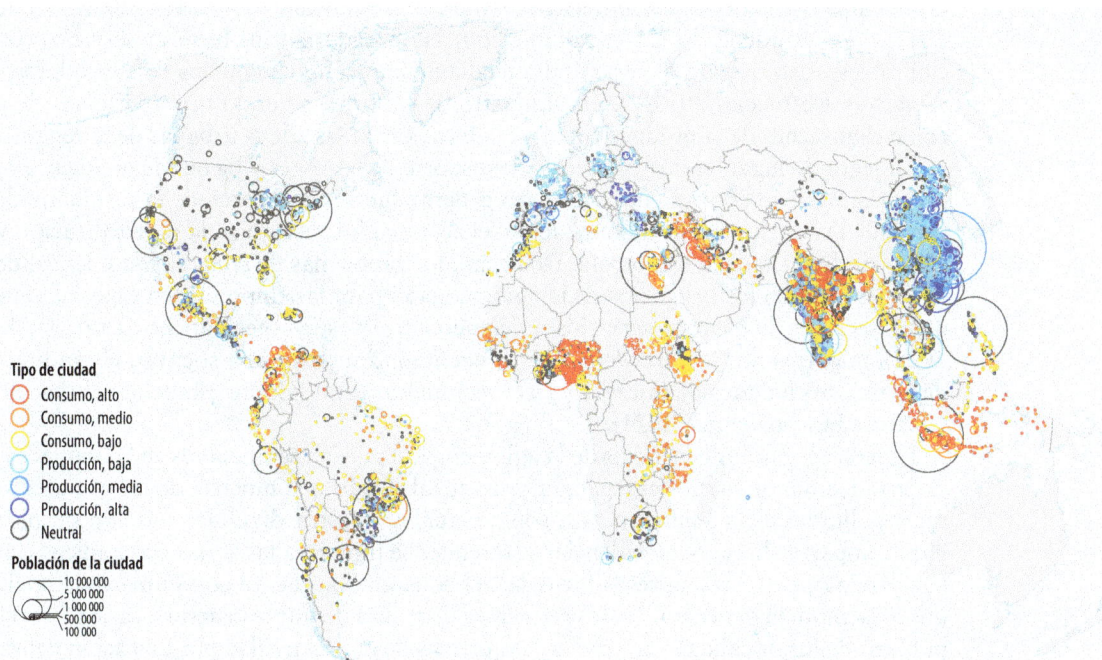

BIRF 46275 | FEBRERO DE 2022

Fuente: Jedwab, Ianchovichina y Haslop (2022), utilizando datos censales de la Serie Integrada de Microdatos de Uso Público (IPUMS, https://www.ipums.org/) y la base de datos Capa Global de Asentamientos Humanos (https://ghsl.jrc.ec.europa.eu/download.php).
Nota: Un área urbana se clasifica como una *ciudad de consumo* (con un porcentaje desproporcionadamente bajo de empleo correspondiente al sector de bienes y servicios comercializables urbanos), una *ciudad de producción* (con un porcentaje desproporcionadamente alto de empleo correspondiente al sector de bienes y servicios comercializables urbanos) o una *ciudad neutral* (en la cual la proporción de empleo correspondiente al sector de bienes y servicios comercializables no es ni demasiado baja ni demasiado alta). Los tonos más claros de cada color indican valores más bajos en cuanto a la medida en que una ciudad puede clasificarse como cada tipo específico.

partes del mundo[10], los datos sugieren que estas ciudades no son particularmente productivas. Se ven beneficiadas por externalidades de aglomeración sólidas, positivas y *relacionadas con las habilidades*, pero no logran capitalizar los beneficios más amplios que ofrece la aglomeración a través de la coubicación y el acceso al mercado (Ferreyra y Roberts, 2018). Los costos de la densidad de población, incluidos los asociados a la congestión, el delito y la competencia de las empresas informales (Burger, Ianchovichina y Akbar, 2022) y del sector inmobiliario en las zonas urbanas centrales (Duranton y Puga, 2020; Lall, Shalizi y Deichmann, 2004), pueden reducir sustancialmente o contrarrestar por completo los beneficios de la aglomeración (Grover y Maloney, 2022), dando lugar a economías de aglomeración "estériles" (Grover, Lall y Maloney, 2022). De hecho, las explicaciones de la paradoja urbana latinoamericana enfatizan los altos costos de la densidad (Ferreyra y Roberts, 2018), los cuales aumentan cuando las mejoras en el transporte, las comunicaciones, la infraestructura básica y las políticas, la planificación y la gestión urbanas no están a la altura de los aumentos de densidad[11].

En este estudio, se aportan tres razones adicionales e interconectadas del enigma de la productividad urbana latinoamericana que no han sido destacadas en la bibliografía. Las tres se centran en factores que reducen los beneficios "puros" de la aglomeración a partir de la coubicación. En primer lugar, en las ciudades *desindustrializadas*, donde el empleo se orienta hacia los bienes y servicios no comercializables de baja productividad, los beneficios de la aglomeración pueden ser menores debido a que dichas actividades resultan menos favorecidas por la densidad demográfica (Burger, Ianchovichina y Akbar, 2022; Venables, 2017). También tienen un potencial mucho más limitado que los bienes y servicios comercializables urbanos para ponerse al día mediante aumentos dinámicos de la productividad (Duarte y Restuccia, 2010). La desindustrialización ha limitado *tanto* la mano de obra como el aumento de la productividad por ubicación en las zonas urbanas de la región.

En segundo lugar, es posible que el "transporte de hombres y bienes de un lugar a otro" no sea tan bueno como se necesita para generar fuertes aumentos de la productividad a través de las economías de aglomeración, el acceso a los mercados, la especialización y los efectos indirectos de la tecnología. De hecho, los problemas de *conectividad* dentro de las ciudades reducen los beneficios de la aglomeración para las empresas, en especial aquellas de los sectores de bienes y servicios no comercializables (Burger, Ianchovichina y Akbar, 2022), mientras que los *problemas de conectividad* interurbana socavan el rendimiento de la red de ciudades de la región y el crecimiento total (Conte e Ianchovichina, 2022; Gorton e Ianchovichina, 2021).

En tercer lugar, los beneficios de la aglomeración pueden ser menores en las ciudades mal conectadas donde existe segregación residencial. Dado que muchas de las grandes áreas metropolitanas de la región de ALC son desiguales[12] y están divididas[13], las oportunidades para compartir, buscar coincidencias y aprender se limitan a las zonas económicas centrales, donde operan las empresas formales, el consumidor cuenta con numerosas opciones que le facilitan la experiencia y los residentes disfrutan de infraestructura básica y servicios públicos de mejor calidad. En cambio, las primas de productividad por ubicación del vecindario son negativas en los barrios de bajos ingresos, por lo general en la periferia urbana, donde las empresas y los trabajadores son, en su mayoría, informales, el consumidor cuenta con pocas opciones y la infraestructura básica y los servicios públicos son deficientes. Además, la naturaleza informal de la economía de bajos ingresos da lugar a una asignación espacial inadecuada, debido a que las empresas informales no pagan impuestos (Hsieh y Klenow, 2009), mientras que el hecho de que dicha asignación inadecuada se produzca en algunas de las mayores áreas metropolitanas de la región, que tienen una importancia sistémica para el crecimiento, implica efectos de crecimiento total negativo potencialmente grandes.

Marco conceptual

El marco conceptual economía-regiones-ciudades-barrios del gráfico 1.2 permite organizar las investigaciones a nivel de país en el presente estudio utilizando cuatro escalas espaciales de mayor a menor: 1) economía nacional, 2) regiones subnacionales, 3) ciudades y 4) barrios. El marco permite comenzar con una visión amplia de las tendencias y la dinámica de la productividad territorial dentro de las economías y, posteriormente, afinar de forma gradual el enfoque restringiendo la perspectiva espacial a la asignación espacial inadecuada entre regiones, las diferencias de productividad entre zonas urbanas y, por último, las diferencias de productividad y asignación inadecuada entre barrios dentro de las ciudades. Basándose tanto en métodos econométricos como en los modelos de equilibrio general espacial más avanzados, en el presente informe, se construye una narrativa basada en un amplio conjunto de fuentes empíricas y de encuestas y datos censales armonizados recientemente publicados, que se utilizan, siempre que sea posible, en las cuatro escalas espaciales. Este enfoque permite generar información que no puede obtenerse centrándose por separado en cuestiones relacionadas con cada escala espacial.

El marco economía-regiones-ciudades-barrios también se utiliza para organizar la presentación del análisis y las conclusiones de este informe en cuatro partes. En la parte I,

GRÁFICO 1.2   Marco economía-regiones-ciudades-barrios para el análisis del desarrollo espacial de un país

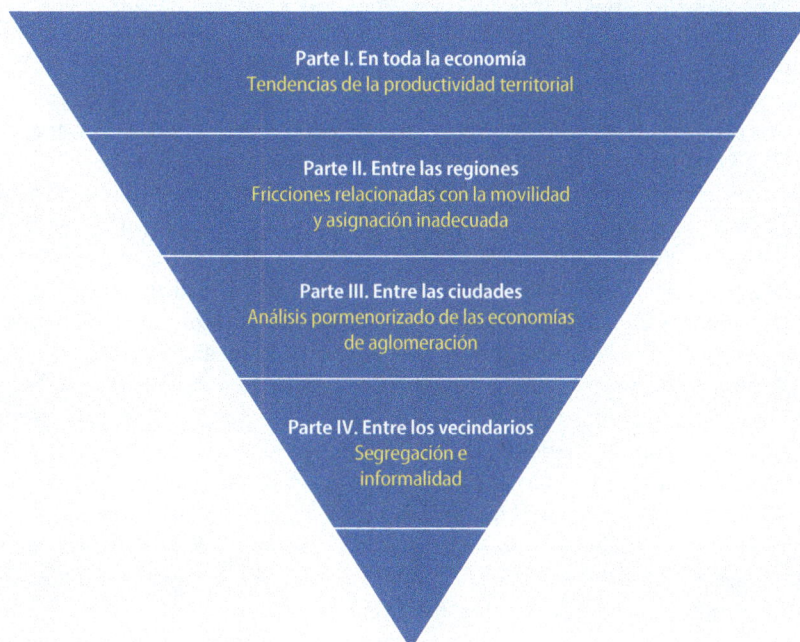

Parte I. En toda la economía
Tendencias de la productividad territorial

Parte II. Entre las regiones
Fricciones relacionadas con la movilidad
y asignación inadecuada

Parte III. Entre las ciudades
Análisis pormenorizado de las economías
de aglomeración

Parte IV. Entre los vecindarios
Segregación e
informalidad

Fuente: Gráfico original para esta publicación.

se ofrece una visión amplia de las diferencias territoriales de la productividad laboral y por ubicación, y su evolución entre principios de la década de 2000 y finales de la de 2010 en 14 países[14] de América Latina y el Caribe. En el capítulo 2, se presentan las diferencias y la dinámica de la productividad en las regiones administrativas de primer y segundo nivel, basándose en los datos empíricos de los trabajos de D'Aoust, Galdo e Ianchovichina (2023), y Jedwab, Ianchovichina y Haslop (2022). Las regiones administrativas de primer nivel son unidades administrativas que se encuentran por debajo del nivel nacional, las cuales, dependiendo del país, son estados, provincias o departamentos. Las unidades administrativas de segundo nivel son los municipios en Brasil, Colombia, la República Dominicana, Honduras y México; las provincias en Perú; los cantones en Costa Rica y Ecuador, y las comunas en Chile. Pueden ser localidades grandes o pequeñas predominantemente rurales, urbanas o metropolitanas[15].

A partir del análisis de D'Aoust, Galdo e Ianchovichina (2023), el capítulo 3 se centra en las diferencias de ingresos laborales entre las principales áreas metropolitanas y las demás zonas del país, la evolución de estas diferencias durante el período de análisis y la medida en que estas diferencias reflejan las brechas en los beneficios de las capacidades que pueden aprovecharse a través de la migración, en comparación con las diferencias en las capacidades que capturan los efectos de la selección de trabajadores más productivos en las principales áreas metropolitanas[16]. Estas zonas merecen especial atención porque son los principales centros de negocios y atraen inmigrantes, sobre todo trabajadores calificados. En una tercera parte de los países sudamericanos, aproximadamente el 40 % de la población vive en estas ciudades (Naciones Unidas, 2016). En el capítulo 3, también se presenta un análisis sobre la variación en las brechas de ingresos con las principales áreas metropolitanas por región administrativa, grupo socioeconómico (es decir, hogares rurales, hogares urbanos, personas calificadas) y género, y las fuentes de estas diferencias.

En la parte II, se analiza hasta qué punto las fricciones relacionadas con la movilidad en forma de costos de transporte y migración pueden crear obstáculos a la integración económica entre regiones y generar una asignación espacial inadecuada. También se evalúan las formas de superar estos obstáculos, sobre la base de los trabajos previos de Conte e Ianchovichina (2022), Gorton e Ianchovichina (2021), y Montañés y otros (2021). En el capítulo 4, se evalúa la magnitud de las fricciones relacionadas con la movilidad a un nivel geoespacial minuciosamente desagregado, lo cual es posible gracias a los avances en la medición de los costos de transporte (Allen y Arkolakis, 2014) y de las barreras migratorias (Desmet, Nagy y Rossi-Hansberg, 2018). También se examina su importancia relativa para el crecimiento económico empleando, de forma integrada, dos marcos de equilibrio general avanzados. Se utiliza el modelo de equilibrio general espacial estático de Fajgelbaum y Schaal (2020) para identificar la ubicación óptima de las redes viales nacionales (regionales) habida cuenta de los fundamentos existentes y las reducciones en los costos de transporte derivadas de las mejoras que corrigen las ineficiencias identificadas. Asimismo, se emplea el marco de equilibrio general espacial dinámico de Desmet, Nagy y Rossi-Hansberg (2018) para evaluar las implicaciones a largo plazo que tienen sobre el crecimiento las reducciones de los costos de transporte asociadas a estas mejoras y las reducciones de las barreras migratorias. El capítulo concluye con un debate sobre cómo la región puede superar la maldición de la distancia mejorando su preparación para el trabajo virtual.

Las partes III y IV se concentran en los factores estructurales y espaciales que debilitan las economías de aglomeración. Tomando como base el trabajo previo de Jedwab, Ianchovichina y Haslop (2022), en el capítulo 5 de la parte III, se analiza la evolución de la composición del empleo de las ciudades durante las últimas décadas y sus implicaciones para la productividad laboral urbana y el dinamismo económico. Se revela que la desindustrialización ha debilitado tanto la mano de obra urbana como el aumento de la productividad por ubicación en la región de ALC. Las actividades no comercializables, que aumentaron en importancia con la desindustrialización, tienden a beneficiarse menos de la densidad urbana, y estos beneficios se reducen relativamente más por la congestión, como se muestra en el trabajo previo de Burger, Ianchovichina y Akbar (2022). Utilizando el novedoso conjunto de datos globales de Akbar y otros (2022) y el análisis de Akbar (2022), en el capítulo se muestra que la congestión es un problema especialmente grave en las principales áreas metropolitanas de importancia sistémica para el crecimiento económico de la región, mientras que, debido al aumento de la densidad urbana, la movilidad no congestionada tiende a disminuir con mayor rapidez en la región de ALC que en el resto del mundo.

En el capítulo 6 de la parte IV, se ofrecen datos sobre las dimensiones espaciales de la vulnerabilidad socioeconómica y la desigualdad en las mayores zonas urbanas de Brasil, Colombia y México, sobre la base del trabajo previo de Duque y otros (2021, 2022), y Van der Weide, Ferreira de Souza, y Barbosa (2020); la variación en las primas por ubicación entre los barrios de la capital de Colombia, Bogotá, documentada por Heil, Ianchovichina y Quintero (2022), y la asignación espacial inadecuada generada por la segregación y la informalidad en el distrito capital de México, Ciudad de México, presentada por Zárate (2022) y Ianchovichina y Zárate (2021). En el capítulo 6, se recoge información de diversas fuentes de datos, como datos censales, encuestas urbanas, estudios de diarios de viaje y datos sobre los servicios de los barrios. También se utiliza un novedoso modelo de equilibrio general espacial con trabajadores heterogéneos e informalidad. Por último, en el capítulo 7, se resumen los principales mensajes del informe y se presentan ideas sobre cómo aprovechar el desarrollo espacial para lograr un crecimiento económico acelerado e inclusivo en la región.

Aportes a la bibliografía

El estudio descrito en este informe aporta contribuciones a varios trabajos bibliográficos. En primer lugar, presenta nuevas estimaciones de las diferencias territoriales en los niveles de ingresos laborales[17] y de productividad por ubicación local, y su evolución entre principios de la década de 2000 y finales de la década de 2010, utilizando datos armonizados de censos y encuestas publicados recientemente y no disponibles anteriormente para 14 países de América Latina y el Caribe. Los estudios anteriores se han centrado en el período transcurrido hasta principios de la década de 2000; han abarcado un solo país o un conjunto limitado de países; han examinado por separado las cuestiones relativas a las diferencias y la dinámica de los ingresos territoriales, principalmente al primer nivel administrativo, y se han basado en fuentes de datos dispares (ya sean cuentas o encuestas nacionales) que no proporcionan necesariamente una imagen completa o coherente de la dinámica de los ingresos y la productividad territoriales. Siguiendo el enfoque de Li y Rama (2015) para India, en este informe, se combina el análisis de las diferencias y las dinámicas de la productividad territorial, diferenciando entre hogares y localidades en las regiones administrativas de primer y segundo nivel y los diferentes tipos de localidades administrativas de segundo nivel, incluidas las zonas predominantemente rurales pequeñas y grandes, las zonas predominantemente urbanas pequeñas y grandes, y las zonas metropolitanas pequeñas y grandes. A fin de garantizar la comparabilidad dentro de los países y entre ellos, los ingresos laborales per cápita de los hogares se deflactan para abordar las variaciones de precios en el tiempo y el espacio.

En segundo lugar, en este estudio, se examinan los principales factores subyacentes a las diferencias territoriales en los ingresos con las principales áreas metropolitanas y la medida en que los grupos de población pueden beneficiarse de la migración a estas áreas. Se evalúa la contribución de las diferencias en las capacidades no geográficas de los hogares y los beneficios de estas capacidades en relación con las brechas de ingresos laborales entre las zonas más importantes y otras zonas por región administrativa de primer nivel y por grupo socioeconómico, diferenciando entre hogares en función de los ingresos (como aquellos que se encuentran en el 40 % más pobre de la distribución del ingreso), las calificaciones, la ubicación (urbana/rural) y el género. Skoufias y López-Acevedo (2009) realizan un análisis similar entre regiones geográficas y dentro de ellas para un conjunto más reducido de países latinoamericanos, utilizando datos solo hasta mediados de la década de 2000. Sin embargo, no estiman las brechas de ingresos con las zonas principales, ni investigan la variación de dichas brechas entre grupos de población con distintas calificaciones o por género. El estudio aquí descrito parece ser el primero en estimar las diferencias de género en las brechas de ingresos laborales dentro de las principales zonas urbanas en un amplio conjunto de países latinoamericanos.

En tercer lugar, este estudio se basa en los avances analíticos alcanzados en la medición de los costos comerciales bilaterales en todo el mundo (Allen y Arkolakis, 2014) y las fricciones migratorias a una escala geoespacial minuciosamente desagregada (Desmet, Nagy y Rossi-Hansberg, 2018). Las estimaciones teóricas de los costos de entrada de la migración en la región de ALC se perfeccionan mediante el uso de medidas de utilidad inicial diferenciadas espacialmente. Asimismo, se integran dos modelos de equilibrio general espacial más avanzados para evaluar la medida en que los costos comerciales influyen en el crecimiento económico agregado de la región y los efectos de las políticas encaminadas a reducirlos. Desarrollado por Fajgelbaum y Schaal (2020), el modelo estático de equilibrio general espacial con costos de transporte endógenos ayuda a identificar el nivel óptimo de inversión en las redes viales nacionales (regionales) y los recortes asociados en los costos de transporte a lo largo de las rutas que reciben inversiones adicionales. Dichos recortes sirven entonces como aporte para el modelo dinámico de equilibrio general espacial de Desmet, Nagy y Rossi-Hansberg (2018), con el fin de determinar su efecto sobre el crecimiento a largo plazo.

En cuarto lugar, en este informe, se presentan estimaciones de la composición del empleo de 6865 áreas urbanas funcionales, a partir de microdatos censales recientemente disponibles para 74 países, incluidos 19 países de América Latina y el Caribe, entre 1960 y 2015 (Jedwab, Ianchovichina y Haslop, 2022). Las zonas urbanas seleccionadas albergan a 3000 millones de personas y representan las tres cuartas partes de la población urbana mundial. La actividad para establecer valores de referencia muestra que los "orígenes" de la urbanización son relevantes para las ciudades más grandes, que son los motores de crecimiento de las naciones. En comparación con las ciudades de las economías avanzadas, las ciudades de tamaño similar de las economías ricas en recursos y en proceso de desindustrialización tienen una menor proporción de empleo en los sectores de las manufacturas, los bienes y servicios comercializables y el sector formal, y una mayor proporción de empleo en bienes y servicios no comercializables y el sector informal. Tanto en los países ricos en recursos como en aquellos que se encuentran en proceso de desindustrialización, las ciudades más grandes tienen una proporción de bienes y servicios no comercializables sustancialmente mayor que las ciudades más pequeñas, pero, para las ciudades de todos los tamaños, esta proporción es mucho mayor en los países desindustrializados que en los países ricos en recursos (Jedwab, Ianchovichina y Haslop, 2022).

En quinto lugar, en este informe, se presentan nuevas estimaciones de los efectos de la densidad urbana sobre la productividad laboral de distintos tipos de establecimientos y se describe el grado en que la movilidad limitada y la congestión reducen los beneficios de la densidad para los distintos tipos de empresas. Se establecen diferencias entre productores de manufacturas y servicios, exportadores y no exportadores, empresas de propiedad extranjera y de propiedad nacional, así como establecimientos con más y menos experiencia. En las estimaciones, se emplean datos de empresas relativos a más de 51 000 establecimientos en 649 áreas metropolitanas de 98 economías en desarrollo (20 de las cuales se encuentran en la región de ALC), extraídos de las encuestas a empresas realizadas por el Banco Mundial (datos geocodificados específicamente para este informe) y una nueva base de datos mundial sobre movilidad y congestión del tráfico en las ciudades (Akbar y otros, 2022). Tomando como base la información sobre la composición sectorial del empleo a lo largo de la jerarquía urbana y las economías de aglomeración heterogéneas por tipo de establecimiento, en el informe se analizan las implicaciones que tiene sobre la productividad el gran tamaño de la economía urbana de bienes y servicios no comercializables en la región.

Por último, a partir de los datos censales de Brasil, Colombia y México, y otras fuentes de datos, como estudios de diarios de viaje e información sobre servicios en México obtenida a partir del Directorio Estadístico Nacional de Unidades Económicas (DENUE), el informe presenta datos comparativos recientes sobre la desigualdad socioeconómica y la segregación en las áreas metropolitanas de Colombia y México. Asimismo, explora las implicaciones que tiene sobre la productividad la segregación residencial en el mercado laboral, utilizando información detallada sobre los ingresos en Bogotá y Ciudad de México, extraída de dos encuestas urbanas únicas. Mediante un modelo de equilibrio general espacial con trabajadores heterogéneos e informalidad, en el informe también se evalúan los efectos de las políticas destinadas a aumentar la eficiencia reduciendo la segregación y la informalidad en Ciudad de México.

Alcance del informe

En este informe, con el fin de centrar la investigación en un conjunto básico de factores espaciales que influyen en el crecimiento económico, se hace más hincapié en algunos aspectos de la transformación espacial y la productividad urbana que en otros, y se omiten algunos temas por completo. No se analizan los factores que impulsaron el auge de los productos básicos de la década de 2000 ni todas las cuestiones relativas a la competitividad que limitan el comercio de la región de ALC con sus socios del ámbito internacional. Queda fuera del alcance de este estudio explorar de forma exhaustiva los resultados económicos de las ciudades a lo largo de la jerarquía urbana, incluidos aspectos tales como los mercados de tierras y la gestión de la tierra, las relaciones fiscales intergubernamentales, la fragmentación de los Gobiernos locales, y las instituciones locales responsables de la prestación de servicios educativos y de otro tipo. Tampoco se examinan en detalle los factores de convergencia específicos de cada país, los efectos espaciales de las conmociones climáticas, los sectores que podrían ofrecer oportunidades para el crecimiento verde y las repercusiones sectoriales de las divisiones intraurbanas. Algunas de estas cuestiones se tratan en profundidad en otros informes, mientras que otras deberán recibir atención en el futuro.

Notas

1. América Latina incluye México y los países de América Central y del Sur. A lo largo del informe, la composición de los países en los agregados regionales varía según la disponibilidad de datos. Cuando en el informe aparecen países del Caribe, estos también se incluyen en los agregados regionales, por lo que se hace referencia a la región de América Latina y el Caribe (ALC).
2. Los países miembros del G-7 son Canadá, Francia, Alemania, Italia, Japón, el Reino Unido y los Estados Unidos.
3. Davenport y Zaranko (2020) comparan al Reino Unido con otras 26 economías desarrolladas.
4. El "síndrome holandés" puede obedecer a la apreciación del tipo de cambio real, la desigualdad en la distribución de los ingresos provenientes de los recursos naturales o la inestabilidad política, que desalienta las inversiones en manufacturas y servicios comercializables (Ianchovichina y Onder, 2017).
5. Los bienes y servicios comercializables urbanos comprenden las manufacturas y los servicios comercializables, como las finanzas, los seguros y los servicios de tecnología de la información. Los bienes y servicios comercializables incluyen bienes y servicios comercializables urbanos y rurales (es decir, los productos básicos agrícolas y mineros). Los servicios incluyen tanto servicios comercializables como no comercializables.
6. En consonancia con la naturaleza eficiente de la agricultura de América Latina, el auge de los productos básicos no condujo a la desurbanización, sino que solo desaceleró el ritmo de la migración de las zonas rurales a las urbanas. La tasa neta de dicha migración siguió siendo negativa durante la década de 2000 (Rodríguez-Vignoli y Rowe, 2018).
7. Solo Chile liberalizó sus actividades a fines de los años setenta.
8. El deterioro importante y persistente del empleo formal se atribuyó a la pérdida de economías de aglomeración, a la lenta reasignación del capital y al flujo de nuevas inversiones hacia otras áreas (Dix-Carneiro y Kovak, 2017).
9. Los trabajadores urbanos pertenecen al sector de bienes y servicios comercializables urbanos o al de bienes y servicios no comercializables urbanos. Por ende, una disminución de la proporción de bienes y servicios comercializables urbanos implica un aumento de la proporción de bienes y servicios no comercializables urbanos.
10. En toda la región, más del 70 % de las zonas urbanas registra una densidad demográfica superior a la mediana mundial (Roberts, 2018).

11. La forma urbana y la conectividad interurbana también afectan la productividad de las ciudades de América Latina (Duque y otros, 2022). El crecimiento desordenado de las ciudades ha dificultado la ampliación rentable del transporte público y otros servicios de infraestructura a las zonas de la periferia urbana.

12. A principios de la década de 2000, el 80 % de la desigualdad de ingresos en la región se atribuía a las diferencias de ingresos laborales dentro de los municipios (Acemoglu y Dell, 2010).

13. Duque y otros (2021, 2022) aportan evidencias de la desigualdad socioeconómica y la segregación en muchas ciudades colombianas y mexicanas.

14. Los países son Argentina, Bolivia, Brasil, Chile, Colombia, Costa Rica, la República Dominicana, Ecuador, Honduras, México, Panamá, Paraguay, Perú y Uruguay.

15. Las localidades rurales son aquellas en las que el 50 % o más de los habitantes son rurales. Por lo tanto, algunas localidades predominantemente rurales pueden tener una proporción minoritaria de población urbana.

16. La selección es el proceso de coubicación de trabajadores con determinadas competencias en determinadas áreas.

17. Los ingresos laborales suelen declararse mejor que los ingresos totales. También son un mejor parámetro indirecto de la productividad laboral.

Bibliografía

Acemoglu, D., and M. Dell. 2010. "Productivity Differences between and within Countries." *American Economic Journal: Macroeconomics* 2 (1): 169–88.

Adão, R. 2015. "Worker Heterogeneity, Wage Inequality, and International Trade: Theory and Evidence from Brazil." Massachusetts Institute of Technology, Cambridge, MA. https://economics.yale.edu/sites/default/files/adao_jmp_2015.pdf.

Akbar, P. 2022. "Mobility and Congestion in Urban Areas in Latin America and the Caribbean." Background paper prepared for this report, World Bank, Washington, DC.

Akbar, P., V. Couture, G. Duranton, and A. Storeygard. 2022. "The Fast, the Slow, and the Congested: Urban Transportation in Rich and Poor Countries." CEPR Press Discussion Paper No. 18401, Centre for Economic Policy Research, London. https://cepr.org/publications/dp18401.

Allen, T., and C. Arkolakis. 2014. "Trade and the Topography of the Spatial Economy." *Quarterly Journal of Economics* 129 (3): 1085–140.

Aroca, P., M. Bosch, and W. F. Maloney. 2005. "Spatial Dimensions of Trade Liberalization and Economic Convergence: Mexico 1985–2002." Policy Research Working Paper 3744, World Bank, Washington, DC.

Bellon, M. 2018. "Trade Liberalization and Inequality: A Dynamic Model with Firm and Worker Heterogeneity." https://matthieubellon.com/docs/TradeLiberalizationInequalityDynamics2018.pdf.

Beylis, G., R. Fattal-Jaef, R. Sinha, M. Morris, and A. Sebastian. 2020. *Going Viral: COVID-19 and the Accelerated Transformation of Jobs in Latin America and the Caribbean*. World Bank Latin American and Caribbean Studies. Washington, DC: World Bank.

Bosch, M., P. Aroca, I. J. Fernández, and C. R. Azzoni. 2003. "Growth Dynamics and Space in Brazil." *International Regional Science Review* 26 (3): 393–418.

Burger, M., M. Hendriks, and E. Ianchovichina. 2022. "Happy but Unequal: Differences in Subjective Well-Being across Individuals and Space in Colombia." *Applied Research in Quality of Life* 17 (3): 1343–87.

Burger, M., E. Ianchovichina, and P. Akbar. 2022. "Heterogenous Agglomeration Economies in the Developing Countries: The Roles of Firm Characteristics, Sector Tradability, and Urban Mobility." Policy Research Working Paper 9954, World Bank, Washington, DC.

Conte, B., and E. Ianchovichina. 2022. "Spatial Development and Mobility Frictions in Latin America: Theory-Based Empirical Evidence." Policy Research Working Paper 10071, World Bank, Washington, DC.

Costa, F., J. Garred, and J. P. Pessoa. 2016. "Winners and Losers from a Commodities-for-Manufactures Trade Boom." *Journal of International Economics* 102: 50–69.

D'Aoust, O., V. Galdo, and E. Ianchovichina. 2023. "Territorial Productivity Differences and Dynamics within Latin American Countries." Policy Research Working Paper 10480, World Bank, Washington, DC.

Davenport, A., and B. Zaranko. 2020. "Leveling Up: Where and How?" In *IFS Green Budget 2020*. London: Institute for Fiscal Studies.

Desmet, K., D. Nagy, and E. Rossi-Hansberg. 2018. "The Geography of Development." *Journal of Political Economy* 126 (3): 903–83.

Dix-Carneiro, R., and B. Kovak. 2017. "Trade Liberalization and Regional Dynamics." *American Economic Review* 107 (10): 2908–46.

Dix-Carneiro, R., and B. Kovak. 2019. "Margins of Labor Market Adjustment to Trade." *Journal of International Economics* 117: 125–42.

Dix-Carneiro, R., and B. Kovak. 2023. "Globalization and Inequality in Latin America." Inter-American Development Bank, Washington, DC.

Duarte, M., and D. Restuccia. 2010. "The Role of the Structural Transformation in Aggregate Productivity." *Quarterly Journal of Economics* 125 (1): 129–73.

Duque, J. C., N. Lozano-Gracia, G. García, J. Ospina, J. Patiño, and R. Curiel. 2022. "Intraurban Inequality in Mexican Cities." Background paper prepared for this report, Universidad EAFIT, Medellín, Colombia.

Duque, J. C., N. Lozano-Gracia, M. Quiñones, G. García, J. Ospina, J. Patiño, and J. Montoya. 2021. "Intraurban Inequality in Colombian Cities." Unpublished manuscript, Universidad EAFIT, Medellín, Colombia.

Duranton, G., and D. Puga. 2020. "The Economics of Urban Density." *Journal of Economic Perspectives* 34 (3): 3–26.

Dutz, M., R. Almeida, and T. Packard. 2018. *The Jobs of Tomorrow: Technology, Productivity, and Prosperity in Latin America and the Caribbean*. Directions in Development Series, Communication and Information Technologies. Washington, DC: World Bank.

Escobal, J., and C. Ponce. 2011a. "Access to Public Infrastructure, Institutional Thickness and Pro-Poor Growth in Rural Peru." *Journal of International Development* 23 (3): 358–79.

Escobal, J., and C. Ponce. 2011b. "Spatial Patterns of Growth and Poverty Changes in Peru (1993–2005)." Working Paper No. 78, Rural Territorial Dynamics Program, Latin American Center for Rural Development (RIMISP), Santiago, Chile.

Fajgelbaum, P., and E. Schaal. 2020. "Optimal Transport Networks in Spatial Equilibrium." *Econometrica* 88 (4): 1411–52.

Ferreira-Filho, J., and M. Horridge. 2006. "Economic Integration, Poverty and Regional Inequality in Brazil." *Revista Brasileira de Economia* 60 (4): 363–87.

Ferreyra, M. M., and M. Roberts, eds. 2018. *Raising the Bar for Productive Cities in Latin America and the Caribbean*. Washington, DC: World Bank.

Galvis, L. A., and A. Meisel Roca. 2010. "Persistencia de las desigualdades regionales en Colombia: Un análisis espacial." Documento de trabajo sobre economía regional no. 120, Banco de la República, Colombia.

Galvis, L. A., and A. Meisel Roca. 2012. "Convergencia y trampas espaciales de pobreza en Colombia: Evidencia reciente." Documento de trabajo sobre economía regional no. 177, Banco de la República, Colombia.

González Rivas, M. 2007. "The Effects of Trade Openness on Regional Inequality in Mexico." *Annals of Regional Science* 41: 545–61.

Gorton, N., and E. Ianchovichina. 2021. "Trade Networks in Latin America: Spatial Inefficiencies and Optimal Expansions." Policy Research Working Paper 9843, World Bank, Washington, DC.

Goyal, R., and R. Sahay. 2007. "Volatility and Growth in Latin America: An Episodic Approach." IMF Working Paper 06/287, International Monetary Fund, Washington, DC.

Grover, A., S. Lall, and W. F. Maloney. 2022. *Place, Productivity, and Prosperity: Revisiting Spatially Targeted Policies for Regional Development*. Washington, DC: World Bank.

Grover, A., and W. F. Maloney. 2022. "Proximity without Productivity: Agglomeration Effects with Plant-Level Output and Price Data." Policy Research Working Paper 9977, World Bank, Washington, DC.

Heil, A., E. Ianchovichina, and L. Quintero. 2022. "Spatial Variations in Income and Wealth in a Segregated City: Evidence from Bogotá." Background paper prepared for this report, World Bank, Washington, DC.

Hsieh, C.-T., and P. Klenow. 2009. "Misallocation and Manufacturing TFP in China and India." *Quarterly Journal of Economics* 124 (4): 1403–48.

Ianchovichina, E. 2018. *Eruptions of Popular Anger: The Economics of the Arab Spring and Its Aftermath.* Washington, DC: World Bank.

Ianchovichina, E., and H. Onder. 2017. "Dutch Disease: An Economic Illness Easy to Catch, Difficult to Cure." *Future Development* (blog). https://www.brookings.edu/tags/future-development/.

Ianchovichina, E., and R. Zárate. 2021. "Segregation, Informality, and Misallocation." Unpublished manuscript, World Bank, Washington, DC.

Jedwab, R., E. Ianchovichina, and F. Haslop. 2022. "Consumption Cities versus Production Cities: New Considerations and Evidence." Policy Research Working Paper 10105, World Bank, Washington, DC.

Lall, S., Z. Shalizi, and U. Deichmann. 2004. "Agglomeration Economies and Productivity in Indian Industry." *Journal of Development Economics* 73 (2): 643–73.

Lederman, D., J. Messina, S. Pienknagura, and R. Jamele. 2014. *Latin American Entrepreneurs: Many Firms but Little Innovation.* World Bank Latin American and Caribbean Studies. Washington, DC: World Bank.

Li, Y., and M. Rama. 2015. "Households or Locations? Cities, Catchment Areas and Prosperity in India." Policy Research Working Paper 7473, World Bank, Washington, DC.

Maloney, W., and A. Rodríguez-Clare. 2007. "Innovation Shortfalls." *Review of Development Economics* 11 (4): 665–84.

Montañés, R., J. Barreto, C. Bonilla, D. Sánchez, and H. Winkler. 2021. "Working from Home in Latin America and the Caribbean: Enabling Factors and Inequality Implications." Background paper prepared for this report, World Bank, Washington, DC.

Nin Pratt, A., C. Falconi, C. Ludena, and P. Martel. 2015. "Productivity and the Performance of Agriculture in Latin America and the Caribbean: From the Lost Decade to the Commodity Boom." IDB Working Paper No. 608, Inter-American Development Bank, Washington, DC.

Perry, G., W. Maloney, O. Arias, P. Gajnzylber, A. Mason, and J. Saavedra-Chanduvi. 2007. *Informality: Exit and Exclusion.* World Bank Latin American and Caribbean Studies. Washington, DC: World Bank.

Ponczek, V., and G. Ulyssea. 2022. "Enforcement of Labour Regulation and the Labour Market Effects of Trade: Evidence from Brazil." *Economic Journal* 132 (641): 361–90.

Roberts, M. 2018. "The Many Dimensions of Urbanization and the Productivity of Cities in Latin America and the Caribbean." In *Raising the Bar for Productive Cities in Latin America and the Caribbean*, edited by M. M. Ferreyra and M. Roberts. Washington, DC: World Bank.

Rocha, N., and M. Ruta. 2022. *Deep Trade Agreements: Anchoring Global Value Chains in Latin America and the Caribbean.* Washington, DC: World Bank.

Rodríguez-Castelán, C., L.-N. López-Calva, N. Lustig, and D. Valderrama. 2022. "Wage Inequality in the Developing World: Evidence from Latin America." *Review of Development Economics* 26 (4): 1944–70.

Rodríguez-Pose, A. 2017. "The Revenge of the Places that Don't Matter (and What to Do about It)." *Cambridge Journal of Regions, Economy and Society* 11 (1): 189–209.

Rodríguez-Vignoli, J., and F. Rowe. 2018. "How Is Internal Migration Reshaping Metropolitan Populations in Latin America? A New Method and New Evidence." *Population Studies* 72 (2): 253–73.

Serra, M. I., M. F. Pazmino, G. Lindow, B. Sutton, and G. Ramírez. 2006. "Regional Convergence in Latin America." IMF Working Paper WP/06/125, International Monetary Fund, Washington, DC.

Skoufias, E., and G. López-Acevedo. 2009. *Determinants of Regional Welfare Disparities within Latin American Countries*, Vol. 1, *Synthesis.* Washington, DC: World Bank.

Soto, R., and A. Torche. 2004. "Spatial Inequality, Migration, and Economic Growth in Chile." *Latin American Journal of Economics* 41: 401–24.

Terra, M. 2003. "Trade Liberalization in Latin American Countries and the Agreement on Textiles and Clothing in the WTO." *Économie Internationale* 94-93: 137–54.

UNDP (United Nations Development Programme). 2021. *Trapped: High Inequality and Low Growth in Latin America and the Caribbean.* Regional Human Development Report. New York: UNDP.

United Nations. 2016. *The World Cities Data Booklet.* New York: United Nations.

Van der Weide, R., P. Ferreira de Souza, and R. Barbosa. 2020. "Intergenerational Mobility in Education in Brazil." Unpublished manuscript, World Bank, Washington, DC.

Vegh, C., G. Vuletin, D. Riera-Crichton, J. P. Medina, D. Friedheim, L. Morano, and L. Venturo. 2018. *From Known Unknowns to Black Swans: How to Manage Risk in Latin America and the Caribbean.* LAC Semiannual Report, October 2018. Washington, DC: World Bank.

Venables, A. 2017. "Breaking into Tradables: Urban Form and Urban Function in a Developing City." *Journal of Urban Economics* 98 (C): 88–97.

World Bank. 2009. *World Development Report 2009: Reshaping Economic Geography.* Washington, DC: World Bank.

Zárate, R. 2022. "Spatial Misallocation, Informality, and Transit Improvements: Evidence from Mexico City." Policy Research Working Paper 9990, World Bank, Washington, DC.

PARTE

I

Tendencias de la productividad territorial dentro de los países en las décadas de 2000 y 2010

Las diferencias territoriales en los ingresos laborales motivan gran parte del trabajo que se está llevando adelante en materia de desarrollo y crecimiento económico. Con la reducción de las barreras a la migración y al comercio, se espera que estas diferencias disminuyan a medida que la tecnología y el capital se distribuyan relativamente rápido a nivel nacional. La desigualdad de ingresos a nivel territorial, sin embargo, puede persistir debido a las diferencias en los elementos económicos fundamentales, que incluyen la capacidad de los recursos (Mesquita Moreira y otros, 2013) y el capital humano (Skoufias y López-Acevedo, 2009), las trampas de la pobreza[1] que reflejan las diferencias continuas en las instituciones (Galvis y Meisel Roca, 2012), o los costos elevados del comercio y la migración (Acemoglu y Dell, 2010; Skoufias y López-Acevedo, 2009). Este último aspecto genera pérdidas de eficiencia y una asignación espacial inadecuada, ya que eleva los costos de la comercialización de bienes, el transporte y la reubicación laboral. Asimismo, las fuerzas del mercado pueden ralentizar o incluso revertir la convergencia espacial al promover la aglomeración de trabajadores y empresas en las zonas urbanas (Duranton y Puga, 2020). La aglomeración permite que tanto los trabajadores como las empresas de las grandes áreas metropolitanas se beneficien de la coubicación gracias a los mecanismos para compartir, buscar coincidencias y aprender (Duranton y Puga, 2004), así como la proximidad a mercados más grandes (Fujita, 1988).

Cuando las diferencias de ingresos a nivel territorial surgen, en su gran mayoría, a partir de la selección de los trabajadores más productivos en las zonas urbanas, es posible que una migración menos limitada no logre impulsar el crecimiento económico (Bryan y Morten, 2019). Si las personas no cuentan con las capacidades que les permitan acceder a salarios reales más altos tras mudarse a las ciudades, la migración podría incluso aumentar la congestión y, por tanto, reducir las primas de productividad local en las principales ciudades (Grover, Lall y Maloney, 2022). En otras palabras, en los lugares con una alta tasa de ingresos laborales, la productividad también debe ser elevada. Los altos ingresos laborales pueden ser el mero reflejo de la selección de los trabajadores más productivos en estas zonas y, de ser así, las ganancias aprovechables de la migración podrían ser limitadas.

61

Para ofrecer un panorama más claro acerca de la dimensión de las diferencias de productividad dentro de un país y cómo han evolucionado con el paso del tiempo, en el capítulo 2, se presentan nuevas evidencias acerca de las dimensiones y tendencias de las diferencias de productividad territoriales de índole laboral y espacial en 13 países de América Latina, entre principios de la década de 2000 y fines de la de 2010, antes del inicio de la pandemia de COVID-19 (enfermedad por coronavirus 2019). Más adelante, en el capítulo 3, se profundiza en las diferencias de productividad entre las principales áreas metropolitanas y el resto de estos países. Las principales áreas metropolitanas merecen especial atención, ya que constituyen los centros de negocios más importantes de estos países. También atraen migrantes, sobre todo capacitados, y, en alrededor de un tercio de los países de América del Sur, aproximadamente el 40 % de la población vive en estas ciudades primadas (Naciones Unidas, 2016).

Nota

1. A su vez, las trampas de la pobreza pueden influir en el crecimiento territorial debido a los mayores niveles de fragmentación social, subinversión, y conflictos e inestabilidad política (Alesina y Perotti, 1996).

Bibliografía

Acemoglu, D., and M. Dell. 2010. "Productivity Differences between and within Countries." *American Economic Journal: Macroeconomics* 2 (1): 169–88.

Alesina, A., and R. Perotti. 1996. "Income Distribution, Political Instability, and Investment." *European Economic Review* 40 (6): 1203–28.

Bryan, G., and M. Morten. 2019. "The Aggregate Productivity Effects of Internal Migration: Evidence from Indonesia." *Journal of Political Economy* 127 (5): 2229–68.

Duranton, G., and D. Puga. 2004. "Micro-Foundations of Urban Agglomeration Economies." In *Handbook of Regional and Urban Economics*, vol. 4, edited by J. V. Henderson, G. Duranton, and W. C. Strange, 2063–117. Amsterdam: Elsevier.

Duranton, G., and D. Puga. 2020. "The Economics of Urban Density." *Journal of Economic Perspectives* 34 (3): 3–26.

Fujita, M. 1988. "A Monopolistic Competition Model of Spatial Agglomeration: Differentiated Product Approach." *Regional Science and Urban Economics* 18 (1): 87–124.

Galvis, L. A., and A. Meisel Roca. 2012. "Convergencia y trampas espaciales de pobreza en Colombia: Evidencia reciente." Documento de trabajo sobre economía regional no. 177, Banco de la República, Colombia.

Grover, A., S. Lall, and W. F. Maloney. 2022. *Place, Productivity, and Prosperity: Revisiting Spatially Targeted Policies for Regional Development.* Washington, DC: World Bank.

Mesquita Moreira, M., J. Blyde, C. Volpe, and D. Molina. 2013. *Too Far to Export: Domestic Transport Costs and Regional Export Disparities in Latin America and the Caribbean.* Washington, DC: Inter-American Development Bank.

Skoufias, E., and G. López-Acevedo. 2009. *Determinants of Regional Welfare Disparities within Latin American Countries*, vol. 1, *Synthesis.* Washington, DC: World Bank.

United Nations. 2016. *The World Cities Data Booklet.* New York: United Nations.

Diferencias en la productividad subnacional y su evolución | 2

on muchos los factores que entran en juego en el desarrollo territorial de un país. Es un proceso que depende de la trayectoria y está influenciado por lo siguiente: las condiciones iniciales, que incluyen la geografía física (Olfert y otros, 2014); el capital humano y la tendencia de la distribución espacial de las personas en respuesta al mercado laboral, los servicios, el costo de vida y los aspectos culturales; las inversiones locales en infraestructura física y tecnológica; las instituciones locales[1], y la estructura espacial de la actividad económica, que toma forma a partir de las fuerzas de aglomeración, la proximidad a los recursos y los mercados, la organización industrial y la competencia en los mercados locales.

Las diferencias y dinámicas de los ingresos territoriales hasta principios de la década de 2000

Antes de mediados de la década de 2000, la desigualdad de ingresos a nivel territorial representó un gran desafío para la región de América Latina y el Caribe (ALC). Acemoglu y Dell (2010) documentan grandes diferencias en el ingreso laboral entre municipios dentro de los países durante la primera mitad de la década de 2000 y, en muchos estudios, se describen marcados contrastes regionales en las economías más grandes de ALC[2]. Estas diferencias territoriales se han atribuido a factores que incluyen las capacidades en cuanto a los recursos y la topografía (Mesquita Moreira y otros, 2013), el capital humano (Acemoglu y Dell, 2010; Skoufias y López-Acevedo, 2009), las barreras migratorias (Skoufias y López-Acevedo, 2009), la proximidad a carreteras en buen estado (pavimentadas)[3] e instituciones locales que determinan la prestación de servicios públicos locales (Acemoglu y Dell, 2010)[4].

La mayoría de los estudios correspondientes al período anterior a la mitad de la década de 2000 analizan por separado las cuestiones relativas a las diferencias y las dinámicas de los ingresos territoriales, abarcan solo un país o un número limitado de países, y se basan en fuentes de datos dispares que no proporcionan necesariamente una imagen regional completa o coherente de la dimensión y la evolución de las diferencias de ingresos a nivel territorial. En los estudios basados en datos del valor agregado por sector o por producto interno bruto (PIB) per cápita en el primer nivel administrativo de un país, se muestran evidencias de una convergencia absoluta, aunque a una velocidad menor que la observada en países desarrollados, en Brasil (Azzoni, 2001; Serra y otros, 2006), Chile (Serra y otros, 2006), Colombia (Serra y otros, 2006) y Perú (Iacovone, Sánchez-Bayardo y Sharma, 2015; Serra y otros, 2006), pero no en Argentina (Serra y otros, 2006) ni México (Chiquiar, 2005; Sánchez-Reaza y Rodríguez-Pose, 2002; Serra y otros, 2006)[5].

Iacovone, Sánchez-Bayardo y Sharma (2015), quienes utilizan datos de valor agregado por sector para explorar los efectos de la composición sectorial en las dinámicas de ingreso de Perú, encuentran una convergencia absoluta en la minería y la manufactura (aunque no en los servicios y la agricultura), y una convergencia más lenta a nivel agregado que dentro del sector manufacturero, lo que es coherente con las proporciones de empleo más altas en los servicios y la agricultura. Atribuyen la falta de convergencia en las tasas de pobreza de los distintos departamentos a la reasignación limitada de la mano de obra a los sectores convergentes. En ese sentido, Sotelo (2020) sugiere que la falta de convergencia podría deberse a diferencias regionales sustanciales en el ingreso agrícola. Relaciona estas diferencias con las variaciones espaciales en los costos comerciales, la calidad de la tierra y la práctica de los agricultores de cultivar muchos tipos de cultivos con diferencias en intensidad del uso del suelo. En México, el crecimiento del sector turístico también ha generado efectos espaciales dispares. Según Faber y Gaubert (2019), los efectos económicos a nivel local del turismo se generan, en gran parte, a partir de efectos indirectos positivos en la manufactura. Sin embargo, a nivel agregado, estos efectos indirectos se compensan, mayormente, por las economías de aglomeración reducidas en regiones que atraen a una menor cantidad de turistas.

En una vertiente relacionada de esta bibliografía, se muestra que la liberalización del comercio y la fuerte demanda de productos básicos también afectó la convergencia de ingresos dentro de los países de América Latina. En México, el Tratado de Libre Comercio de América del Norte (TLCAN) no revirtió el patrón de divergencia en el PIB per cápita a nivel estatal entre 1985 y 2001. El acuerdo benefició a los estados dotados con capital humano e infraestructura, o capaces de atraerlos, y perjudicó a los estados del sur con agriculturas menos productivas (Chiquiar, 2005). En Brasil, la liberación del comercio de principios de la década de 1990 generó efectos negativos más importantes sobre los ingresos y el empleo en las regiones expuestas a recortes arancelarios más profundos (Dix-Carneiro y Kovak, 2017; Kovak, 2013) e incluso 10 años después de la apertura inicial del comercio. Dado que las regiones más prósperas, lo que incluye a las principales áreas metropolitanas del país, experimentaron mayores recortes arancelarios, la liberalización contribuyó a la disminución en la desigualdad interregional. De manera similar, Costa, Garred y Pessoa (2016) determinaron que el fuerte crecimiento de la productividad en China disminuyó la desigualdad en Brasil debido a la desindustrialización y a una fuerte demanda de exportación de productos básicos, en particular durante la década dorada (2003-13). En cuanto a Perú, Sotelo (2020) concluye que una mayor demanda global de granos ha generado efectos dispares en el ámbito rural/urbano, que benefició a los agricultores, pero perjudicó a los consumidores urbanos.

En numerosos estudios nacionales, se utilizan datos de encuestas que abarcan desde la década de 1990 hasta principios de la década de 2000 para documentar las diferencias y las dinámicas territoriales en los ingresos de los hogares de nueve economías latinoamericanas[6]. El análisis suele realizare a nivel municipal o provincial (como es el caso de Colombia y Perú), excepto en Ecuador, donde los datos se obtienen a nivel de distrito, una subdivisión de un municipio. En la síntesis de los resultados, disponible en Modrego y Berdegué (2016), se indica ampliamente una convergencia lenta y absoluta de los ingresos medios en los hogares de Brasil (Favareto y Abramovay, 2016), Colombia (Fernández y otros, 2016), Ecuador (Larrea y otros, 2016), Guatemala (Romero y Zapil Ajxup, 2009) y México (Yúnez Naude, Arellano González y Méndez Navarro, 2016)[7], pero no en Chile (Modrego y otros, 2016) y Perú (Escobal y Ponce, 2016). En estos estudios, se confirma el rol del capital humano en el proceso de convergencia y se determina que la importancia de otros factores varía según el país. Sin embargo, los resultados de estos estudios a nivel nacional no pueden compararse en forma directa debido a las diferencias en el nivel de acumulación de unidades territoriales y las definiciones utilizadas en cada país para las líneas de pobreza, los ingresos y otros indicadores. Además, en ninguno de los estudios se usan índices regionales de precios para ajustar el ingreso y las líneas de pobreza para las diferencias de los costos de vida.

Las variaciones espaciales en la productividad laboral y por ubicación

D'Aoust, Galdo e Ianchovichina (2023) documentan las tendencias de la productividad laboral y por ubicación en 13 países de América Latina entre principios de la década de 2000 y fines de la década de 2010. Mediante la diferenciación entre hogares y localidades, ofrecen una evaluación a nivel regional de la variación en las primas de productividad laboral y por ubicación dentro de los países de ALC y entre ellos. D'Aoust y sus colegas se basan en el ingreso laboral $y_{h,l,t}$ de los hogares h por localidad l y período t en vez de gastos e ingresos totales, ya que el ingreso laboral es un mejor parámetro representativo de la productividad laboral y se informa con mayor precisión que el valor total de ingresos. En línea con el abordaje de la bibliografía (Li y Rama, 2015; Quintero y Roberts, 2018; Skoufias y López-Acevedo, 2009), la prima en la productividad laboral, $\gamma_{l,t}^{bs}$ en cuanto a la localidad l y el período t (también denominada "prima por ubicación antes de la selección" y que se indica con el superíndice bs [del inglés "before sorting," que significa "antes de la selección"]), se calcula como el valor del ingreso laboral promedio per cápita del hogar, neto de los efectos de las perturbaciones exógenas que varían con el tiempo, de la siguiente manera:

$$ln(y_{h,l,t}) = \gamma_{l,t}^{bs} + \theta_t + \varepsilon_{h,l,t}. \tag{2.1}$$

La prima de productividad por ubicación[8] $\gamma_{l,t}^{as}$ en la localidad l y el período t (también denominada "prima por ubicación después de la selección" y que se indica mediante el superíndice as [del inglés "after sorting," que significa "después de la selección"]), es la fracción del ingreso laboral promedio per cápita del hogar, que no puede explicarse por las características observables no geográficas, $X_{h,l,t}$, ni por las perturbaciones exógenas que varían con el tiempo[9], de la siguiente manera:

$$ln(y_{h,l,t}) = \gamma_{l,t}^{as} + X_{h,l,t}{'}\psi_t + \theta_t + \varepsilon_{h,l,t}. \tag{2.2}$$

En el cuadro 2A.1 del anexo, se mencionan las características observables no geográficas y, en el recuadro 2.1, se analizan los datos que se usan en ese análisis.

En el mapa 2.1, se muestran las primas de productividad laboral y por ubicación según la región administrativa de segundo nivel (tales como municipios) de Brasil, Chile, Costa Rica, la República Dominicana, Ecuador, Honduras, México y Perú, y según la región administrativa de primer nivel de Argentina, Bolivia, Colombia, Panamá y Uruguay. Las primas de productividad laboral varían sustancialmente en los distintos países y ubicaciones dentro de los países de América Latina. Las primas de productividad laboral son más altas (azul oscuro) en las zonas ricas en recursos del norte y sur de Chile, el sur de Argentina, las zonas más desarrolladas del sur y sureste de Brasil, así como en la ciudad de Panamá y las

RECUADRO 2.1 Datos para el cálculo de las diferencias y las tendencias de la productividad territorial

El análisis de D'Aoust, Galdo e Ianchovichina (2023) se basa en microdatos armonizados sobre 13 países latinoamericanos, que se publicaron recientemente y no se encontraban disponibles antes. En la investigación sobre Brasil y México, también se utilizaron microdatos del censo de la Serie Integrada de Microdatos de Uso Público (IPUMS) armonizados por el Institute for Social Research and Data Innovation de la Universidad de Minnesota. En ambos casos, los cuestionarios del censo incluyen un módulo sobre los ingresos, además de las preguntas estándares sobre las características de las personas y el hogar. Asimismo, el protocolo de armonización garantiza la comparabilidad de las unidades geográficas durante los años del censo. Para otros países, D'Aoust, Galdo e Ianchovichina (2023) utilizan la Base de Datos Socioeconómicos para América Latina y el Caribe (SEDLAC). Incluye encuestas de hogares armonizadas a nivel nacional, que elaboraron en conjunto el Centro de Estudios Distributivos, Laborales y Sociales (CEDLAS) de la Universidad Nacional de la Plata y el grupo de trabajo sobre pobreza para la región de América Latina y el Caribe del Banco Mundial. La mayoría de los países han realizado encuestas en forma anual desde 2000, pero la frecuencia varía según cada país. Colombia es el único país que ha realizado análisis a nivel municipal a partir de datos de valor agregado per cápita durante los últimos 10 años a través del Departamento Administrativo Nacional de Estadísticas (DANE).

Los criterios para seleccionar los años de la encuesta incluyen la disponibilidad de la información para armonizar los geocódigos en los distintos años en que se realiza la encuesta al nivel geográfico más reducido posible y maximizar la cantidad de ubicaciones encuestadas a lo largo del tiempo. En el caso de la SEDLAC, se usan de dos a tres encuestas consecutivas para garantizar la cobertura, en particular, en las zonas rurales, dentro de tres períodos específicos de los últimos 20 años: a principios de la década de 2000, alrededor de 2010 y a fines de la década de 2010. Por tanto, la muestra incluye solo a los países con suficiente información para identificar las unidades geográficas subnacionales y garantizar la comparabilidad en el espacio y el tiempo. En el cuadro 2A.2 del anexo, se ofrece información detallada sobre las fuentes de los datos, mientras que, en el recuadro 2A.1 del anexo, se explica el criterio para armonizar los geocódigos a lo largo de los años en que se realizó la encuesta y maximizar la cantidad de ubicaciones encuestadas en el tiempo.

Por último, a fin de garantizar que los resultados puedan compararse tanto a nivel nacional como con otros países, D'Aoust, Galdo e Ianchovichina (2023) usan un promedio de los ingresos laborales per cápita de los hogares, que se deflactan para ajustar las diferencias del costo de vida en el espacio y el tiempo. En primer lugar, los ingresos laborales se convirtieron a dólares estadounidenses constantes de 2011, que se ajustaron según la paridad del poder adquisitivo (PPA), y luego se ajustaron para dar cuenta de las diferencias en las distintas regiones subnacionales y, siempre que fuera posible, los diferentes tipos de áreas dentro de las regiones (como las rurales frente a las urbanas). En el cuadro 2A.3 del anexo, se mencionan los deflactores usados para cada país.

zonas circundantes y en algunos municipios del norte de México. Las primas de productividad laboral también son relativamente altas en las principales áreas metropolitanas (puntos negros). En todos los países, la variación espacial en la productividad laboral (panel a) es mucho mayor que la variación espacial en la productividad por ubicación (panel b), lo que indica que muchos lugres, en particular aquellos ubicados en las áreas más importantes, tienen una alta productividad debido a que los trabajadores productivos se ven atraídos a

MAPA 2.1 **Primas de productividad laboral y por ubicación: América Latina, fines de la década de 2010**

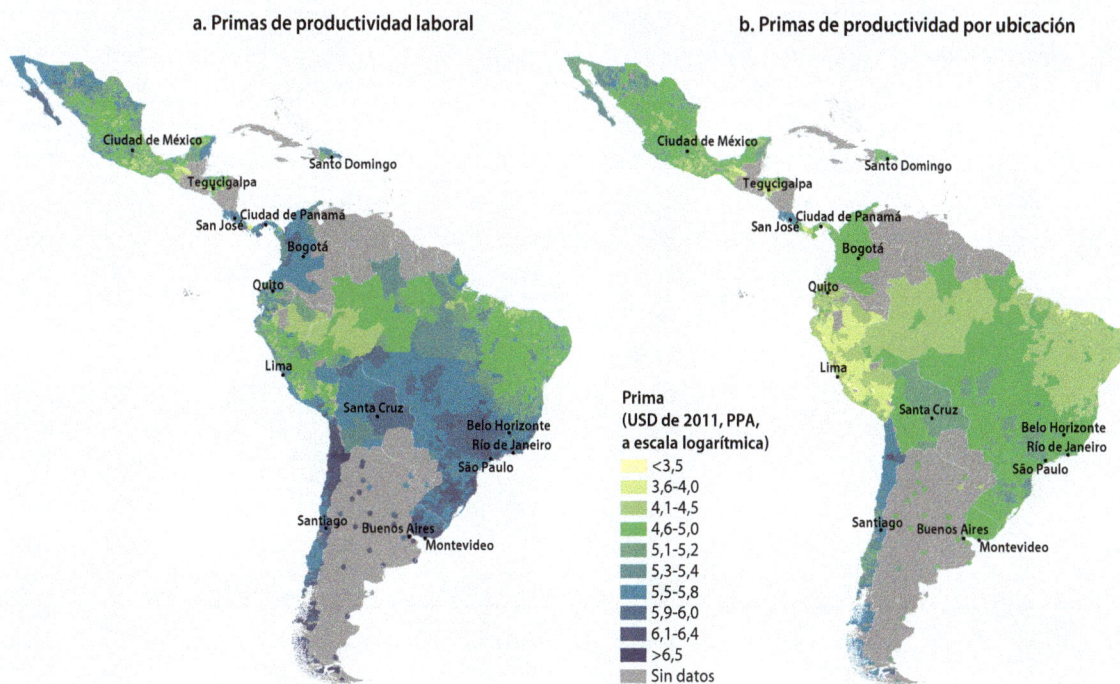

a. Primas de productividad laboral

b. Primas de productividad por ubicación

Prima
(USD de 2011, PPA,
a escala logarítmica)
- <3,5
- 3,6-4,0
- 4,1-4,5
- 4,6-5,0
- 5,1-5,2
- 5,3-5,4
- 5,5-5,8
- 5,9-6,0
- 6,1-6,4
- >6,5
- Sin datos

Fuente: D'Aoust, Galdo e Ianchovichina (2023).
Nota: La productividad laboral se mide de manera indirecta como el ingreso laboral per cápita neto del efecto de cualquier perturbación exógena que afecte a todas las localidades de un país en un momento dado. La prima de productividad por ubicación es la fracción del ingreso laboral per cápita del hogar que no puede explicarse por características observables no geográficas (transferibles) de dicho hogar ni por los efectos de factores exógenos que varían con el tiempo. Para garantizar la comparabilidad dentro de los países y entre ellos, los ingresos laborales per cápita de los hogares se deflactan para ajustar los ingresos teniendo en cuenta las diferencias del costo de vida en el espacio y el tiempo. El período disponible más reciente es 2008-09 en el caso de Costa Rica; 2010 en el Brasil; 2014-16 en el de la República Dominicana; 2015 en el de México; 2015-17 en el de Chile, y 2017-19 en el de Argentina, Bolivia, Colombia, Ecuador, Honduras, Panamá, Perú y Uruguay. En el caso de Bolivia, Colombia, Panamá y Uruguay, estas estimaciones corresponden al primer nivel administrativo (como los estados). En el caso de Argentina, los cálculos corresponden al nivel de la aglomeración urbana (representados por puntos en los mapas). En el caso de los demás países, las estimaciones corresponden al segundo nivel administrativo (como los municipios). PPA = paridad del poder adquisitivo.

estos lugares para aprovechar las fuertes externalidades positivas de aprendizaje disponibles en proximidad a otros trabajadores calificados (Quintero y Roberts, 2018)[10] y mejores opciones para consumidores[11].

Disminución de la variación espacial en la productividad por ubicación desde principios de la década de 2000

En toda América Latina, la variación territorial en los ingresos laborales (valor neto de los efectos de las perturbaciones exógenas) disminuyó entre principios de la década de 2000 y fines de la década de 2010 (véanse las columnas 4 y 5 del cuadro 2.1). Las disminuciones fueron más pronunciadas en Bolivia y Costa Rica, mientras que en Brasil y Panamá fueron relativamente leves. La variación en la productividad por ubicación también disminuyó en todos los países en distintas medidas durante el mismo período (véanse las columnas 6 y 7 del cuadro 2.1). La disminución fue más notoria en Bolivia y México, y menos pronunciada en Argentina y Panamá. En todos los países, existió una variación en los distintos espacios mucho mayor de las primas de productividad laboral (primas por ubicación antes de la selección), que figuran en las columnas 4 y 5 del cuadro 2.1, que las primas de productividad por ubicación (primas por ubicación después de la selección), que figuran en

CUADRO 2.1 **Desviaciones estándar y coeficientes de variación de las primas de productividad laboral y por ubicación en la región de ALC**

País	Nivel administrativo (1)	Período inicial 0 (2)	Último período T (3)	$\sigma_{\gamma_0^{bs}}$ (4)	$\sigma_{\gamma_T^{bs}}$ (5)	$\sigma_{\gamma_0^{as}}$ (6)	$\sigma_{\gamma_T^{as}}$ (7)	$CV_{\gamma_0^{as}}$ (8)	$CV_{\gamma_T^{as}}$ (9)
Argentina	1	2003-05	2017-19	0,31	0,25	0,21	0,20	5,30	4,07
Bolivia	1	2001-02	2017-19	0,44	0,24	0,39	0,18	9,26	3,59
Colombia	1	2001-03	2017-19	0,25	0,19	0,14	0,11	3,43	2,35
Panamá	1	2001-03	2017-19	0,65	0,62	0,27	0,27	6,61	5,86
Uruguay	1	2000-02	2017-19	0,22	0,20	0,16	0,13	3,67	2,78
Brasil	2	2000	2014-15	0,57	0,53	0,40	0,36	8,97	4,93
Chile	2	2000-03	2015-17	0,39	0,28	0,24	0,20	5,30	3,78
Costa Rica	2	2001-03	2008-09	0,37	0,18	0,20	0,18	3,87	3,24
República Dominicana	2	2000-02	2014-16	0,35	0,28	0,27	0,21	5,54	4,24
Ecuador	2	2003-04	2017-19	0,38	0,30	0,27	0,19	7,09	4,47
Honduras	2	2004-06	2017-19	0,50	0,46	0,38	0,35	9,20	8,38
México	2	2000	2015	0,55	0,45	0,46	0,35	10,49	7,62
Perú	2	2000-03	2017-19	0,56	0,43	0,37	0,27	11,24	6,98

Fuente: D'Aoust, Galdo e Ianchovichina (2023).

Nota: En el cuadro, no se incluye a Paraguay debido a las limitaciones en los datos. $\sigma_{\gamma^{bs}}$ y $\sigma_{\gamma^{as}}$ son, respectivamente, las desviaciones estándar de las primas por ubicación estimadas antes de la selección (primas de productividad laboral) y las primas por ubicación después de la selección (primas de productividad por ubicación). $CV_{\gamma^{as}}$ es el coeficiente de variación en las primas por ubicación calculadas después de la selección. En la columna 1, se muestra el nivel de acumulación regional según el primer (1) y el segundo (2) nivel administrativo. En las columnas 4, 6 y 8, se muestran los resultados del período inicial, que se especificó en la columna 2. En las columnas 5, 7 y 9, se muestran los resultados del último período, que se especificó en la columna 3. La desviación estándar permite comparar la variación en las variables de productividad a través del tiempo y por país, mientras que el coeficiente por variación permite realizar comparaciones entre los distintos países de la variación en las primas de productividad, calculada al mismo nivel de la acumulación regional. En el caso de Brasil, los indicadores de 2014-15 se calculan mediante el uso de datos de hogares provenientes de la Base de Datos Socioeconómicos para América Latina y el Caribe (SEDLAC, https://www.cedlas.econo.unlp.edu.ar/wp/en/estadisticas/sedlac/) y, para los indicadores de 2000, se emplean datos de la Serie Integrada de Microdatos de Uso Público (IPUMS, https://www.ipums.org/).

las comunas 6 y 7 del cuadro 2.1. Estos resultados son coherentes con los de Quintero y Roberts (2018), quienes identifican la selección de los trabajadores como un factor importante en el diseño de la variación de las primas de productividad por ubicación en las distintas ciudades.

La selección no disminuyó por completo la variación en las primas de productividad por ubicación. A principios de la década de 2000, entre los países con información al nivel municipal, la variación espacial en la productividad por ubicación (medida con el coeficiente de variación para garantizar la comparabilidad entre los países) alcanzó los valores más altos en Perú, México, Honduras y Brasil, mientras que, entre los países que contaban con información provincial o estatal únicamente, Bolivia y Panamá alcanzaron los valores más altos (véase la columna 8 del cuadro 2.1). Para fines de la década de 2010, la variación territorial en la productividad por ubicación había bajado en todos los países, aunque Honduras y Panamá mostraron un cambio relativamente leve (véanse las columnas 6 y 7 del cuadro 2.1). En consecuencia, en los países con información proveniente del segundo nivel administrativo, las oportunidades para el arbitraje espacial continuaron siendo más significativas en Brasil, Honduras, México y Perú (véase la columna 9 del cuadro 2.1 y el gráfico 2.1).

Como es de esperar, la mediana de la productividad por ubicación fue bastante mayor en las zonas de ingresos más altos de Chile y Costa Rica, y relativamente baja en Honduras y Perú. En todos los casos, las primas de productividad por ubicación promedio en las principales áreas metropolitanas se ubicaron en el cuartil superior de la distribución de la prima de productividad por ubicación. Solo en Bolivia, Colombia, Panamá y Uruguay la prima de productividad por ubicación promedio en la principal área metropolitana se ubicó cerca

GRÁFICO 2.1   Variaciones espaciales en las primas de productividad por ubicación en América Latina

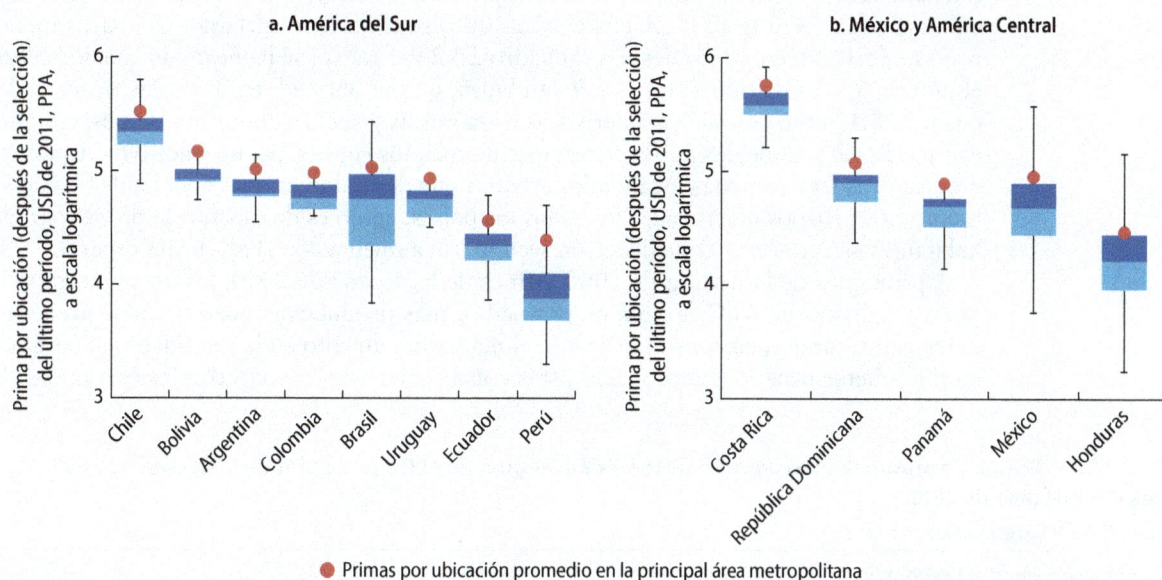

● Primas por ubicación promedio en la principal área metropolitana

Fuente: D'Aoust, Galdo e Ianchovichina (2023).
Nota: En el gráfico, se muestran las primas de productividad por ubicación $Y^{as}_{l,t}$ (primas por ubicación después de la selección) para el último período T en la ubicación l. Se trata de primas después del control de las características del hogar (edad, edad al cuadrado, género, capital humano, estado civil, datos demográficos del hogar y características de empleo) y los efectos fijos del año de la encuesta a través del modelo de regresión en la ecuación 2.2. Los extremos superior e inferior de los intervalos indican las primas máximas y mínimas estimadas. La parte inferior de una barra indica la prima por ubicación del 25 % más pobre de la distribución del ingreso. La parte superior de una barra indica la prima por ubicación en el 75 % más rico. Cada barra cambia de color en la mediana de la prima por ubicación estimada. PPA = paridad del poder adquisitivo.

de las primas máximas por ubicación observadas en los respectivos países. Estos datos señalan que, a fines de la década de 2010, las ubicaciones con los valores más altos de productividad por ubicación no necesariamente fueron las principales áreas metropolitanas de América Latina.

Divisiones poco claras en la productividad por ubicación entre las zonas rurales y urbanas

Para poder analizar la variación de la productividad en los distintos tipos de localidades administrativas de segundo nivel (tales como los municipios) dentro de los países, D'Aoust, Galdo e Ianchovichina (2023) definen un gradiente urbano. La granularidad del gradiente cambia según el tamaño del país y la cobertura territorial de los datos, en particular, en las zonas rurales. Para Brasil y México, el uso de la abundante información proveniente de los censos de población en la Serie Integrada de Microdatos de Uso Público (IPUMS) hace posible distinguir entre seis tipos de localidades: 1) áreas metropolitanas grandes, 2) áreas metropolitanas pequeñas, 3) áreas urbanas grandes, 4) áreas urbanas pequeñas, 5) áreas predominantemente rurales grandes y 6) áreas predominantemente rurales pequeñas. En el cuadro 2B.1 del anexo, se mencionan los criterios para la definición de las localidades en el caso de cada país. Por ejemplo, en las áreas metropolitanas grandes de México, se ubican municipios con 300 000 habitantes o más, de los cuales más el 50 % residen en hogares urbanos (al 2000) y más del 50 % son residentes metropolitanos. En Brasil, los municipios metropolitanos siguen la misma definición que en México, pero los municipios urbanos y rurales son mucho más grandes (cuadro 2B.1 del anexo). En Colombia, se usan cifras agregadas oficiales de valor agregado en el segundo nivel administrativo para definir cinco tipos de municipios. Los municipios metropolitanos son aquellos designados como tales al 2011. En todos los demás países, los municipios en los que la proporción de población urbana supera el 50 % (hacia el año 2000) se consideran urbanos, mientras que el resto se clasifican como rurales. En el cuadro 2B.2 del anexo, se incluye información sobre el número de los distintos tipos de localidades, que se obtiene según la clasificación del cuadro 2B.1, junto con sus características económicas y socioeconómicas. Se observa que, excepto Brasil y Chile, los países tienen más municipios rurales que urbanos o metropolitanos. En Brasil, existen más localidades urbanas que de cualquier otro tipo. Chile tiene más municipios urbanos que rurales. En todos los países, como es de esperar, la proporción de habitantes asalariados y con educación secundaria aumenta con el gradiente urbano.

A principios de la década de 2000 y fines de la década de 2010, las áreas metropolitanas y urbanas de ALC fueron, en promedio, más productivas que las zonas predominantemente rurales, en consonancia con el marcado aumento en la densidad demográfica en el gradiente urbano (cuadro 2.2). Estas conclusiones concuerdan con las economías de

CUADRO 2.2   Primas de productividad por tipo de localidad: Región de ALC a principios de la década de 2000 y fines de la década de 2010

USD de 2011, PPA, a escala logarítmica

a. Primas de productividad promedio en las áreas rurales frente a las áreas urbanas

País	Primas de productividad laboral				Primas de productividad por ubicación			
	Principios de la década de 2000		Fines de la década de 2010		Principios de la década de 2000		Fines de la década de 2010	
	Urbana	Rural	Urbana	Rural	Urbana	Rural	Urbana	Rural
Brasil	5,37	4,72	5,62	5,01	4,52	4,10	4,77	4,39
Chile	5,22	4,91	5,91	5,74	4,52	4,42	5,38	5,31
Costa Rica	5,78	5,38	5,62	5,54	5,16	5,01	5,62	5,54
República Dominicana	5,32	5,15	5,36	5,29	4,96	4,88	4,87	4,83
Ecuador	4,87	4,56	5,44	5,18	4,05	4,00	4,38	4,28
Honduras	4,91	4,47	5,02	4,61	4,29	4,11	4,42	4,18
México	4,79	4,45	4,97	4,68	4,54	4,30	4,75	4,58
Perú	4,71	3,97	5,26	4,69	3,58	3,17	4,09	3,78

b. Primas de productividad promedio por tipo de municipio

País	Primas de productividad laboral, principios de la década de 2000						Primas de productividad por ubicación, principios de la década de 2000					
	Metro, grande	Metro, pequeña	Urbana, grande	Urbana, pequeña	Rural, grande	Rural, pequeña	Metro, grande	Metro, pequeña	Urbana, grande	Urbana, pequeña	Rural, grande	Rural, pequeña
Brasil	5,83	5,59	5,41	5,28	4,70	4,75	4,70	4,68	4,53	4,46	4,09	4,12
México	5,43	5,17	4,91	4,58	4,54	4,38	4,89	4,76	4,63	4,39	4,40	4,23

País	Primas de productividad laboral, fines de la década de 2010						Primas de productividad por ubicación, fines de la década de 2010					
	Metro, grande	Metro, pequeña	Urbana, grande	Urbana, pequeña	Rural, grande	Rural, pequeña	Metro, grande	Metro, pequeña	Urbana, grande	Urbana, pequeña	Rural, grande	Rural, pequeña
Brasil	5,98	5,79	5,65	5,55	4,99	5,04	4,93	4,91	4,78	4,73	4,37	4,41
México	5,41	5,28	5,05	4,82	4,69	4,67	5,00	4,93	4,81	4,65	4,58	4,58

Fuente: D'Aoust, Galdo e Ianchovichina (2023).
Nota: En el panel a, "urbana" representa a todas las áreas urbanas, lo que incluye a las metropolitanas. En el cuadro 2B.1 del anexo, se definen el gradiente urbano y los distintos tipos de localidades. Metro = metropolitana; PPA = paridad de poder adquisitivo.

aglomeración más fuertes, mejores externalidades educativas y acceso al mercado en las localidades de mayor densidad. No obstante, en la mayoría de los casos, se observaron pocas diferencias en las primas de productividad por ubicación promedio entre las áreas rurales y urbanas (cuadro 2.2). En vez de una división clara entre las zonas rurales, urbanas y metropolitanas, existe un gradiente en las primas laborales y por ubicación según el tipo de localidad y una superposición en cuanto a sus distribuciones, presente en todos los casos y en distintas medidas (gráfico 2.2). Tal como puede apreciarse en el gráfico 2.2, a mayor tamaño y densidad de la localidad, más hacia la derecha se ubica su distribución de las primas por ubicación. En México, los valores más altos de las primas de productividad por ubicación no se observan en las principales áreas metropolitanas. En cambio, se encuentran en unas pocas áreas metropolitanas más pequeñas, en los grandes centros urbanos e, incluso, en algunos municipios predominantemente rurales (gráfico 2.2, panel de la derecha). No obstante, debido a que la dispersión en las primas de productividad por ubicación es menor en las áreas metropolitanas más grandes, en promedio, las primas de productividad por ubicación en los municipios de mayor densidad son más altas que las de las zonas rurales. En Brasil, la superposición de las distribuciones rural y urbana es mucho menos pronunciada (gráfico 2.2). El doble pico en el patrón rural/urbano de la productividad indica que la mayoría de los municipios rurales tienen primas de productividad más bajas que la mayoría de los municipios urbanos o metropolitanos. En Colombia, la superposición en las primas de productividad por ubicación por tipo de municipio se asemeja a la observada en México[12]. En Chile y la República Dominicana, excepto por unas pocas localidades urbanas con los valores más altos de las primas por ubicación, las distribuciones rural y urbana se superponen casi completamente, lo que indica una productividad por ubicación relativamente alta en las zonas rurales (cuadro 2.2). En Ecuador y Perú, las localidades menos productivas son las áreas rurales, mientras que las más productivas son las urbanas. Solo en Costa Rica y Honduras las localidades más y menos productivas se ubican en las zonas rurales (gráfico 2.2, panel de la derecha).

GRÁFICO 2.2 **Primas de productividad laboral y por ubicación, por tipo de localidad: Región de ALC, último período disponible**

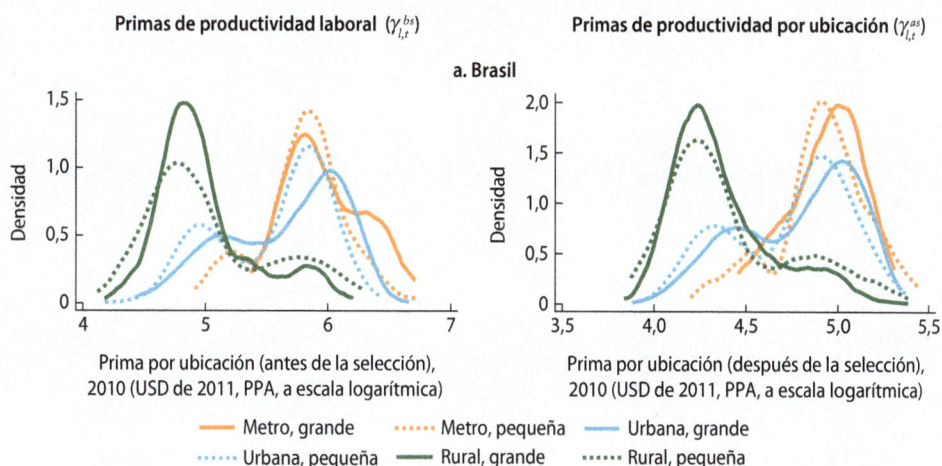

Primas de productividad laboral ($\gamma_{l,t}^{bs}$)

Primas de productividad por ubicación ($\gamma_{l,t}^{as}$)

a. Brasil

Prima por ubicación (antes de la selección), 2010 (USD de 2011, PPA, a escala logarítmica)

Prima por ubicación (después de la selección), 2010 (USD de 2011, PPA, a escala logarítmica)

Metro, grande — Metro, pequeña — Urbana, grande — Urbana, pequeña — Rural, grande — Rural, pequeña

(El gráfico continúa en la página siguiente)

GRÁFICO 2.2 Primas de productividad laboral y por ubicación, por tipo de localidad: Región de ALC, último período disponible *(continuación)*

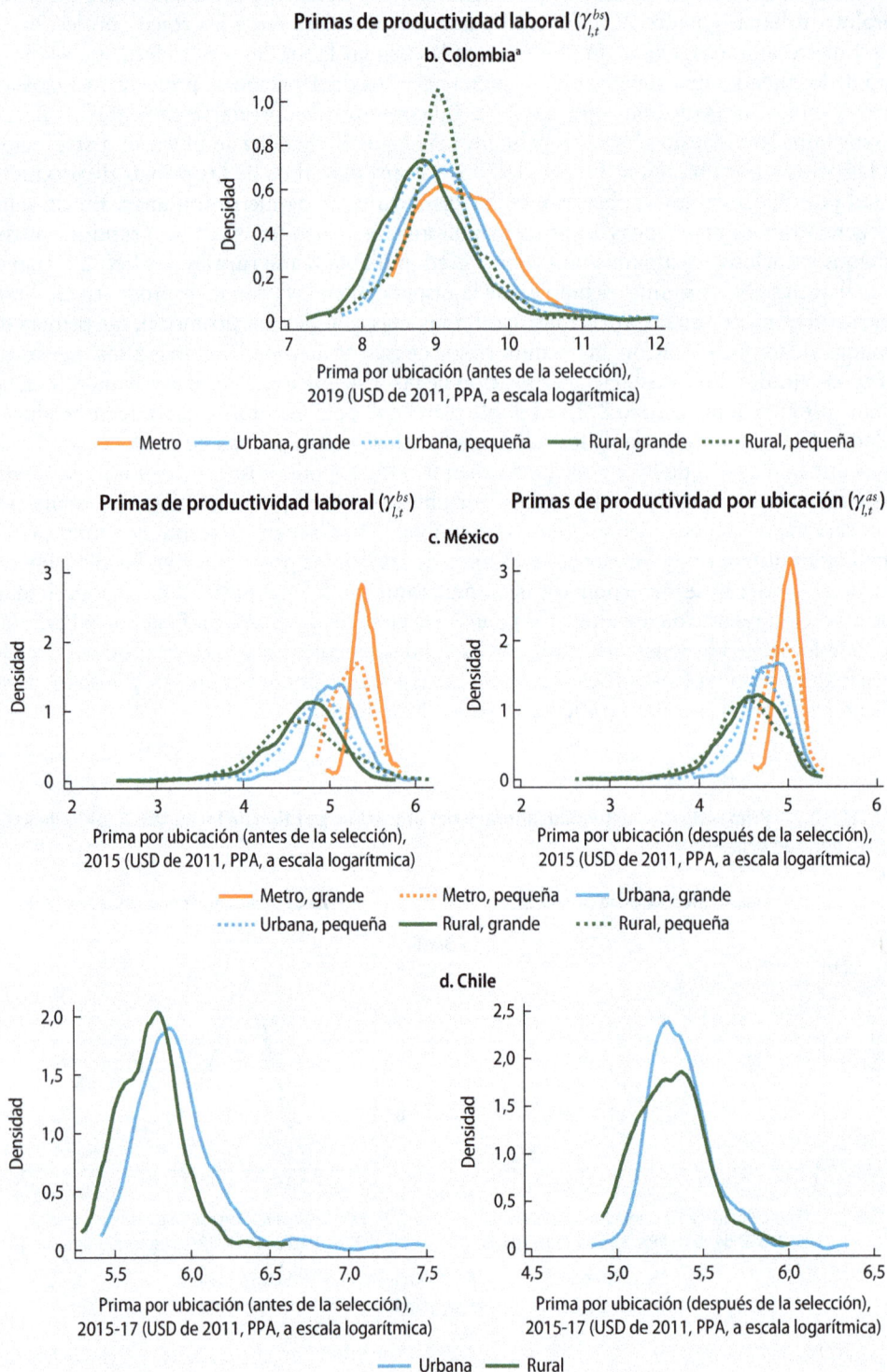

Primas de productividad laboral ($\gamma_{l,t}^{bs}$)

b. Colombia[a]

Prima por ubicación (antes de la selección),
2019 (USD de 2011, PPA, a escala logarítmica)

Metro — Urbana, grande — Urbana, pequeña ····· Rural, grande — Rural, pequeña ·····

Primas de productividad laboral ($\gamma_{l,t}^{bs}$) | Primas de productividad por ubicación ($\gamma_{l,t}^{as}$)

c. México

Prima por ubicación (antes de la selección), 2015 (USD de 2011, PPA, a escala logarítmica) | Prima por ubicación (después de la selección), 2015 (USD de 2011, PPA, a escala logarítmica)

Metro, grande ····· Metro, pequeña Urbana, grande
····· Urbana, pequeña Rural, grande ····· Rural, pequeña

d. Chile

Prima por ubicación (antes de la selección), 2015-17 (USD de 2011, PPA, a escala logarítmica) | Prima por ubicación (después de la selección), 2015-17 (USD de 2011, PPA, a escala logarítmica)

Urbana — Rural

(El gráfico continúa en la página siguiente)

GRÁFICO 2.2   Primas de productividad laboral y por ubicación, por tipo de localidad: Región de ALC, último período disponible *(continuación)*

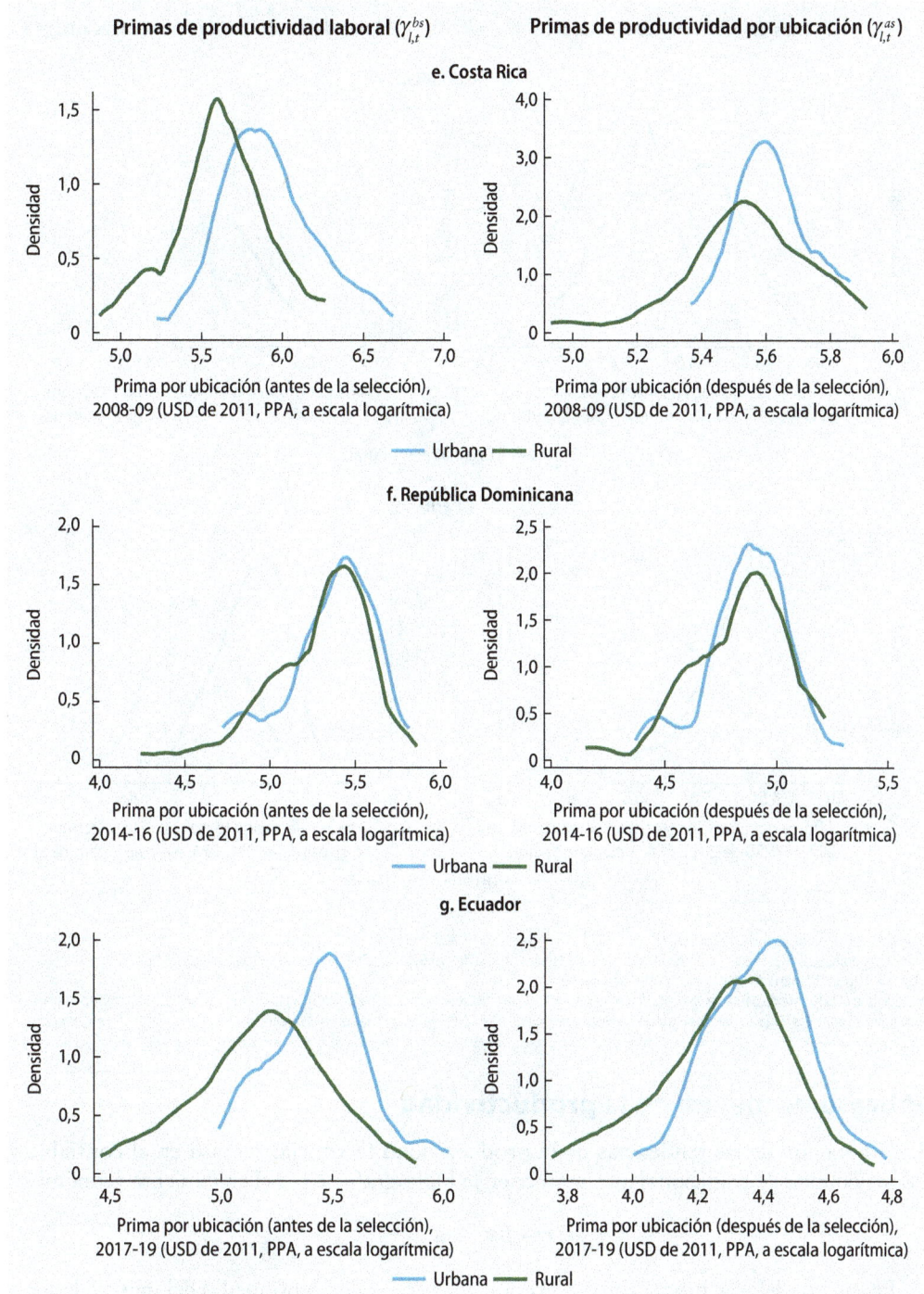

Primas de productividad laboral ($\gamma_{l,t}^{bs}$) Primas de productividad por ubicación ($\gamma_{l,t}^{as}$)

e. Costa Rica

Densidad

Prima por ubicación (antes de la selección), 2008-09 (USD de 2011, PPA, a escala logarítmica)

Prima por ubicación (después de la selección), 2008-09 (USD de 2011, PPA, a escala logarítmica)

— Urbana — Rural

f. República Dominicana

Prima por ubicación (antes de la selección), 2014-16 (USD de 2011, PPA, a escala logarítmica)

Prima por ubicación (después de la selección), 2014-16 (USD de 2011, PPA, a escala logarítmica)

— Urbana — Rural

g. Ecuador

Prima por ubicación (antes de la selección), 2017-19 (USD de 2011, PPA, a escala logarítmica)

Prima por ubicación (después de la selección), 2017-19 (USD de 2011, PPA, a escala logarítmica)

— Urbana — Rural

(El gráfico continúa en la página siguiente)

GRÁFICO 2.2   Primas de productividad laboral y por ubicación, por tipo de localidad: Región de ALC, último período disponible *(continuación)*

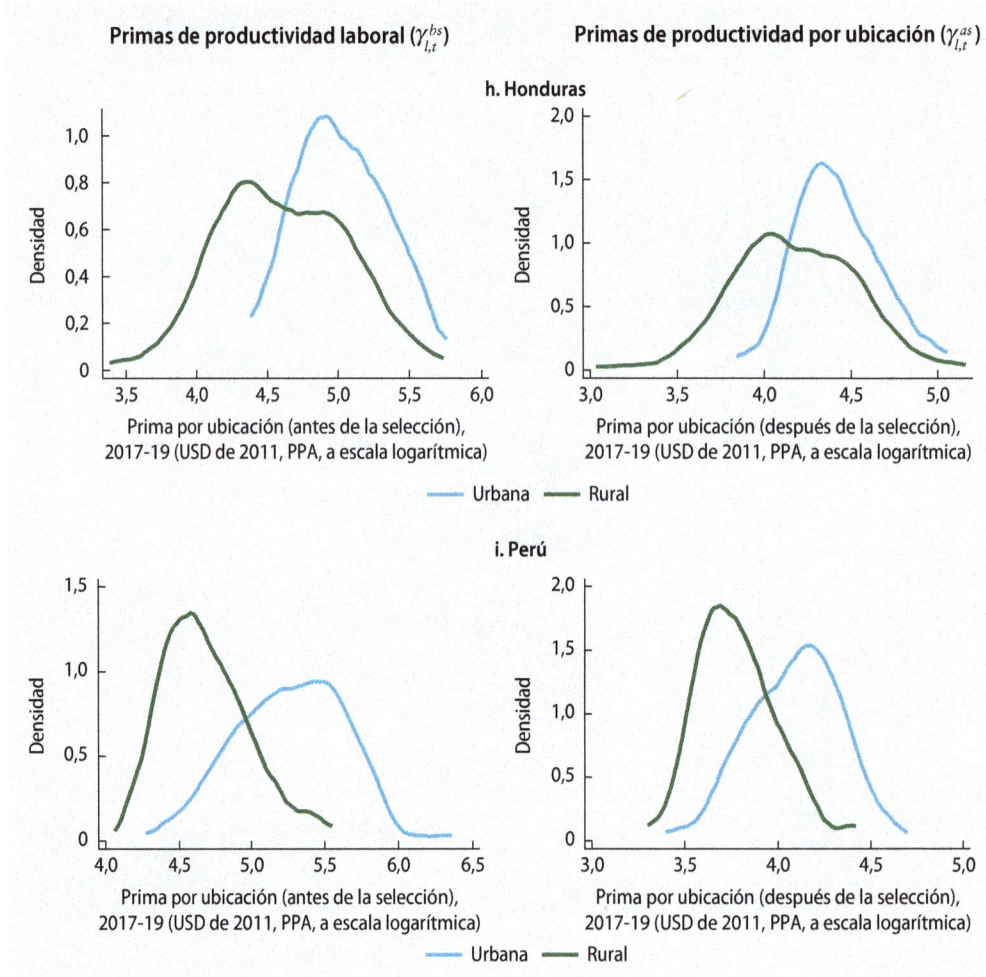

Fuente: D'Aoust, Galdo e Ianchovichina (2023).
Nota: En el gráfico, se muestra la distribución de la densidad de las primas de productividad laboral y por ubicación según el tipo de localidad. Metro = metropolitana; PPA = paridad de poder adquisitivo.
a. Dado que ni la fuente de datos de valor agregado ni la Base de Datos Socioeconómicos para América Latina y el Caribe (SEDLAC) proporcionan información sobre los hogares para el segundo nivel administrativo, no es posible calcular las primas de productividad por ubicación en Colombia.

Proceso de mejora en la productividad

La evaluación de las tendencias de la productividad territorial se basa en el confiable y conocido modelo tradicional que aparece en la bibliografía sobre el crecimiento económico:

$$g_{l,t,t+T} = \alpha + \beta y_{l,t} + \mu_{l,t}. \tag{2.3}$$

En este modelo, se produce una regresión en el crecimiento promedio del ingreso laboral per cápita real, $g_{l,t,t+T}$ en la ubicación l entre el período t y $t + T$ sobre el ingreso laboral real per cápita promedio, $y_{l,t}$, en la ubicación l en el período t. El mismo modelo puede utilizarse para evaluar si existe una divergencia o convergencia absoluta en otras mediciones de la productividad, tales como la prima de productividad laboral, representada por la prima por ubicación antes de la selección ($\gamma_{l,t}^{bs}$) o la productividad por ubicación después de la selección ($\gamma_{l,t}^{as}$). En la mayoría de los casos, el modelo en la ecuación 2.3 se calcula con datos del primer y el segundo nivel administrativo, pero, en algunos casos, los cálculos solo se presentan en el primer nivel administrativo debido a que no existen datos disponibles sobre el segundo nivel administrativo.

En los resultados, se observa que los años entre principios de la década de 2000 y fines de la década de 2010 representan un período de absoluta convergencia en los ingresos laborales per cápita reales de los hogares (cuadro 2C.1 del anexo) y las primas de productividad laboral en la mayoría de los países de América Latina (gráfico 2.3). En el primer nivel administrativo, la convergencia de ingresos fue relativamente rápida solo en Bolivia, Colombia, la República Dominicana, Ecuador y México (véanse las primeras tres columnas del cuadro 2C.1 del anexo). En estos países, la tasa de convergencia superó el punto de referencia del 2 % registrado durante los episodios de convergencia anteriores de las economías avanzadas. En Argentina, Brasil, Honduras, Perú y Uruguay, se ubicó apenas por debajo de este punto de referencia. Solo en Chile y Panamá la convergencia se produjo a un ritmo más

GRÁFICO 2.3   **Convergencia absoluta en las primas de productividad laboral por nivel administrativo y país**

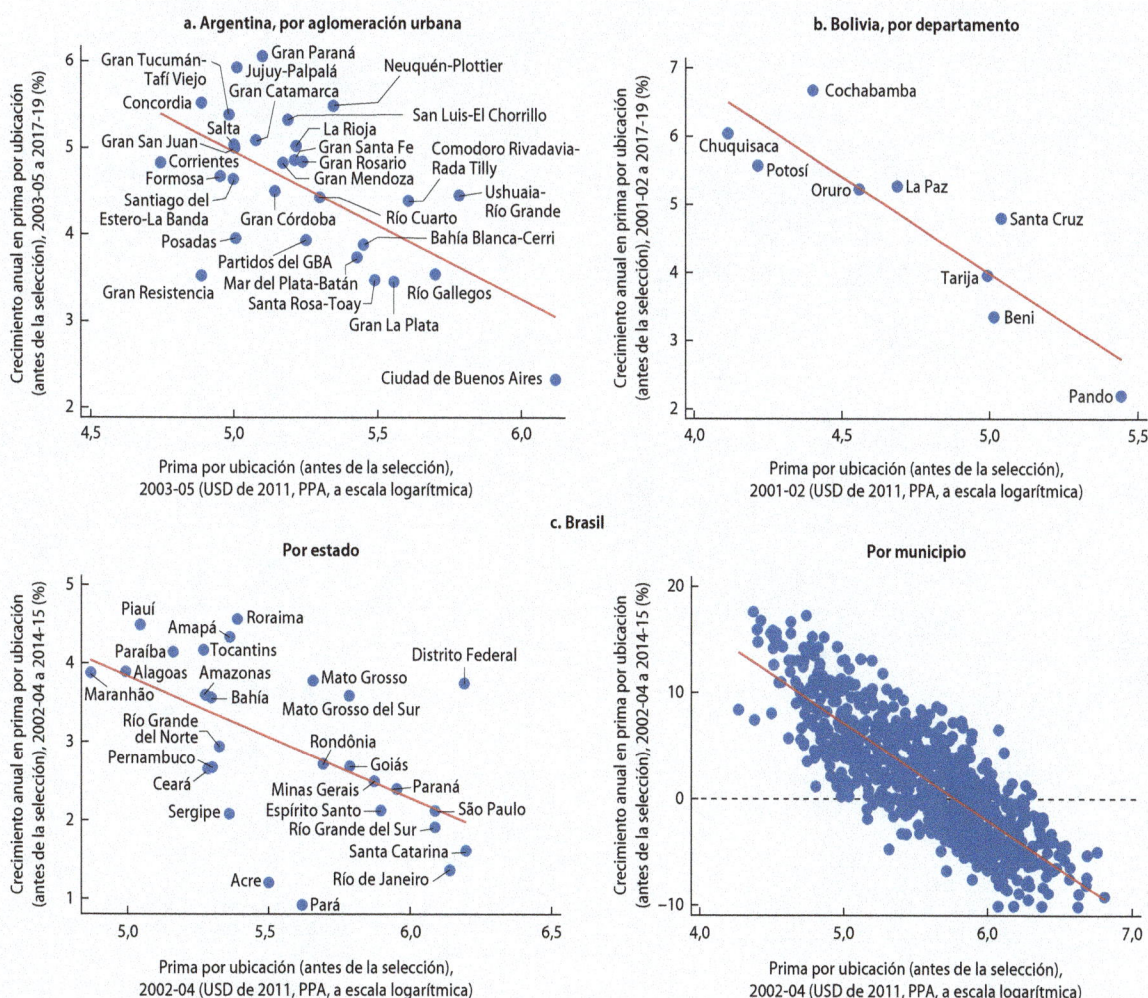

(El gráfico continúa en la página siguiente)

GRÁFICO 2.3   Convergencia absoluta en las primas de productividad laboral por nivel administrativo y país *(continuación)*

d. Chile

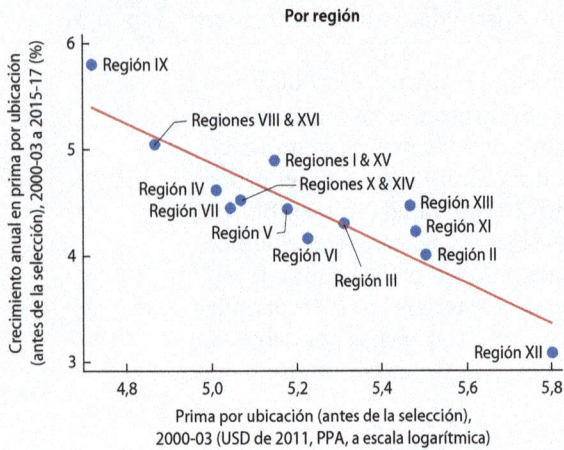

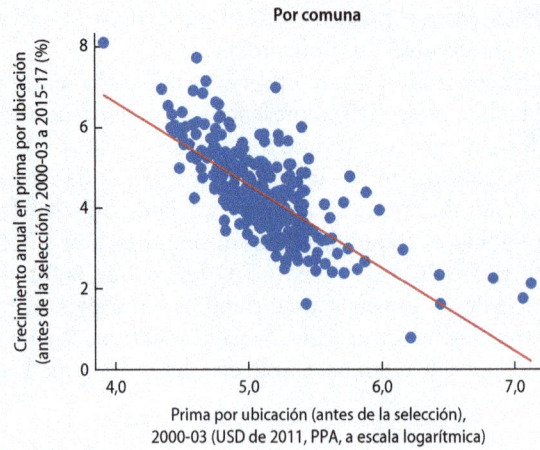

e. Colombia

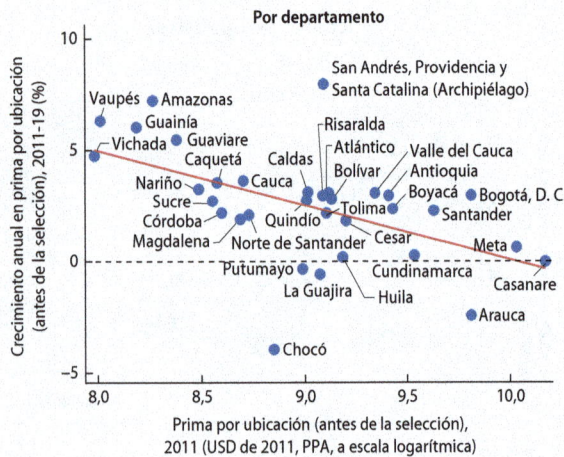

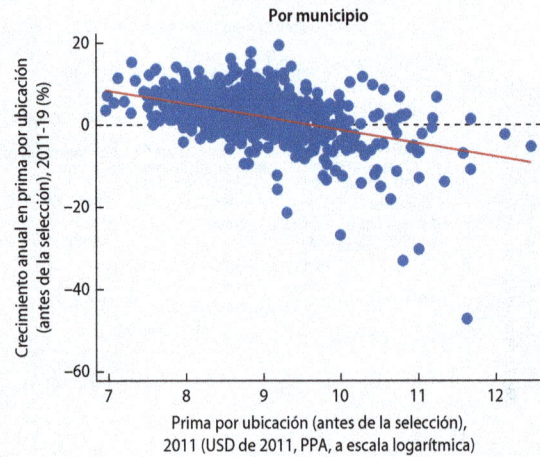

f. Costa Rica

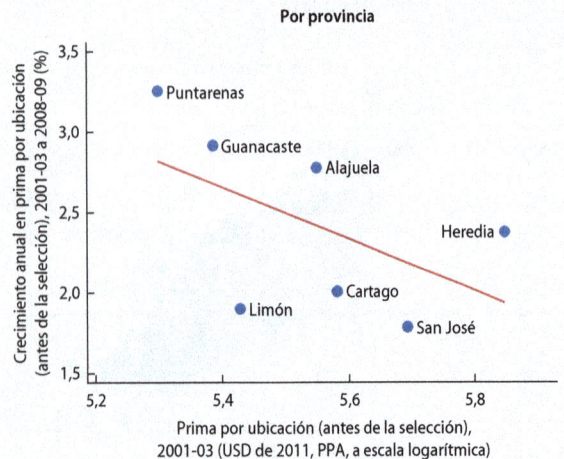

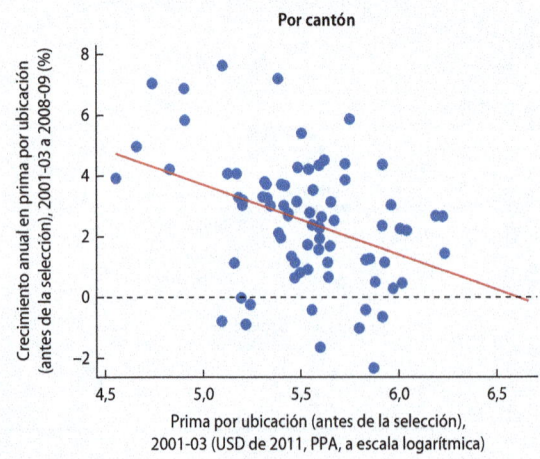

(El gráfico continúa en la página siguiente)

GRÁFICO 2.3 **Convergencia absoluta en las primas de productividad laboral por nivel administrativo y país** *(continuación)*

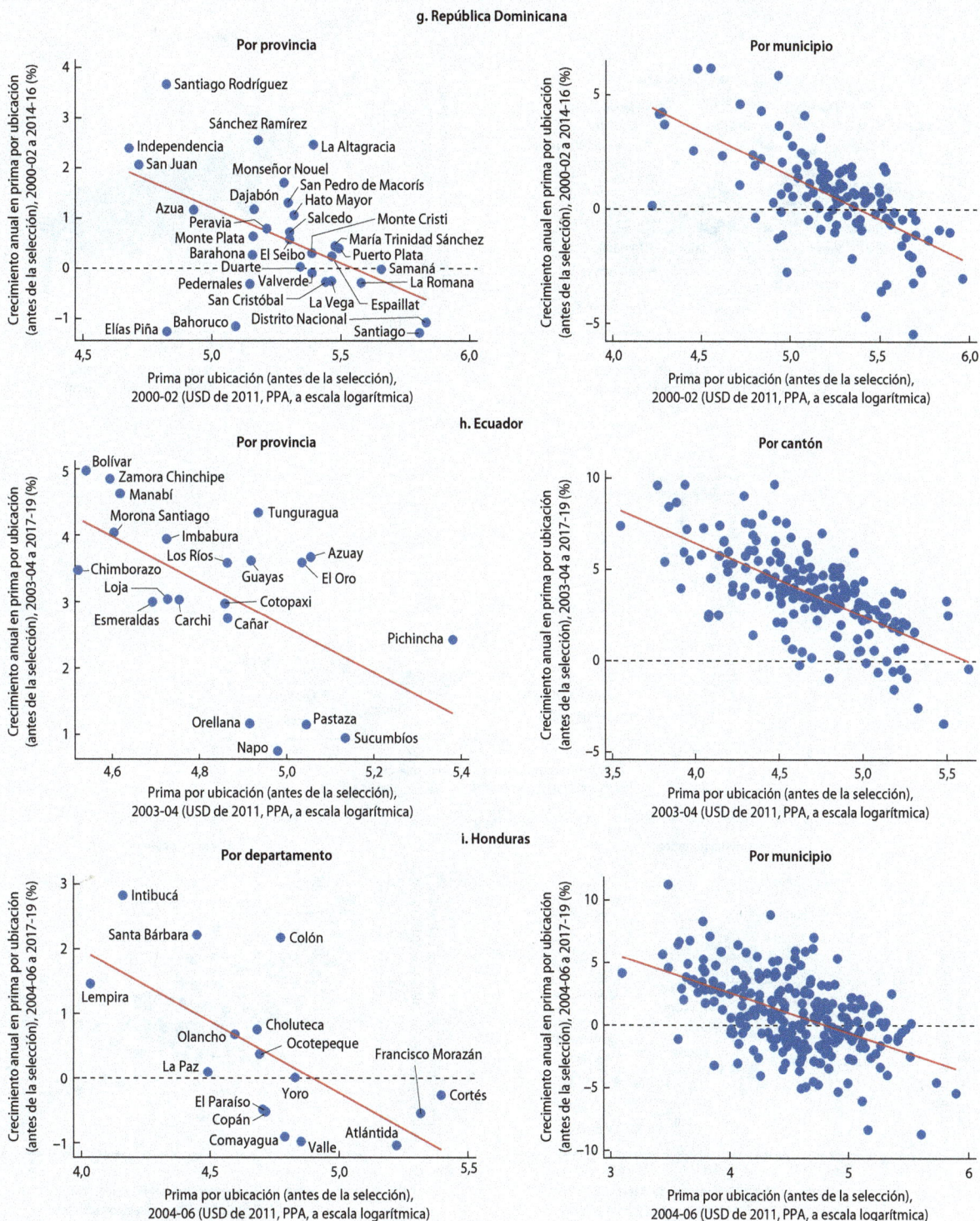

g. República Dominicana

Por provincia

Por municipio

h. Ecuador

Por provincia

Por cantón

i. Honduras

Por departamento

Por municipio

(El gráfico continúa en la página siguiente)

GRÁFICO 2.3   Convergencia absoluta en las primas de productividad laboral por nivel administrativo y país *(continuación)*

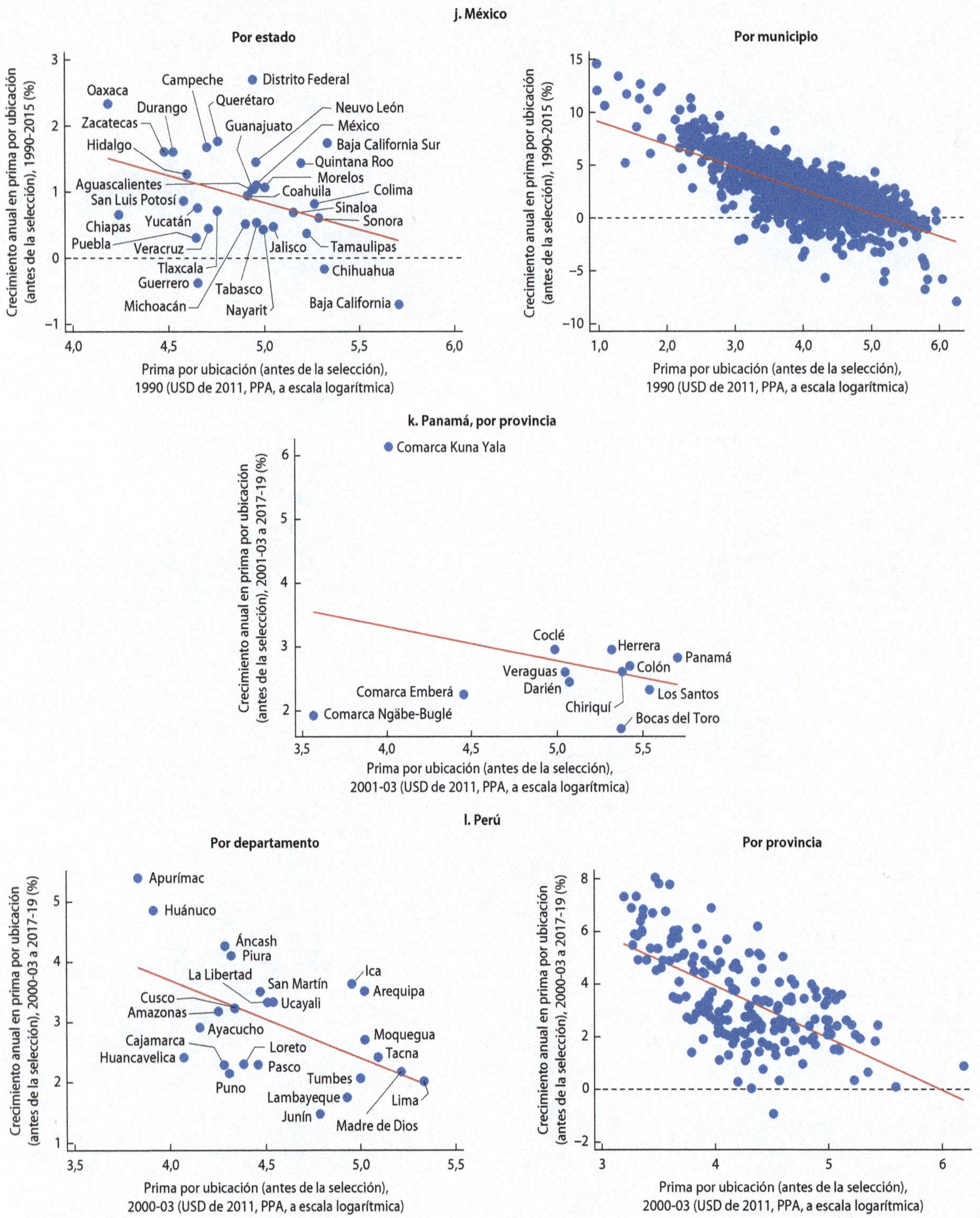

j. México

Por estado

Por municipio

k. Panamá, por provincia

l. Perú

Por departamento

Por provincia

(El gráfico continúa en la página siguiente)

GRÁFICO 2.3   Convergencia absoluta en las primas de productividad laboral por nivel administrativo y país *(continuación)*

m. Uruguay, por departamento

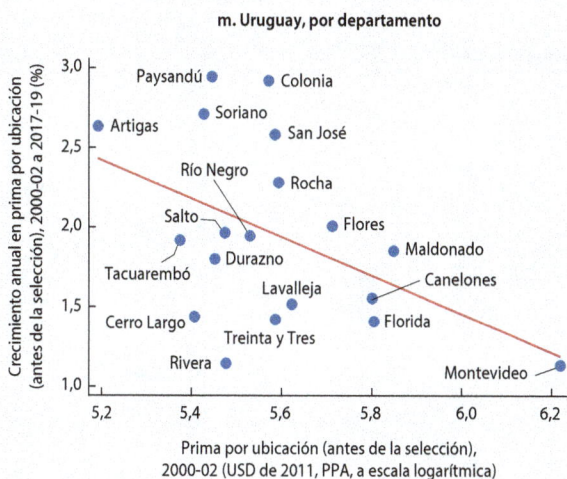

Fuente: D'Aoust, Galdo e Ianchovichina (2023).
Nota: La pendiente negativa de la línea de la tendencia indica que el crecimiento de la productividad tendió a ser más lento en las regiones subnacionales más productivas. La prima de productividad laboral se refiere a la prima por ubicación antes de la selección. En 2018, Chile modificó el nombre de sus regiones administrativas de primer nivel: la región I pasó a ser Tarapacá; la región II, Antofagasta; la región III, Atacama; la región IV, Coquimbo; la región V, Valparaíso; la región VI, O'Higgins; la región VII, Maule; la región VIII, Biobío; la región IX, Araucanía; la región X, Los Lagos; la región XI, Aysén; la región XII, Magallanes; la región XIII, la Metropolitana de Santiago; la región XIV, Los Ríos; la región XV, Arica y Parinacota, y la región XVI, Ñuble. PPA = paridad del poder adquisitivo.

lento, y en Costa Rica se observó solo en el segundo nivel administrativo. En todos los países con información sobre los dos niveles administrativos, la convergencia absoluta fue más rápida en el segundo nivel administrativo, lo que señala que algunas localidades de rápido crecimiento forman parte de regiones administrativas prósperas de primer nivel.

La convergencia puede atribuirse, en parte, al auge de los productos básicos durante la década dorada (2003-13). Con la suba de los ingresos provenientes de los productos básicos debido a la mayor demanda de recursos y productos agrícolas por parte de China y otras economías de rápido crecimiento, aumentaron las inversiones y los ingresos en las zonas rurales (Adão, 2015; Rodríguez, 2011; Rowe, 2014)[13]. No obstante, los efectos del síndrome holandés, derivados del aumento inesperado de los ingresos relacionados con los productos básicos y, en algunos países, de las remesas, debilitaron la competitividad del sector de manufacturas (Venables, 2017) y alejaron el empleo del sector de los bienes y servicios comercializables urbanos, como se muestra en el gráfico 1.1 del capítulo 1 (Jedwab, Ianchovichina y Haslop, 2022). Además, la intensa competencia extranjera, principalmente de China, junto con los avances en las tecnologías que ahorran mano de obra contribuyeron aún más a la disminución del empleo del sector manufacturero, en particular en las ciudades más grandes (gráfico 2.4), donde los trabajadores despedidos cambiaron a empleos informales de menor calidad en los sectores de bienes y servicios no comercializables (Dix-Carneiro y Kovak, 2017, 2019; Ponczek y Ulyssea, 2022). La proporción de empleo en servicios comercializables subió de una base baja, pero no lo suficiente para compensar la fuerte baja en la proporción de empleo en manufacturas (gráfico 2.4). En conjunto, estos desarrollos generaron una mejora relativamente mayor de la productividad en las zonas predominantemente rurales que en las zonas urbanas, lo que provocó una convergencia absoluta en las primas de productividad laboral y por ubicación en la mayoría de los países de América Latina (cuadros 2C.2 y 2C.3 del anexo)[14]. Solo en Costa Rica y Panamá la convergencia en las primas de productividad laboral y por ubicación no fue absoluta en el primer nivel administrativo.

GRÁFICO 2.4 **Evolución de la proporción de empleo correspondiente al sector manufacturero y a los servicios comercializables, por tamaño de ciudad y década: América Latina, 1980 (o antes) hasta 2010 aproximadamente**

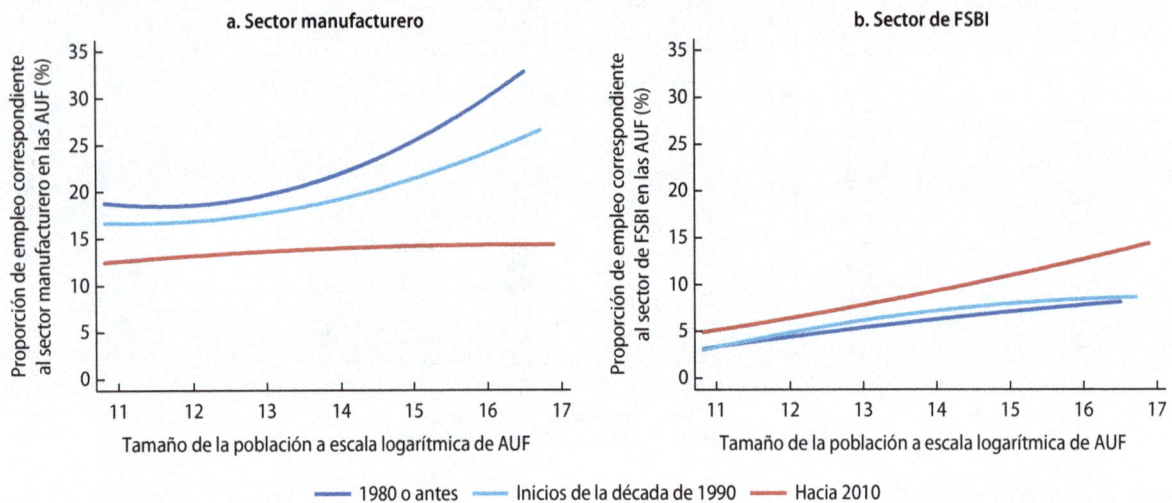

Fuente: Jedwab, Ianchovichina y Haslop (2022), utilizando microdatos de encuestas de la Serie Integrada de Microdatos de Uso Público (IPUMS, https://www.ipums.org/).
Nota: FSBI = finanzas, seguros y bienes inmuebles; AUF = área urbana funcional. FSBI es un parámetro indirecto de los servicios comercializables. Las manufacturas y los servicios comercializables representan conjuntamente todos los bienes y servicios comercializables urbanos. Todas las demás actividades urbanas son bienes y servicios no comercializables. Una AUF se compone de una ciudad y su zona de desplazamiento. Los gráficos muestran cómo evolucionó la proporción promedio de empleo correspondiente al sector manufacturero y de FSBI en las AUF de diferentes tamaños entre 1980 y 2010, aproximadamente.

Convergencia por tipo de localidad

Durante las últimas dos décadas, sin tener en cuenta la densidad, entre todos los tipos de localidades, aquellas relativamente pobres alcanzaron a sus contrapartes más prósperas (véase el cuadro 2.3), aunque la convergencia se produjo a diferentes ritmos. En México, la convergencia sucedió con mayor rapidez en las áreas metropolitanas, mientras que mostró el ritmo más lento en los grandes municipios predominantemente rurales. En Brasil, la convergencia en las primas de productividad laboral fue más rápida en las áreas metropolitanas y zonas urbanas grandes, mientras que la convergencia en las primas de productividad por ubicación fue más rápida, sobre todo, en las zonas rurales, en particular en las de mayor tamaño. Por su parte, la convergencia fue más rápida en los municipios rurales de Chile, Colombia, la República Dominicana y Perú, y en los municipios urbanos de Costa Rica y Honduras (cuadro 2.3). En Ecuador, las primas de productividad por ubicación mostraron una convergencia a ritmos similares tanto en las áreas rurales como urbanas. En ese sentido, en Costa Rica, Honduras y México, la convergencia en las primas de productividad por ubicación se produjo, principalmente, a partir del proceso de urbanización. En Brasil, Chile, Colombia, la República Dominicana y Perú, por su parte, este fenómeno se debió no tanto al proceso de urbanización, sino más bien, al auge de los productos básicos. En Ecuador, aparentemente, ambos factores desempeñaron una función importante.

En línea con los resultados de la convergencia absoluta a nivel municipal, en casi todos los países, el crecimiento de la productividad fue mayor en los municipios rurales (gráfico 2.5). No obstante, la dispersión en los resultados del crecimiento también fue mucho más alta en las zonas rurales que en las urbanas, lo que indica que el crecimiento económico en algunas localidades rurales fue bastante bajo. En general, las distribuciones del crecimiento en los distintos tipos de localidades se superponen en gran medida, en particular, en cuanto a la productividad por ubicación (tal como se muestra en los paneles

CUADRO 2.3 **Convergencia absoluta en las primas de productividad laboral por tipo de localidad en la región de ALC**

País y variables	Metro, grande	Metro, pequeña	Urbana, grande	Urbana, pequeña	Rural, grande	Rural, pequeña
Brasil	Crecimiento anual de la prima de productividad laboral, 2000-10					
γ_0^{bs}	−0,0110*** (0,00352)	−0,0110*** (0,00153)	−0,0120*** (0,000962)	−0,00951*** (0,000824)	−0,00920*** (0,00194)	−0,00325 (0,00239)
Obs.	46	176	434	842	317	225
R al cuadrado	0,181	0,229	0,264	0,137	0,067	0,008
	Crecimiento anual de la prima de productividad por ubicación, 2000-10					
γ_0^{as}	−0,0110** (0,00533)	−0,00809*** (0,00222)	−0,0151*** (0,00137)	−0,0152*** (0,00111)	−0,0227*** (0,00224)	−0,0178*** (0,00272)
Obs.	46	176	434	842	317	225
R al cuadrado	0,088	0,071	0,219	0,183	0,246	0,162
México	Crecimiento anual de la prima de productividad laboral, 2000-15					
γ_0^{bs}	−0,0464*** (0,00531)	−0,0313*** (0,00412)	−0,0215*** (0,00151)	−0,0197*** (0,00137)	−0,0170*** (0,00157)	−0,0284*** (0,00127)
Obs.	41	72	357	437	586	827
R al cuadrado	0,663	0,451	0,362	0,322	0,166	0,378
	Crecimiento anual de la prima de productividad por ubicación, 2000-15					
γ_0^{as}	−0,0476*** (0,00384)	−0,0354*** (0,00375)	−0,0254*** (0,00165)	−0,0253*** (0,00143)	−0,0203*** (0,00154)	−0,0311*** (0,00123)
Obs.	41	72	357	437	586	827
R al cuadrado	0,798	0,560	0,399	0,417	0,229	0,437

	Metro	Urbana, grande	Urbana, pequeña	Rural, grande	Rural, pequeña
Colombia	Crecimiento anual de la prima de productividad laboral, 2011-19				
γ_0^{bs}	−0,0175** (0,00698)	−0,0305*** (0,00408)	−0,0341*** (0,00529)	−0,0228*** (0,00294)	−0,0463*** (0,00371)
Obs.	59	168	150	341	404
R al cuadrado	0,099	0,252	0,220	0,151	0,279

	Urbana	Rural		Urbana	Rural
Chile	Crecimiento anual de la prima por ubicación, 2000-03 a 2015-17 (antes de la selección)			Crecimiento anual de la prima por ubicación, 2000-03 a 2015-17 (después de la selección)	
γ_0^{bs}	−0,0172*** (0,00144)	−0,0260*** (0,00238)	γ_0^{as}	−0,0140*** (0,00202)	−0,0215*** (0,00282)
Obs.	201	98		201	98
R al cuadrado	0,418	0,553		0,193	0,378

(El cuadro continúa en la página siguiente)

CUADRO 2.3　Convergencia absoluta en las primas de productividad laboral por tipo de localidad en la región de ALC *(continuación)*

País y variables	Urbana	Rural		Urbana	Rural
Costa Rica	**Crecimiento anual de la prima por ubicación, 2001-03 a 2008-09 (antes de la selección)**			**Crecimiento anual de la prima por ubicación, 2001-03 a 2008-09 (después de la selección)**	
γ_0^{bs}	−0,00904 (0,0107)	−0,0245*** (0,00886)	γ_0^{as}	−0,0421*** (0,0129)	−0,0218** (0,0102)
Obs.	30	49		30	49
R al cuadrado	0,025	0,140		0,276	0,088
República Dominicana	**Crecimiento anual de la prima por ubicación, 2000-02 a 2014-16 (antes de la selección)**			**Crecimiento anual de la prima por ubicación, 2000-02 a 2014-16 (después de la selección)**	
γ_0^{bs}	−0,0317*** (0,00499)	−0,0434*** (0,00646)	γ_0^{as}	−0,0349*** (0,00564)	−0,0451*** (0,00553)
Obs.	51	64		51	64
R al cuadrado	0,452	0,421		0,438	0,517
Ecuador	**Crecimiento anual de la prima de productividad laboral, 2003-04 a 2017-19**			**Crecimiento anual de la prima de productividad por ubicación, 2003-04 a 2017-19**	
γ_0^{bs}	−0,0467*** (0,00513)	−0,0448*** (0,00444)	γ_0^{as}	−0,0501*** (0,00489)	−0,0541*** (0,00404)
Obs.	69	122		69	122
R al cuadrado	0,553	0,495		0,610	0,599
Honduras	**Crecimiento anual de la prima por ubicación, 2004-06 a 2017-19 (antes de la selección)**			**Crecimiento anual de la prima por ubicación, 2004-06 a 2017-19 (después de la selección)**	
γ_0^{bs}	−0,0400*** (0,00963)	−0,0341*** (0,00370)	γ_0^{as}	−0,0556*** (0,0106)	−0,0421*** (0,00387)
Obs.	33	210		33	210
R al cuadrado	0,357	0,291		0,470	0,363
Perú	**Crecimiento anual de la prima de productividad laboral, 2000-03 a 2017-19**			**Crecimiento anual de la prima de productividad por ubicación, 2000-03 a 2017-19**	
γ_0^{bs}	−0,0158*** (0,00273)	−0,0329*** (0,00303)	γ_0^{as}	−0,0196*** (0,00311)	−0,0394*** (0,00304)
Obs.	71	115		71	115
R al cuadrado	0,326	0,510		0,366	0,597

Fuente: D'Aoust, Galdo e Ianchovichina (2023).
Nota: El cálculo de los resultados se basa en el modelo 2.3. γ_0^{bs} hace referencia a la prima por ubicación inicial antes de la selección (prima de productividad laboral). Estas son las primas por ubicación calculadas sin el control de las características del hogar y también son el valor neto de los efectos fijos del año de la encuesta como en el modelo 2.2. γ_0^{as} hace referencia a la prima por ubicación inicial después de la selección (prima de productividad por ubicación). Son las primas por ubicación calculadas con el control para la selección, según las características del hogar (edad, edad al cuadrado, género, capital humano, estado civil, datos demográficos del hogar y características del empleo) y el valor neto de los efectos fijos del año de la encuesta, como en el modelo 2.1. En el caso de México, el análisis se basa en los datos censales para todos los períodos. En cuanto a Brasil, se usan los datos censales para el período de 2000-10, mientras que para todos los períodos restantes se usan los datos de hogares. Para Colombia, se usan cifras agregadas oficiales de datos con valor agregado y se incluye solo una categoría para los municipios metropolitanos. Con respecto al resto de los países, el análisis se basa en las encuestas de hogares armonizadas de la Base de Datos Socioeconómicos para América Latina y el Caribe (SEDLAC). Las primas de productividad por ubicación no pueden calcularse según el tipo de asentamiento en Colombia, dado que los datos de la SEDLAC no ofrecen información sobre los hogares por debajo del primer nivel administrativo. Metro = área metropolitana; obs. = observaciones.
Nivel de importancia: ** = 5 %, *** = 1 %.

GRÁFICO 2.5 **Crecimiento anual en las primas de productividad por tipo de localidad en la región de ALC**

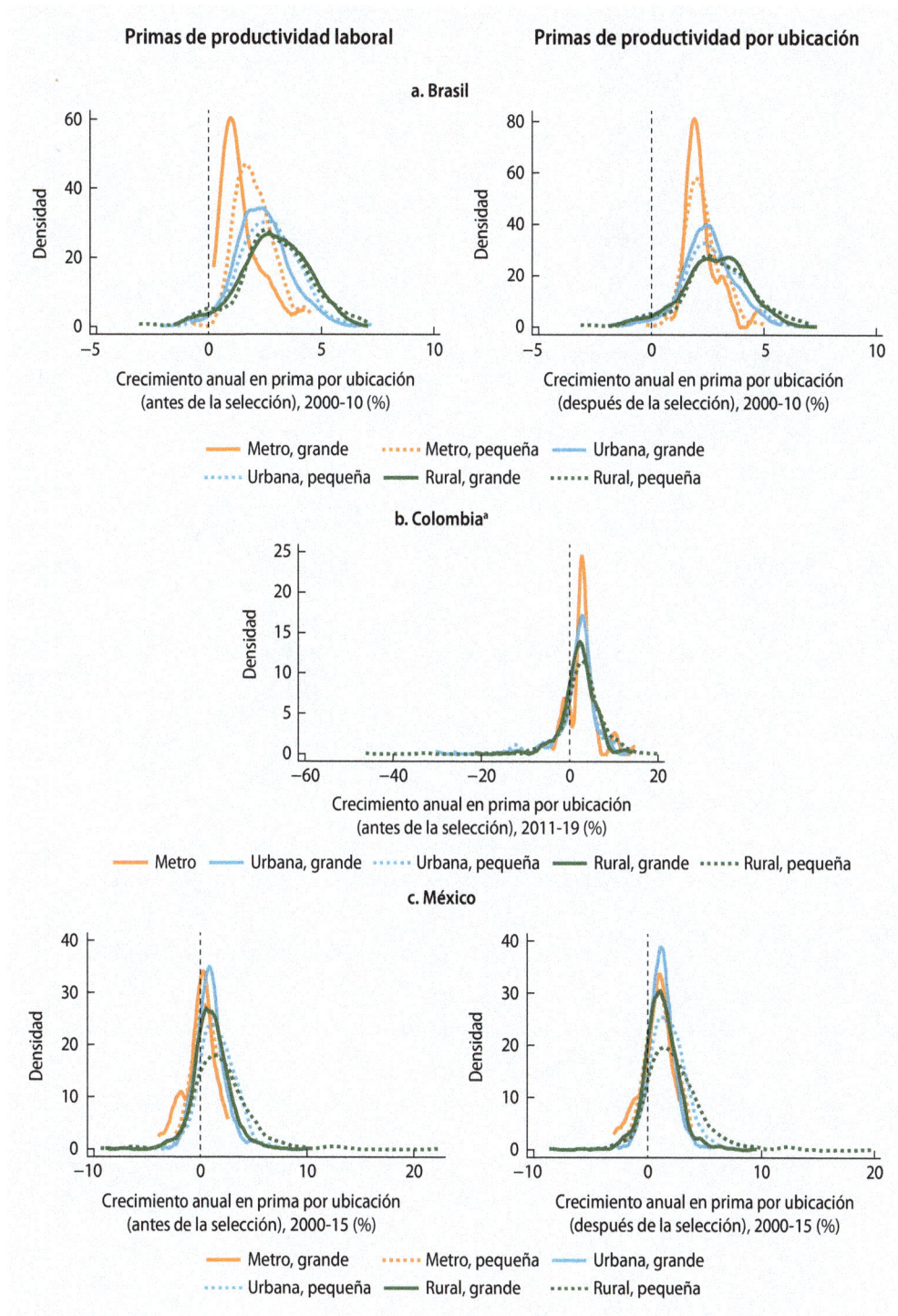

Primas de productividad laboral

Primas de productividad por ubicación

a. Brasil

b. Colombiaª

c. México

(El gráfico continúa en la página siguiente)

GRÁFICO 2.5   **Crecimiento anual en las primas de productividad por tipo de localidad en la región de ALC** *(continuación)*

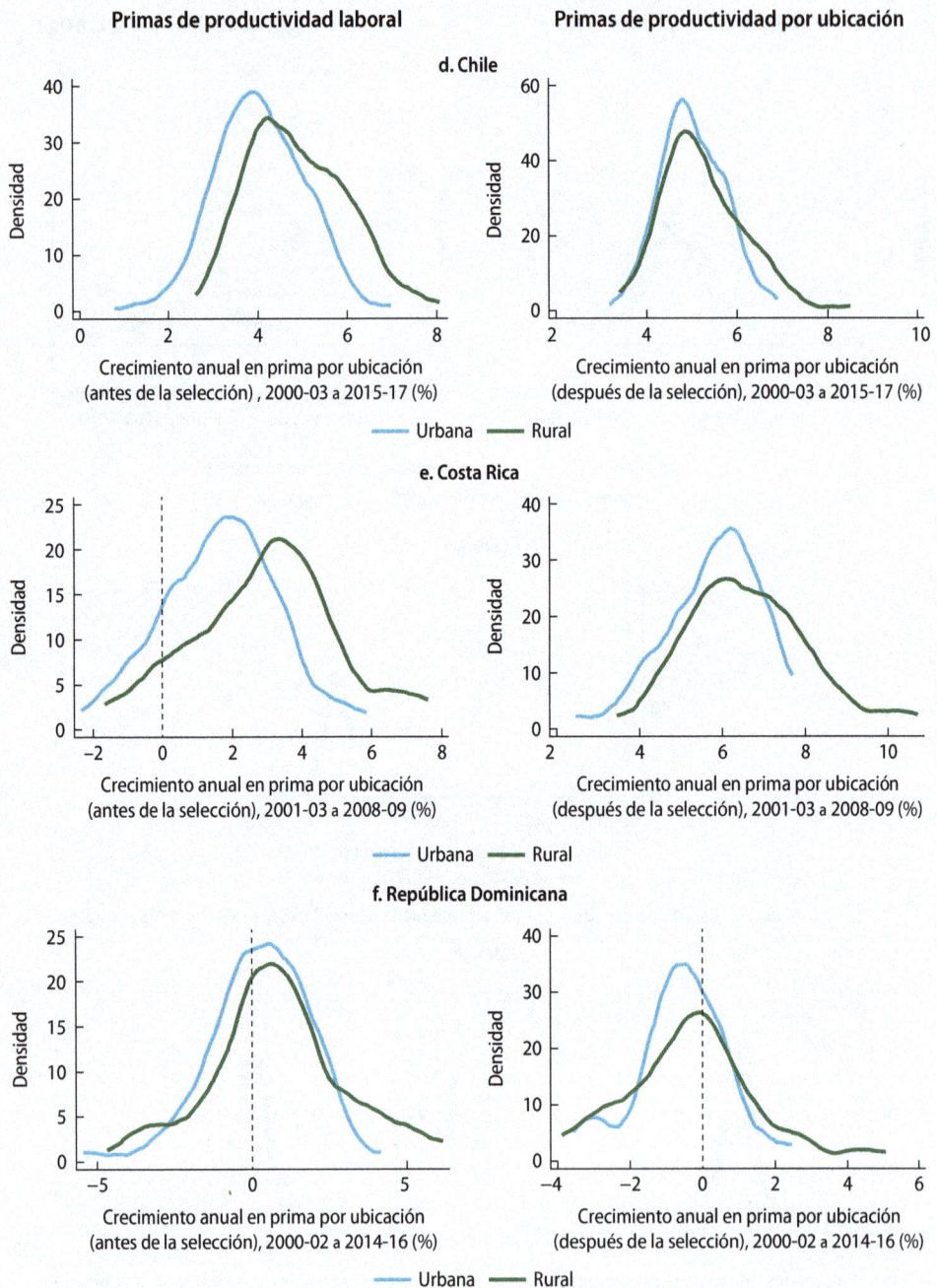

Primas de productividad laboral

Primas de productividad por ubicación

d. Chile

Crecimiento anual en prima por ubicación
(antes de la selección) , 2000-03 a 2015-17 (%)

Crecimiento anual en prima por ubicación
(después de la selección), 2000-03 a 2015-17 (%)

— Urbana   — Rural

e. Costa Rica

Crecimiento anual en prima por ubicación
(antes de la selección), 2001-03 a 2008-09 (%)

Crecimiento anual en prima por ubicación
(después de la selección), 2001-03 a 2008-09 (%)

— Urbana   — Rural

f. República Dominicana

Crecimiento anual en prima por ubicación
(antes de la selección), 2000-02 a 2014-16 (%)

Crecimiento anual en prima por ubicación
(después de la selección), 2000-02 a 2014-16 (%)

— Urbana   — Rural

(El gráfico continúa en la página siguiente)

GRÁFICO 2.5   Crecimiento anual en las primas de productividad por tipo de localidad en la región de ALC *(continuación)*

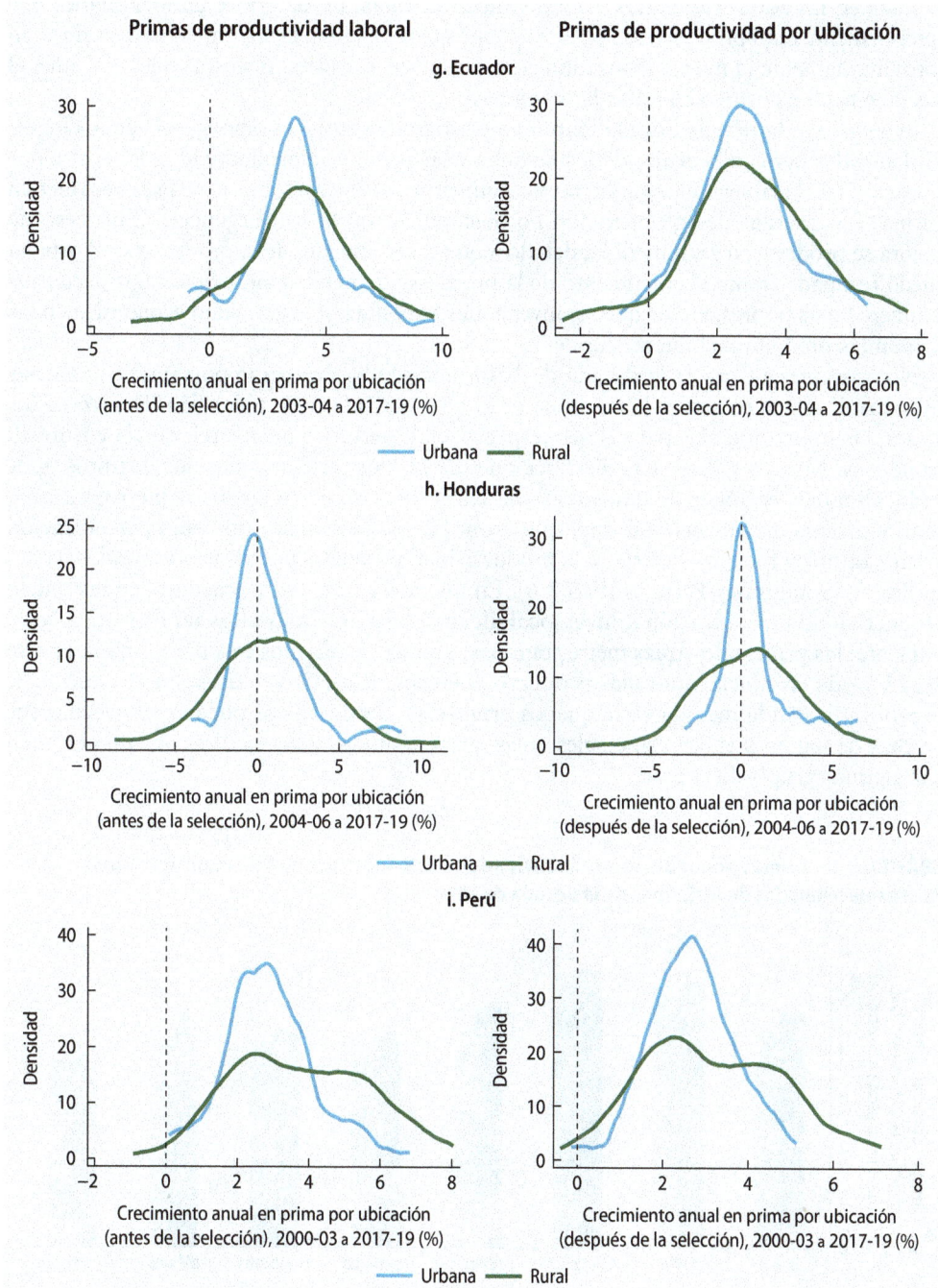

Primas de productividad laboral

Primas de productividad por ubicación

g. Ecuador

Crecimiento anual en prima por ubicación
(antes de la selección), 2003-04 a 2017-19 (%)

Crecimiento anual en prima por ubicación
(después de la selección), 2003-04 a 2017-19 (%)

—— Urbana   —— Rural

h. Honduras

Crecimiento anual en prima por ubicación
(antes de la selección), 2004-06 a 2017-19 (%)

Crecimiento anual en prima por ubicación
(después de la selección), 2004-06 a 2017-19 (%)

—— Urbana   —— Rural

i. Perú

Crecimiento anual en prima por ubicación
(antes de la selección), 2000-03 a 2017-19 (%)

Crecimiento anual en prima por ubicación
(después de la selección), 2000-03 a 2017-19 (%)

—— Urbana   —— Rural

Fuente: D'Aoust, Galdo e Ianchovichina (2023).

Nota: Metro = área metropolitana.

a. Las primas por ubicación después de la selección no pueden calcularse según el tipo de asentamiento en Colombia, debido a que los datos de la Base de Datos Socioeconómicos para América Latina y el Caribe (SEDLAC) no ofrecen información sobre los hogares por debajo del primer nivel administrativo.

de la derecha del gráfico 2.5). En muchos países, el crecimiento fue negativo en una proporción considerable de localidades, lo que señala que el proceso de mejora reflejó ambas mejoras en las zonas rezagadas y, en distintas medidas, un deterioro en localidades que anteriormente eran productivas. En la República Dominicana, el crecimiento disminuyó en aproximadamente la mitad de los municipios urbanos y rurales, mientras que, en Chile, el crecimiento fue positivo en todas las comunas.

En resumen, la década dorada marcó un período de absoluta convergencia en los ingresos laborales per cápita reales de los hogares y las primas de productividad laboral y por ubicación en el primer y el segundo nivel administrativo en casi todos los países de América Latina. Las fuerzas de aglomeración no obstaculizaron la convergencia. El proceso de mejora se produjo, en gran medida, debido a que el crecimiento de la productividad urbana quedó rezagado frente al crecimiento de la productividad en los municipios agropecuarios y mineros más pobres, en los que las inversiones fomentaron la actividad económica en las economías predominantemente rurales[15].

No obstante, a fines de la década de 2010, aún se observaban importantes diferencias entre los distintos países en la mediana de la productividad por ubicación. Dentro de los países, las oportunidades para el arbitraje espacial fueron de mayor relevancia en Brasil, Honduras, México y Perú. Las distribuciones de la productividad para los distintos tipos de localidades, en lugar de darse con una clara división entre las áreas metropolitana, rural y urbana, mayormente se superpusieron. La productividad promedio por ubicación urbana también fue muy superior a la productividad promedio por ubicación rural, excepto en Brasil, Honduras y Perú (gráfico 2.6). En muchos casos, las ubicaciones en las que la productividad por ubicación a nivel local alcanzó las cifras más altas no fueron, necesariamente, las principales áreas metropolitanas, aunque en algunos casos sí formaban parte del 25 % de las ubicaciones más productivas en sus respectivos países. En el capítulo 3, se profundiza en la medida en la que los grupos socioeconómicos pueden aprovechar sus brechas de ingresos en las principales áreas metropolitanas y los factores que no permiten que algunos grupos lo hagan.

GRÁFICO 2.6   Primas promedio de productividad por ubicación, por tipo de municipio y país: Países seleccionados de ALC, fines de la década de 2010

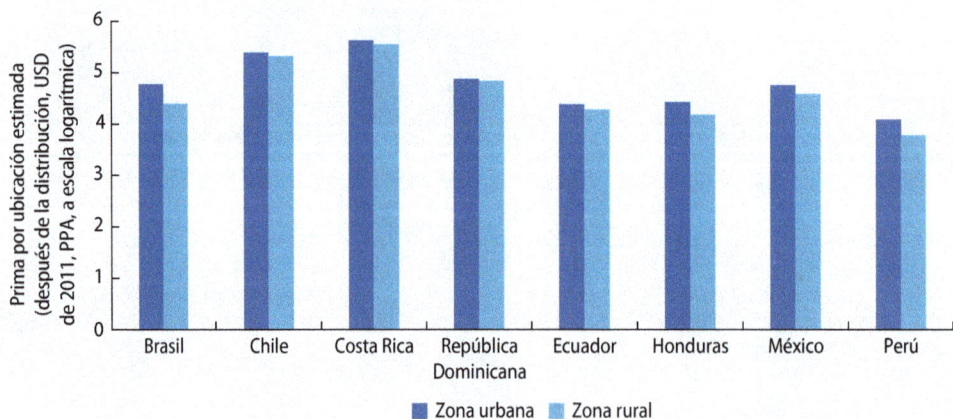

Fuente: D'Aoust, Galdo e Ianchovichina (2023).
Nota: La prima de productividad por ubicación es la fracción del ingreso laboral per cápita del hogar que no puede explicarse por características observables no geográficas (transferibles) de dicho hogar ni por los efectos de factores exógenos que varían con el tiempo. Para garantizar la comparabilidad dentro de los países y entre ellos, los ingresos laborales per cápita de los hogares se deflactan para ajustar los ingresos teniendo en cuenta las diferencias del costo de vida en el espacio y el tiempo. PPA = paridad del poder adquisitivo.

Anexo 2A Fuente de los datos y criterios de armonización

CUADRO 2A.1   **Variables de las características del hogar transferibles, por tipo de capacidad**

Tipo de capacidad	Variable
Características demográficas	Género Edad, edad al cuadrado Tamaño del hogar Cantidad de miembros del hogar menores de 2 años, de 3 a 11 años, de 12 a 17 años, de 18 a 59 años, y de más de 59 años. También se incluyeron todos los valores al cuadrado.
Educación	Menor a educación primaria completa Menor a educación secundaria completa Menor a educación terciaria completa Nivel terciario completo Mayor logro en el hogar
Empleo	Empleador Trabajador asalariado Cuentapropista No asalariado Desempleado

Fuente: D'Aoust, Galdo e Ianchovichina (2023).
Nota: Es posible que la situación laboral del jefe de hogar no sea totalmente transferible en las distintas ubicaciones, dado que se trata de un resultado del mercado laboral y las condiciones del mercado laboral varían en las distintas ubicaciones. Los resultados son sólidos con respecto a la exclusión de esta dimensión, dado que, en todos los países, excepto Bolivia, explican una proporción más pequeña de la brecha de ingresos en comparación con las principales ciudades (véase el cuadro 3.1 en el capítulo 3).

RECUADRO 2A.1   **Criterios para la armonización de geocódigos en los distintos años de la encuesta**

D'Aoust, Galdo e Ianchovichina (2023) usan dos criterios para armonizar los geocódigos en los distintos años de la encuesta al nivel geográfico más bajo posible y con la cantidad máxima de ubicaciones encuestadas en el tiempo:

1. Se usaron de dos a tres encuestas consecutivas para asegurar la cobertura de estos tres períodos específicos de los últimos 20 años: principios de la década de 2000, alrededor del 2010 y fines de la década de 2010.

2. Las encuestas contaban con geocódigos e información sobre el nombre de la ubicación que permitió realizar la armonización coherente de las encuestas a lo largo de los períodos definidos.

Estas consideraciones se usaron para decidir qué encuestas de la Base de Datos Socioeconómicos para América Latina y el Caribe (SEDLAC) no se incluirían en la muestra. No obstante, en algunos casos, no se empleó una encuesta en particular por motivos no mencionados anteriormente. La encuesta de Panamá para el año 2000 se excluyó con el fin de minimizar el registro de ubicaciones. Desde 2001 hasta 2017, las unidades administrativas de Panamá se mantuvieron estables. También se excluyó del análisis a El Salvador debido a los potenciales problemas relacionados con el cambio de divisa a principios de la década de 2000. La elección de 2005 como el período inicial no fue de utilidad, ya que dio como resultado una disminución importante en la cantidad de ubicaciones encuestadas disponibles en 2005 y a fines de la década de 2010, lo que sesgó el cálculo de las primas por ubicación.

CUADRO 2A.2   Fuente de los datos para el análisis de la dinámica de productividad territorial

País	Fuente de los datos	Nivel administrativo más bajo	Años
Argentina	SEDLAC-BM	Aglomeración urbana	2003, 2004, 2005, 2009, 2010, 2011, 2017, 2018, 2019
Bolivia	SEDLAC-BM	Departamento	2001, 2002, 2011, 2012, 2013, 2017, 2018, 2019
Brasil	Censo-IPUMS	Municipio	2000, 2010
	SEDLAC-BM	Municipio	2002, 2003, 2004, 2009, 2011, 2014, 2015
Chile	SEDLAC-BM	Comuna	2000, 2003, 2009, 2011, 2015, 2017
Colombia	VA-DANE	Municipio	2011, 2012, 2013, 2014, 2015, 2016, 2017, 2018, 2019
	SEDLAC-BM	Departamento	2001, 2002, 2003, 2008, 2009, 2010, 2017, 2018, 2019
Costa Rica	SEDLAC-BM	Cantón	2001, 2002, 2003, 2008, 2009
República Dominicana	SEDLAC-BM	Municipio	2000, 2001, 2002, 2008, 2009, 2010, 2014, 2015, 2016
Ecuador	SEDLAC-BM	Cantón	2003, 2004, 2005, 2009, 2010, 2011, 2017, 2018, 2019
Honduras	SEDLAC-BM	Municipio	2004, 2005, 2006, 2009, 2010, 2011, 2017, 2018, 2019
México	Censo-IPUMS	Municipio	1990, 2000, 2010, 2015
Panamá	SEDLAC-BM	Provincia	2001, 2002, 2003, 2009, 2010, 2011, 2017, 2018, 2019
Perú	SEDLAC-BM	Provincia	2000, 2001, 2002, 2003, 2008, 2009, 2010, 2017, 2018, 2019
Uruguay	SEDLAC-BM	Departamento	2000, 2001, 2002, 2008, 2009, 2010, 2017, 2018, 2019

Fuente: D'Aoust, Galdo e Ianchovichina (2023).
Nota: DANE = Departamento Administrativo Nacional de Estadísticas (Colombia, https://www.data4sdgs.org/partner/dane-national-administrative-department-statistics-colombia); IPUMS = Serie Integrada de Microdatos de Uso Público (https://www.ipums.org/); SEDLAC = Base de Datos Socioeconómicos para América Latina y el Caribe (Centro de Estudios Distributivos, Laborales y Sociales y el Banco Mundial, https://www.cedlas.econo.unlp.edu.ar/wp/en/estadisticas/sedlac/); VA = valor agregado; BM = Banco Mundial. Acerca de Brasil, se encuentran disponibles las encuestas de IPUMS y SEDLAC. Los resultados obtenidos con ambas fuentes de datos son similares, con diferencias más pronunciadas para las áreas administrativas rurales.

CUADRO 2A.3   Fuente de datos para los deflactores de precios diferenciados espacialmente, por país

País	Deflactores espaciales
Argentina	Líneas de la pobreza urbana de la SEDLAC para seis regiones, por año
Bolivia	Líneas de la pobreza de la SEDLAC para cada uno de los nueve departamentos, por año y por zona rural y urbana
Brasil	Deflactores del PIB estatal y líneas de la pobreza del IBGE para las áreas metropolitanas, urbanas y rurales, en cada estado y por año
Chile	Líneas de la pobreza de la CEPAL, por año y área de residencia
Colombia	Deflactores espaciales del DANE al nivel de los departamentos nacionales, por año (se efectuó una corrección adicional para dar cuenta de las diferencias entre las áreas rurales y urbanas según las líneas de pobreza de la CEPAL)
Costa Rica	Líneas de la pobreza de la CEPAL, por año y área de residencia
República Dominicana	Líneas de la pobreza de la CEPAL hasta 2016 y de la SEDLAC de 2017 en adelante
Ecuador	Líneas de la pobreza de la CEPAL, por año y por área urbana y rural
El Salvador	Líneas de la pobreza de la SEDLAC, por año y área de residencia, y de la CEPAL para 2008 y 2011
Honduras	Líneas de la pobreza de la SEDLAC, por año y área de residencia
México	Deflactores del PIB estatal y línea de la pobreza del INEGI para las áreas rurales y urbanas de cada estado
Panamá	Líneas de la pobreza de la ECLA, por año y área de residencia
Paraguay	Líneas de la pobreza de la SEDLAC, por año y área de residencia
Perú	Deflactores espaciales del INEI al nivel de los departamentos nacionales, por año, incluidas las diferencias entre las áreas rurales y urbanas
Uruguay	Se incluyeron solo las áreas urbanas y no se aplicaron ajustes espaciales

Fuente: D'Aoust, Galdo e Ianchovichina (2023).
Nota: DANE = Departamento Administrativo Nacional de Estadísticas (Colombia); CEPAL = Comisión Económica para América Latina; PIB= producto interno bruto; IBGE = Instituto Brasilero de Geografía y Estadística; INEGI = Instituto Nacional de Estadística, Geografía e Informática (México); INEI = Instituto Nacional de Estadística e Informática (Perú); SEDLAC = Base de Datos Socioeconómicos para América Latina y el Caribe.

Anexo 2B Tipos de asentamientos

CUADRO 2B.1   **El gradiente urbano: Definición de los tipos de localidades en la región de ALC**

País y tipo de localidad	Tamaño de la población	Proporción de habitantes urbanos (%)	Proporción de habitantes metropolitanos (%)
Brasil			
Metro, grande	≥300 000	>50	>50
Metro, pequeña	<300 000	>50	>50
Urbana, grande	≥50 000	>50	≤50
Urbana, pequeña	<50 000	>50	≤50
Rural, grande	≥30 000	≤50	≤50
Rural, pequeña	<30 000	≤50	≤50
Colombia			
Metro	Todas las designadas como áreas metropolitanas en 2011		
Urbana, grande	≥20 000	>50	Áreas no metropolitanas
Urbana, pequeña	<20 000	>50	Áreas no metropolitanas
Rural, grande	≥10 000	≤50	Áreas no metropolitanas
Rural, pequeña	<10 000	≤50	Áreas no metropolitanas
México			
Metro, grande	≥300 000	>50	>50
Metro, pequeña	<300 000	>50	>50
Urbana, grande	≥20 000	>50	≤50
Urbana, pequeña	<20 000	>50	≤50
Rural, grande	≥10 000	≤50	≤50
Rural, pequeña	<10 000	≤50	≤50
Todos los países de ALC restantes			
Urbana		>50	
Rural		≤50	

Fuente: D'Aoust, Galdo e Ianchovichina (2023).
Nota: Metro = área metropolitana.

CUADRO 2B.2   Tipos de asentamientos: Estadística descriptiva, en la región de ALC

País y tipo de localidad	Cantidad	Crecimiento promedio (%)	Desviación estándar, crecimiento	Densidad (cantidad de habitantes por km²)	Educación secundaria completa (%)	Proporción de cuentapropistas (%)	Asalariados (%)
Brasil		**2000-10**			**2000**		
Metro, grande	46	1,1	0,9	3438	25	24	75
Metro, pequeña	176	1,3	1,4	691	17	24	74
Urbana, grande	434	1,6	1,5	139	16	31	65
Urbana, pequeña	842	1,8	1,9	50	13	31	64
Rural, grande	317	2,9	1,7	34	7	44	43
Rural, pequeña	225	2,8	2,4	31	8	44	42
Colombia		**2011-19**					
Metro	59	2,8	3,3				
Urbana, grande	168	2,0	4,5				
Urbana, pequeña	150	1,6	5,1				
Rural, grande	341	2,1	4,0				
Rural, pequeña	404	2,8	5,5				
México		**2000-15**			**2000**		
Metro, grande	41	0,3	1,7	1820	19	22	74
Metro, pequeña	72	1,2	1,8	735	16	24	71
Urbana, grande	358	1,7	2,1	369	11	27	64
Urbana, pequeña	440	3,0	2,7	168	8	33	56
Rural, grande	587	3,0	2,9	70	5	35	49
Rural, pequeña	832	4,9	4,4	41	4	43	36
Chile		**2000-03 a 2015-17**			**2000-03**		
Urbana	201	3,0	1,6		24	21	69
Rural	98	3,6	1,4		12	29	57
Costa Rica		**2001-03 a 2008-09**			**2001-03**		
Urbana	30	1,9	2,2		14	28	63
Rural	63	3,1	2,5		8	32	59
República Dominicana		**2000-02 a 2014-16**			**2000-02**		
Urbana	51	0,7	2,0		11	38	45
Rural	64	1,5	2,8		5	53	30
Ecuador		**2003-04 a 2017-19**			**2003-04**		
Urbana	69	2,4	2,5		13	40	52
Rural	122	3,6	2,9		8	53	39
Honduras		**2004-06 a 2017-19**			**2004-06**		
Urbana	34	0,5	3,0		9	44	42
Rural	210	0,4	3,8		4	60	28
Perú		**2000-03 a 2017-19**			**2000-03**		
Urbana	71	3,0	1,6		24	50	40
Rural	115	4,6	2,1		13	76	18

Fuente: D'Aoust, Galdo e Ianchovichina (2023).
Nota: Metro = área metropolitana.

Anexo 2C Resultados adicionales de la convergencia

CUADRO 2C.1 **Convergencia absoluta en los ingresos laborales per cápita reales de los hogares en dos niveles administrativos, por país y período**

País y variables	Crecimiento anual per cápita					
	Primer nivel administrativo			Segundo nivel administrativo		
Argentina	2003-05 a 2017-19	2003-05 a 2009-11	2009-11 a 2017-19			
Logaritmo Y_0	−0,0181*** (0,00465)	−0,0102 (0,0108)	−0,0397*** (0,00965)			
Obs.	29	29	29			
R al cuadrado	0,358	0,032	0,385			
Bolivia	2001-02 a 2017-19	2001-02 a 2011-13	2011-13 a 2017-19			
Logaritmo Y_0	−0,0360*** (0,00500)	−0,0421*** (0,0119)	−0,0590*** (0,0139)			
Obs.	9	9	9			
R al cuadrado	0,881	0,641	0,719			
Brasil	2002-04 a 2014-15	2000-10	2009-11 a 2014-15	2002-04 a 2014-15	2000-10	2009-11 a 2014-15
Logaritmo Y_0	−0,0107** (0,00489)	−0,0189*** (0,00522)	−0,00817 (0,0114)	−0,0889*** (0,00221)	−0,0202*** (0,000555)	−0,106*** (0,00921)
Obs.	27	27	27	817	2040	817
R al cuadrado	0,161	0,345	0,020	0,665	0,394	0,140
Chile	2000-03 a 2015-17	2000-03 a 2009-11	2009-11 a 2015-17	2000-03 a 2015-17	2000-03 a 2009-11	2009-11 a 2015-17
Logaritmo Y_0	−0,0111* (0,00590)	−0,0150 (0,0116)	−0,0148 (0,0109)	−0,0207*** (0,00155)	−0,0276*** (0,00259)	−0,0385*** (0,00505)
Obs.	13	13	13	299	299	299
R al cuadrado	0,243	0,132	0,142	0,375	0,278	0,164
Colombia	2001-03 a 2017-19	2001-03 a 2008-10	2011-19			2011-19
Logaritmo Y_0	−0,0238*** (0,00589)	−0,0376*** (0,0113)	−0,0244*** (0,00694)			−0,0319*** (0,00187)
Obs.	24	24	33			1122
R al cuadrado	0,425	0,335	0,286			0,206
Costa Rica		2001-03 a 2008-09			2001-03 a 2008-09	
Logaritmo Y_0		−0,00613 (0,0130)			−0,0242*** (0,00642)	
Obs.		7			79	
R al cuadrado		0,043			0,155	
República Dominicana	2000-02 a 2014-16	2000-02 a 2008-10	2008-10 a 2014-16	2000-02 a 2014-16	2000-02 a 2008-10	2008-10 a 2014-16
Logaritmo Y_0	−0,0293*** (0,00601)	−0,0313*** (0,00962)	−0,0370*** (0,0115)	−0,0430*** (0,00395)	−0,0647*** (0,00603)	−0,0721*** (0,0132)
Obs.	30	30	30	115	115	115
R al cuadrado	0,459	0,274	0,269	0,511	0,505	0,210

(El cuadro continúa en la página siguiente)

CUADRO 2C.1 Convergencia absoluta en los ingresos laborales per cápita reales de los hogares en dos niveles administrativos, por país y período *(continuación)*

País y variables	Crecimiento anual per cápita					
	Primer nivel administrativo			Segundo nivel administrativo		
Ecuador	2003-04 a 2017-19	2003-04 a 2009-11	2009-11 a 2017-19	2003-04 a 2017-19	2003-04 a 2009-11	2009-11 a 2017-19
Logaritmo Y_0	−0,0428***	−0,0556***	−0,0423**	−0,0464***	−0,0638***	−0,0660***
	(0,00737)	(0,00992)	(0,0184)	(0,00332)	(0,00549)	(0,00799)
Obs.	21	21	21	191	191	191
R al cuadrado	0,639	0,623	0,217	0,508	0,417	0,266
Honduras	2004-06 a 2017-19	2004-06 a 2009-11	2009-11 a 2017-19	2004-06 a 2017-19	2004-06 a 2009-11	2009-11 a 2017-19
Logaritmo Y_0	−0,0191**	−0,0328	−0,0408*	−0,0439***	−0,0834***	−0,0872***
	(0,00803)	(0,0193)	(0,0207)	(0,00368)	(0,00776)	(0,00751)
Obs.	16	16	16	243	243	243
R al cuadrado	0,287	0,171	0,216	0,372	0,324	0,359
México	1990-2015	2000-10	2000-15	1990-2015	2000-10	2000-15
Logaritmo Y_0	−0,0142***	−0,0285***	−0,0265***	−0,0243***	−0,0262***	−0,0310***
	(0,00378)	(0,00665)	(0,00476)	(0,000394)	(0,00109)	(0,000609)
Obs.	32	32	32	2303	2330	2320
R al cuadrado	0,319	0,380	0,507	0,624	0,197	0,528
Panamá	2001-03 a 2017-19	2001-03 a 2009-11	2009-11 a 2017-19			
Logaritmo Y_0	−0,0117**	−0,0131	−0,0218			
	(0,00395)	(0,00780)	(0,0151)			
Obs.	12	12	12			
R al cuadrado	0,465	0,220	0,173			
Perú	2000-03 a 2017-19	2000-03 a 2008-10	2008-10 a 2017-19	2000-03 a 2017-19	2000-03 a 2008-10	2008-10 a 2017-19
Logaritmo Y_0	−0,0195***	−0,0224***	−0,0240***	−0,0296***	−0,0308***	−0,0473***
	(0,00370)	(0,00768)	(0,00646)	(0,00168)	(0,00392)	(0,00338)
Obs.	24	24	24	186	186	186
R al cuadrado	0,558	0,278	0,384	0,627	0,252	0,516
Uruguay	2000-02 a 2017-19	2000-02 a 2008-10	2008-10 a 2017-19			
Logaritmo Y_0	−0,0177**	−0,0448***	−0,00714			
	(0,00733)	(0,0130)	(0,0175)			
Obs.	19	19	19			
R al cuadrado	0,255	0,410	0,010			

Fuente: D'Aoust, Galdo e Ianchovichina (2023).
Nota: En el caso de México, el análisis se basa en los datos censales para todos los períodos. En cambio, para Brasil, se basa en datos censales solo para el período de 2000-10. Con respecto al resto de los países, el análisis se basa en las encuestas de hogares armonizadas de la Base de Datos Socioeconómicos para América Latina y el Caribe (SEDLAC). Solo en Colombia (2011-19) el análisis se basa en cifras agregadas de datos de valor agregado. Obs. = observaciones. Y_0 representa el ingreso laboral per cápita real de los hogares. Siempre que sea posible, los resultados se presentan para los tres períodos: el más extenso posible, que abarca desde principios de la década de 2000 (o de la década de 1990 en México) hasta fines de la década de 2010 (o mediados de la década de 2010 en algunos casos); el período entre principios de la década de 2000 (o de la década de 1990 en México) y fines de la década de 2000, y el período entre principios de la década de 2010 y fines de la década de 2010 (o mediados de la década de 2010 en algunos casos).
Nivel de importancia: * = 10 %, ** = 5 %, *** = 1 %.

CUADRO 2C.2 **Convergencia absoluta en las primas de productividad laboral en dos niveles administrativos, por país y período**

País y variables	Crecimiento anual de la prima de productividad laboral					
	Primer nivel administrativo			Segundo nivel administrativo		
Argentina	2003-05 a 2017-19	2003-05 a 2009-11	2009-11 a 2017-19			
γ_0^{bs}	−0,0170***	−0,00892	−0,0366***			
	(0,00412)	(0,00728)	(0,0102)			
Obs.	29	29	29			
R al cuadrado	0,387	0,053	0,325			
Bolivia	2001-02 a 2017-19	2001-02 a 2011-13	2011-13 a 2017-19			
γ_0^{bs}	−0,0283***	−0,0260*	−0,0594***			
	(0,00548)	(0,0136)	(0,0148)			
Obs.	9	9	9			
R al cuadrado	0,792	0,345	0,698			
Brasil	2002-04 a 2014-15	2000-10	2009-11 a 2014-15	2002-04 a 2014-15	2000-10	2009-11 a 2014-15
γ_0^{bs}	−0,0155***	−0,00506	−0,0185*	−0,0912***	−0,00913***	−0,106***
	(0,00449)	(0,00477)	(0,00920)	(0,00219)	(0,000487)	(0,0104)
Obs.	27	27	27	817	2040	817
R al cuadrado	0,322	0,043	0,140	0,680	0,147	0,112
Chile	2000-03 a 2015-17	2000-03 a 2009-11	2009-11 a 2015-17	2000-03 a 2015-17	2000-03 a 2009-11	2009-11 a 2015-17
γ_0^{bs}	−0,0189***	−0,0222***	−0,0252	−0,0206***	−0,0244***	−0,0311***
	(0,00289)	(0,00491)	(0,0149)	(0,00116)	(0,00185)	(0,00382)
Obs.	13	13	13	299	299	299
R al cuadrado	0,796	0,651	0,206	0,514	0,369	0,183
Colombia	2001-03 a 2017-19	2001-03 a 2008-10	2011-19			2011-19
γ_0^{bs}	−0,0341***	−0,0696***	−0,0244***			−0,0319***
	(0,00774)	(0,0163)	(0,00694)			(0,00187)
Obs.	24	24	33			1122
R al cuadrado	0,469	0,453	0,286			0,206
Costa Rica		2001-03 a 2008-09			2001-03 a 2008-09	
γ_0^{bs}		−0,0160			−0,0231***	
		(0,0113)			(0,00580)	
Obs.		7			79	
R al cuadrado		0,288			0,171	
República Dominicana	2000-02 a 2014-16	2000-02 a 2008-10	2008-10 a 2014-16	2000-02 a 2014-16	2000-02 a 2008-10	2008-10 a 2014-16
γ_0^{bs}	−0,0221***	−0,0234**	−0,0141	−0,0380***	−0,0595***	−0,0478***
	(0,00685)	(0,00870)	(0,0103)	(0,00408)	(0,00631)	(0,0114)
Obs.	30	30	30	115	115	115
R al cuadrado	0,270	0,205	0,063	0,434	0,440	0,135
Ecuador	2003-04 a 2017-19	2003-04 a 2009-11	2009-11 a 2017-19	2003-04 a 2017-19	2003-04 a 2009-11	2009-11 a 2017-19
γ_0^{bs}	−0,0340***	−0,0565***	−0,0158	−0,0397***	−0,0453***	−0,0547***
	(0,0107)	(0,0132)	(0,0244)	(0,00325)	(0,00536)	(0,00667)
Obs.	21	21	21	191	191	191
R al cuadrado	0,348	0,492	0,021	0,442	0,275	0,263

(El cuadro continúa en la página siguiente)

CUADRO 2C.2 **Convergencia absoluta en las primas de productividad laboral en dos niveles administrativos, por país y período** *(continuación)*

País y variables	Crecimiento anual de la prima de productividad laboral					
	Primer nivel administrativo			Segundo nivel administrativo		
Honduras	2004-06 a 2017-19	2004-06 a 2009-11	2009-11 a 2017-19	2004-06 a 2017-19	2004-06 a 2009-11	2009-11 a 2017-19
γ_0^{bs}	−0,0221***	−0,0351***	−0,0188	−0,0318***	−0,0577***	−0,0513***
	(0,00667)	(0,0114)	(0,0137)	(0,00332)	(0,00593)	(0,00712)
Obs.	16	16	16	243	243	243
R al cuadrado	0,440	0,403	0,119	0,275	0,281	0,177
México	**1990-2015**	**2000-10**	**2000-15**	**1990-2015**	**2000-10**	**2000-15**
γ_0^{bs}	−0,00817**	−0,0163***	−0,0186***	−0,0217***	−0,0256***	−0,0231***
	(0,00373)	(0,00550)	(0,00467)	(0,000403)	(0,00104)	(0,000671)
Obs.	32	32	32	2301	2330	2320
R al cuadrado	0,138	0,225	0,345	0,558	0,207	0,338
Panamá	**2001-03 a 2017-19**	**2001-03 a 2009-11**	**2009-11 a 2017-19**			
γ_0^{bs}	−0,00534	0,00173	−0,0171			
	(0,00517)	(0,00524)	(0,0129)			
Obs.	12	12	12			
R al cuadrado	0,096	0,011	0,151			
Perú	**2000-03 a 2017-19**	**2000-03 a 2008-10**	**2008-10 a 2017-19**	**2000-03 a 2017-19**	**2000-03 a 2008-10**	**2008-10 a 2017-19**
γ_0^{bs}	−0,0129***	−0,0122*	−0,0170**	−0,0199***	−0,0243***	−0,0247***
	(0,00419)	(0,00720)	(0,00679)	(0,00175)	(0,00350)	(0,00299)
Obs.	24	24	24	186	186	186
R al cuadrado	0,301	0,113	0,222	0,413	0,208	0,270
Uruguay	**2000-02 a 2017-19**	**2000-02 a 2008-10**	**2008-10 a 2017-19**			
γ_0^{bs}	−0,0121**	−0,0270***	0,00242			
	(0,00553)	(0,00924)	(0,00885)			
Obs.	19	19	19			
R al cuadrado	0,219	0,334	0,004			

Fuente: D'Aoust, Galdo e Ianchovichina (2023).

Nota: γ_0^{bs} hace referencia a la prima por ubicación inicial antes de la selección o a la prima de productividad laboral. Las primas por ubicación antes de la selección se calculan mediante la regresión de $\ln(y_{h,l,t}) = \gamma_l + \theta_t + \varepsilon_{h,l,t}$, donde *y* es el ingreso per cápita expresado en la paridad de poder adquisitivo (PPA) de 2011. En el caso de México, el análisis se basa en los datos censales para todos los períodos. En cambio, para Brasil, se basa en datos censales solo para el período de 2000-10. Con respecto al resto de los países, el análisis se basa en las encuestas de hogares armonizadas de la Base de Datos Socioeconómicos para América Latina y el Caribe (SEDLAC). Solo en Colombia (2011-19) el análisis se basa en cifras agregadas de datos de valor agregado. Siempre que sea posible, los resultados se presentan para los tres períodos: el más extenso posible, que abarca desde principios de la década de 2000 (o de la década de 1990 en México) hasta fines de la década de 2010 (o mediados de la década de 2010 en algunos casos); el período entre principios de la década de 2000 (o de la década de 1990 en México) y fines de la década de 2000, y el período entre principios de la década de 2010 y fines de la década de 2010 (o mediados de la década de 2010 en algunos casos). Obs. = observaciones.

Nivel de importancia: * = 10 %, ** = 5 %, *** = 1 %.

CUADRO 2C.3 Estimaciones de la divergencia/convergencia absoluta en las primas de productividad por ubicación en dos niveles administrativos, por país y período

País y variables	Crecimiento anual de la prima de productividad por ubicación					
	Primer nivel administrativo			Segundo nivel administrativo		
Argentina	2003-05 a 2017-19	2003-05 a 2009-11	2009-11 a 2017-19			
γ_0^{as}	−0,0125** (0,00598)	−0,00396 (0,00994)	−0,0379*** (0,0135)			
Obs.	29	29	29			
R al cuadrado	0,139	0,006	0,226			
Bolivia	2001-02 a 2017-19	2001-02 a 2011-13	2011-13 a 2017-19			
γ_0^{as}	−0,0327*** (0,00423)	−0,0280** (0,0103)	−0,0704*** (0,0142)			
Obs.	9	9	9			
R al cuadrado	0,895	0,516	0,779			
Brasil	2002-04 a 2014-15	2000-10	2009-11 a 2014-15	2002-04 a 2014-15	2000-10	2009-11 a 2014-15
γ_0^{as}	−0,0178*** (0,00548)	−0,0101 (0,00661)	−0,0207* (0,0120)	−0,0942*** (0,00213)	−0,0142*** (0,000657)	−0,129*** (0,0117)
Obs.	27	27	27	817	2040	817
R al cuadrado	0,295	0,086	0,106	0,706	0,186	0,129
Chile	2000-03 a 2015-17	2000-03 a 2009-11	2009-11 a 2015-17	2000-03 a 2015-17	2000-03 a 2009-11	2009-11 a 2015-17
γ_0^{as}	−0,0195*** (0,00397)	−0,0138* (0,00747)	−0,0424*** (0,0133)	−0,0173*** (0,00162)	−0,0178*** (0,00251)	−0,0371*** (0,00458)
Obs.	13	13	13	299	299	299
R al cuadrado	0,687	0,236	0,481	0,278	0,145	0,181
Colombia	2001-03 a 2017-19	2001-03 a 2008-10	2008-10 a 2017-19			
γ_0^{as}	−0,0443*** (0,00888)	−0,0775*** (0,0217)	−0,0385*** (0,0112)			
Obs.	24	24	24			
R al cuadrado	0,531	0,367	0,351			
Costa Rica		2001-03 a 2008-09			2001-03 a 2008-09	
γ_0^{as}		−0,00782 (0,0215)			−0,0307*** (0,00753)	
Obs.		7			79	
R al cuadrado		0,026			0,177	
República Dominicana	2000-02 a 2014-16	2000-02 a 2008-10	2008-10 a 2014-16	2000-02 a 2014-16	2000-02 a 2008-10	2008-10 a 2014-16
γ_0^{as}	−0,0239*** (0,00742)	−0,0250** (0,00979)	−0,0214 (0,0132)	−0,0413*** (0,00396)	−0,0609*** (0,00676)	−0,0713*** (0,0113)
Obs.	30	30	30	115	115	115
R al cuadrado	0,270	0,190	0,085	0,491	0,418	0,260
Ecuador	2003-04 a 2017-19	2003-04 a 2009-11	2009-11 a 2017-19	2003-04 a 2017-19	2003-04 a 2009-11	2009-11 a 2017-19
γ_0^{as}	−0,0496*** (0,0100)	−0,0504*** (0,0162)	−0,0695*** (0,0221)	−0,0504*** (0,00309)	−0,0617*** (0,00632)	−0,0809*** (0,00677)
Obs.	21	21	21	191	191	191
R al cuadrado	0,562	0,339	0,342	0,584	0,336	0,431

(El cuadro continúa en la página siguiente)

CUADRO 2C.3 Estimaciones de la divergencia/convergencia absoluta en las primas de productividad por ubicación en dos niveles administrativos, por país y período *(continuación)*

País y variables	Crecimiento anual de la prima de productividad por ubicación					
	Primer nivel administrativo			Segundo nivel administrativo		
Honduras	2004-06 a 2017-19	2004-06 a 2009-11	2009-11 a 2017-19	2004-06 a 2017-19	2004-06 a 2009-11	2009-11 a 2017-19
γ_0^{as}	−0,0253** (0,00944)	−0,0326* (0,0181)	−0,0307* (0,0165)	−0,0413*** (0,00364)	−0,0669*** (0,00656)	−0,0694*** (0,00760)
Obs.	16	16	16	243	243	243
R al cuadrado	0,338	0,188	0,199	0,349	0,301	0,257
México	**1990-2015**	**2000-10**	**2000-15**	**1990-2015**	**2000-10**	**2000-15**
γ_0^{as}	−0,0145*** (0,00384)	−0,0275*** (0,00626)	−0,0265*** (0,00540)	−0,0263*** (0,000372)	−0,0330*** (0,00109)	−0,0278*** (0,000687)
Obs.	32	32	32	2301	2330	2320
R al cuadrado	0,323	0,392	0,445	0,686	0,283	0,413
Panamá	**2001-03 a 2017-19**	**2001-03 a 2009-11**	**2009-11 a 2017-19**			
γ_0^{as}	−0,0190 (0,0133)	0,00568 (0,0123)	−0,0515* (0,0265)			
Obs.	12	12	12			
R al cuadrado	0,168	0,021	0,274			
Perú	**2000-03 a 2017-19**	**2000-03 a 2008-10**	**2008-10 a 2017-19**	2000-03 a 2017-19	2000-03 a 2008-10	2008-10 a 2017-19
γ_0^{as}	−0,0186*** (0,00639)	−0,0122 (0,0124)	−0,0286*** (0,00818)	−0,0268*** (0,00208)	−0,0357*** (0,00427)	−0,0317*** (0,00362)
Obs.	24	24	24	186	186	186
R al cuadrado	0,278	0,042	0,356	0,474	0,275	0,294
Uruguay	**2000-02 a 2017-19**	**2000-02 a 2008-10**	**2008-10 a 2017-19**			
γ_0^{as}	−0,0206*** (0,00658)	−0,0416*** (0,0110)	−0,00549 (0,0138)			
Obs.	19	19	19			
R al cuadrado	0,364	0,457	0,009			

Fuente: D'Aoust, Galdo e Ianchovichina (2023).
Nota: γ_0^{as} hace referencia a la prima de productividad por ubicación o la prima por ubicación después de la selección, calculada mediante la regresión de $\ln(y_{h,l,t}) = \gamma + \psi HC_{h,l,t} + \theta_t + \varepsilon_{h,l,t}$, donde *y* es el ingreso per cápita expresado en la paridad de poder adquisitivo (PPA) de 2011. En el caso de México, el análisis se basa en los datos censales para todos los períodos. En cambio, para Brasil, se basa en datos censales solo para el período de 2000-10. Para el resto de los países, el análisis de basa en las encuestas de hogares armonizadas de la Base de Datos Socioeconómicos para América Latina y el Caribe (SEDLAC). Obs. = observaciones.
Nivel de importancia: * = 10 %, ** = 5 %, *** = 1 %.

Notas

1. Las instituciones cambian lentamente con el paso del tiempo, lo que puede generar las condiciones para la desigualdad espacial y las trampas de la pobreza (Galvis y Meisel Roca, 2012).
2. Véanse, por ejemplo, Aroca, Bosch y Maloney (2005); Escobal y Ponce (2011); Galvis y Meisel Roca (2010, 2012); González Rivas (2007).
3. Escobal y Torero (2005) vinculan de forma empírica la infraestructura vial deficiente a nivel local con los costos de transacción más altos, una menor participación en el mercado y los ingresos reducidos de los hogares.
4. En los países que tienen sistemas federales (como Brasil y México), los Gobiernos locales y estatales tienen la autoridad de cambiar la legislación (lo que incluye los cargos impositivos y administrativos) y las instituciones *de jure* y *de facto* (tales como el grado de aplicación de las leyes

nacionales, el funcionamiento del Poder Judicial y el grado de control *de facto* por parte de las élites locales). Dell (2010) adjudica los resultados poco satisfactorios de algunas comunidades a los efectos a largo plazo de la "mita", un sistema de trabajo obligatorio de minería extensiva vigente en Bolivia y Perú durante la época colonial, que bajó los ingresos y el acceso a la educación y la infraestructura. Acemoglu y otros (2007) destacaron el vínculo entre la desigualdad política en el siglo XIX en Cundinamarca (Colombia) y los resultados económicos actuales. Naritomi, Soares y Assunção (2007) llegaron a conclusiones similares para Brasil.

5. En México, la convergencia se observó hasta mediados de la década de 1980, pero no posteriormente.

6. Los países son Brasil, Chile, Ecuador, El Salvador, Guatemala, México, Nicaragua y Perú.

7. Dávalos y otros (2015) llegaron a una conclusión similar sobre la convergencia de los ingresos mediante el uso de datos de los ingresos a nivel municipal de México desde 1990 hasta 2010, mientras que López-Calva, Ortiz-Juárez y Rodríguez-Castelán (2021) descubrieron una convergencia absoluta desde 1992 hasta 2014 mediante el uso de una tabla de conexiones de datos única de cinco tandas para los municipios. En ambos casos, el proceso de convergencia se originó a partir de una combinación de desarrollos positivos en municipios pobres, y estancamiento o crecimiento negativo en los municipios más prósperos.

8. En este informe, los términos *productividad por ubicación* y *primas de productividad por ubicación* se usan en forma indistinta.

9. Las características transferibles incluyen el género del jefe de hogar, el tamaño del hogar, la edad del jefe de hogar y de los miembros del hogar junto a sus valores al cuadrado, el nivel educativo y la situación laboral de los jefes de hogar, y el nivel educativo más alto en el hogar. Muchas características observables se incluyen con el fin de abordar aspectos relacionados con la selección y mitigar, en alguna medida, la omisión de características no geográficas y no observables, como el espíritu emprendedor y el compromiso con el trabajo arduo. Los efectos fijos en el tiempo controlan las perturbaciones exógenas, tales como las fluctuaciones en los precios de los productos básicos.

10. Los aumentos estáticos de productividad provienen de las economías de aglomeración, mientras que los aumentos dinámicos provienen del aprendizaje en el trabajo. De la Roca y Puga (2017) aportan evidencias de que el valor adicional de la experiencia adquirida en las ciudades más grandes persiste después de abandonar la ciudad.

11. Glaeser, Kolko y Saiz (2001) argumentan que las opciones que mejoran la experiencia del consumidor, como los restaurantes, las tiendas y los servicios públicos, son importantes para atraer empresas y trabajadores calificados, quienes tienden a generar mayores ingresos y a valorar más la calidad y variedad de las opciones. Las grandes ciudades ofrecen una mayor variedad y calidad de opciones, debido a que son mercados más grandes. Según Diamond (2016), los cambios en la demanda laboral local desde 1980 hasta 2000 en los Estados Unidos fue el principal motivo para la selección de mayores competencias, aunque las opciones que mejoran la calidad de vida también se ajustaron para reforzar este efecto desde 1980 hasta 2000 en los Estados Unidos.

12. Las primas por ubicación no pueden calcularse por tipo de asentamiento en Colombia dado que los datos de la SEDLAC no ofrecen información sobre los hogares por debajo del primer nivel administrativo.

13. Adão (2015) documenta un aumento de entre el 8 % y el 16 % en la prima salarial de los productos básicos (en relación a los productos no básicos) en Brasil, derivado del alza de los precios mundiales de los productos básicos que se registró entre 1991 y 2010.

14. Dix-Carneiro y Kovak (2017) y Costa, Garred y Pessoa (2016) también demostraron, respectivamente, que la liberalización del comercio y el "shock de China" redujeron la desigualdad regional en Brasil. Está fuera del alcance del informe determinar en qué medida los factores individuales que impulsaron la desindustrialización han contribuido a la reducción de la desigualdad territorial en la región de ALC. Los efectos de estas fuerzas son específicos tanto del contexto como del horizonte temporal y requieren una mirada profunda a las instituciones, la estructura económica y la organización de mercado de los países (Dix-Carneiro y Kovak, 2023, y Goldberg, 2015).

15. Los resultados sobre México que se presentan en este capítulo son consistentes con los de López-Calva, Ortiz-Juárez y Rodríguez-Castelán (2021), quienes descubren una convergencia absoluta en los valores totales de ingresos y pobreza en México desde 2000 hasta 2014. Atribuyen la convergencia a desarrollos positivos en los municipios más pobres, y al estancamiento o el deterioro en el desempeño de los más prósperos, así como la función que desempeñaron los programas de redistribución. D'Aoust, Galdo e Ianchovichina (2023) detectan una convergencia absoluta incluso cuando no han existido transferencias de redistribución.

Bibliografía

Acemoglu, D., M. A. Bautista, P. Querubín, and J. A. Robinson. 2007. "Economic and Political Inequality in Development: The Case of Cundinamarca, Colombia." NBER Working Paper 13208, National Bureau of Economic Research, Cambridge, MA.

Acemoglu, D., and M. Dell. 2010. "Productivity Differences between and within Countries." *American Economic Journal: Macroeconomics* 2 (1): 169–88.

Adão, R. 2015. "Worker Heterogeneity, Wage Inequality, and International Trade: Theory and Evidence from Brazil." Massachusetts Institute of Technology, Cambridge, MA. https://economics.yale.edu/sites/default/files/adao_jmp_2015.pdf.

Aroca, P., M. Bosch, and W. F. Maloney. 2005. "Spatial Dimensions of Trade Liberalization and Economic Convergence: Mexico 1985–2002." Policy Research Working Paper 3744, World Bank, Washington, DC.

Azzoni, C. 2001. "Economic Growth and Regional Income Inequality in Brazil." *Annals of Regional Science* 35: 133–52.

Chiquiar, D. 2005. "Why Mexico's Regional Income Convergence Broke Down." *Journal of Development Economics* 77: 257–75.

Costa, F., J. Garred, and J. P. Pessoa. 2016. "Winners and Losers from a Commodities-for-Manufactures Trade Boom." *Journal of International Economics* 102: 50–69.

D'Aoust, O., V. Galdo, and E. Ianchovichina. 2023. "Territorial Productivity Differences and Dynamics within Latin American Countries." Policy Research Working Paper 10480, World Bank, Washington, DC.

Dávalos, M., G. Esquivel, L. F. López-Calva, and C. Rodríguez-Castelán. 2015. "Convergence with Stagnation: Mexico's Growth at the Municipal Level 1990–2010." Working Paper No. 2015-001, Sobre Mexico.

De La Roca, J., and D. Puga. 2017. "Learning by Working in Big Cities." *Review of Economic Studies* 84: 106–42.

Dell, M. 2010. "The Persistent Effects of Peru's Mining *Mita.*" *Econometrica* 78 (6): 1863–1903.

Diamond, R. 2016. "The Determinants and Welfare Implications of US Workers' Diverging Location Choices by Skill: 1980–2000." *American Economic Review* 106 (3): 479–524.

Dix-Carneiro, R., and B. Kovak. 2017. "Trade Liberalization and Regional Dynamics." *American Economic Review* 107 (10): 2908–46.

Dix-Carneiro, R., and B. Kovak. 2019. "Margins of Labor Market Adjustment to Trade." *Journal of International Economics* 117: 125–42.

Dix-Carneiro, R., and B. Kovak. 2023. "Globalization and Inequality in Latin America." Inter-American Development Bank, Washington, DC.

Escobal, J., and C. Ponce. 2011. "Access to Public Infrastructure, Institutional Thickness and Pro-poor Growth in Rural Peru." *Journal of International Development* 23 (3): 358–79.

Escobal, J., and C. Ponce. 2016. "Dinámicas provinciales de pobreza en el Perú, 1993–2007." In *Los dilemas territoriales del desarrollo en América Latina,* edited by Modrego Benito and J. A. Berdegué. Bogotá: Ediciones Uniandes.

Escobal, J., and M. Torero. 2005. "Adverse Geography and Differences in Welfare in Peru." In *Spatial Inequality and Development,* edited by Ravi Kanbur and Anthony Venables, 17–122. New York: Oxford University Press.

Faber, B., and C. Gaubert. 2019. "Tourism and Economic Development: Evidence from Mexico's Coastline." *American Economic Review* 109 (6): 2245–93.

Favareto, A., and R. Abramovay. 2016. "Contrastes territoriales de los indicadores de ingreso, pobreza monetaria y desigualdad en el Brasil de los años noventa." In *Los dilemas territoriales del desarrollo en América Latina,* edited by F. Modrego Benito and J. A. Berdegué. Bogotá: Ediciones Uniandes.

Fernández, M., C. Hernández, A. M. Ibáñez, and C. Jaramillo. 2016. "Dinámicas provinciales de pobreza en Colombia 1993–2005." In *Los dilemas territoriales del desarrollo en América Latina*, edited by F. Modrego Benito and J. A. Berdegué. Bogotá: Ediciones Uniandes.

Galvis, L. A., and A. Meisel Roca. 2010. "Persistencia de las desigualdades regionales en Colombia: Un análisis espacial." Documento de trabajo sobre economía regional no. 120, Banco de la República, Colombia.

Galvis, L. A., and A. Meisel Roca. 2012. "Convergencia y trampas espaciales de pobreza en Colombia: Evidencia reciente." Documento de trabajo sobre economía regional no. 177, Banco de la República, Colombia.

Glaeser, E., J. Kolko, and A. Saiz. 2001. "Consumer City." *Journal of Economic Geography* 1 (1): 27–50.

Goldberg, P. 2015. *Trade and Inequality.* Edward Elgar Research Collections. Cheltenham, UK: Edward Elgar.

González Rivas, M. 2007. "The Effects of Trade Openness on Regional Inequality in Mexico." *Annals of Regional Science* 41: 545–61.

Iacovone, L., L. Sánchez-Bayardo, and S. Sharma. 2015. "Regional Productivity Convergence in Peru." Policy Research Working Paper 7499, World Bank, Washington, DC.

Jedwab, R., E. Ianchovichina, and F. Haslop. 2022. "Consumption Cities versus Production Cities: New Considerations and Evidence." Policy Research Working Paper 10105, World Bank, Washington, DC.

Kovak, B. 2013. "Regional Effects of Trade Reform: What Is the Correct Measure of Liberalization?" *American Economic Review* 103: 1960–76.

Larrea, C., R. Landín, A. I. Larrea, A. W. Wrborich, and R. Fraga. 2016. "Mapas de pobreza, consumo per cápita y desigualdad social en Ecuador: 1995–2006." In *Los dilemas territoriales del desarrollo en América Latina,* edited by F. Modrego Benito and J. A. Berdegué. Bogotá: Ediciones Uniandes.

Li, Y., and M. Rama. 2015. "Households or Locations? Cities, Catchment Areas and Prosperity in India." Policy Research Working Paper 7473, World Bank, Washington DC.

López-Calva, L., E. Ortiz-Juárez, and C. Rodríguez-Castelán. 2021. "Within-Country Poverty Convergence: Evidence from Mexico." *Empirical Economics* 62: 2547–86.

Mesquita Moreira, M., J. Blyde, C. Volpe, and D. Molina. 2013. *Too Far to Export: Domestic Transport Costs and Regional Export Disparities in Latin America and the Caribbean.* Washington, DC: Inter-American Development Bank.

Modrego, F., and J. Berdegué. 2016. "Large-Scale Mapping of Territorial Development Dynamics in Latin America." *World Development* 73: 11–31.

Modrego, F., E. Ramírez, A. Tartakowsky, and E. Jara. 2016. "La heterogeneidad territorial del desarrollo en la década de oro de la economía Chilena." In *Los dilemas territoriales del desarrollo en América Latina*, edited by F. Modrego Benito and J. A. Berdegué. Bogotá: Ediciones Uniandes.

Naritomi, J., R. Soares, and J. Assunção. 2007. "Rent Seeking and the Unveiling of 'De Facto' Institutions: Development and Colonial Heritage within Brazil." NBER Working Paper 13545, National Bureau of Economic Research, Cambridge, MA.

Olfert, R., M. Partridge, J. Berdegué, J. Escobal, B. Jara, and F. Modrego. 2014. "Places for Place-Based Policies." *Development Policy Review* 32 (1): 5–32.

Ponczek, V., and G. Ulyssea. 2022. "Enforcement of Labour Regulation and Labour Market Effects of Trade: Evidence from Brazil." *Economic Journal* 132 (641): 361–90.

Quintero, L., and M. Roberts. 2018. "Explaining Spatial Variations in Productivity: Evidence from Latin America and the Caribbean." Policy Research Working Paper 8560, World Bank, Washington, DC.

Rodríguez, J. 2011. "Migración interna y sistema de ciudades en América Latina: Intensidad, patrones, efectos y potenciales determinantes, censos de la década de 2000" (Internal Migration and the Latin American System of Cities: Intensity, Patterns, Impacts and Potential Determinants 2000 Census Round). *Serie población y desarrollo n° 105 (LC/L.3351).* Santiago: United Nations Economic Commission for Latin America and the Caribbean.

Romero, W., and P. Zapil Ajxup. 2009. "Dinámica territorial del consumo, la pobreza y la desigualdad en Guatemala, 1998–2006." Rural Territorial Dynamics Program, Latin American Center for Rural Development (RIMISP), Santiago, Chile.

Rowe, F. 2014. "The Effects of Economic Liberalisation on Inter-Regional Labour Migration in a Transition Economy, Chile." Conference paper, 2014 Tinbergen Workshop: Real People in Virtual Space, Amsterdam.

Sánchez-Reaza, J., and A. Rodríguez-Pose. 2002. "The Impact of Trade Liberalization on Regional Disparities in Mexico." *Growth and Change* 33 (1): 72–90.

Serra, M., M. Pazmino, G. Lindow, B. Sutton, and G. Ramírez. 2006. "Regional Convergence in Latin America." IMF Working Paper WP/06/125, International Monetary Fund, Washington, DC.

Skoufias, E., and G. López-Acevedo. 2009. *Determinants of Regional Welfare Disparities within Latin American Countries*, Vol. 1, *Synthesis.* Washington, DC: World Bank.

Sotelo, S. 2020. "Domestic Trade Frictions and Agriculture." *Journal of Political Economy* 128 (7): 2690–738.

Venables, A. 2017. "Breaking into Tradables: Urban Form and Urban Function in a Developing City." *Journal of Urban Economics* 98 (C): 88–97.

Yúnez Naude, A., J. Arellano González, and J. Méndez Navarro. 2016. "Dinámica del consumo, pobreza y desigualdad municipal en México: 1990–2005." In *Los dilemas territoriales del desarrollo en América Latina*, edited by Modrego Benito and J. A. Berdegué. Bogotá: Ediciones Uniandes.

Diferencias de productividad con las principales áreas metropolitanas | 3

Durante la década dorada (2003-13), la fuerte demanda de productos básicos generó un aumento de las inversiones y el empleo en zonas rurales y mineras geográficamente dispersas en toda América Latina (Rodríguez, 2011; Rowe, 2014). Hacia principios de la década de 2000, las ciudades secundarias habían reemplazado a las zonas rurales como la principal fuente de migrantes hacia las áreas metropolitanas más grandes (Rodríguez, 2011). Sin embargo, trasladarse a una ciudad más grande no garantizaba el éxito, ya que los trabajos formales y bien pagos en el sector manufacturero habían empezado a escasear debido a la desindustrialización (Beylis y otros, 2020; Jedwab, Ianchovichina y Haslop, 2022). En este capítulo, se analizan la dimensión y las fuentes de las diferencias de ingresos en relación con las principales áreas metropolitanas en 14 países de América Latina y el Caribe (ALC), así como el potencial para los grupos socioeconómicos de beneficiarse de la migración a estas ciudades.

Desigualdad territorial y migración

En un estudio completo basado en las encuestas de hogares realizadas desde principios de la década de 2000, Skoufias y López-Acevedo (2009) documentan las diferencias espaciales en el bienestar y sus determinantes, tanto dentro de una misma región geográfica como entre distintas regiones, por encima del primer nivel administrativo en ocho países de ALC[1]. Concluyen que, en todas las regiones geográficas, las zonas rurales eran más pobres que las áreas urbanas, principalmente debido a las diferencias en la educación y no a las diferencias en los beneficios de la educación, lo cual indica que, a principios de la década de 2000, el potencial para el arbitraje espacial[2] fue relativamente leve en las regiones geográficas analizadas en los ocho países. En cambio, las diferencias en los beneficios de la educación representaron una mayor proporción de la brecha de bienestar entre las distintas regiones geográficas, lo que señala que existen mayores oportunidades para la mejora del bienestar a partir de la migración en distancias más prolongadas.

Skoufias y López-Acevedo (2009) también evaluaron el perfil de los migrantes a nivel nacional, sus incentivos para migrar y las características de las regiones de origen y de destino.

En su análisis, señalan que, en general, a principios de la década de 2000, los migrantes eran jóvenes capacitados y de una situación económica relativamente buena que se mudaban a las principales áreas metropolitanas del país, en su gran mayoría, para buscar mejores oportunidades laborales, además de obtener acceso a un mejor nivel de comodidades, servicios o seguridad en el caso de conflictos o desastres naturales (como sucedió en Colombia). Para principios de la década de 2000, las ciudades secundarias se habían convertido en las principales fuentes de migrantes hacia los grandes centros urbanos (Rodríguez, 2011), lo que es coherente con el alto nivel de urbanización de América Latina (Naciones Unidas, 2016) y el crecimiento de los servicios comercializables en las ciudades más grandes (Jedwab, Ianchovichina y Haslop, 2022), con un incremento de las oportunidades laborales para las personas con formación y competencias.

Bryan y Morten (2019) presentan evidencias de Indonesia, que también indican la existencia de brechas importantes en la productividad a nivel nacional. Emplean microdatos que abarcan un período de 40 años y, basándose en ellos, observan que las personas tienden a migrar a lugares más cercanos a sus hogares debido al mayor costo que implica una migración a distancias más lejanas[3], además de notar que las comodidades son relevantes para los trabajadores a la hora de elegir una ubicación. No obstante, Bryan y Morten (2019) advierten que las políticas destinadas a reducir los obstáculos para la migración pueden no dar como resultado la mejora de la productividad total, dado que la selección puede generar brechas de productividad *no aprovechables*. Si las principales áreas metropolitanas son los lugares más productivos porque las personas más productivas deciden vivir en ellas, los potenciales migrantes no serán tan productivos como los habitantes actuales de las principales áreas, y fomentar la migración hacia esos lugares no impulsará los ingresos de un país. En cambio, una brecha de productividad es *aprovechable a través de la migración* si los potenciales migrantes podrían obtener mayores rendimientos en otra ubicación, pero son disuadidos por los altos costos migratorios. Tales costos podrían adjudicarse a factores como los altos costos de traslado, la discriminación, las diferencias culturales, el capital social bajo y la ausencia de redes que puedan proporcionar a los migrantes información sobre alojamientos asequibles y oportunidades laborales en las ciudades de destino. Otro de los factores que pueden disuadir a algunos migrantes son las malas condiciones de las ubicaciones en las que podrían ganar mayores ingresos. Estas condiciones pueden incluir la contaminación, el delito, el alto costo de los alquileres, la falta de comodidades, y servicios públicos insuficientes o de mala calidad.

Si bien estas condiciones no determinan la medida en la que se pueden aprovechar las brechas de productividad espacial en Indonesia, Bryan y Morten (2019) evalúan los efectos sobre la producción de dos tipos de políticas que reducen los obstáculos para la migración. Dicha evaluación se basa en un modelo de equilibrio estático general de migración costosa, en el que los trabajadores se distribuyen entre las distintas ubicaciones con comodidades y productividades heterogéneas según su ventaja comparativa. El primer grupo de políticas está destinado a bajar el costo de la migración a través de, por ejemplo, subsidios para la migración (Bryan, Chowdhury y Mobarak, 2014), centros migratorios, capacitación en idiomas y construcción vial (Asher y Novosad, 2020; Morten y Oliveira, 2018). El segundo grupo de políticas apunta a disminuir la dispersión espacial de las comodidades mediante la construcción de viviendas en ubicaciones de alta demanda (Harari, 2020; Hsieh y Moretti, 2019), la reducción de la contaminación en las ciudades grandes o un acceso equitativo a las instalaciones sanitarias y educativas. Según los autores, la producción económica aumentó en un 7,1 % al reducir los costos migratorios en Estados Unidos y en un 12,7 % al equiparar las comodidades. El efecto combinado de las dos políticas es levemente menor que la suma de los efectos por separado, lo que indica que las dos políticas son sustitutos muy débiles. No obstante, el efecto total oculta una heterogeneidad importante entre las poblaciones de origen, con un cambio en el ingreso real que proviene de la reducción de entre el -5 % y el 25 % de los costos de migración para las personas que están en Estados Unidos.

¿Por qué centrarse en las principales áreas metropolitanas?

Las principales áreas metropolitanas merecen especial atención debido a que, por lo general, también son los principales centros comerciales de cada país y suelen ser sus capitales nacionales. En alrededor de un tercio de los países de América del Sur, dos quintos de la población vive en estas ciudades primadas, que atraen a migrantes internos, en particular a las personas calificadas. Como se muestra en el gráfico 2.2 del capítulo 2, las principales áreas metropolitanas se encuentran entre el 25 % de las localidades más productivas de sus respectivos países y, en algunas de ellas, el nivel de productividad roza el máximo en cuanto a la distribución de la productividad.

En el mapa 2.1 del capítulo 2, pueden verse las principales áreas metropolitanas destacadas de este informe. Debido a su gran tamaño, al hablar sobre el área metropolitana principal de Brasil, se hace referencia a tres de sus aglomeraciones urbanas más grandes: Belo Horizonte, Río de Janeiro y São Paulo. En todos los países restantes, excepto Ecuador y Panamá, la ciudad más importante es el área metropolitana principal. En Ecuador, para esa función se eligió a Quito, la capital del país. En Panamá, el área metropolitana principal es la provincia urbana de Panamá, que incluye a la ciudad de Panamá.

Son muchas las preguntas que sirven como guía de la investigación que se detalla en este capítulo. ¿En qué medida cambiaron las brechas de ingresos entre las principales áreas metropolitanas y otras zonas del país desde principios de la década de 2000? ¿En qué medida las diferencias en las capacidades (o la selección) explican las brechas de ingresos y las capacidades que más contribuyen a generar estas diferencias? ¿En qué medida las diferencias de ingresos son aprovechables a través de la migración? ¿Qué importancia tiene la selección para los distintos grupos socioeconómicos? Para responder estas preguntas, este capítulo se basa en el trabajo de D'Aoust, Galdo e Ianchovichina (2023). En él se utiliza información sobre los ingresos laborales per cápita de los hogares, proveniente de las encuestas de hogares de la Base de Datos Socioeconómicos para América Latina y el Caribe (SEDLAC), agrupada en dos períodos (principios y fines de la década de 2000) que se alinean con los dos períodos que se utilizan en el análisis de tendencias y primas de productividad del capítulo 2. La información detallada sobre los años de la encuesta en los dos períodos y el tamaño de la muestra en los datos transversales agrupados se incluye en el cuadro 3A.1 del anexo.

Diferencias de ingresos con las principales áreas metropolitanas

Las diferencias de ingresos con las principales áreas metropolitanas latinoamericanas fueron pronunciadas en muchos de los países de ALC a principios de la década de 2000 (gráfico 3.1). En particular, esta diferencia fue muy grande en Perú, con un ingreso laboral per cápita de los hogares casi tres veces mayor en Lima que en otras partes del país, en ingresos de la misma índole. Las brechas también fueron importantes en Bolivia, Panamá y Paraguay.

Durante las últimas dos décadas, la convergencia absoluta de ingresos redujo, en distintas medidas, las diferencias de ingresos con las principales áreas metropolitanas de los países. No obstante, para fines de la década de 2010, se observaron importantes diferencias con las principales ciudades en todos los países. Las brechas se mantuvieron altas en particular en Panamá, Paraguay y Perú (gráfico 3.1). En Panamá, que no presentó una mejora significativa en las últimas dos décadas, el nivel de ingresos promedio en la provincia

GRÁFICO 3.1 **Brechas de ingresos laborales entre la principal área metropolitana y el resto de las localidades del país, y su descomposición por país y período, región de ALC**

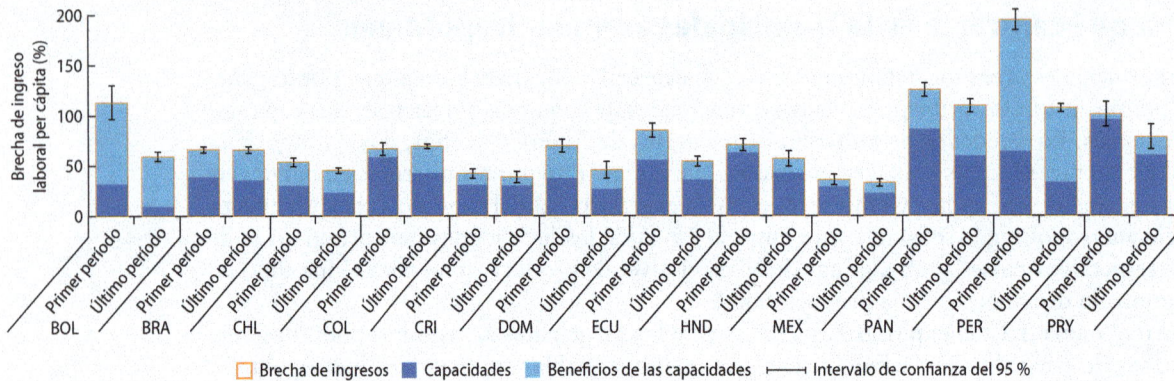

Fuente: D'Aoust, Galdo e Ianchovichina (2023).
Nota: La brecha de ingresos se desglosa en un componente de capacidades, que refleja las diferencias entre las características no geográficas de los hogares, como la educación, la demografía y el empleo, en las principales áreas metropolitanas y en otras áreas, y un componente relativo a los beneficios de las capacidades, que refleja las diferencias entre los beneficios de tales características en el área principal y otras áreas. El gráfico también muestra el intervalo de confianza del 95 %. Para garantizar la comparabilidad dentro de los países y entre ellos, los ingresos laborales per cápita de los hogares se deflactan para ajustar los ingresos teniendo en cuenta las diferencias del costo de vida en el espacio y el tiempo. Argentina y Uruguay no figuran en el gráfico, dado que las encuestas en estos países cubren solo y principalmente las áreas urbanas, respectivamente. Las principales áreas metropolitanas, y el primer y último períodos respectivos son los siguientes: Bolivia (BOL): Santa Cruz, 2001-02, 2015-19; Brasil (BRA): Belo Horizonte, Río de Janeiro y São Paulo, 2012-14, 2017-19; Chile (CHL): Santiago, 2000 y 2003, 2015 y 2017; Colombia (COL): Bogotá, 2001-03, 2017-19; Costa Rica (CRI): zona urbana del Valle Central (incluye San José y otras ciudades principales), 2001-03, 2008-09; República Dominicana (DOM): ciudad de Santo Domingo, 2000-02, 2014-16; Ecuador (ECU): Quito (Pichincha urbana), 2003-04, 2017-19; Honduras (HND): Tegucigalpa urbana (Francisco Morazán), 2004-06, 2017-19; México (MEX): zona metropolitana de Ciudad de México, 2000, 2002 y 2004, 2016 y 2018; Panamá (PAN): provincia urbana de Panamá, 2001-03, 2017-19; Paraguay (PRY): Asunción, 2002-04, 2017-19; Perú (PER): Lima, 2000-03, 2017-19.

urbana de Panamá se mantuvo al doble del nivel de ingresos que en el resto del país. En Perú, a pesar de una importante baja en la brecha de ingresos entre principios de la década de 2000 y fines de la década de 2010, el ingreso laboral per cápita de los hogares en Lima fue de alrededor del doble del ingreso correspondiente del resto del país.

Pequeñas brechas de ingresos que pueden aprovecharse a través de la migración a las principales ciudades

Las brechas provocadas por las diferencias en los beneficios de las capacidades también se redujeron, excepto en Brasil, Colombia, Honduras, México, Panamá y Paraguay (gráfico 3.1). Estos resultados coinciden con la disminución de la diferencia entre la prima por ubicación en el área metropolitana principal (γ^*) y la mediana de la prima por ubicación (γ_{150}) en Colombia, Honduras y Panamá, como se muestra en el cuadro 3B.1 del anexo[4]. Teóricamente, estas brechas, que se miden con la diferencia calculada en los beneficios de las capacidades transferibles en las principales áreas metropolitanas y otras zonas (véase el recuadro 3B.1 del anexo para obtener más información), captan los efectos estáticos de todos los obstáculos para la migración. No obstante, las diferencias en los beneficios también pueden reflejar las diferencias que surgen de los errores de medición en las características no geográficas, que podrían sesgar las diferencias calculadas en los beneficios y, por tanto, afectar la interpretación de los resultados para fines relacionados con las políticas. Por ejemplo, dado que la calidad educativa en las regiones rezagadas o las ciudades secundarias es más baja que en las principales áreas metropolitanas, los beneficios de la educación en una determinada región rezagada o ciudad secundaria figurarán como más bajos que en el área metropolitana, aunque los beneficios de los años ajustados en función de la calidad de la educación pueden ser los mismos[5]. Asimismo, las diferencias en los beneficios no captan los aumentos dinámicos en la productividad que genera la migración a las principales ciudades, que, según De La Roca y Puga (2017), son duraderos y significativos. No obstante, las conclusiones relacionadas con las brechas de ingresos relativamente pequeñas y en disminución que pueden aprovecharse por medio de la migración en la mayor parte de los países de ALC coinciden con las que señalan Conte e Ianchovichina (2022), quienes plantean una leve dispersión en los obstáculos al ingreso migratorio a lo largo de las distintas ubicaciones dentro de los países de ALC, tal como se indica en el capítulo 4.

Para fines de la década de 2010, las brechas de ingresos con las principales áreas metropolitanas se explicaron principalmente por las diferencias en los beneficios de las capacidades solo en Bolivia y Perú (gráfico 3.1). Las importantes brechas de ingresos que se pueden aprovechar señalan que el hogar típico en estos dos países puede llegar a aumentar su nivel de bienestar con la migración a las principales aglomeraciones. En Brasil, Chile y Panamá, ambas diferencias de las capacidades y los beneficios de estas capacidades dan cuenta de las brechas de ingresos promedio, mientras que, en todos los países restantes, las diferencias en las capacidades dan cuenta de la mayor parte de las brechas de ingresos con las principales áreas metropolitanas (gráfico 3.1).

Por tanto, es posible que el hogar típico en la mayoría de los países de ALC no sea capaz de aumentar sustancialmente sus ingresos con la migración a las principales ciudades. Por otra parte, las diferencias educativas explican la mayor parte de las brechas de ingresos con las principales aglomeraciones (cuadro 3.1). Esta explicación

CUADRO 3.1 **Las brechas de ingresos y la función que desempeñan las diferencias en las capacidades: Región de ALC, fines de la década de 2010**

País	Ingreso laboral per cápita (USD, PPA)		Brecha de ingreso (%)	Aumento potencial del ingreso con las mismas capacidades (%)	Capacidad (%)		
	Principal área metropolitana	Resto del país			Educación	Empleo	Características demográficas
Argentina	596,6	341,8	75	43	67	4	30
Bolivia	336,4	211,5	59	8	64	40	−4
Brasil	306,2	184,7	66	32	88	−2	14
Chile	552,8	381,0	45	21	96	3	*1*
Colombia	392,3	231,7	69	38	64	11	25
Costa Rica	455,4	328,9	38	29	81	*1*	18
República Dominicana	371,3	255,0	46	25	96	4	*0*
Ecuador	316,4	205,4	54	33	55	10	36
Honduras	233,6	149,1	57	40	77	*3*	20
México	212,4	160,1	33	22	65	−1	36
Panamá	608,4	290,2	110	50	59	18	23
Paraguay	532,1	298,3	78	56	66	15	19
Perú	354,2	170,6	108	26	67	12	21
Uruguay	589,7	388,5	52	30	79	7	13

Fuente: D'Aoust, Galdo e Ianchovichina (2023).
Nota: Los resultados en letra cursiva no son importantes. Solo se incluyen los hogares urbanos en las muestras de Argentina y Uruguay. Para la mayoría de los países, el último período es 2017-19, excepto Chile (2015 y 2017), Costa Rica (2008-09), República Dominicana (2014-16) y México (2016 y 2018). Los países y sus principales áreas metropolitanas: Argentina, Buenos Aires; Bolivia, Santa Cruz; Brasil, Belo Horizonte, Río de Janeiro y São Paulo; Chile, Santiago; Colombia, Bogotá; Costa Rica, San José; República Dominicana, Santo Domingo; Ecuador, Quito (Pichincha urbana); Honduras, Tegucigalpa urbana (Francisco Morazán); México, Ciudad de México; Panamá, provincia urbana de Panamá; Paraguay, Asunción; Perú, región Lima-Callao; Uruguay, Montevideo. PPA = paridad del poder adquisitivo.

coincide con el hecho de que las principales áreas metropolitanas de la región atraen a personas con formación y competencias (Ferreyra y Roberts, 2018), mientras que las diferencias demográficas y el tipo de empleo que realiza el jefe de hogar tienen un papel mucho menos relevante. En las próximas secciones, se analiza la heterogeneidad de las brechas de ingresos en los distintos grupos de población y la medida en la que dichos grupos podrían beneficiarse del traslado a las principales áreas metropolitanas.

Grandes obstáculos migratorios para los residentes de las regiones remotas más pobres

Existe una gran variación en la dimensión de las brechas de ingresos dentro de los países cuando se las desglosa por región del primer nivel administrativo, tal como puede apreciarse en el mapa 3.1. Son mayores para los residentes de algunas de las regiones más pobres, por ejemplo, en las zonas remotas del noreste en Argentina y Brasil, las regiones periféricas de Colombia, el sur de México, y el norte y noreste de Perú. La variación en las brechas de ingresos en las distintas regiones refleja, en mayor medida, las variaciones en los beneficios de las capacidades en lugar de las variaciones en las diferencias de capacidades con respecto a la ciudad principal (gráfico 3.2).

Por lo tanto, si bien, en promedio, los obstáculos para la migración no son particularmente altos, tienden a aumentar con la distancia y alcanzan su nivel más alto para los habitantes de las regiones más pobres y remotas, tal como indican las evidencias empíricas de Skoufias y López-Acevedo (2009), y Bryan y Morten (2019). La distancia es importante por al menos dos motivos. Primero, el costo de traslado entre la nueva ubicación y el lugar de origen de los migrantes aumenta con la distancia. El costo es alto, especialmente, en los países de América Latina, donde el traslado aéreo suele ser la única manera de acceder a muchas partes remotas de esos países debido a las grandes distancias y la escasez de redes ferroviarias y carreteras nacionales. El capital social de los migrantes también suele disminuir con la distancia. La solidez de las redes para migrantes, encargadas de brindar información, oportunidades de empleo e incluso vivienda a los migrantes cuando llegan a su ciudad destino, tiende a disminuir con la distancia desde el lugar donde se encuentra el migrante. El apoyo que brindan las redes sociales tiene una importancia especial para los residentes más pobres, que cuentan con información y presupuestos limitados. La discriminación y las preferencias por las distintas ubicaciones también pueden representar un obstáculo para la migración. Según D'Aoust, Galdo e Ianchovichina (2023), la probabilidad de que los pobladores afrodescendientes e indígenas del norte y noreste de Brasil migren fuera de sus estados es mucho menor que para los habitantes blancos con niveles educativos similares (gráfico 3.3).

MAPA 3.1   Brechas de ingresos promedio por región administrativa, principales economías Latinoamericanas

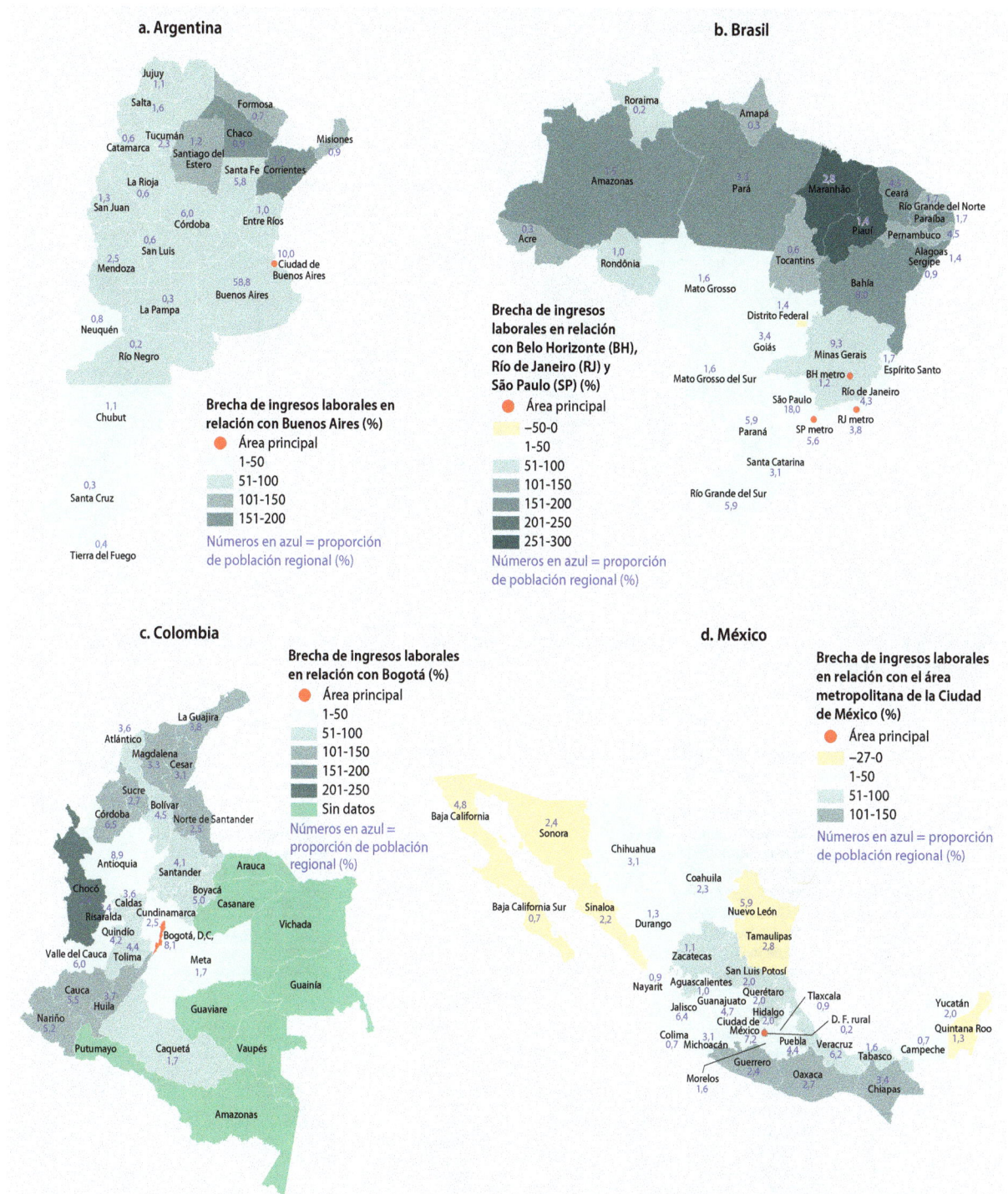

a. Argentina

Jujuy 1,1
Salta 1,6
Formosa 0,7
Tucumán 2,3
Catamarca 0,6
Chaco 1,2
Misiones 0,9
Santiago del Estero
Santa Fe 5,8
Corrientes
La Rioja 0,6
San Juan 1,3
Córdoba 6,0
Entre Ríos 1,0
San Luis 0,6
Mendoza 2,5
Ciudad de Buenos Aires 10,0
La Pampa 0,3
Buenos Aires 58,8
Neuquén 0,8
Río Negro 0,2
Chubut 1,1
Santa Cruz 0,3
Tierra del Fuego 0,4

Brecha de ingresos laborales en relación con Buenos Aires (%)
● Área principal
  1-50
  51-100
  101-150
  151-200

Números en azul = proporción de población regional (%)

b. Brasil

Roraima 0,2
Amapá 0,3
Amazonas 2,3
Pará
Maranhão 2,8
Ceará
Río Grande del Norte
Paraíba 1,7
Piauí 1,4
Pernambuco 4,5
Acre 0,3
Rondônia 1,0
Tocantins 0,6
Alagoas
Sergipe 1,4
Mato Grosso 1,6
Bahía 8,0
Distrito Federal 1,4
Goiás 3,4
Minas Gerais 9,3
BH metro 1,2
Espírito Santo 1,7
Mato Grosso del Sur 1,6
Río de Janeiro 4,3
São Paulo 18,0
RJ metro 3,8
Paraná 5,9
SP metro 5,6
Santa Catarina 3,1
Río Grande del Sur 5,9

Brecha de ingresos laborales en relación con Belo Horizonte (BH), Río de Janeiro (RJ) y São Paulo (SP) (%)
● Área principal
  −50-0
  1-50
  51-100
  101-150
  151-200
  201-250
  251-300

Números en azul = proporción de población regional (%)

c. Colombia

La Guajira 5,8
Atlántico 3,6
Magdalena
Cesar 3,3
Sucre
Bolívar 4,5
Córdoba 6,5
Norte de Santander
Antioquia 8,9
Santander 4,1
Arauca
Chocó 3,6
Caldas
Cundinamarca 2,5
Boyacá 5,0
Casanare
Risaralda
Quindío 4,2
Bogotá, D.C. 8,1
Vichada
Valle del Cauca 6,0
Tolima 4,4
Meta 1,7
Guainía
Cauca 2,7
Huila 3,7
Guaviare
Nariño 5,2
Putumayo
Caquetá 1,7
Vaupés
Amazonas

Brecha de ingresos laborales en relación con Bogotá (%)
● Área principal
  1-50
  51-100
  101-150
  151-200
  201-250
  Sin datos

Números en azul = proporción de población regional (%)

d. México

Baja California 4,8
Sonora 2,4
Chihuahua 3,1
Coahuila 2,3
Baja California Sur 0,7
Sinaloa 2,2
Durango 1,3
Nuevo León 5,9
Tamaulipas 2,8
Zacatecas 1,1
San Luis Potosí
Nayarit 0,9
Aguascalientes 2,0
Guanajuato 4,7
Querétaro 2,0
Tlaxcala 0,9
Yucatán 2,0
Jalisco 6,4
Hidalgo 2,0
Ciudad de México 7,2
D. F. rural 0,2
Quintana Roo 1,3
Colima 0,7
Michoacán 3,1
Puebla 4,4
Veracruz 6,2
Tabasco 1,6
Campeche 0,7
Morelos 1,6
Guerrero 2,4
Oaxaca 2,7
Chiapas 3,4

Brecha de ingresos laborales en relación con el área metropolitana de la Ciudad de México (%)
● Área principal
  −27-0
  1-50
  51-100
  101-150

Números en azul = proporción de población regional (%)

(El mapa continúa en la página siguiente)

MAPA 3.1   Brechas de ingresos promedio por región administrativa, principales economías Latinoamericanas *(continuación)*

e. Perú

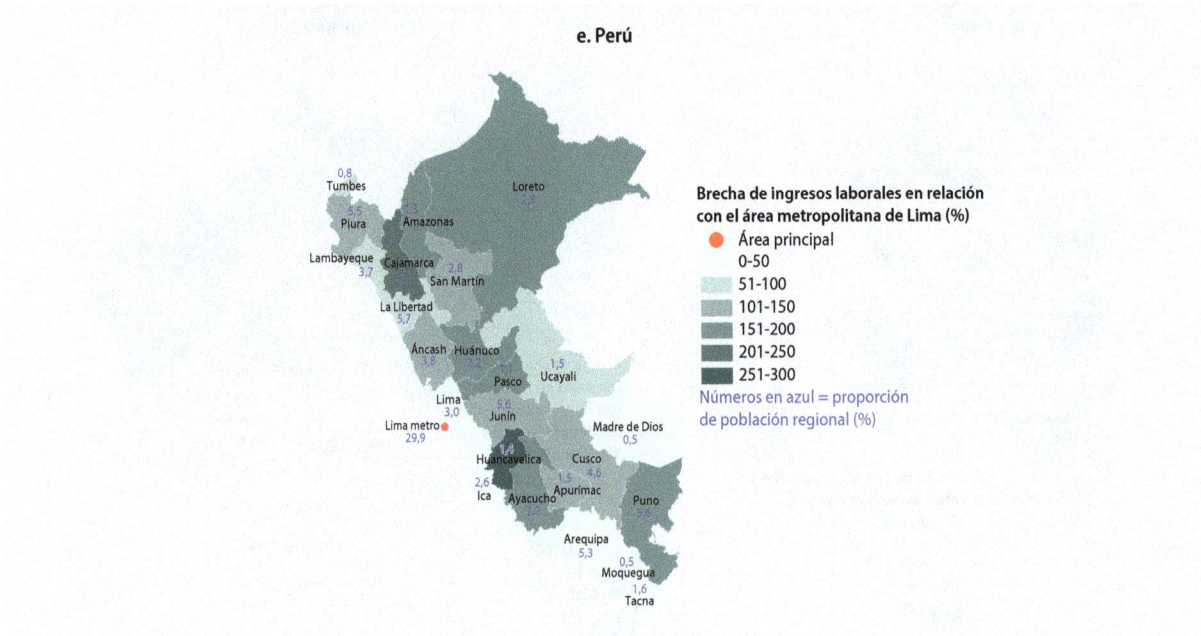

Brecha de ingresos laborales en relación
con el área metropolitana de Lima (%)
● Área principal
  0-50
  51-100
  101-150
  151-200
  201-250
  251-300

Números en azul = proporción
de población regional (%)

Fuente: D'Aoust, Galdo e Ianchovichina (2023).
Nota: BH = Belo Horizonte; metro = área metropolitana; RJ = Río de Janeiro; D. F. rural = zona rural de la Ciudad de México; SP = São Paulo .

GRÁFICO 3.2   Desglose de las brechas de ingresos laborales promedio por región administrativa, en las economías latinoamericanas más grandes

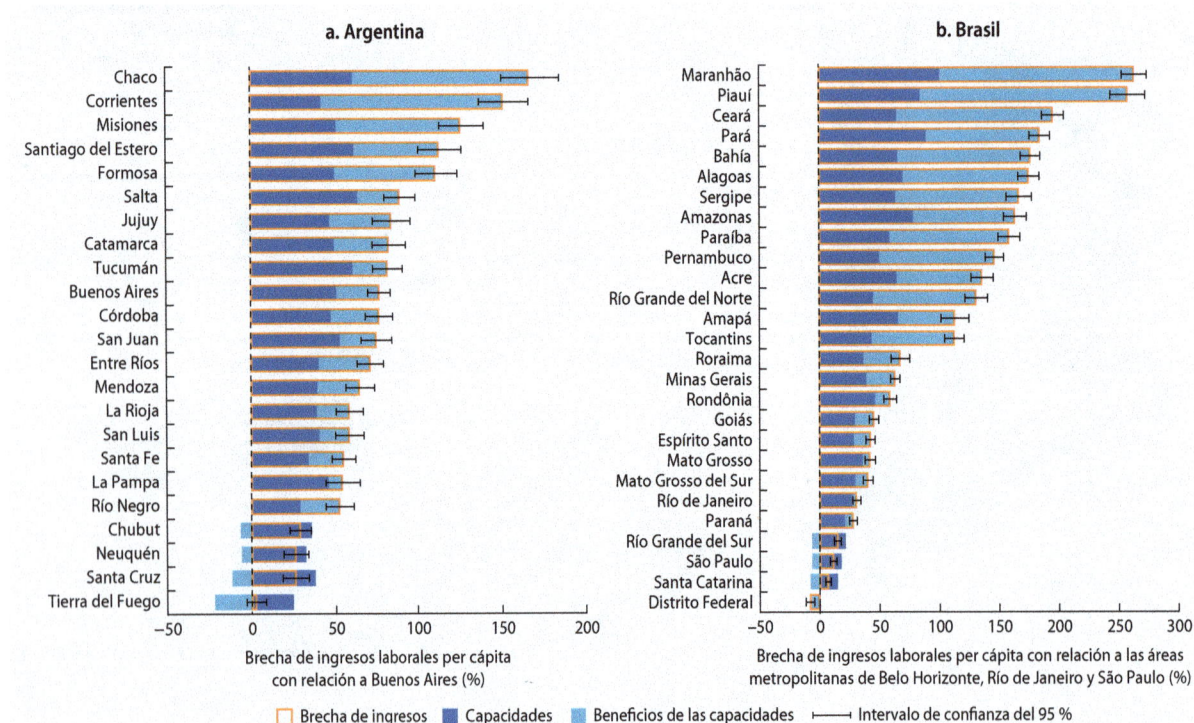

a. Argentina

b. Brasil

Brecha de ingresos laborales per cápita
con relación a Buenos Aires (%)

Brecha de ingresos laborales per cápita con relación a las áreas
metropolitanas de Belo Horizonte, Río de Janeiro y São Paulo (%)

☐ Brecha de ingresos   ■ Capacidades   ■ Beneficios de las capacidades   ├──┤ Intervalo de confianza del 95 %

(El gráfico continúa en la página siguiente)

GRÁFICO 3.2 **Desglose de las brechas de ingresos laborales promedio por región administrativa, en las economías latinoamericanas más grandes** *(continuación)*

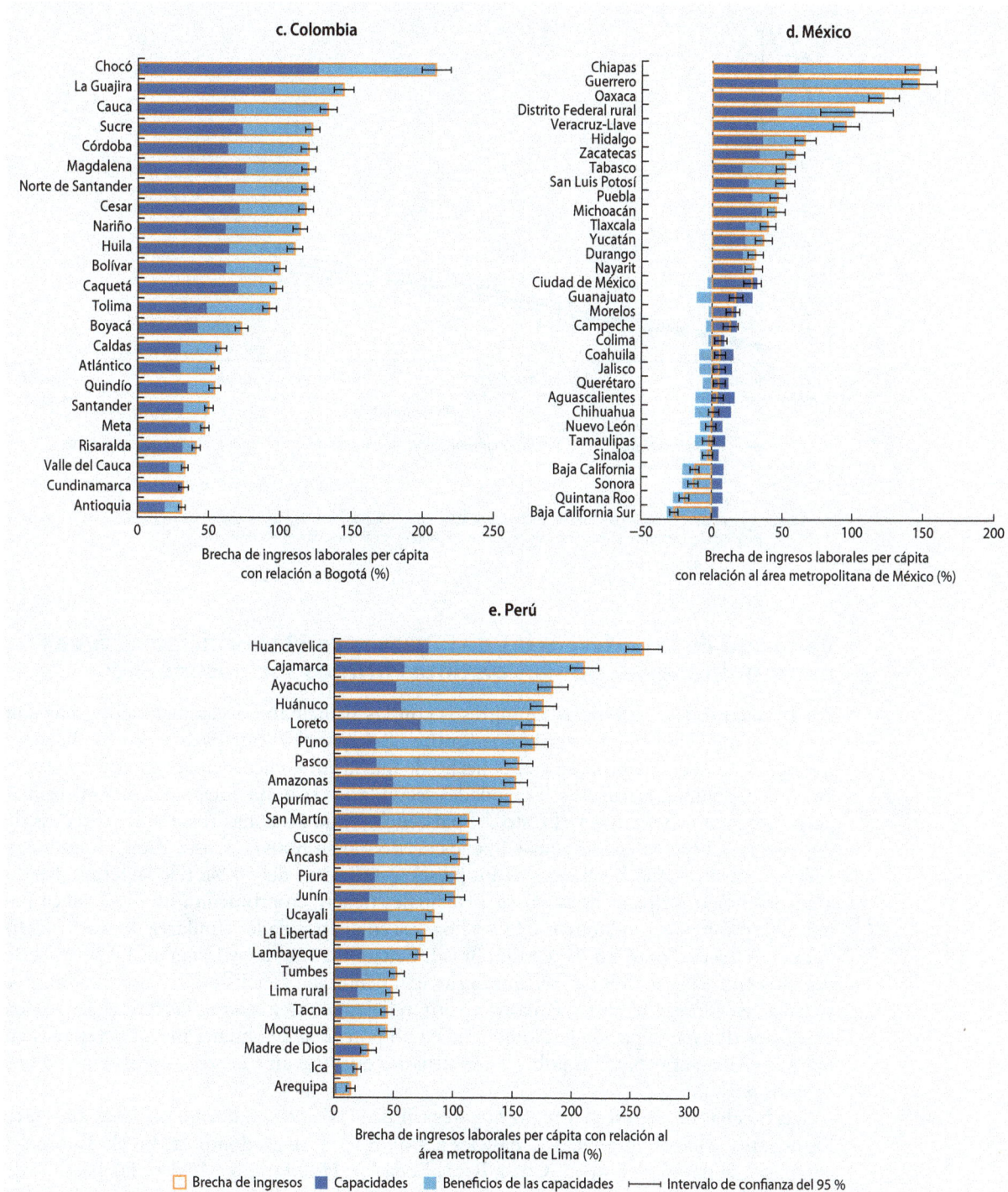

c. Colombia

Brecha de ingresos laborales per cápita con relación a Bogotá (%)

d. México

Brecha de ingresos laborales per cápita con relación al área metropolitana de México (%)

e. Perú

Brecha de ingresos laborales per cápita con relación al área metropolitana de Lima (%)

☐ Brecha de ingresos ■ Capacidades ■ Beneficios de las capacidades ├──┤ Intervalo de confianza del 95 %

Fuente: D'Aoust, Galdo e Ianchovichina (2023).

GRÁFICO 3.3 **Probabilidad de que los adultos se marchen de los estados más rezagados de Brasil, por raza y nivel educativo**

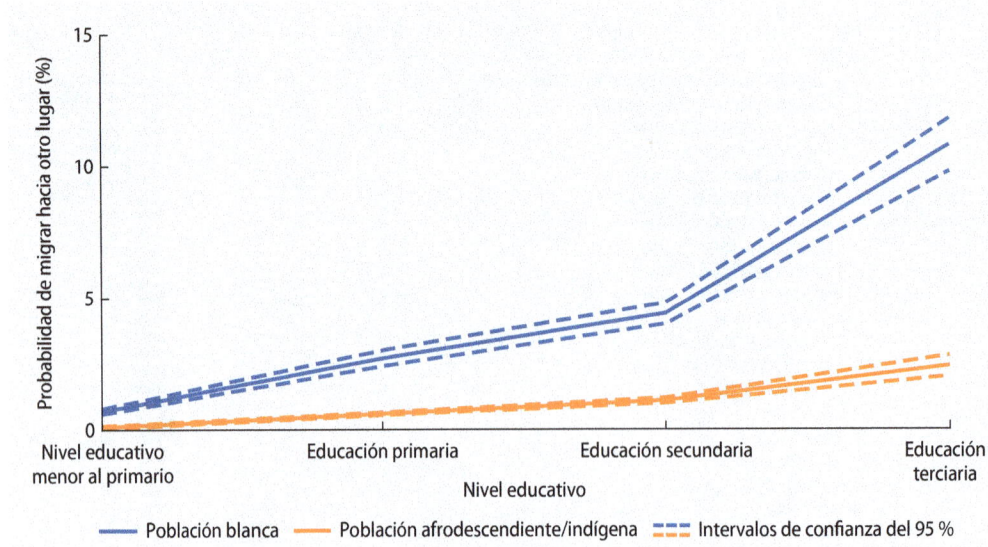

Fuente: D'Aoust, Galdo e Ianchovichina (2023).
Nota: Los estados rezagados presentan una brecha de ingresos de al menos el 50 %. Son Acre, Alagoas, Amapá, Amazonas, Bahía, Ceará, Maranhão, Minas Gerais, Pará, Paraíba, Pernambuco, Piauí, Río Grande del Norte, Rondônia, Roraima, Sergipe y Tocantins.

Variación de las diferencias de ingresos con las principales áreas metropolitanas, según los distintos grupos socioeconómicos

Por lo general, las diferencias de ingresos con las principales áreas metropolitanas son menores entre los residentes urbanos (gráfico 3.4, panel a) que para todos los hogares (gráfico 3.1), lo que concuerda con el hecho de que las diferencias en la educación entre el área metropolitana principal y las ciudades secundarias sean menores que entre las principales áreas metropolitanas y el resto del país, incluyendo las zonas rurales. Las brechas de ingresos urbanos son las más bajas (menos del 25 %) en Bolivia, Costa Rica, Honduras y México, mientras que, en el resto de los países, están cerca del 50 %, o lo superan, debido a que los hogares típicos de las áreas principales tienen, en promedio, un nivel educativo más alto y son más productivos que los hogares con capacidades similares de otras localidades urbanas del país. En Argentina, Brasil, Ecuador, Paraguay y Uruguay, las brechas de ingresos en las áreas urbanas reflejan, principalmente, los déficits en las capacidades. Por su parte, en Chile, Colombia, Panamá y Perú, reflejan, en su mayoría, las diferencias en los beneficios de estas capacidades, lo que indica un potencial de obtener mayores ventajas en materia de bienestar para las poblaciones urbanas que migran a las zonas más importantes de estos países.

Las brechas de ingresos entre los hogares calificados[6] son similares o menores que entre los hogares urbanos (gráfico 3.4, paneles a y b). En los países donde las brechas urbanas son bajas, entre ellos, Bolivia, Costa Rica, Ecuador, Honduras y México, las brechas de ingresos de las personas calificadas también son bajas (alrededor o por debajo del 25 %). En Argentina y Uruguay, las brechas de ingresos de las personas calificadas son menores que las brechas de ingresos urbanas. Las brechas de ingresos relativamente altas de las personas capacitadas (cerca del 50 %) en Brasil, Chile, Colombia, la República Dominicana,

GRÁFICO 3.4 **Brechas de ingresos laborales promedio con respecto a las principales áreas metropolitanas y su desglose por tipo de hogar, país y período, en la región de ALC**

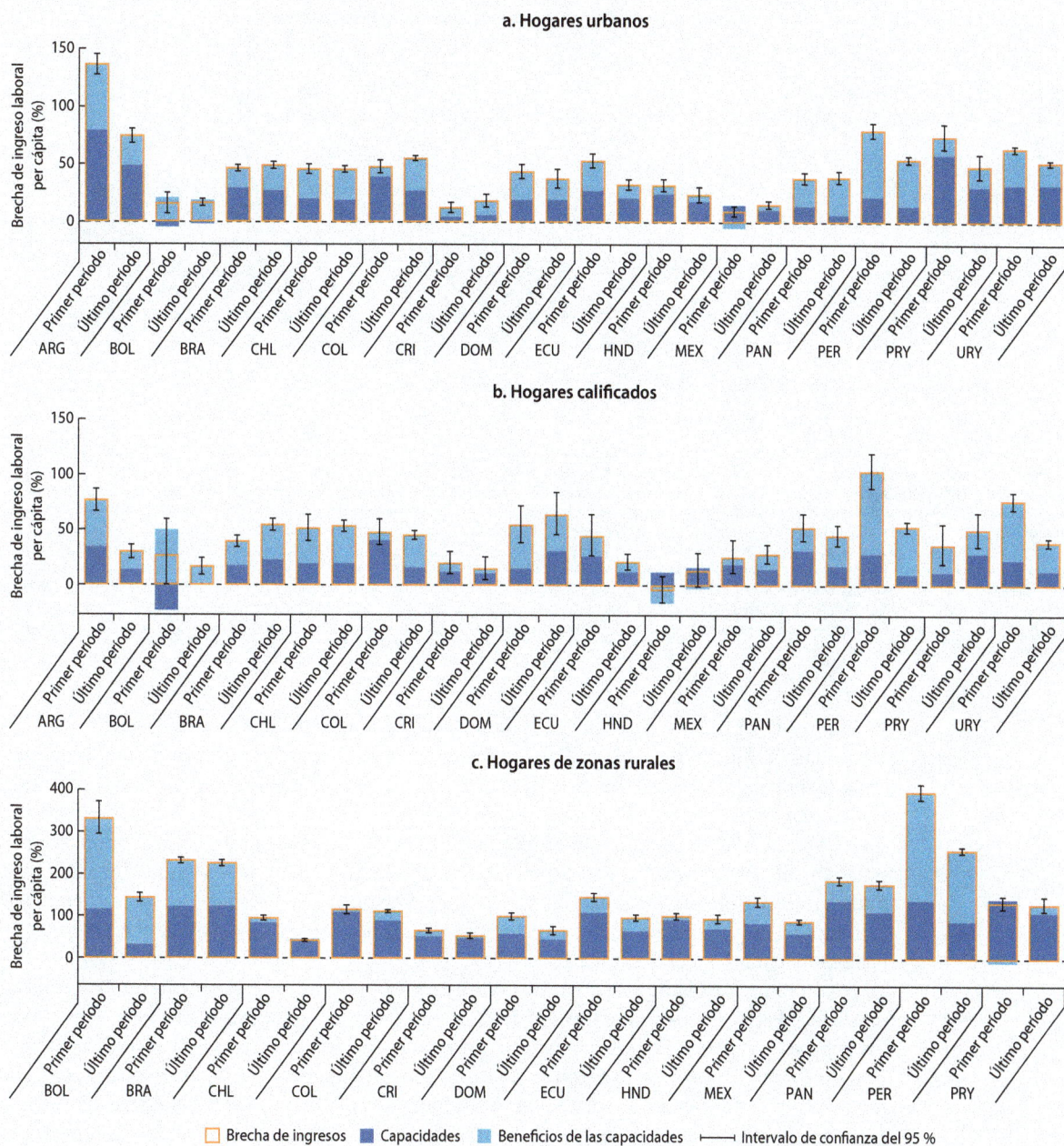

a. Hogares urbanos

b. Hogares calificados

c. Hogares de zonas rurales

Brecha de ingresos ◼ Capacidades ◼ Beneficios de las capacidades ├──┤ Intervalo de confianza del 95 %

(El gráfico continúa en la página siguiente)

GRÁFICO 3.4 **Brechas de ingresos laborales promedio con respecto a las principales áreas metropolitanas y su desglose por tipo de hogar, país y período, en la región de ALC** *(continuación)*

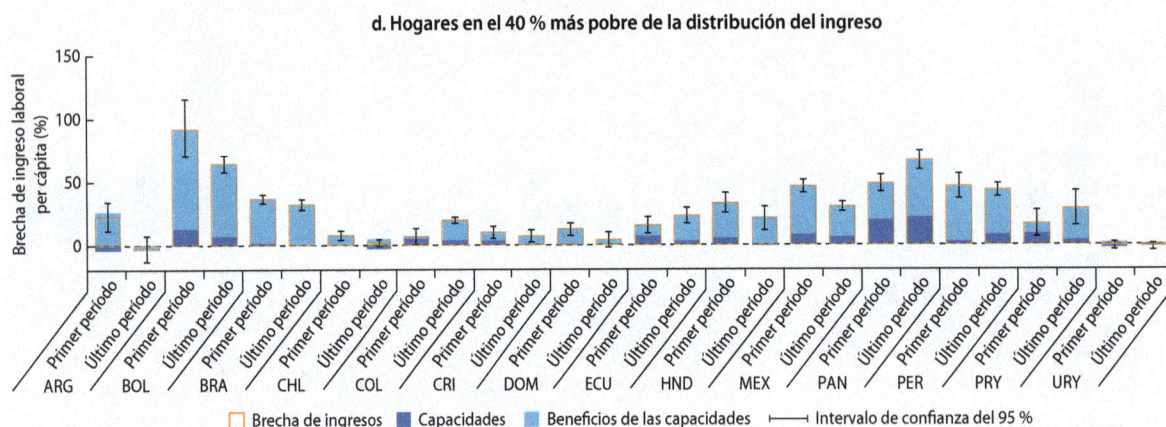

d. Hogares en el 40 % más pobre de la distribución del ingreso

Fuente: D'Aoust, Galdo e Ianchovichina (2023).
Nota: La brecha de ingresos se desglosa en un componente de capacidades, que refleja las diferencias entre las características no geográficas de los hogares, como la educación, la demografía y el empleo, en las áreas principales y en otras áreas, y un componente relativo a los beneficios de las capacidades, que refleja las diferencias entre los beneficios de tales características en el área principal y otras áreas. El gráfico también muestra el intervalo de confianza del 95 %. Para garantizar la comparabilidad dentro de los países y entre ellos, los ingresos laborales per cápita de los hogares se deflactan para ajustar los ingresos teniendo en cuenta las diferencias del costo de vida en el espacio y el tiempo. Argentina y Uruguay no figuran en el panel c, dado que las encuestas en estos países cubren solo y principalmente las áreas urbanas, respectivamente. Las principales áreas metropolitanas, y el primer y último períodos respectivos son los siguientes: Argentina (ARG): Ciudad de Buenos Aires, 2003-05, 2017-19; Bolivia (BOL): Santa Cruz, 2001-02, 2015-19; Brasil (BRA): Belo Horizonte, Río de Janeiro y São Paulo, 2012-14, 2017-19; Chile (CHL): Santiago, 2000 y 2003, 2015 y 2017; Colombia (COL): Bogotá, 2001-03, 2017-19; Costa Rica (CRI): zona urbana del Valle Central (incluye San José y otras ciudades principales), 2001-03, 2008-09; República Dominicana (DOM): ciudad de Santo Domingo, 2000-02, 2014-16; Ecuador (ECU): Quito (Pichincha urbana), 2003-04, 2017-19; Honduras (HND): Tegucigalpa urbana (Francisco Morazán), 2004-06, 2017-19; México (MEX): zona metropolitana de Ciudad de México, 2000, 2002 y 2004, 2016 y 2018; Panamá (PAN): provincia urbana de Panamá, 2001-03, 2017-19; Paraguay (PRY): Asunción, 2002-04, 2017-19; Perú (PER): Lima, 2000-03, 2017-19; Uruguay (URY): Montevideo, 2000-02, 2017-19.

Panamá y Perú pueden atribuirse, mayormente, a las diferencias en los beneficios de las capacidades. Puede que esto refleje los obstáculos para la migración debido a los déficits en la disponibilidad de viviendas formales asequibles en las principales ciudades de estos países. Según Bastos (2017), la creciente escasez de viviendas formales asequibles en Brasil podría ser un factor disuasivo, en particular para los trabajadores calificados, quienes podrían ser más reticentes que aquellos no calificados a ocupar viviendas informales de mala calidad. Solo en Paraguay las brechas de ingresos de las personas calificadas pueden atribuirse a las diferencias en las capacidades de los hogares calificados en el área metropolitana principal y en el resto del país.

Las brechas en los ingresos rurales con respecto a las principales áreas metropolitanas (gráfico 3.4, panel c) son muchos mayores que las brechas de ingresos promedio para todos los hogares (gráfico 3.1) y las brechas de ingresos en las zonas urbanas (gráfico 3.4, panel a). En la mayoría de los países, como es de esperar, estas brechas pueden explicarse, principalmente por los déficits en la educación. Solo en Bolivia y Perú, las brechas rurales reflejan, principalmente, las diferencias en los beneficios de las capacidades en vez de las diferencias en las características no geográficas de los hogares, dado que ambos países tienen una menor urbanización que otros países de ALC y aún cuentan con grandes poblaciones rurales en regiones remotas y rezagadas. En Brasil, las brechas son grandes y pueden explicarse tanto por las diferencias en las capacidades como por las diferencias en los beneficios de estas capacidades. Como consecuencia, en estos tres países aún hay posibilidades de incrementar los ingresos a través de políticas que reduzcan los obstáculos para la migración rural/urbana.

Es poco probable que la migración a las principales áreas metropolitanas eleve los ingresos para quienes se encuentran en el 40 % más pobre de la distribución del ingreso. En la mayoría de los países de América Latina, las brechas de ingresos con respecto a las principales áreas son insignificantes o muy leves entre los hogares que pertenecen al 40 % más pobre (gráfico 3.4, panel d)[7]. Las brechas son poco significativas también en Argentina, Chile, Costa Rica, la República Dominicana y Uruguay. En Colombia, Ecuador, Honduras, México y Paraguay también se ubican alrededor o por debajo del 25 %. Solo en Bolivia, Brasil, Panamá y Perú, las brechas de ingresos en el 40 % más pobre se aproximan al 50 %. Estas brechas pueden deberse, principalmente, a las diferencias en los beneficios de las capacidades, y no a las diferencias en las capacidades. Esto indica que el 40 % más pobre de la población de estos países podría beneficiarse de la migración a las principales áreas metropolitanas.

Las crecientes disparidades de género en las brechas de ingresos con respecto a las principales áreas metropolitanas

Una forma de identificar cualquier diferencia sistemática entre los géneros en las brechas de ingresos con las áreas principales es comparar las brechas de ingresos de hombres y mujeres a nivel individual[8]. A principios de la década de 2000, las diferencias de las brechas de ingresos laborales entre hombres y mujeres en las zonas urbanas fueron relativamente leves (gráfico 3.5, panel a), a excepción de Brasil, México y Uruguay. Para fines de la década de 2010, las brechas de ingresos urbanos para las mujeres se habían ampliado en Bolivia, Colombia, Ecuador, Perú y Paraguay. No obstante, a principios de la década de 2000, la brecha de ingresos urbanos para las mujeres mostró un deterioro relativo solo en Colombia.

Las crecientes disparidades de género en las brechas de ingresos respecto a las principales áreas metropolitanas no pueden explicarse a través de las crecientes disparidades de género entre los trabajadores calificados. En todos los países, excepto en Colombia, no se observaron diferencias importantes en las brechas de ingresos de mujeres y hombres calificados (gráfico 3.5, panel b). En el 40 % más pobre, las brechas de ingresos de las mujeres aumentaron significativamente con respecto a las brechas de ingresos de los hombres solo en Colombia, México y Uruguay (gráfico 3.5, panel d). En Colombia y México, países que cuentan con información sobre los habitantes rurales, esto puede atribuirse a un aumento en la brecha de los ingresos rurales de las mujeres. Estas brechas también aparecieron en Paraguay y aumentaron en Ecuador, México, Panamá y Perú.

Los resultados que se presentan en este capítulo coinciden con la evidencia que aparece en la bibliografía sobre migración, en la que se documenta la ausencia de cambios en las preferencias de los migrantes jóvenes por las grandes ciudades (Rodríguez y Busso, 2009; Rowe, 2013), aunque se indica un cambio en la composición educativa y de género de los migrantes a nivel nacional hacia las ciudades más grandes de América Latina (Rodríguez, 2004). En este capítulo, se muestra que, en la mayoría de los países, las brechas de ingresos con respecto a las principales áreas han bajado desde principios de la década de 2000 y que son considerablemente menores en el 40 % más pobre de la población, en comparación con la población general. Si bien las diferencias entre el ingreso promedio en las principales áreas metropolitanas y el ingreso promedio en las zonas rurales también han disminuido, en la mayoría de los países, son significativamente mayores que las brechas de ingresos promedio. Si bien se observaron brechas de ingresos considerables en todos los países, excepto México, en la mayoría, estas diferencias fueron un reflejo, principalmente, de las diferencias en las capacidades, sobre todo en materia de educación. Solo en Bolivia y Perú, y en menor medida en Brasil, Chile y Panamá, las brechas de ingresos lo suficientemente grandes debido a las diferencias en los beneficios de las capacidades indican un potencial para la mejora del bienestar a partir de la migración a las principales áreas. Además, los obstáculos para la migración continúan siendo altos para los habitantes de las regiones pobres y remotas, en particular, en las economías latinoamericanas más grandes. ¿Cuáles son las consecuencias de las fricciones migratorias en la región de ALC para el crecimiento total y el bienestar? El análisis que se presenta en el próximo capítulo responde esta pregunta.

GRÁFICO 3.5 **Brechas de ingresos laborales promedio con las principales áreas metropolitanas, por tipo de habitante, género, país y período, en la región de ALC**

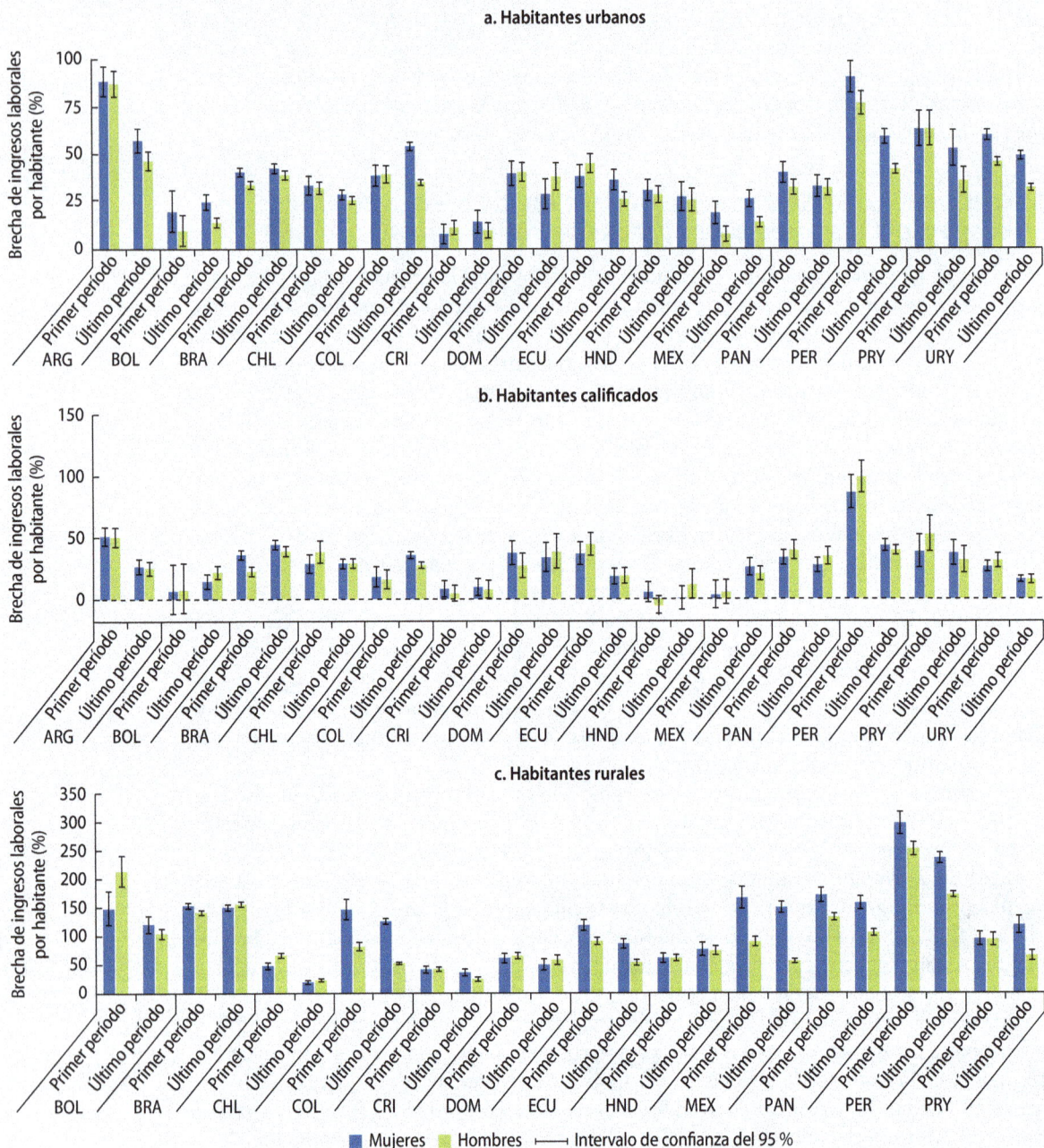

a. Habitantes urbanos

b. Habitantes calificados

c. Habitantes rurales

■ Mujeres ■ Hombres ├──┤ Intervalo de confianza del 95 %

(El gráfico continúa en la página siguiente)

GRÁFICO 3.5   Brechas de ingresos laborales promedio con las principales áreas metropolitanas, por tipo de habitante, género, país y período, en la región de ALC *(continuación)*

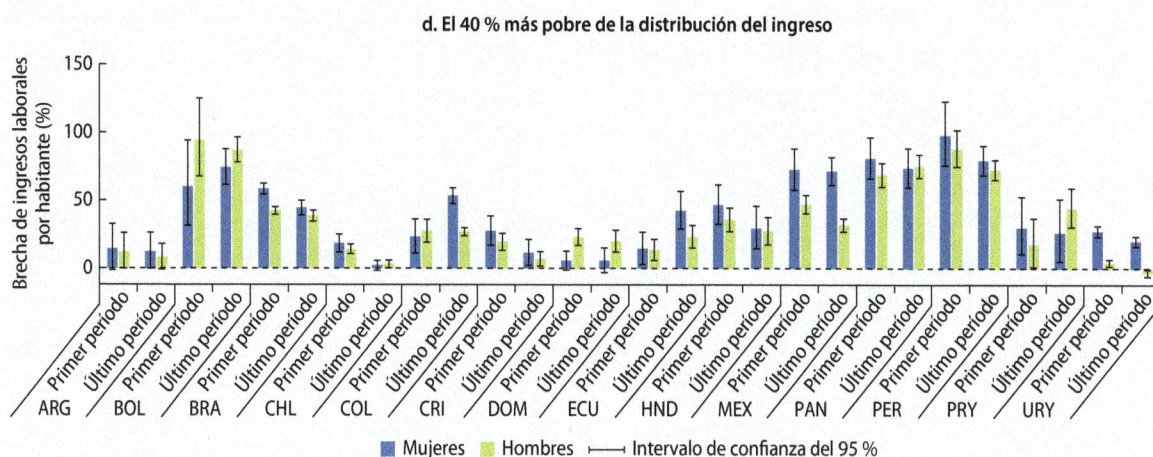

d. El 40 % más pobre de la distribución del ingreso

Mujeres   Hombres   Intervalo de confianza del 95 %

Fuente: D'Aoust, Galdo e Ianchovichina (2023).
Nota: Las principales áreas metropolitanas, y el primer y último períodos respectivos son los siguientes: Argentina (ARG): Buenos Aires; 2003-05, 2017-19; Bolivia (BOL): Santa Cruz, 2001-02, 2015-19; Brasil (BRA): Belo Horizonte, Río de Janeiro y São Paulo, 2012-14, 2017-19; Chile (CHL): Santiago, 2000 y 2003, 2015 y 2017; Colombia (COL): Bogotá, 2001-03, 2017-19; Costa Rica (CRI): zona urbana del Valle Central (incluye San José y otras ciudades principales), 2001-03, 2008-09; República Dominicana (DOM): ciudad de Santo Domingo, 2000-02, 2014-16; Ecuador (ECU): Quito (Pichincha urbana), 2003-04, 2017-19; Honduras (HND): Tegucigalpa urbana (Francisco Morazán), 2004-06, 2017-19; México (MEX): zona metropolitana de Ciudad de México, 2000, 2002 y 2004, 2016 y 2018; Panamá (PAN): provincia urbana de Panamá, 2001-03, 2017-19; Paraguay (PRY): Asunción, 2002-04, 2017-19; Perú (PER): Lima, 2000-03, 2017-19; Uruguay (URY): Montevideo, 2000-02, 2017-19.

Anexo 3A Detalles de los datos sobre los años de la encuesta y los tamaños de la muestra

CUADRO 3A.1   Años y tamaño de la muestra para el análisis de la brecha de ingresos, por período, en la región de ALC

País	Primer período	Muestra	Último período	Muestra
Argentina	2003, 2004, 2005	49 684	2017, 2018, 2019	61 061
Bolivia	2001, 2002	9014	2017, 2018, 2019	24 552
Brasil	2012, 2013, 2014	256 293	2017, 2018, 2019	243 827
Chile	2000, 2003	84 428	2015, 2017	91 397
Colombia	2001, 2002, 2003	64 975	2017, 2018, 2019	433 130
Costa Rica	2001, 2002, 2003	20 323	2008, 2009	16 948
República Dominicana	2000, 2001, 2002	11 415	2014, 2015, 2016	14 771
Ecuador	2003, 2004	43 875	2017, 2018, 2019	45 635
Honduras	2004, 2005, 2006	26 311	2017, 2018, 2019	12 323
México	2000, 2002, 2004	37 672	2016, 2018	103 081
Panamá	2001, 2002, 2003	27 020	2017, 2018, 2019	21 983
Paraguay	2002, 2003, 2004	16 160	2017, 2018, 2019	13 799
Perú	2000, 2001, 2002, 2003	40 766	2017, 2018, 2019	80 318
Uruguay	2000, 2001, 2002	48 579	2017, 2018, 2019	61 752

Fuente: D'Aoust, Galdo e Ianchovichina (2023).

Anexo 3B Desglose de las brechas de ingresos

RECUADRO 3B.1   Desglose de las brechas de ingresos: Las capacidades frente a los beneficios de las capacidades

D'Aoust, Galdo e Ianchovichina (2023) desglosan las brechas de ingresos en un componente de capacidad y un componente de beneficios de las capacidades, mediante el abordaje que se describe a continuación. Primero, calculan el ingreso laboral per cápita como una función lineal de las características de las capacidades transferibles de los hogares[a] en un período t en el área metropolitana, A, y el resto del país, R, respectivamente, de la siguiente manera:

$$ln(y_{h,A,t}) = X_{h,A,t}'\psi_{A,t} + \varepsilon_{h,A,t} \tag{R3B.1.1}$$

$$ln(y_{h,R,t}) = X_{h,R,t}'\psi_{R,t} + \varepsilon_{h,R,t}. \tag{R3B.1.2}$$

Luego, mediante el uso del análogo geográfico del desglose de Blinder-Oaxaca, realizan el desglose de la brecha entre el ingreso laboral promedio per cápita registrado sobre los hogares en la aglomeración principal (A), $\overline{ln(y_{A,t})}$, y la correspondiente en el resto del país (R), $\overline{ln(y_{R,t})}$, de la siguiente manera:

$$\overline{ln(y_{A,t})} - \overline{ln(y_{R,t})} = (\bar{X}_{A,t} - \bar{X}_{R,t})'\hat{\psi}_{R,t} + \bar{X}_{A,t}'(\hat{\psi}_{A,t} - \hat{\psi}_{R,t}). \tag{R3B.1.3}$$

Aquí, $\hat{\psi}_{A,t}$ y $\hat{\psi}_{R,t}$ son, respectivamente, los beneficios calculados con respecto a las características transferibles en las ubicaciones A y R mediante el uso de las ecuaciones R3B.1.1 y R3B.1.2, y $\bar{X}_{A,t}$ y $\bar{X}_{R,t}$ son las características transferibles del hogar típico en las ubicaciones A y R durante el período t.

El primer componente del lado derecho de la ecuación de desglose R3B.1.3 se asocia a las diferencias en las capacidades no geográficas del hogar. Este componente capta la selección de personas en el área metropolitana principal. El segundo componente de la ecuación R3B.1.3 se asocia a las diferencias en los beneficios de estas capacidades y las variables omitidas, lo que indica la medida en que la brecha de ingresos podría ser aprovechable a través de la migración.

a. Las características transferibles son las mismas que aquellas que se incluyen en el modelo de regresión 2.1 del capítulo 2 y que se mencionan en el cuadro 2A.1 del anexo.

CUADRO 3B.1   Dispersión de las primas por ubicación después de la selección cerca del área promedio/mediana/ principal de las primas por ubicación, por período, en la región de ALC

Argentina[a]	2003-05	2009-11	2017-19	Bolivia[a]	2001-02	2011-13	2017-19
$\%CV(\gamma_t)\vert_{\overline{\gamma}_t}$	5,298	4,587	4,069	$\%CV(\gamma_t)\vert_{\overline{\gamma}_t}$	9,256	5,869	3,585
$\%CV(\gamma_t)\vert_{\gamma^*}$	4,811	4,312	3,915	$\%CV(\gamma_t)\vert_{\gamma^*}$	8,743	5,597	3,429
Prom. $(\gamma^*-\gamma_t)$	0,397	0,305	0,190	Prom. $(\gamma^*-\gamma_t)$	0,245	0,237	0,226
$\gamma^*-\gamma_{t50}$	0,472	0,357	0,217	$\gamma^*-\gamma_{t50}$	0,336	0,205	0,246
$\gamma^*-\gamma_{t25}$	0,534	0,436	0,241	$\gamma^*-\gamma_{t25}$	0,526	0,296	0,265
Crecimiento $(\gamma_{t,t'})$			0,056	Crecimiento $(\gamma_{t,t'})$			0,042
Brasil	**2000**	**2010**		**Chile**	**2000-03**	**2009-11**	**2015-17**
$\%CV(\gamma_t)\vert_{\overline{\gamma}_t}$	8,971	7,685		$\%CV(\gamma_t)\vert_{\overline{\gamma}_t}$	5,303	4,327	3,780
$\%CV(\gamma_t)\vert_{\gamma^*}$	8,241	7,137		$\%CV(\gamma_t)\vert_{\gamma^*}$	5,052	4,202	3,671
Prom. $(\gamma^*-\gamma_t)$	0,390	0,359		Prom. $(\gamma^*-\gamma_t)$	0,223	0,153	0,160
$\gamma^*-\gamma_{t50}$	0,318	0,280		$\gamma^*-\gamma_{t50}$	0,219	0,157	0,178
$\gamma^*-\gamma_{t25}$	0,717	0,694		$\gamma^*-\gamma_{t25}$	0,385	0,295	0,290
Crecimiento $(\gamma_{t,t'})$		0,026		Crecimiento $(\gamma_{t,t'})$			0,051
Colombia[a]	**2001-03**	**2008-10**	**2017-19**	**Costa Rica**	**2001-03**	**2008-09**	
$\%CV(\gamma_t)\vert_{\overline{\gamma}_t}$	3,433	3,127	2,346	$\%CV(\gamma_t)\vert_{\overline{\gamma}_t}$	3,869	3,241	
$\%CV(\gamma_t)\vert_{\gamma^*}$	3,360	2,948	2,241	$\%CV(\gamma_t)\vert_{\gamma^*}$	3,685	3,138	
Prom. $(\gamma^*-\gamma_t)$	0,092	0,270	0,221	Prom. $(\gamma^*-\gamma_t)$	0,252	0,185	
$\gamma^*-\gamma_{t50}$	0,055	0,314	0,227	$\gamma^*-\gamma_{t50}$	0,227	0,177	
$\gamma^*-\gamma_{t25}$	0,166	0,374	0,323	$\gamma^*-\gamma_{t25}$	0,329	0,258	
Crecimiento $(\gamma_{t,t'})$			0,032	Crecimiento $(\gamma_{t,t'})$		0,063	
República Dominicana	**2000-02**	**2008-10**	**2014-16**	**Ecuador**	**2003-04**	**2009-11**	**2017-19**
$\%CV(\gamma_t)\vert_{\overline{\gamma}_t}$	5,543	4,531	4,237	$\%CV(\gamma_t)\vert_{\overline{\gamma}_t}$	7,087	5,625	4,474
$\%CV(\gamma_t)\vert_{\gamma^*}$	5,145	4,287	4,048	$\%CV(\gamma_t)\vert_{\gamma^*}$	6,359	5,269	4,237
Prom. $(\gamma^*-\gamma_t)$	0,380	0,280	0,226	Prom. $(\gamma^*-\gamma_t)$	0,441	0,282	0,241
$\gamma^*-\gamma_{t50}$	0,351	0,246	0,175	$\gamma^*-\gamma_{t50}$	0,406	0,263	0,221
$\gamma^*-\gamma_{t25}$	0,549	0,416	0,343	$\gamma^*-\gamma_{t25}$	0,605	0,409	0,347
Crecimiento $(\gamma_{t,t'})$			−0,004	Crecimiento $(\gamma_{t,t'})$			0,029

(El cuadro continúa en la página siguiente)

CUADRO 3B.1 **Dispersión de las primas por ubicación después de la selección cerca del área promedio/mediana/ principal de las primas por ubicación, por período, en la región de ALC** *(continuación)*

Honduras	2004-06	2009-11	2017-19	México	1990	2000	2015
$\%CV(\gamma_t)\|_{\overline{\gamma_t}}$	9,195	7,835	8,380	$\%CV(\gamma_t)\|_{\overline{\gamma_t}}$	14,668	10,488	7,615
$\%CV(\gamma_t)\|_{\gamma^*}$	8,561	7,349	7,899	$\%CV(\gamma_t)\|_{\gamma^*}$	13,558	9,750	7,142
Prom. $(\gamma^*-\gamma_t)$	0,306	0,286	0,256	Prom. $(\gamma^*-\gamma_t)$	0,349	0,333	0,308
$\gamma^*-\gamma_{t50}$	0,232	0,259	0,252	$\gamma^*-\gamma_{t50}$	0,207	0,294	0,226
$\gamma^*-\gamma_{t25}$	0,577	0,496	0,503	$\gamma^*-\gamma_{t25}$	0,604	0,599	0,462
Crecimiento (γ_{tt})			0,005	Crecimiento (γ_{tt})			0,017
Panamá[a]	2001-03	2009-11	2017-19	**Perú**	2000-03	2008-10	2017-19
$\%CV(\gamma_t)\|_{\overline{\gamma_t}}$	6,614	7,076	5,865	$\%CV(\gamma_t)\|_{\overline{\gamma_t}}$	11,244	9,063	6,985
$\%CV(\gamma_t)\|_{\gamma^*}$	6,272	6,513	5,538	$\%CV(\gamma_t)\|_{\gamma^*}$	9,371	7,899	6,207
Prom. $(\gamma^*-\gamma_t)$	0,222	0,371	0,272	Prom. $(\gamma^*-\gamma_t)$	0,665	0,527	0,489
$\gamma^*-\gamma_{t50}$	0,152	0,301	0,203	$\gamma^*-\gamma_{t50}$	0,650	0,522	0,513
$\gamma^*-\gamma_{t25}$	0,420	0,524	0,380	$\gamma^*-\gamma_{t25}$	0,913	0,785	0,702
Crecimiento (γ_{tt})			0,030	Crecimiento (γ_{tt})			0,030
Uruguay[a]	2000-02	2008-10	2017-19				
$\%CV(\gamma_t)\|_{\overline{\gamma_t}}$	3,668	2,834	2,783				
$\%CV(\gamma_t)\|_{\gamma^*}$	3,402	2,736	2,664				
Prom. $(\gamma^*-\gamma_t)$	0,351	0,153	0,210				
$\gamma^*-\gamma_{t50}$	0,389	0,129	0,186				
$\gamma^*-\gamma_{t25}$	0,444	0,252	0,346				
Crecimiento (γ_{tt})			0,012				

Fuente: D'Aoust, Galdo e Ianchovichina (2023).
Nota: Las primas por ubicación (después de la selección) de las principales áreas metropolitanas corresponden a la unidad del primer nivel administrativo en la que se ubica un área principal. Las primas por ubicación en las principales áreas con múltiples municipios en Brasil, Chile, México y Perú son las primas por ubicación promedio de los municipios en el área metropolitana principal (en el cuadro 3B.2 del anexo, se muestra información detallada sobre la cantidad de municipios incluidos en cada área principal, la prima por ubicación y el tipo de municipio). $\%CV(\gamma_t)\|_{\overline{\gamma_t}}$ y $\%CV(\gamma_t)\|_{\gamma^*}$ miden el coeficiente de la variabilidad de la prima por ubicación (después de la selección) cerca de la mediana y el área metropolitana principal, respectivamente. Prom. $(\gamma^*-\gamma_t)$ mide la brecha promedio en la prima por ubicación del área principal γ^* y las otras ubicaciones (γ_t). $(\gamma^*-\gamma_{t50})$ y $(\gamma^*-\gamma_{t25})$ miden la brecha entre la prima por ubicación del área principal, y la mediana y la prima por ubicación del cuartil inferior, respectivamente. Crecimiento (γ_{tt}) se refiere al crecimiento anual en la prima por ubicación durante el período más extenso disponible. Para México, el crecimiento informado corresponde al período 2000-15.
a. Análisis realizado en el primer nivel administrativo.

RECUADRO 3B.2 Correspondencia entre la brecha en las primas por ubicación y la brecha en los beneficios de las capacidades, entre el área metropolitana principal y otras áreas de un país

Debido a que, por lo general, el área principal A incluye una pequeña fracción de los municipios del país, se podría asumir que los beneficios de las capacidades promedio son aproximadamente equivalentes a los beneficios de las capacidades promedio fuera del área principal ($\hat{\psi}_t \approx \psi_{R,t}$). Entonces, la diferencia entre las primas por ubicación después de la selección en el área principal y en el resto del país, calculada con la ecuación 2.1 del capítulo 2, es aproximadamente equivalente a la diferencia en los beneficios de las capacidades del desglose (R3B.1.3 en el recuadro 3B.1), de la siguiente manera:

$$\hat{\gamma}_{A,t}^{as} - \hat{\gamma}_{R,t}^{as} \approx \bar{X}_{A,t}' \left(\hat{\psi}_{A,t} - \hat{\psi}_{R,t} \right). \tag{R3B.2.1}$$

Aquí, se prevé que $\hat{\gamma}_{R,t}^{as}$ se aproxime a las primas por ubicación promedio calculadas después de la selección, $\hat{\gamma}_t^{as}$.

De hecho, D'Aoust, Galdo e Ianchovichina (2023) observan que los lados derecho e izquierdo de la ecuación R3B.2.1 son aproximadamente equivalentes en el caso de cada país. La correlación entre los lados derecho e izquierdo de la muestra de los países que se incluyen en este capítulo también son altos: 0,78 en el primer período y 0,73 en el segundo.

A nivel nacional, se espera que las diferencias entre los lados derecho e izquierdo de la ecuación R3B.2.1 sean mayores cuando 1) los períodos no estén completamente alineados debido a la disponibilidad de los datos de la encuesta; 2) se omitan algunos municipios del cálculo de la prima por ubicación después de la selección debido a que faltan datos sobre las características de los hogares, y 3) los hogares no se encuentran distribuidos en forma pareja en los distintos municipios. Por ejemplo, si la proporción de hogares pertenecientes a municipios con primas por ubicación por debajo de la mediana es superior a aquella de los municipios con primas por ubicación por encima de la mediana, se prevé que el lado derecho de la ecuación R3B.2.1 será superior al izquierdo. Esta es la situación de Bolivia, donde el 62 % de los hogares pertenecían a áreas con primas por ubicación por debajo de la mediana durante el último período (véase el gráfico R3B.2.1, panel a). Lo opuesto puede observarse en Honduras, donde el 59 % de los hogares pertenece a áreas con primas por ubicación por encima de la mediana (gráfico R3B.2.1, panel b).

GRÁFICO R3B.2.1 Primas por ubicación, por proporción de hogares, Bolivia y Honduras, 2017-19

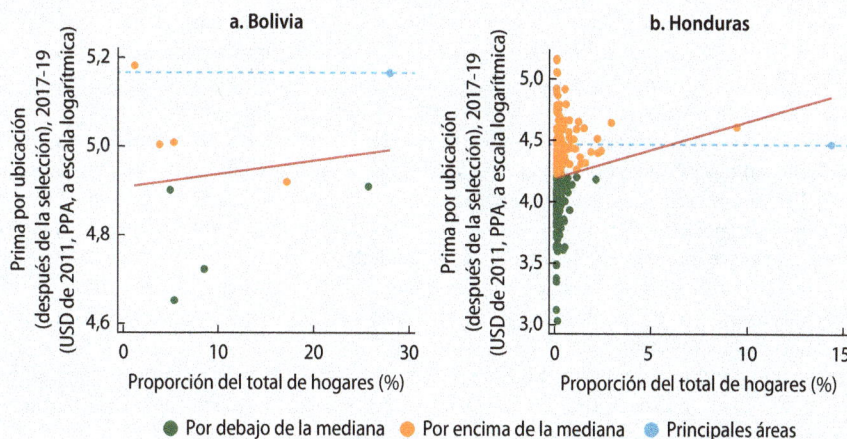

a. Bolivia — Prima por ubicación (después de la selección), 2017-19 (USD de 2011, PPA, a escala logarítmica); Proporción del total de hogares (%)

b. Honduras — Prima por ubicación (después de la selección), 2017-19 (USD de 2011, PPA, a escala logarítmica); Proporción del total de hogares (%)

● Por debajo de la mediana   ● Por encima de la mediana   ● Principales áreas

Fuente: D'Aoust, Galdo e Ianchovichina (2023).
Nota: PPA = paridad del poder adquisitivo.

CUADRO 3B.2 **Características de los municipios incluidos en las principales áreas metropolitanas, en la región de ALC**

País	Cantidad de municipios en las principales áreas	Prima por ubicación, último período				Tipo de municipio					
		Media	DE	Mín.	Máx.	Área metro		Área urbana		Área rural	
						Grande	Pequeña	Grande	Pequeña	Grande	Pequeña
Argentina	1	5,01									
Bolivia	1	5,17									
Brasil	3	5,05	0,03	5,03	5,09	3					
Chile	32	5,52	0,26	5,26	6,35			32*			
Colombia	1	4,98									
Costa Rica	1	5,75						1*			
República Dominicana	1	5,07						1*			
Ecuador	1	4,56						1*			
Honduras	1	4,47						1*			
México	56	4,95	0,13	4,58	5,27	5	2	3	12	3	2
Panamá	1	4,89						2			
Perú	2	4,39	0,13	4,29	4,48			2*			
Uruguay	1	4,93									

Fuente: D'Aoust, Galdo e Ianchovichina (2023).
Nota: El asterisco indica la cantidad de municipios urbanos. Máx. = máximo; metro = área metropolitana; mín. = mínimo; DE = desviación estándar.

Notas

1. Los países son Bolivia, Brasil, Colombia, Ecuador, Guatemala, México, Nicaragua y Perú.
2. El término "arbitraje espacial" hace referencia al acto de trasladarse de un área de baja demanda laboral a otra con una alta demanda laboral, con la esperanza de encontrar un trabajo con un mejor salario.
3. La distancia socava el capital social de los migrantes y eleva el costo de las visitas al hogar.
4. Para Brasil y México, los períodos que se muestran en el cuadro 3B.1 del anexo no se alinean con los períodos que se muestran para los dos países en el gráfico 3.1, dado que el cuadro refleja información proveniente de los datos censales de la Serie Integrada de Microdatos de Uso Público (IPUMS) que se presentan en el capítulo 2, mientras que el gráfico presenta información basada en los datos provenientes de las encuestas de hogares de la SEDLAC.
5. En el recuadro 3B.2 del anexo, se muestra que la diferencia entre las primas por ubicación calculadas en el área metropolitana principal y las primas por ubicación promedio en el país, $\gamma^* - \bar{\gamma}_p$, que se muestra en el cuadro 3B.1 del anexo, es aproximadamente equivalente a la diferencia en los beneficios de las capacidades de la ecuación de desglose R3B.1.3 del recuadro 3B.1 del anexo, que se muestra en el gráfico 3.1, en azul claro.
6. Los hogares calificados son aquellos en los que el jefe de hogar tiene, como mínimo, estudios terciarios (completos o incompletos) y los hogares en los que el logro educativo más alto supera a la educación secundaria.
7. La metodología para calcular las brechas de ingresos del 40 % más pobre de la población identifica el 40 % más pobre en toda la muestra y luego lo asigna a la ubicación del área metropolitana principal o el resto del país.
8. Si bien los datos de la SEDLAC son solo representativos al nivel del hogar, es posible efectuar el análisis a nivel individual para comparar las brechas de ingresos por género.

Bibliografía

Asher, S., and P. Novosad. 2020. "Rural Roads and Local Economic Development." *American Economic Review* 110 (3): 797–823.

Bastos, P. 2017. "Spatial Misallocation of Labor in Brazil." Unpublished manuscript, World Bank, Washington, DC.

Beylis, G., R. Fattal-Jaef, R. Sinha, M. Morris, and A. Sebastian. 2020. *Going Viral: COVID-19 and the Accelerated Transformation of Jobs in Latin America and the Caribbean.* World Bank Latin American and Caribbean Studies. Washington, DC: World Bank.

Bryan, G., S. Chowdhury, and A. Mobarak. 2014. "Underinvestment in a Profitable Technology: The Case of Seasonal Migration in Bangladesh." *Econometrica* 82 (5): 1671–1748.

Bryan, G., and M. Morten. 2019. "The Aggregate Productivity Effects of Internal Migration: Evidence from Indonesia." *Journal of Political Economy* 127 (5): 2229–68.

Conte, B., and E. Ianchovichina. 2022. "Spatial Development and Mobility Frictions in Latin America: Theory-Based Empirical Evidence." Policy Research Working Paper 10071, World Bank, Washington, DC.

D'Aoust, O., V. Galdo, and E. Ianchovichina. 2023. "Territorial Productivity Differences and Dynamics within Latin American Countries." Policy Research Working Paper 10480, World Bank, Washington, DC.

De La Roca, J., and D. Puga. 2017. "Learning by Working in Big Cities." *Review of Economic Studies* 84: 106–42.

Ferreyra, M. M., and M. Roberts, eds. 2018. *Raising the Bar for Productive Cities in Latin America and the Caribbean.* Washington, DC: World Bank.

Harari, M. 2020. "Cities in Bad Shape: Urban Geometry in India." *American Economic Review* 110 (8): 2377–2421.

Hsieh, C.-T., and E. Moretti. 2019. "Housing Constraints and Spatial Misallocation." *American Economic Journal: Macroeconomics* 11 (2): 1–39.

Jedwab, R., E. Ianchovichina, and F. Haslop. 2022. "Consumption Cities versus Production Cities: New Considerations and Evidence." Policy Research Working Paper 10105, World Bank, Washington, DC.

Morten, M., and J. Oliveira. 2018. "The Effects of Roads on Trade and Migration: Evidence from a Planned Capital City." NBER Working Paper 22158, National Bureau of Economic Research, Cambridge, MA.

Rodríguez, J. 2004. "Internal Migration in Latin America and the Caribbean: Regional Study, Period 1980–2000." *Serie población y desarrollo n.° 50 (LC/L.2059–P).* Santiago: United Nations Economic Commission for Latin America and the Caribbean.

Rodríguez, J. 2011. "Migración interna y sistema de ciudades en América Latina: Intensidad, patrones, efectos y potenciales determinantes, censos de la década de 2000" (Internal Migration and the Latin American System of Cities: Intensity, Patterns, Impacts and Potential Determinants, 2000 Census Round). *Serie población y desarrollo n.° 105 (LC/L.3351).* Santiago: United Nations Economic Commission for Latin America and the Caribbean.

Rodríguez, J., and G. Busso. 2009. *Internal Migration and Development in Latin America between 1980 and 2005: A Comparative Study with a Regional Focus based on Seven Countries.* Santiago: United Nations Economic Commission for Latin America and the Caribbean.

Rowe, F. 2013. "Spatial Labour Mobility in a Transition Economy: Migration and Commuting in Chile." PhD thesis, University of Queensland, Australia.

Rowe, F. 2014. "The Effects of Economic Liberalisation on Inter-regional Labour Migration in a Transition Economy, Chile." Conference paper, 2014 Tinbergen Workshop: Real People in Virtual Space, Amsterdam.

Skoufias, E., and G. López-Acevedo. 2009. *Determinants of Regional Welfare Disparities within Latin American Countries*, Vol. 1: *Synthesis*. Washington, DC: World Bank.

United Nations. 2016. *The World Cities Data Booklet.* New York: United Nations.

PARTE

II

Fricciones relacionadas con la movilidad y asignación espacial inadecuada

Las fricciones relacionadas con la movilidad en forma de barreras comerciales y migratorias son importantes para comprender las diferencias espaciales de los ingresos laborales, ya que afectan la distribución de la actividad económica y las personas y, por tanto, las diferencias de productividad dentro de los países y entre ellos. El terreno inaccesible, las carreteras escasas, estrechas o mal mantenidas, las limitadas modalidades de transporte y el elevado costo de los servicios de transporte generan obstáculos para el comercio y *también* para la migración. Una serie de otros factores también puede mantener a las personas en su lugar. La escasa información sobre las oportunidades económicas, la oferta insuficiente de tierras, las viviendas formales y comodidades inasequibles, las restricciones legales a la migración, las prácticas discriminatorias, y los factores sociales o culturales también pueden desalentar, en mayor o menor medida, la movilidad de los grupos socioeconómicos (Bryan y Morten, 2019). Los altos costos comerciales tienen consecuencias negativas sobre la eficiencia económica global, ya que los servicios de transporte costosos y deficientes limitan el acceso al mercado y la capacidad de las empresas para comerciar. La dispersión de la productividad entre las ciudades se minimiza y la contribución de las ciudades a la productividad total se maximiza (Selod y Soumahoro, 2018) cuando los costos de transporte interurbano son bajos porque las empresas de las ciudades secundarias más pequeñas pueden especializarse y beneficiarse de las economías de escala. Las grandes barreras de entrada en sitios productivos también son grandes factores de distorsión porque dificultan que los trabajadores migren a esos lugares, lo que genera una asignación inadecuada y limita el crecimiento a largo plazo (Hsieh y Moretti, 2019).

El capítulo 4 se organiza a partir de tres preguntas principales: ¿cuál es la magnitud de las fricciones relacionadas con la movilidad en los países de ALC?; ¿qué tipo de fricciones relacionadas con la movilidad (barreras de entrada o costos de transporte) son más perjudiciales para el crecimiento económico y el bienestar de la región?; ¿qué políticas se pueden aplicar para reducir las fricciones relacionadas con la movilidad y mejorar el crecimiento económico y el bienestar a largo plazo?

Bibliografía

Bryan, G., and M. Morten. 2019. "The Aggregate Productivity Effects of Internal Migration: Evidence from Indonesia." *Journal of Political Economy* 127 (5): 2229–68.

Hsieh, C.-T., and E. Moretti. 2019. "Housing Constraints and Spatial Misallocation." *American Economic Journal: Macroeconomics* 11 (2): 1–39.

Selod, H., and S. Soumahoro. 2018. "Transport Infrastructure and Agglomeration in Cities." In *Raising the Bar for Productive Cities in Latin America and the Caribbean*, edited by M. M. Ferreyra and M. Roberts. Washington, DC: World Bank.

Barreras a la movilidad comercial y laboral y sus efectos globales

4

En este capítulo, se presentan cálculos de los costos migratorios de entrada detallados y de los costos de transporte bilateral en América Latina y el Caribe (ALC), así como los efectos políticos de los recortes de estos costos sobre el crecimiento económico agregado y el bienestar. Los costos migratorios de entrada por ubicación se calculan utilizando el enfoque de Desmet, Nagy y Rossi-Hansberg (2018), que se ha modificado a fin de reflejar las diferencias territoriales en el bienestar inicial[1] de los países de ALC. Estas diferencias pueden ser sustanciales, como muestran Burger, Hendriks e Ianchovichina (2022), que representan el bienestar con datos de bienestar suministrados por los propios interesados de la Encuesta Mundial de Gallup (GWP) en Colombia, y Gollin, Kirchberger y Lagakos (2017), que representan la utilidad en los países de ingreso bajo y mediano con diferencias en el consumo per cápita. Los costos de transporte entre cualquier par de ubicaciones se calculan a una escala geoespacial minuciosamente desagregada, usando el enfoque de la ruta de menor costo utilizado en Allen y Arkolakis (2014), factoreando la geografía de dichas zonas y la distancia entre ellas, la disponibilidad de diferentes tipos de infraestructura de conectividad y los costos relativos de los diferentes modos de transporte.

Costos migratorios de entrada

En el mapa 4.1, se muestran los costos migratorios de entrada, calculados a una escala geoespacial minuciosamente desagregada hacia 2000[2]. Se trata de costos de migración de entrada promedio, específicos de la ubicación debido a que Desmet, Nagy y Rossi-Hansberg (2018) estudian el cambio local en la población, y no el lugar de procedencia de los migrantes. Los costos pueden ser más altos o más bajos que el promedio para diferentes grupos procedentes de distintos lugares y pertenecientes a diferentes grupos socioeconómicos. Los costos migratorios de entrada reflejan el costo total de ingresar a un lugar, que incluye el costo de superar las restricciones migratorias, el costo del viaje hasta la ubicación, los costos psicológicos y de información, las restricciones derivadas de la reglamentación de la tierra y las limitaciones de la oferta de vivienda. Los costos estimados de migración de entrada varían según la ubicación dentro de los países de ALC y entre ellos. Como es

MAPA 4.1　**Costos de migración calibrados según ubicaciones geográficas minuciosamente desagregadas: Región de ALC, año 2000 aproximadamente**

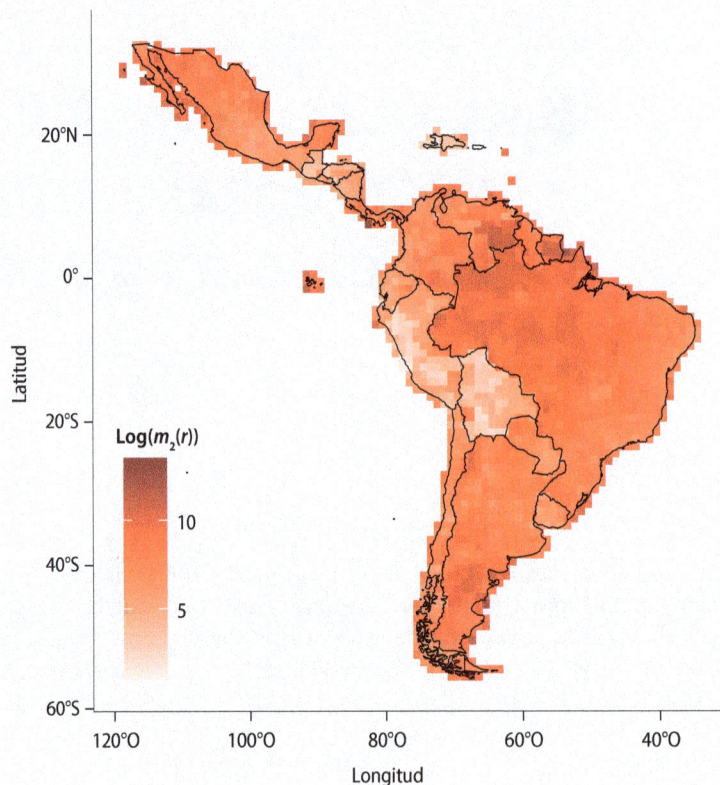

Fuente: Conte e Ianchovichina (2022).
Nota: Conte e Ianchovichina (2022) calibran los costos migratorios de entrada utilizando el modelo de equilibrio general espacial dinámico de Desmet, Nagy y Rossi-Hansberg (2018), datos geocodificados de Latinobarómetro y la Encuesta Mundial de Gallup, y datos desagregados minuciosamente sobre población y valor agregado por celda de cuadrícula (normalmente, una celda de 1 grado de arco) a partir de los datos de G-Econ correspondientes a 2000 (Nordhaus y otros, 2006). Desmet, Nagy y Rossi-Hansberg (2018) asumen que el costo de migración de la ubicación *s* a la ubicación *r*, $m(s,r)$, es el producto del costo de migración de entrada en el origen, $m_1(s)$, y el costo de migración de entrada en el destino, *r*, $m_2(r)$. Permanecer en la misma ubicación no tiene ningún costo, mientras que un migrante que sale de una ubicación recibirá un beneficio (o pagará un costo), que es el costo (o beneficio) inverso de ingresar en la ubicación. La región de ALC incluye a México, todos los países de América Central y del Sur, y la República Dominicana y Haití en el Caribe.

previsible, los costos de migración de entrada son más bajos en los países de ingreso bajo de América Central y en Bolivia y Perú, y más altos en los países de ingreso más alto, como Argentina, Brasil, Costa Rica y México (gráfico 4.1). No obstante, en todos los casos, los costos de migración de entrada en la región son más bajos que los de Estados Unidos y la Unión Europea (véase el gráfico 4.1).

Los costos migratorios de entrada también son altos en las zonas remotas, donde las condiciones de vida son adversas, como en las zonas de difícil acceso de la cuenca del Amazonas, las áreas montañosas y el extremo sur de Argentina y Chile, y algunas de las zonas urbanas de alta densidad, que tienden a experimentar dificultades para enfrentar los costos de aglomeración, especialmente la congestión del tráfico, la vivienda formal inasequible, y un suministro inadecuado de servicios básicos e infraestructura de calidad, algunos de los cuales pueden desalentar a los posibles migrantes. Según Roberts (2018), la congestión del tráfico aumenta mucho más rápidamente con la densidad demográfica en América Latina que en el resto del mundo. La congestión del mercado inmobiliario formal, que se refleja en la existencia de grandes asentamientos informales, es

GRÁFICO 4.1 **Barreras migratorias promedio estimadas en la región de ALC, la región de Asia sudoriental y la Unión Europea con respecto a las de Estados Unidos, hacia 2000**

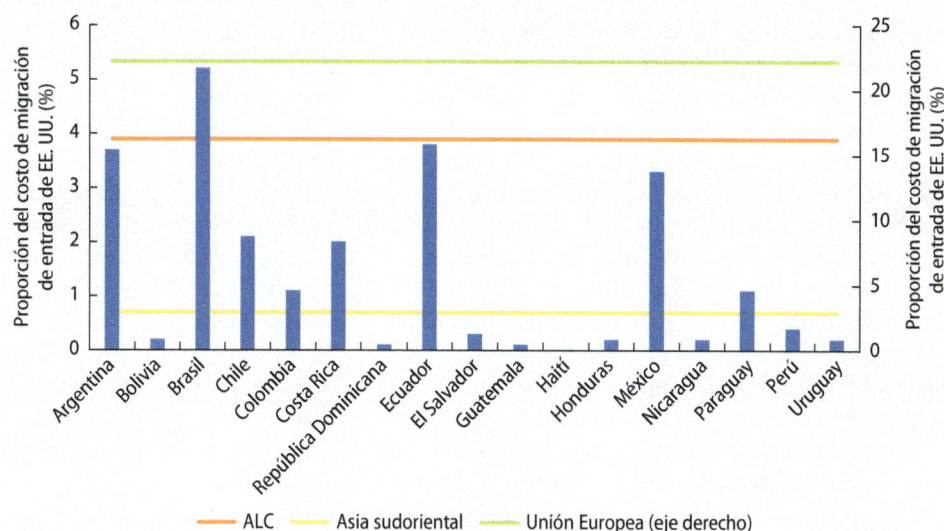

Fuente: Conte e Ianchovichina (2022).
Nota: Conte e Ianchovichina (2022) calibran los costos migratorios de entrada utilizando el modelo de equilibrio general espacial dinámico de Desmet, Nagy y Rossi-Hansberg (2018), una utilidad inicial diferenciada espacialmente, y datos desagregados minuciosamente sobre población y valor agregado por celda de cuadrícula (normalmente, una celda de 1 grado de arco) a partir de los datos de G-Econ correspondientes a 2000 (Nordhaus y otros, 2006).

otro posible obstáculo. Aunque la población que vive en asentamientos informales se redujo del 35 % del total de habitantes urbanos en 1990 al 20 % en 2014, el progreso ha sido lento. Debido a la elevada tasa de urbanización, un poco más de 100 millones de latinoamericanos aún viven en condiciones urbanas precarias, en asentamientos urbanos informales de toda la región.

Costos de transporte interregional e interurbano

Los costos de transporte interregional son más elevados en América Latina que en otros mercados emergentes porque muchos países de América del Sur tienen territorios extensos y una geografía desafiante. Además, los costos de transporte reflejan el estado y la disponibilidad de las redes de infraestructuras nacionales y transnacionales para los diferentes modos de transporte. La densidad vial en América Latina es menor que la de todas las demás regiones, excepto África subsahariana (Banco Mundial, 2009), y las redes ferroviarias también están subdesarrolladas (Fay y otros, 2017). En América Latina, solo el 22 % de la carga terrestre se transporta por ferrocarril; en América del Norte, Europa y Asia oriental, dicha cifra asciende a entre el 35 % y el 45 % (Ferreyra y Roberts, 2018). En Brasil, Chile, Colombia, México y Perú —países que, en conjunto, representan más de las dos terceras partes de las exportaciones de la región de ALC—, el 80 % de la carga se transportó en camiones a principios de la década de 2010 (Mesquita Moreira y otros, 2013). Además, cuestiones como las regulaciones gubernamentales[3], las ineficiencias[4], la competencia imperfecta[5], los problemas relacionados con el retorno de carga, las demoras por congestión y las fricciones en materia de información elevan los precios de los servicios de transporte.

Por lo general, la escasez de redes de transporte es un problema apremiante en las etapas iniciales de desarrollo, cuando la proporción de residentes rurales dispersos espacialmente es aún bastante elevada. En América Latina, es posible que los elevados costos de transporte no sean tan problemáticos por dos razones. En primer lugar, cerca del 80 % de la población vive en densas zonas urbanas situadas a lo largo de la costa, en zonas altamente productivas de cultivo de productos básicos o en zonas con importancia histórica[6]. En segundo lugar, las exportaciones se concentran en un número relativamente reducido de municipios densamente poblados a lo largo de las costas de Brasil, Colombia y Perú (Mesquita Moreira y otros, 2013). En Brasil, solo el 20 % de todos los municipios declararon haber exportado algún producto en 2010, y los 10 municipios principales representaban más de la mitad de todas las exportaciones. En 2006, las exportaciones de Colombia se concentraban espacialmente en tan solo 269 municipios situados en el norte del país, que representaban una cuarta parte del total de municipios. En Perú, el 45 % de sus exportaciones procedieron en 2009 de las provincias costeras y de algunas zonas sin litoral ricas en recursos. La superposición entre las zonas más pobladas y las zonas exportadoras es mucho menor en Chile y México, donde los municipios exportadores se concentran en las zonas septentrionales de los dos países, mientras que la población se concentra en las ciudades capitales y sus alrededores, en las zonas centrales de los países.

En un contexto de alta concentración de exportaciones y población, es posible que las redes de transporte más dispersas y menos desarrolladas no constituyan un problema grave si las zonas exportadoras y las más productivas y pobladas están bien conectadas. Las conclusiones de Mesquita Moreira y otros (2013) indican que, por lo general, los costos de transporte a los puertos son más bajos para los municipios exportadores más grandes en los cinco países que se incluyen en el estudio. Sin embargo, la interrogante de si las zonas más pobladas y productivas (las *principales ubicaciones*) están bien conectadas sigue sin respuesta. Tampoco está claro cómo se comparan los costos de transporte nacional entre esas ubicaciones con los de otras economías emergentes.

Conte e Ianchovichina (2022) ofrecen algunas respuestas. Definen las *principales ubicaciones* de un país o una región como las zonas con un producto interno bruto (PIB) per cápita que se ubica en el cuartil superior de la distribución dentro del país o la región, y una población superior a la mediana del país o la región. En el mapa 4.2, panel a, se muestran las principales ubicaciones en la Unión Europea, América Latina y Asia sudoriental, y, en el mapa 4.2, panel b, se muestran las principales ubicaciones de las economías más grandes de América y Asia oriental: Brasil, China y Estados Unidos. Centrarse en los costos de transporte entre las principales ubicaciones, que también incluyen las principales áreas metropolitanas analizadas en el capítulo 3, está justificado a fin de mejorar el bienestar, la productividad y las oportunidades de una mayor especialización en el sector manufacturero a medida que las modalidades del comercio evolucionan con el tiempo o se ajustan a las perturbaciones como el cambio climático.

En el gráfico 4.2, panel a, se comparan los costos de transporte entre pares de las principales ubicaciones urbanas de la Unión Europea, América Latina y Asia sudoriental. La cola derecha más gruesa de la distribución de ALC indica que es mucho más costoso transportar bienes entre las principales ubicaciones de América Latina que entre ubicaciones similares de la Unión Europea o de Asia sudoriental. Incluso después de controlar la distancia, hay muchos más pares de ubicaciones principales equidistantes con costos de transporte más elevados en América Latina que en la Unión Europea o Asia sudoriental (gráfico 4.2, panel a). Aunque los envíos entre las principales ubicaciones de Estados Unidos son más costosos que los de Brasil o China, donde la actividad se agrupa a lo largo de sus costas orientales (gráfico 4.2, panel b), hay muchos más pares de ubicaciones equidistantes con costos de transporte relativamente altos en Brasil que en China o Estados Unidos (gráfico 4.2, panel b).

MAPA 4.2   Principales ubicaciones dentro de las regiones o los países

a. Unión Europea, América Latina y el Caribe, y Asia sudoriental

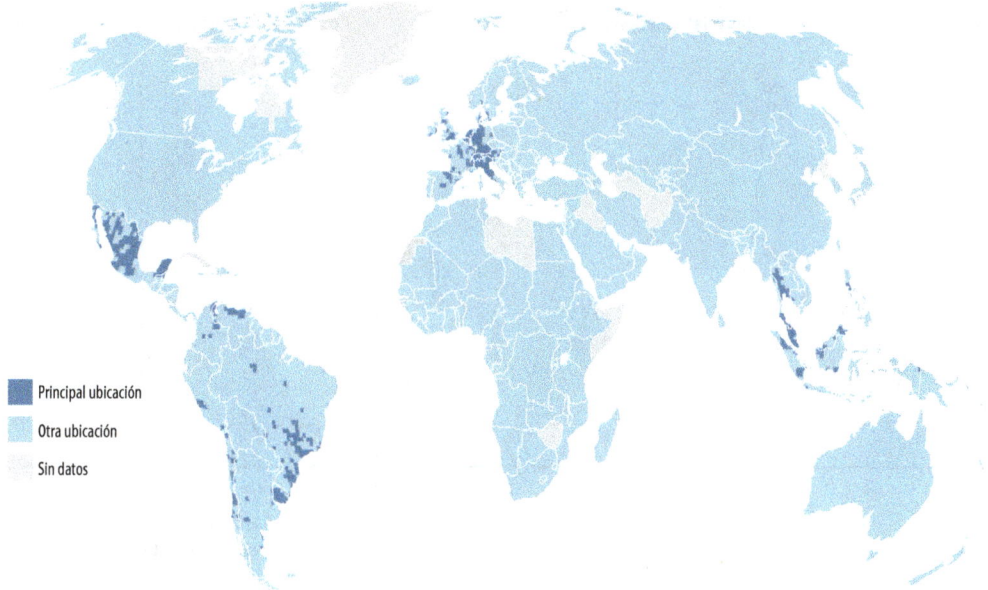

■ Principal ubicación
■ Otra ubicación
□ Sin datos

BIRF 47567 |
OCTUBRE DE 2023

b. Brasil, China y Estados Unidos

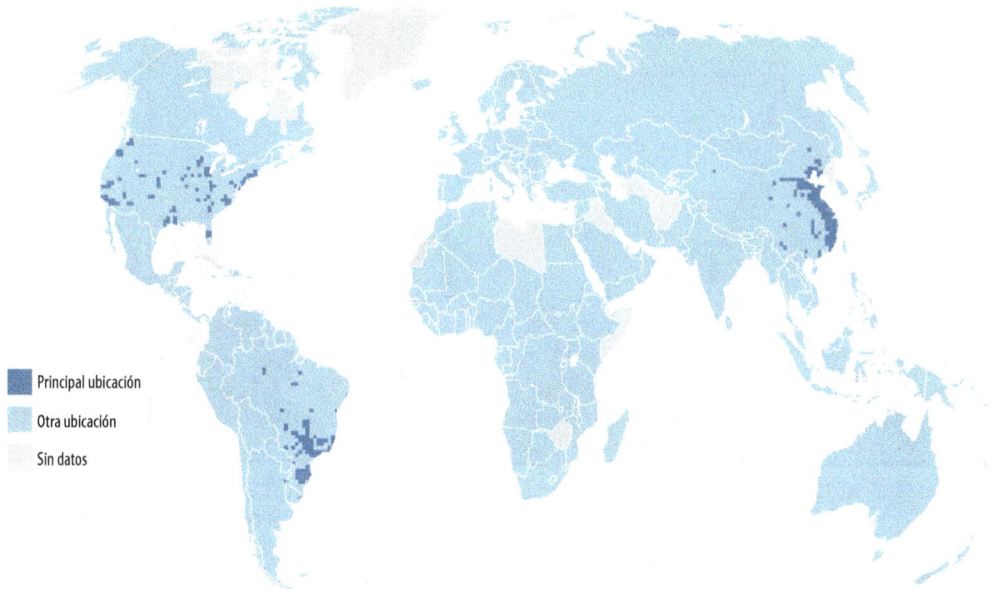

■ Principal ubicación
■ Otra ubicación
□ Sin datos

BIRF 47568 |
OCTUBRE DE 2023

Fuente: Conte e Ianchovichina (2022).
Nota: En los mapas, las principales ubicaciones (celdas de cuadrícula azul oscuro) corresponden al cuartil superior de la distribución del producto interno bruto (PIB) per cápita dentro de la región o el país, y su población supera la mediana de la población del país o la región. Faltan datos de los territorios y países en gris. El PIB per cápita a nivel de cuadrícula se ha obtenido de la base de datos G-Econ (Nordhaus y otros, 2006).

GRÁFICO 4.2 **Distribución de los costos de transporte entre pares de las principales ubicaciones urbanas, por región y país**

a. Unión Europea, región de ALC y Asia sudoriental

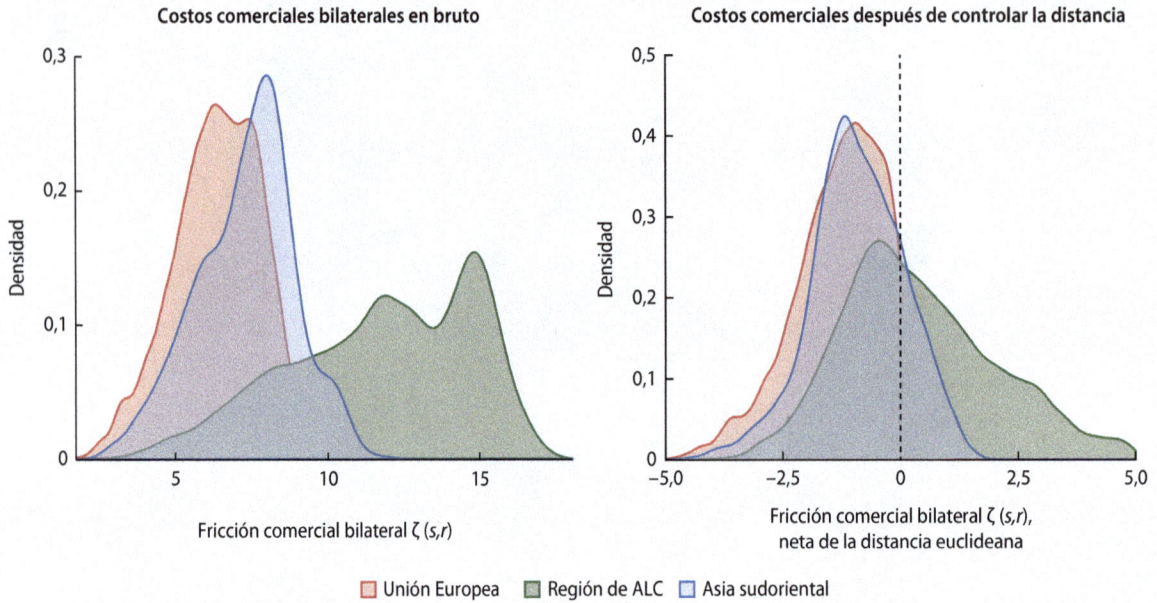

Costos comerciales bilaterales en bruto

Costos comerciales después de controlar la distancia

Densidad / Fricción comercial bilateral ζ (s,r)

Densidad / Fricción comercial bilateral ζ (s,r), neta de la distancia euclideana

☐ Unión Europea   ☐ Región de ALC   ☐ Asia sudoriental

b. Brasil, China y Estados Unidos

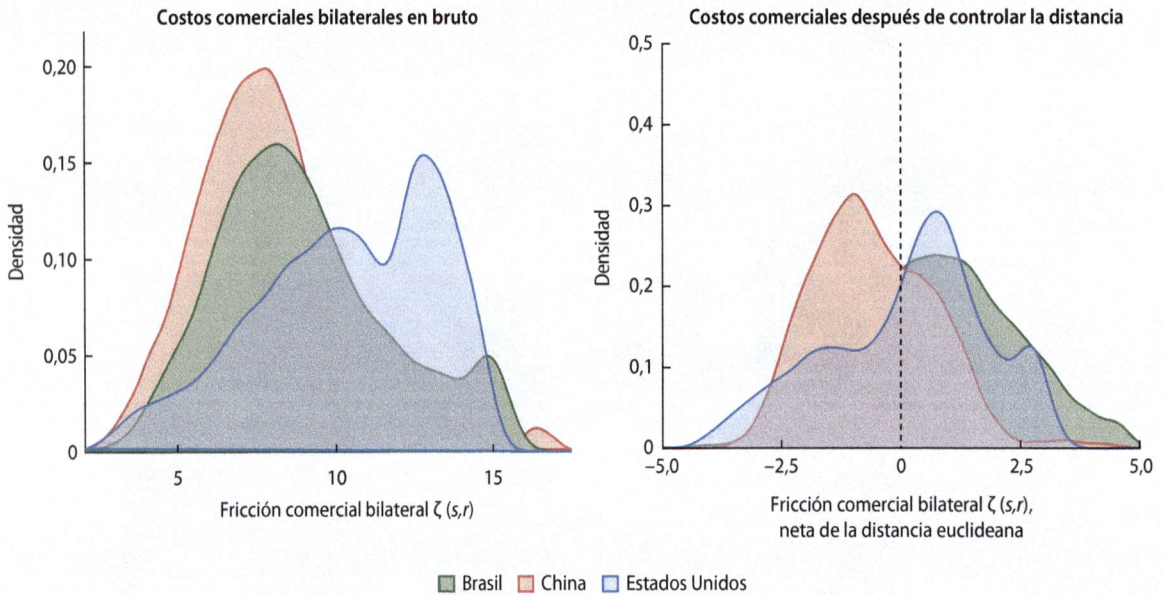

Costos comerciales bilaterales en bruto

Costos comerciales después de controlar la distancia

Densidad / Fricción comercial bilateral ζ (s,r)

Densidad / Fricción comercial bilateral ζ (s,r), neta de la distancia euclideana

☐ Brasil   ☐ China   ☐ Estados Unidos

Fuente: Conte e Ianchovichina (2022), sobre la base del enfoque de la ruta de menor costo utilizado en Allen y Arkolakis (2014) y la metodología en Desmet, Nagy y Rossi-Hansberg (2018).
Nota: El costo entre cualquier par de zonas, ζ (s,r), refleja la geografía de dichas zonas y la distancia entre ellas, la disponibilidad de diferentes tipos de infraestructura de conectividad y los costos relativos de utilizar diferentes modos de transporte terrestre. En los gráficos, se comparan los costos comerciales brutos entre pares de ubicaciones principales y los costos comerciales entre pares equidistantes de ubicaciones principales, es decir, el costo neto de la distancia euclidiana en cada región o país. Las principales zonas urbanas de un país o una región son las más pobladas y las más productivas, es decir, aquellas cuya población y productividad son superiores a la mediana y al cuartil superior, respectivamente.

Los elevados costos de transporte interurbano constituyen un problema. Una buena conectividad interurbana es esencial para reducir la dispersión de la productividad de las ciudades dentro del país y mejorar la capacidad de las empresas para especializarse y beneficiarse de las economías de escala en ciudades más pequeñas y bien conectadas[7]. Las zonas urbanas secundarias tienen potencial para convertirse en ciudades "competitivas" donde se creen empleos, aumente la productividad y se incrementen los ingresos (Kilroy y otros, 2015; Rodríguez-Pose y Griffiths, 2021)[8]; sin embargo, en la región de ALC, además de los problemas de conectividad, las ciudades más pequeñas tienen dificultades para suministrar infraestructura, comodidades básicas para el consumidor, y bienes y servicios públicos locales.

Subinversión en mejoras de las redes viales interurbanas

Una de las razones de los elevados costos de transporte interurbano es la inversión insuficiente e inadecuada en las redes viales nacionales de América Latina[9]. Desde 1990, la región ha gastado alrededor del 3 % de su PIB en inversiones públicas, es decir, mucho menos que Asia oriental y la mayoría de las demás regiones en desarrollo. Gorton e Ianchovichina (2021), que estiman las ineficiencias en las redes viales de 16 países latinoamericanos utilizando el modelo de equilibrio general espacial más avanzado con costos de transporte endógenos de Fajgelbaum y Schaal (2020), señalan que muchos países han asignado de forma inadecuada la escasa inversión realizada en sus redes viales nacionales.

Al igual que otros modelos destinados a resolver un problema de transporte óptimo (Alder, 2019; Allen y Arkolakis, 2019), el modelo de Fajgelbaum y Schaal (2020) requiere elegir las rutas de menor costo entre pares de ubicaciones, pero ofrece dos ventajas distintivas sobre otras metodologías. En primer lugar, la congestión vial permite reducir el espacio de búsqueda y ahorrar mucho tiempo de cálculo[10], lo que resulta esencial debido a la magnitud de las redes viales de muchos países de América del Sur. En este caso, el consumo y la producción en cada ubicación no son fijos, sino que responden a fuerzas de equilibrio general. Por el contrario, sin congestión, lo que es típico en otros estudios y un caso especial en Fajgelbaum y Schaal (2020), el problema de transporte óptimo se puede resolver independientemente de los resultados de equilibrio general mediante la correlación de los orígenes con un suministro fijo a los destinos con una demanda fija. En este caso especial, la solución de Fajgelbaum y Schaal (2020) se asemeja mucho a las soluciones de optimización de rutas de menor costo que se encuentran en la bibliografía. En segundo lugar, el modelo puede calibrarse fácilmente para que el valor agregado per cápita y la población de cada celda de la cuadrícula coincidan con los datos observados, y puede captar con facilidad la red vial existente en cada país de forma discretizada[11].

En el recuadro 4B.1 del anexo 4B, se presenta el modelo de Fajgelbaum y Schaal, que da prioridad a los resultados agregados sobre las preocupaciones de equidad e identifica las ineficiencias de las carreteras maximizando el bienestar agregado (véase el anexo 4B para el análisis de los datos y el anexo 4C para los detalles sobre la calibración de los parámetros)[12]. Si bien el comercio exterior no se tiene en cuenta explícitamente en el modelo, se da prioridad a la conectividad con muchos puertos importantes porque muchos centros que producen bienes comerciados a nivel nacional de forma diferenciada se encuentran en zonas densamente pobladas cerca de los principales puertos, y las carreteras que conectan los puertos con el interior del país también se utilizan para los envíos de exportaciones de productos básicos. Gorton e Ianchovichina (2021) también concluyen que las necesidades de mejora de las carreteras nacionales[13] coinciden en gran medida con las necesidades de mejora de las carreteras transnacionales en el Mercosur y la Comunidad Andina[14].

En este modelo, se reflejan las asignaciones espaciales inadecuadas de las redes viales de América Latina con la brecha existente entre los niveles óptimos y reales de infraestructura a lo largo de cada enlace vial (mapa 4.3). Los resultados indican que, en general, los países

MAPA 4.3 **Sobreinversión y subinversión en carreteras, países seleccionados, América Latina**

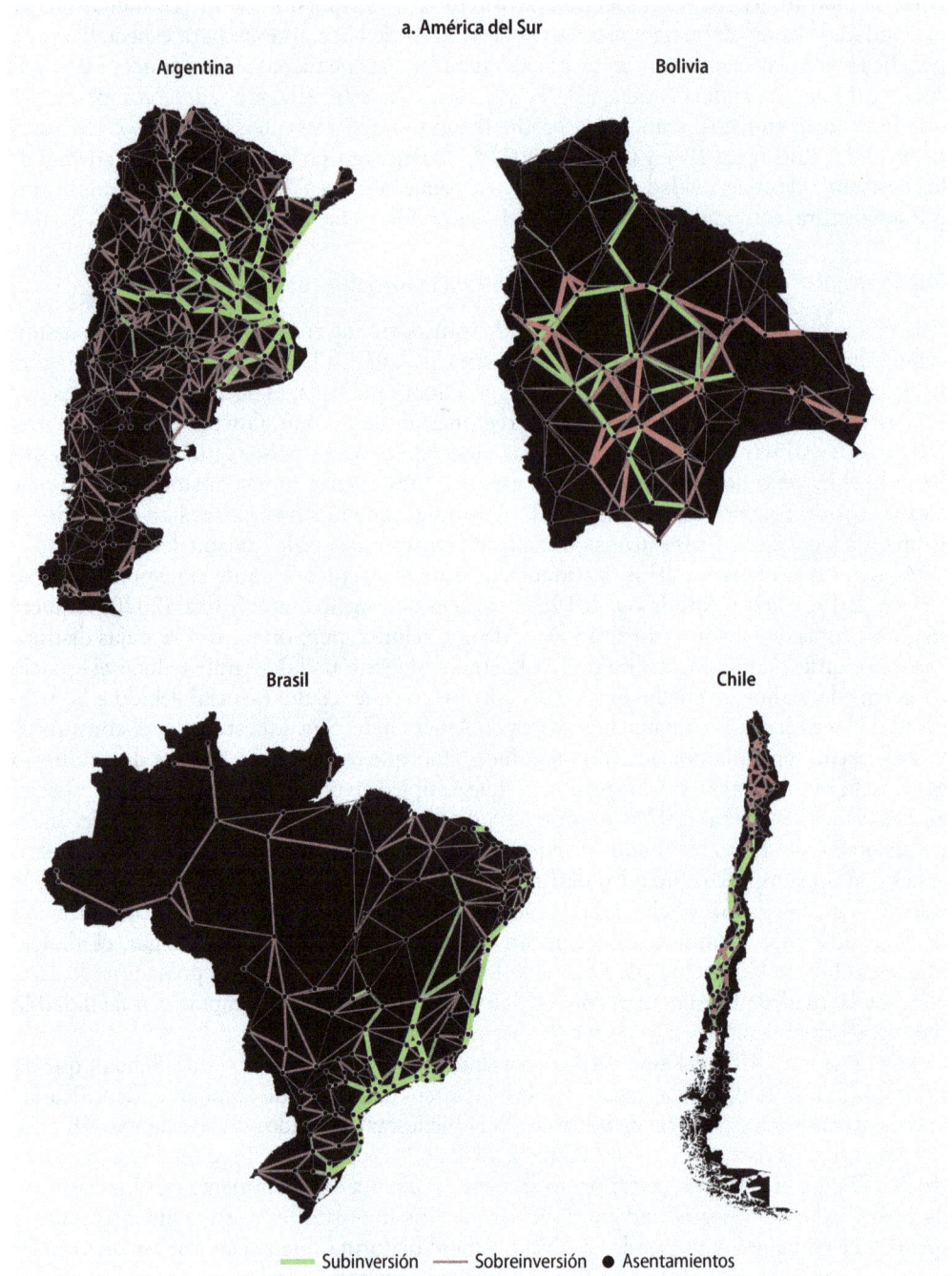

a. América del Sur

Argentina

Bolivia

Brasil

Chile

— Subinversión — Sobreinversión ● Asentamientos

(El mapa continúa en la página siguiente)

MAPA 4.3   Sobreinversión y subinversión en carreteras, países seleccionados, América Latina *(continuación)*

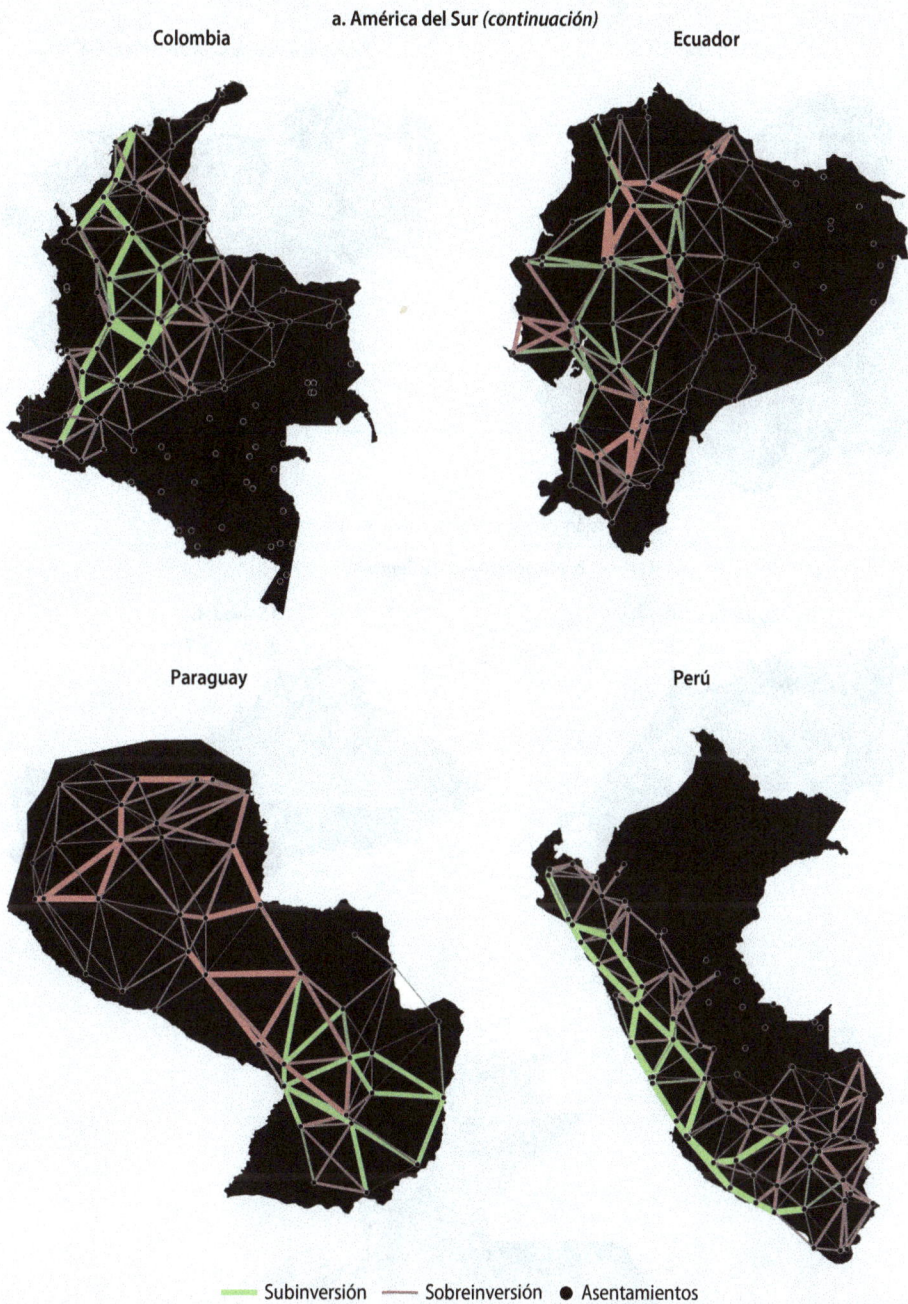

a. América del Sur *(continuación)*

Colombia

Ecuador

Paraguay

Perú

━━ Subinversión   ━━ Sobreinversión   ● Asentamientos

(El mapa continúa en la página siguiente)

MAPA 4.3 **Sobreinversión y subinversión en carreteras, países seleccionados, América Latina** *(continuación)*

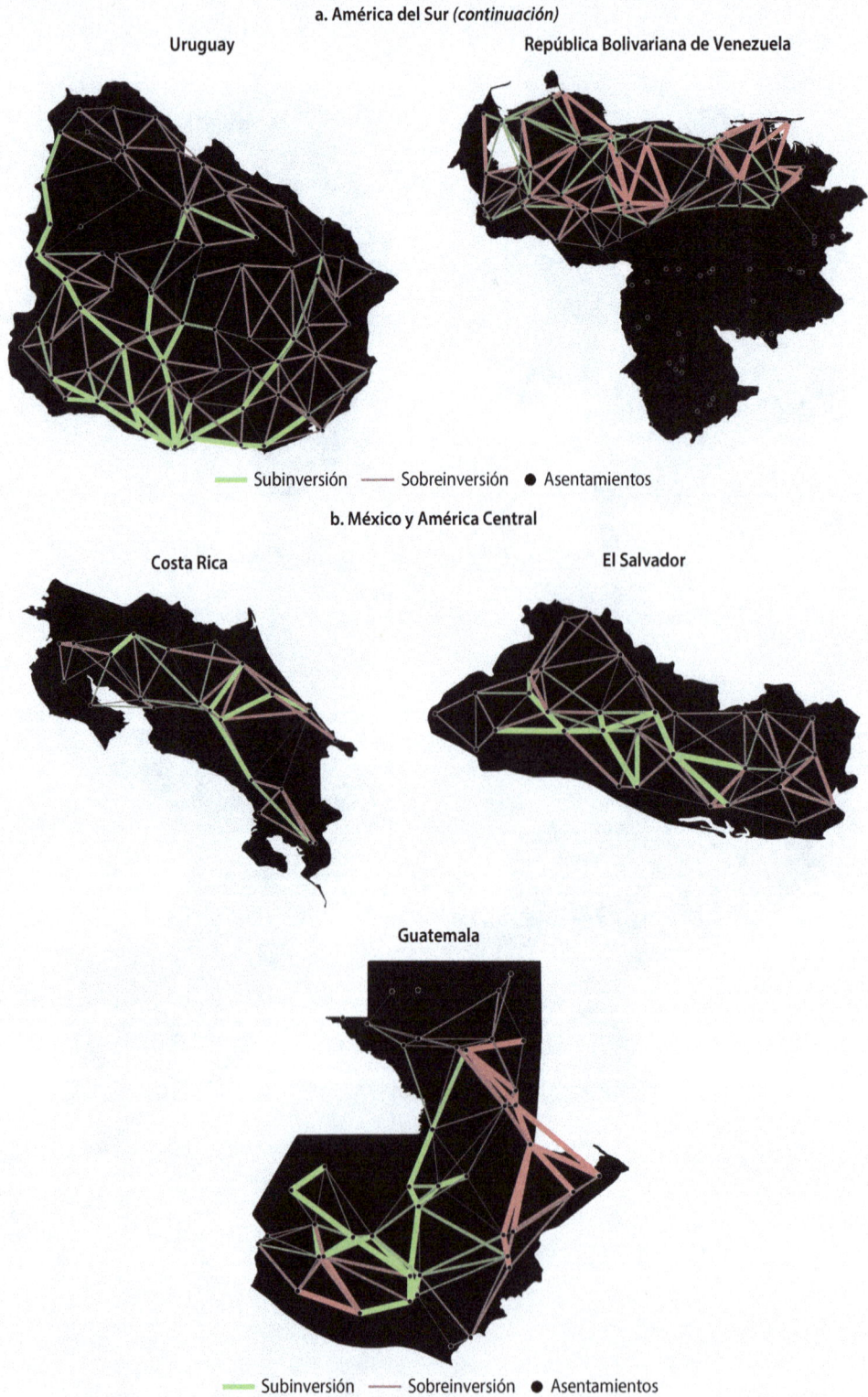

a. América del Sur *(continuación)*

Uruguay — República Bolivariana de Venezuela

Subinversión — Sobreinversión — ● Asentamientos

b. México y América Central

Costa Rica — El Salvador

Guatemala

Subinversión — Sobreinversión — ● Asentamientos

(El mapa continúa en la página siguiente)

MAPA 4.3   **Sobreinversión y subinversión en carreteras, países seleccionados, América Latina** *(continuación)*

b. México y América Central *(continuación)*

México

Nicaragua

Panamá

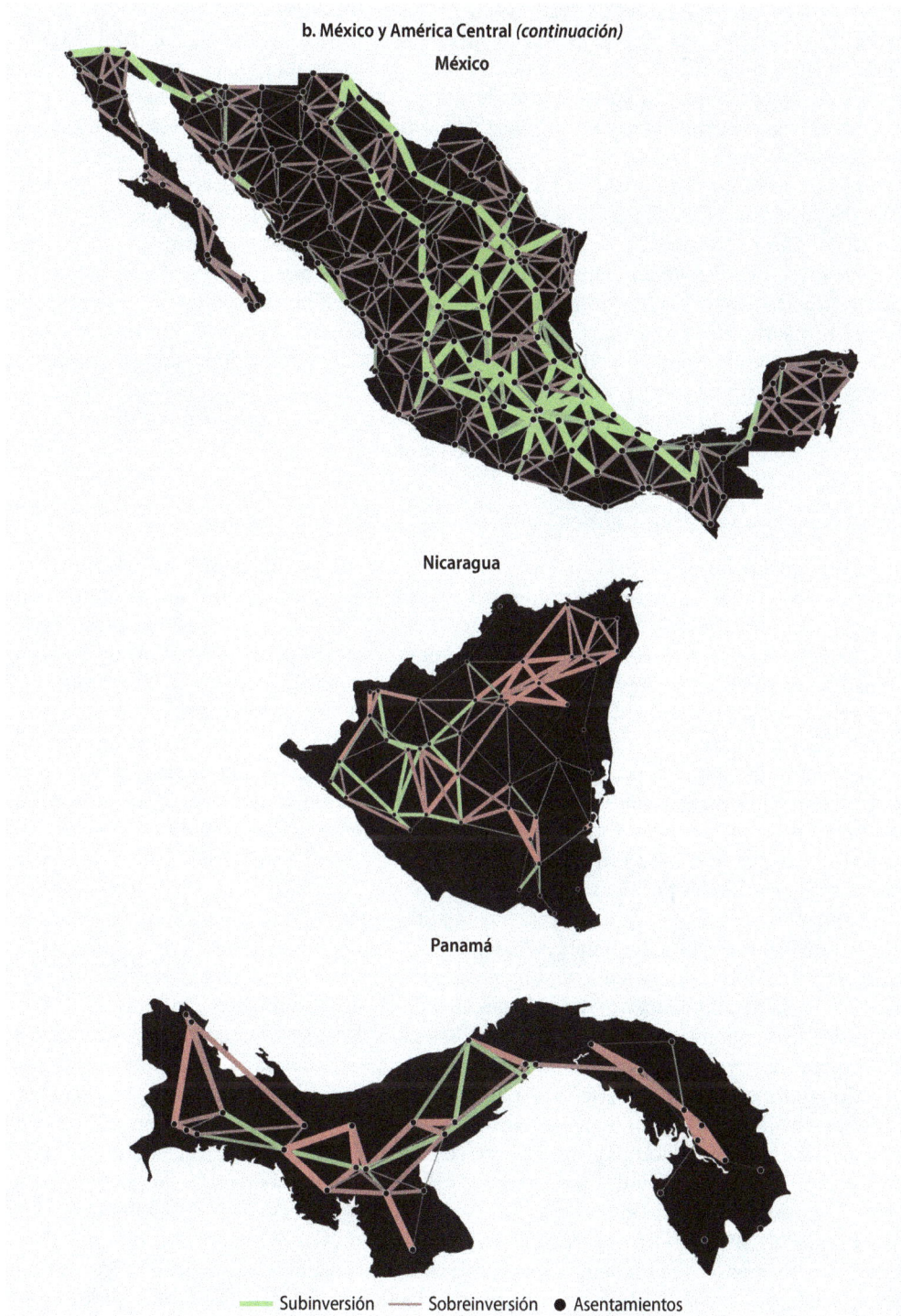

──── Subinversión   ──── Sobreinversión   ● Asentamientos

Fuente: Gorton e Ianchovichina (2021).
Nota: El verde indica subinversión y el rojo, sobreinversión. Los segmentos más gruesos representan enlaces con mayores desviaciones de los niveles eficientes de inversión. Los nodos representan asentamientos.

han invertido poco en las carreteras que conectan sus ciudades más grandes (principales) con otras zonas urbanas secundarias muy pobladas y han invertido demasiado en las zonas menos densamente pobladas de sus países. En Chile, los resultados indican una sobreinversión en carreteras de la región norte y una subinversión en las zonas centrales del país. En Argentina, la subinversión se detecta a lo largo de los enlaces viales que irradian desde Buenos Aires hacia los centros urbanos de Entre Ríos y Santa Fe, las zonas más pobres del noreste y las provincias situadas al oeste de la provincia de Buenos Aires, mientras que la sobreinversión se observa en el sur del país. En Perú, se observa una subinversión en carreteras a lo largo de la costa y en carreteras que conectan las zonas urbanas pobladas de las regiones montañosas con las ciudades costeras, mientras que las inversiones en el sureste del país se consideran superiores a las óptimas. La inversión en carreteras a lo largo de la costa de Brasil es insuficiente, incluidas las carreteras que conectan Belo Horizonte, Río de Janeiro y São Paulo con las ciudades del noreste. En Colombia, se observa una inversión insuficiente en las carreteras que conectan Bogotá con las ciudades del norte, noroeste y suroeste. En el caso de México, según el modelo, existe una sobreinversión en la infraestructura vial troncal de las zonas occidentales del país y la península de Yucatán, y una subinversión en el este de México, desde la ciudad fronteriza de Ciudad Juárez hasta Monterrey y el núcleo densamente poblado de Ciudad de México.

Efectos de las inversiones viales inadecuadas sobre el bienestar

Las ineficiencias espaciales de las redes viales tienen consecuencias para el bienestar por sus efectos sobre los costos de transporte, que alteran los patrones de los flujos comerciales y los viajes, así como la producción y el consumo en cada localidad. Los costos de transporte influyen, por medio de fuerzas de equilibrio general, en los precios de envío de bienes y en los incentivos para la especialización. Están determinados por dos fuerzas opuestas. Los costos de transporte disminuyen cuando se mejora la infraestructura vial que conecta un par de ubicaciones, pero, a medida que aumentan los envíos entre estas ubicaciones, se incrementa la congestión a lo largo del enlace vial y los costos comerciales se ajustan al alza. La sobreinversión en caminos rurales tal vez refleje la necesidad de transportar productos básicos agrícolas y de recursos producidos en regiones remotas. Sin embargo, puede indicar que se realizan inversiones en infraestructura basadas en consideraciones de equidad[15] o prioridades políticas más que en la búsqueda de eficiencia.

Las pérdidas estáticas anuales de bienestar derivadas de las ineficiencias de las infraestructuras viales se estiman en un 2,4 % en Argentina y en un 2,1 % en Brasil (gráfico 4.3, panel a). Las pérdidas de eficiencia son menores en los países de América Central y Uruguay, donde el 40 % de la población vive en la ciudad capital de Montevideo y más del 95% de la población vive en zonas urbanas, muchas de ellas ubicadas a lo largo de la costa y alrededor de la capital. En promedio, la pérdida de bienestar regional derivada de las ineficiencias de las redes viales nacionales de América Latina se estima en el 1,6 % del consumo regional (como promedio ponderado) o en aproximadamente el 1 % del consumo (como promedio simple). Esta pérdida es comparable a la registrada en Europa, según Fajgelbaum y Schaal (2020). Aunque las redes viales nacionales de Europa están más desarrolladas que las de América Latina, la población europea también está más dispersa espacialmente dentro de los países. En América Latina, más del 70 % de las zonas urbanas tienen una densidad demográfica superior a la mediana global, mientras que en Europa esta proporción es inferior al 20 % (Roberts, 2018). Estas pérdidas de bienestar son cálculos conservadores por dos razones[16]. En primer lugar, Gorton e Ianchovichina (2021) asumen que la congestión aumenta en las carreteras que reciben inversiones adicionales. Sin congestión, que es el supuesto estándar en la bibliografía, los efectos sobre el bienestar de las mejoras óptimas de las carreteras prácticamente se duplicarían[17]. En segundo lugar, Gorton e Ianchovichina

GRÁFICO 4.3 **Efectos sobre el bienestar de las ineficiencias y las mejoras de las carreteras nacionales, países seleccionados de América Latina**

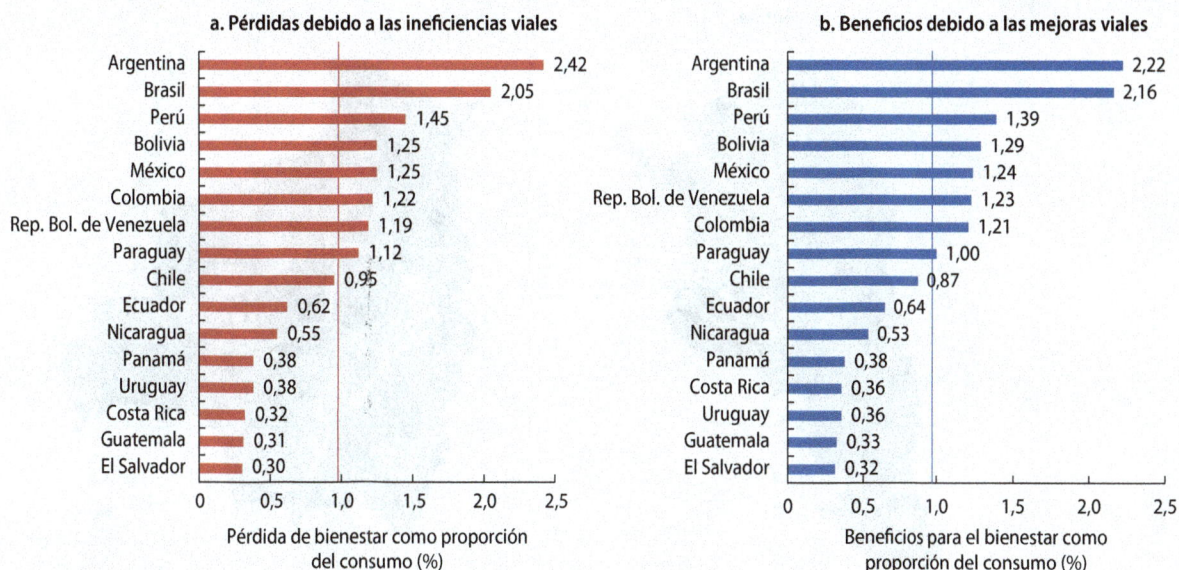

a. Pérdidas debido a las ineficiencias viales

País	Valor
Argentina	2,42
Brasil	2,05
Perú	1,45
Bolivia	1,25
México	1,25
Colombia	1,22
Rep. Bol. de Venezuela	1,19
Paraguay	1,12
Chile	0,95
Ecuador	0,62
Nicaragua	0,55
Panamá	0,38
Uruguay	0,38
Costa Rica	0,32
Guatemala	0,31
El Salvador	0,30

Pérdida de bienestar como proporción del consumo (%)

b. Beneficios debido a las mejoras viales

País	Valor
Argentina	2,22
Brasil	2,16
Perú	1,39
Bolivia	1,29
México	1,24
Rep. Bol. de Venezuela	1,23
Colombia	1,21
Paraguay	1,00
Chile	0,87
Ecuador	0,64
Nicaragua	0,53
Panamá	0,38
Costa Rica	0,36
Uruguay	0,36
Guatemala	0,33
El Salvador	0,32

Beneficios para el bienestar como proporción del consumo (%)

Fuente: Gorton e Ianchovichina (2021), utilizando el modelo de equilibrio general espacial de Fajgelbaum y Schaal (2020).
Nota: La pérdida de bienestar derivada de las carreteras mal asignadas es equivalente al beneficio de bienestar derivado de una reasignación óptima. La línea vertical de cada panel indica la pérdida (o el beneficio) regional como media simple.

(2021) utilizan un modelo estático en el que las fricciones comerciales no afectan a las fuerzas de aglomeración y no hay efectos indirectos de productividad espacial derivados de las inversiones de las empresas. Estos efectos de productividad aumentarían las pérdidas de bienestar derivadas de las ineficiencias espaciales y los beneficios de las mejoras óptimas en las redes viales nacionales, como se muestra más adelante en este capítulo.

Además, las mejoras ubicadas de forma óptima[18] pueden corregir las ineficiencias observadas en las redes viales nacionales de los países de América Latina (Gorton e Ianchovichina, 2021). Por tanto, su modelo espacial, en verde en el mapa 4.4, se alinea de manera estrecha con el modelo espacial de las subinversiones viales, que se muestra en verde en el mapa 4.3. Los beneficios de bienestar derivados de estas mejoras óptimas de las carreteras son similares en magnitud a las pérdidas de bienestar derivadas de las ineficiencias observadas (gráfico 4.3, panel b), pero estos cálculos en bruto no incluyen los costos de financiamiento derivados del aumento del presupuesto para la construcción de carreteras. Si la búsqueda de recursos se realiza mediante el aumento de los impuestos o el retiro de recursos de otras inversiones públicas, los beneficios en términos de bienestar serán menores. No obstante, estos resultados son útiles porque son indicativos de la asignación espacial óptima de los proyectos de infraestructura vial. La reducción del presupuesto en un 80 % provoca una disminución del 44 % de los beneficios de bienestar derivados de las inversiones y afecta de forma cuantitativa, pero no cualitativa, a la asignación de las inversiones viales.

Efectos sobre el bienestar de las mejoras viales y su variación espacial

A corto plazo, las zonas que más se benefician de las inversiones óptimas adicionales en redes viales interurbanas (mapa 4.4) no suelen ser las áreas principales en las que se realizan

MAPA 4.4   **Mejoras viales óptimas adicionales, países seleccionados de América Latina**

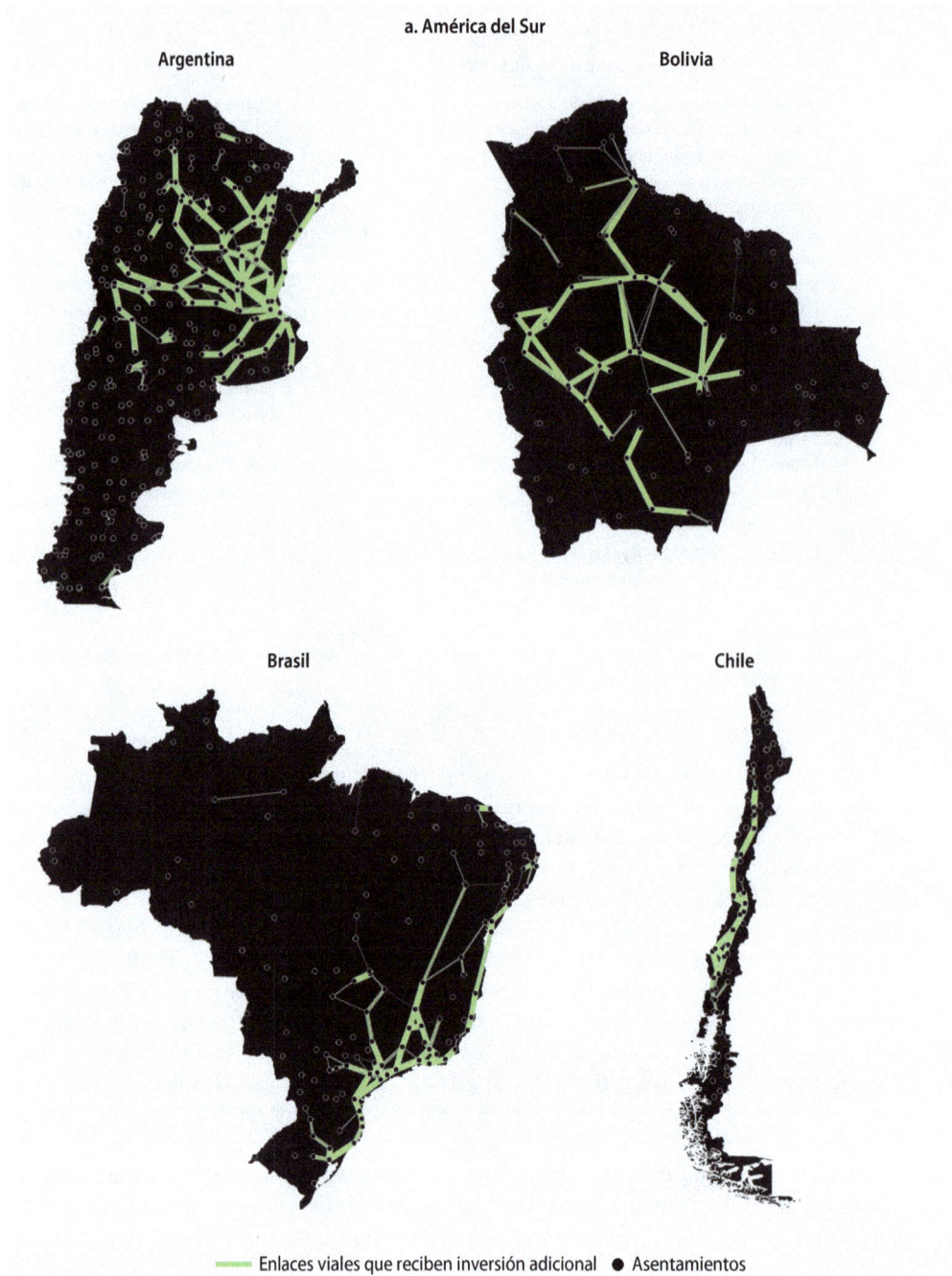

a. América del Sur

Argentina

Bolivia

Brasil

Chile

Enlaces viales que reciben inversión adicional   ● Asentamientos

(El mapa continúa en la página siguiente)

MAPA 4.4 **Mejoras viales óptimas adicionales, países seleccionados de América Latina**
(continuación)

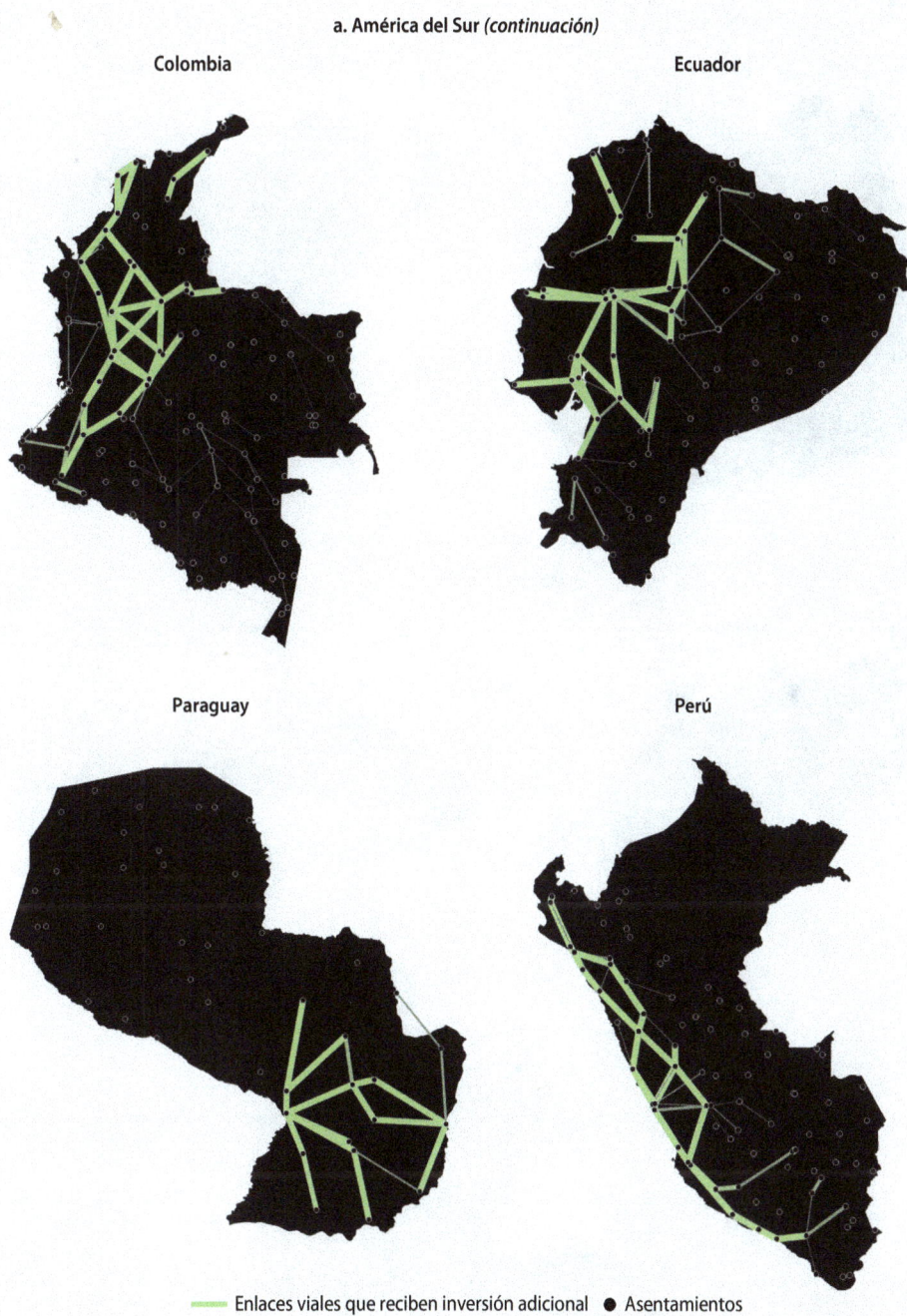

a. América del Sur *(continuación)*

Colombia

Ecuador

Paraguay

Perú

──── Enlaces viales que reciben inversión adicional ● Asentamientos

(El mapa continúa en la página siguiente)

MAPA 4.4   **Mejoras viales óptimas adicionales, países seleccionados de América Latina** *(continuación)*

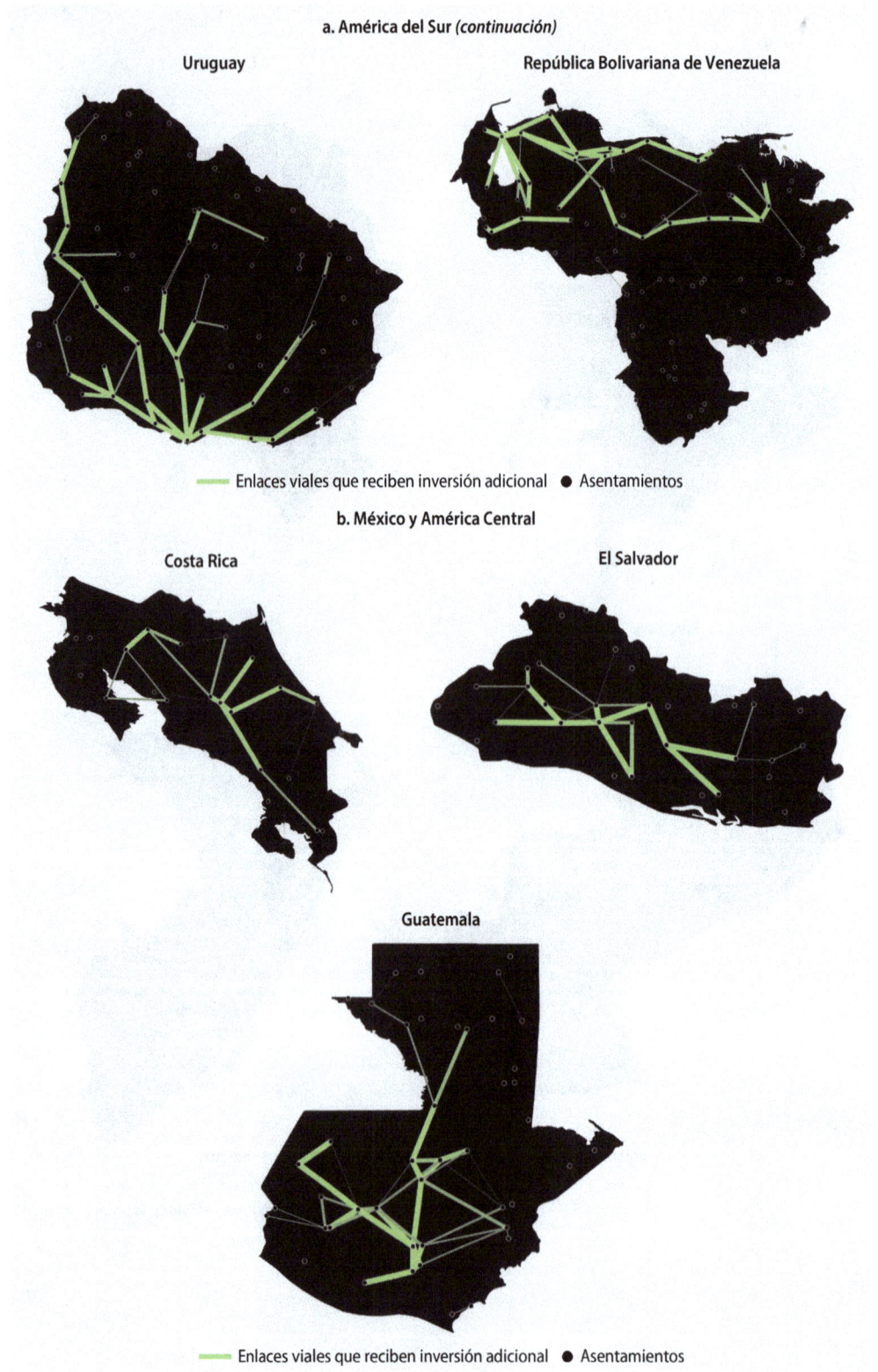

a. América del Sur *(continuación)*

Uruguay

República Bolivariana de Venezuela

— Enlaces viales que reciben inversión adicional   ● Asentamientos

b. México y América Central

Costa Rica

El Salvador

Guatemala

— Enlaces viales que reciben inversión adicional   ● Asentamientos

(El mapa continúa en la página siguiente)

MAPA 4.4 Mejoras viales óptimas adicionales, países seleccionados de América Latina *(continuación)*

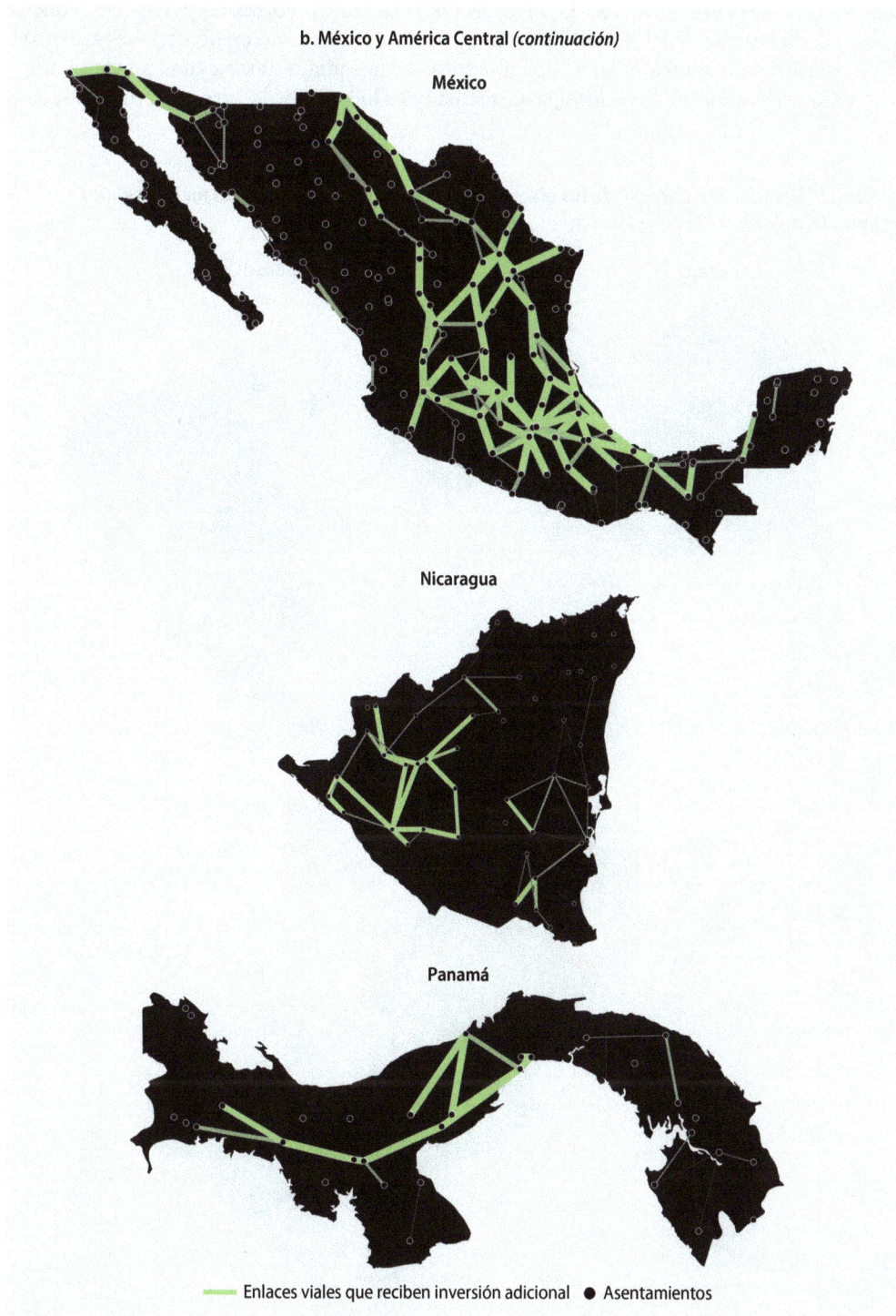

b. México y América Central *(continuación)*

México

Nicaragua

Panamá

——— Enlaces viales que reciben inversión adicional ● Asentamientos

Fuente: Gorton e Ianchovichina (2021).
Nota: Los enlaces viales que reciben inversiones viales adicionales se muestran en verde. Las inversiones viales adicionales corresponden a un aumento del 50 % de la red de infraestructura. Los segmentos más gruesos representan enlaces viales con mayores inversiones. Los nodos representan asentamientos.

la mayoría de las mejoras, sino que, por el contrario, son zonas poco conectadas y rezagadas que se encuentran en la periferia de estas ampliaciones, como se muestra en el mapa 4.5 para Argentina, Brasil y México. Los recortes óptimos de los costos de transporte reducen la desigualdad espacial al aumentar en mayor medida el consumo en ubicaciones con niveles de consumo inicialmente bajos[19]. Según datos de la India, estas mejoras pueden impulsar el desarrollo económico en los distritos situados a lo largo de la carretera, sobre todo en

MAPA 4.5   **Distribución espacial de los efectos en el bienestar producto de las mejoras viales óptimas, en Argentina, Brasil y México**

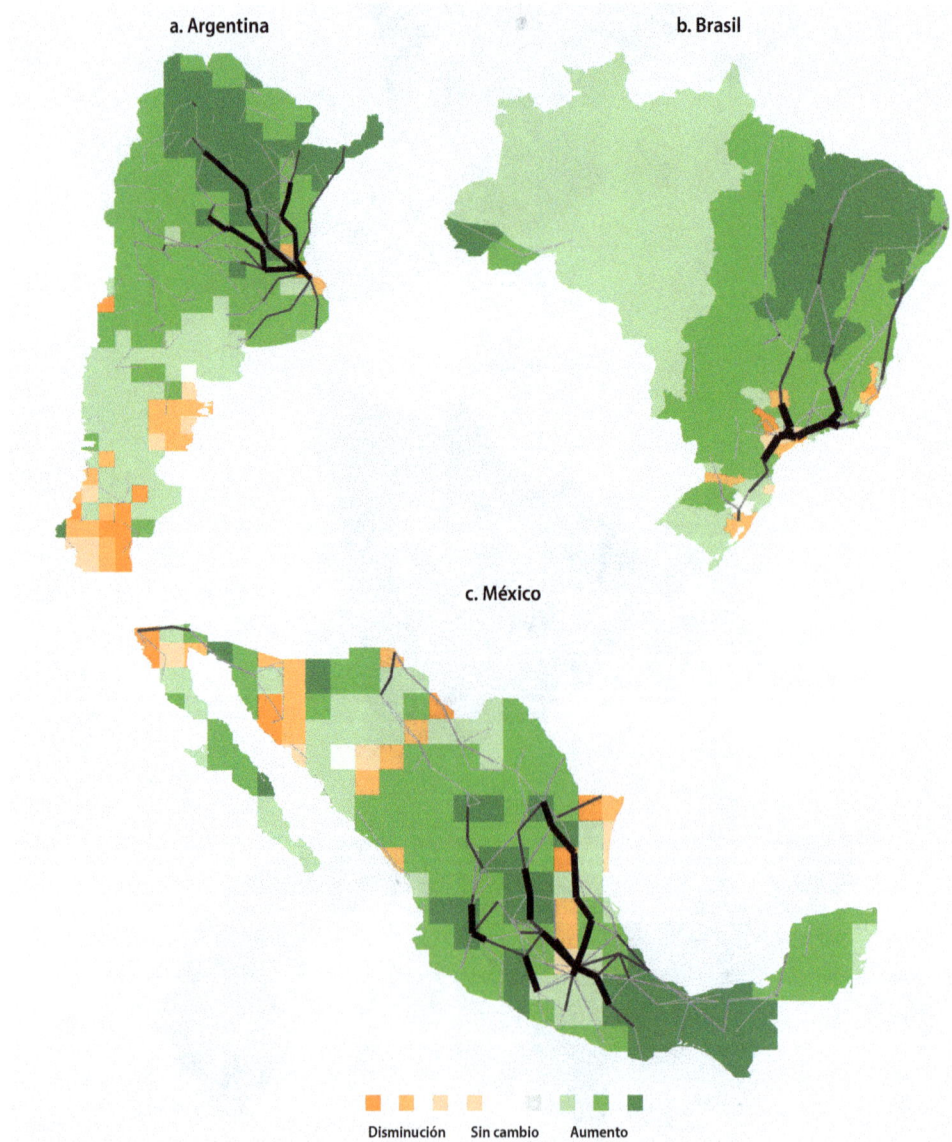

a. Argentina

b. Brasil

c. México

Disminución   Sin cambio   Aumento

Fuente: Gorton e Ianchovichina (2021).
Nota: Los tonos verdes identifican las celdas en las que se registraron aumentos en el bienestar y los tonos naranjas, aquellas en las que este ha disminuido. Cuanto más oscuro es el tono, mayor es el aumento o la disminución. Las líneas negras y grises indican los enlaces viales que reciben inversiones en infraestructura adicionales para mejoras viales. Cuanto más oscura y gruesa es la línea, mayores son las inversiones.

aquellos con un mejor acceso a la educación y un mayor desarrollo financiero inicial (Das y otros, 2019; Ghani, Grover y Kerr, 2013). En Argentina, se ha comprobado que estas inversiones complementarias aumentan los efectos de las inversiones viales en términos de bienestar a lo largo de los corredores que unen Buenos Aires con el noroeste en alrededor de un 45 % y con la Mesopotamia en alrededor de un 65 % (Banco Mundial, 2020).

¿Qué tipo de fricción relacionada con la movilidad genera mayores ineficiencias económicas?

El avanzado estado de urbanización y las tasas de inversión pública crónicamente bajas en la región de ALC podrían indicar que las barreras migratorias no son la principal fuente de ineficiencia espacial de la región (gráfico 4.4). Sin embargo, en las economías muy urbanizadas pueden existir obstáculos que impidan la movilidad laboral entre zonas predominantemente urbanas, en especial, el movimiento entre ciudades secundarias y centros urbanos primarios. Además, como se describe en la sección anterior, en algunos países, los efectos estáticos agregados sobre el bienestar que derivan de una inversión insuficiente en las redes viales podrían no ser sustanciales. En estas economías, las barreras migratorias pueden suponer un costo más elevado desde el punto de vista del crecimiento total o el bienestar.

Conte e Ianchovichina (2022) exploran la importancia relativa de las fricciones migratorias mediante la comparación de los efectos de la reducción de los costos comerciales y migratorios sobre el desarrollo espacial a largo plazo en América Latina. Utilizan datos espaciales detallados, incluso sobre la utilidad inicial que varía entre regiones subnacionales dentro de los países de ALC (véase el anexo 4A para obtener más información), y el modelo de equilibrio general espacial más avanzado de Desmet, Nagy y Rossi-Hansberg (2018), cuyas características técnicas se describen de forma resumida en el recuadro 4A.1. Cabe destacar varias propiedades del modelo. En primer lugar, abarca todas las ubicaciones de la

GRÁFICO 4.4   **Tasas de inversión pública por región, décadas de 1990, 2000 y 2010**

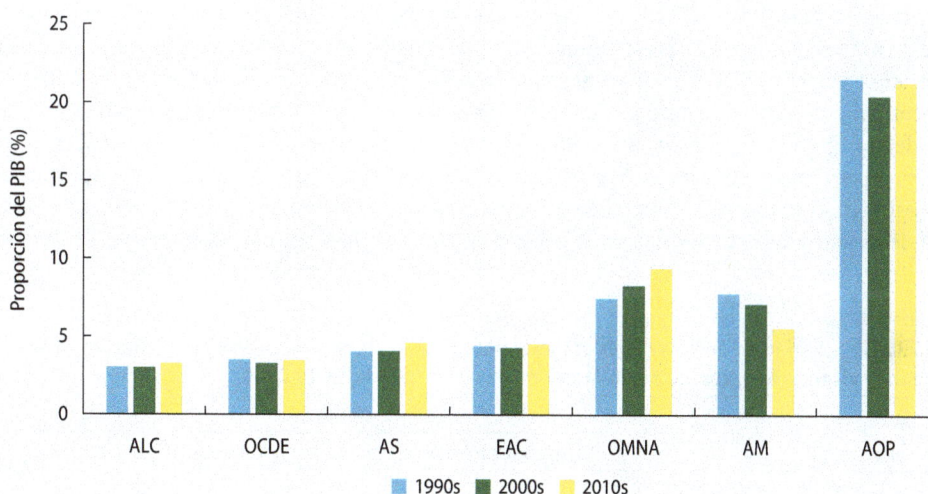

Fuente: Banco Mundial, a partir de datos de las Estadísticas financieras internacionales, Fondo Monetario Internacional (https://data.imf .org/?sk=4c514d48-b6ba-49ed-8ab9-52b0c1a0179b).
Nota: Los totales regionales son promedios ponderados. AOP = Asia oriental y el Pacífico; EAC = Europa y Asia central; ALC = América Latina y el Caribe; OMNA = Oriente Medio y Norte de África; OCDE = Organización para la Cooperación y el Desarrollo Económicos; AM = Asia meridional; AS = África subsahariana; PIB = producto interno bruto.

Tierra, y cada ubicación es exclusiva debido a su posición relativa con respecto a otras ubicaciones, lo que determina sus costos de transporte, sus comodidades y su utilidad inicial. En segundo lugar, las fronteras nacionales limitan la migración entre países, pero también existen fricciones migratorias dentro de los países. En tercer lugar, la productividad laboral en cada ubicación evoluciona con el tiempo porque las empresas tienen incentivos para mejorar su tecnología local en respuesta a los cambios en el tamaño del mercado para sus productos[20]. Sin embargo, las empresas también se benefician de la difusión de las innovaciones que se desarrollan en otras ubicaciones. Por último, en cuarto lugar, las fuerzas de aglomeración afectan tanto a la productividad de una ubicación como a las comodidades que ofrece, ya que una mayor densidad demográfica favorece la innovación, pero también se traduce en mayores costos de congestión.

En el escenario de referencia, se muestra la evolución espacial prevista para América Latina durante el próximo siglo, en ausencia de cambios en las fricciones relacionadas con la movilidad. A continuación, se comparan dos hipótesis contrafácticas con el escenario de referencia. En la primera hipótesis, los costos comerciales se reducen de manera óptima a lo largo de los segmentos identificados para recibir inversiones adicionales, según Gorton e Ianchovichina (2021), como se muestra en el mapa 4.4. De este modo, Conte e Ianchovichina (2022) simulan los efectos a largo plazo de las inversiones viales óptimas adicionales, destinadas a abordar las ineficiencias espaciales de las redes viales de los países de América Latina. Como se ha comentado anteriormente, estas ineficiencias son más profundas a lo largo de los segmentos viales que unen las localidades más productivas y pobladas, entre las que se encuentran algunas de las principales ubicaciones urbanas de los países de América Latina. Los costos de envío de bienes entre esas ubicaciones también son más elevados en América Latina que en Estados Unidos, la Unión Europea, China y Asia sudoriental (gráfico 4.2). En la segunda hipótesis, los costos migratorios de entrada en las principales ubicaciones se reducen a los del cuartil inferior de la distribución nacional de los costos migratorios de entrada. El enfoque en las barreras de entrada en las principales ubicaciones está justificado, ya que Hsieh y Moretti (2019) muestran que las pérdidas de eficiencia agregada son importantes cuando los costos de entrada en las principales ubicaciones son altos.

A largo plazo (hacia 2100), los beneficios dinámicos generan efectos de crecimiento mucho más sólidos a partir de reducciones óptimas de los costos de transporte que los beneficios a corto plazo que se presentan en la sección anterior. El aumento estimado con respecto al escenario de referencia en los valores actuales descontados del ingreso per cápita real de la región se calcula en un 15 % y el del bienestar en un 54 % (cuadro 4.1). Aunque a largo plazo exponen a las zonas rezagadas a la competencia, las reducciones óptimas de los costos de transporte también incentivan la especialización, la innovación y la aglomeración de la actividad económica en las zonas con acceso más amplio al mercado. Al mismo

CUADRO 4.1 Variación de los valores actuales descontados de la producción y el bienestar en dos escenarios alternativos, con respecto al escenario de referencia, 2000-2100

Escenarios	Variable	
	PIB real per cápita (% de cambio)	Bienestar (% de cambio)
Reducciones óptimas de los costos comerciales	15,05	53,64
Reducción de los costos migratorios de entrada en las principales ubicaciones	−0,53	19,10

Fuente: Conte e Ianchovichina (2022).
Nota: PIB = producto interno bruto.

tiempo, la difusión tecnológica favorece el crecimiento en las zonas vecinas (mapa 4.6) e impulsa no solo el comercio y la migración internos, sino también el comercio exterior y la migración internacional[21]. A finales de siglo, se espera que estas intervenciones generen un aumento de los salarios y de la población en las zonas costeras de Brasil, sobre todo, en el sur; en algunas zonas de Uruguay, el norte de Argentina y Paraguay; en el centro de Chile alrededor de Santiago, y en el altiplano de Bolivia, Ecuador y Perú (mapa 4.6). Los beneficios en el bienestar son mayores que el beneficio de la producción, debido a que la migración permite a las personas reubicarse en zonas con más comodidades. En los países pequeños y de ingreso relativamente bajo, además de impulsar la actividad económica, estas inversiones permiten a los países retener a residentes que, de otro modo, migrarían a otros países.

Por el contrario, las reducciones de los costos migratorios de entrada en las ubicaciones principales (siempre que sean superiores a los costos de entrada del cuartil inferior) tienen un efecto insignificante sobre el valor actual descontado del ingreso real per cápita de la región (–0,5 %) a largo plazo (2100) (véase el cuadro 4.1). El reducido efecto sobre el crecimiento refleja la dispersión relativamente baja de los costos migratorios de entrada en las economías de América Latina. Con el tiempo, las deseconomías de aglomeración reducen aún más este efecto atenuado. Sin embargo, se prevé que el beneficio sobre el bienestar sea considerablemente mayor (19,1 %), ya que la reducción de los costos migratorios de entrada permite que algunas personas se trasladen a zonas con más comodidades y obtengan una

MAPA 4.6 **Efectos de la reducción de los costos del transporte interurbano en 2100, por ubicación, región de ALC**

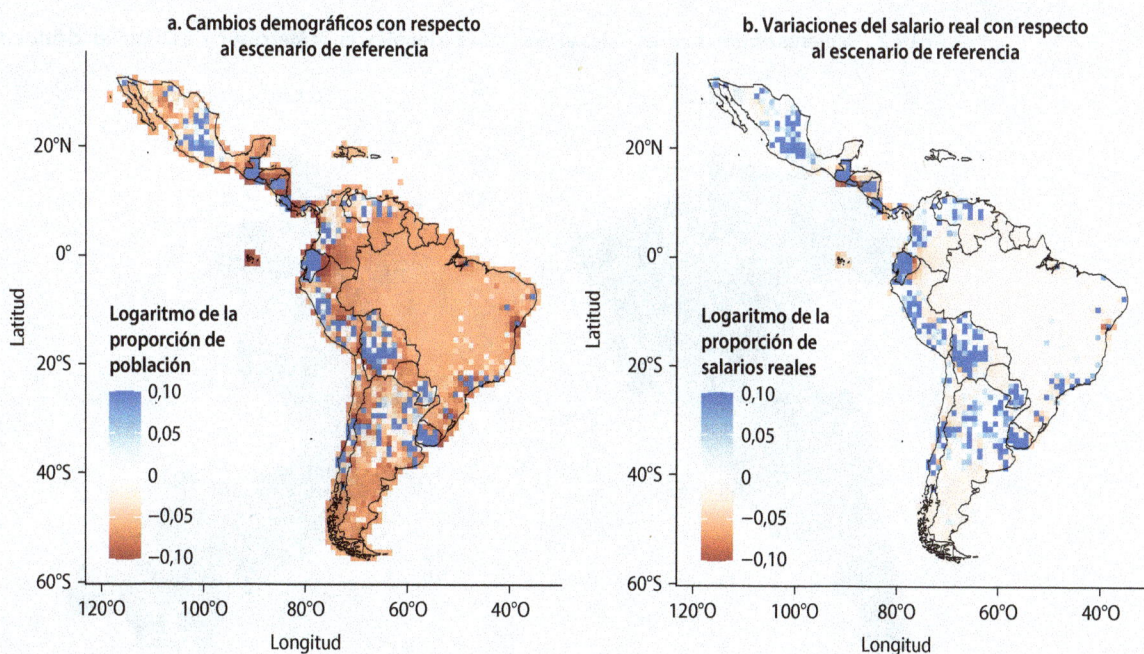

Fuente: Conte e Ianchovichina (2022), utilizando el modelo de equilibrio general espacial dinámico en Desmet, Nagy y Rossi-Hansberg (2018) y las reducciones óptimas de los costos comerciales de Gorton e Ianchovichina (2021).
Nota: Los mapas muestran la relación logarítmica entre el nivel de población (o salarios reales) a nivel de las celdas cuadriculadas en la simulación con recortes óptimos en los costos comerciales y el escenario de referencia sin recortes. Los valores superiores a cero indican resultados más altos, y los valores inferiores a cero indican resultados más bajos en la simulación con menores fricciones comerciales.

mayor utilidad. Estos resultados indican que los elevados costos de transporte, y no los elevados costos migratorios de entrada, son el principal obstáculo para el crecimiento económico a largo plazo en América Latina.

Efectos sobre el bienestar de las inversiones óptimas adicionales en redes viales transnacionales

Gorton e Ianchovichina (2021) señalan que los elevados costos de transporte entre las principales ciudades de América Latina reflejan en parte una inversión insuficiente y asignada de forma inadecuada en las redes viales transnacionales. Dentro del Mercosur, se necesitan inversiones viales óptimas para mejorar la conectividad por carretera entre las ciudades más grandes de cada país miembro y reducir así el costo del comercio entre los miembros del bloque (mapa 4.7, panel a). La necesidad de inversiones viales óptimas adicionales es mayor en Brasil, que representa el 71 % del total de inversiones adicionales en el bloque, seguido de Argentina (22 %), Paraguay (7 %) y Uruguay (7 %).

Dentro de la Comunidad Andina, se necesitan inversiones óptimas adicionales para mejorar la conectividad por carretera desde La Paz (Bolivia), a lo largo de la costa peruana hasta Lima, y luego a través de Quito hasta Medellín. La mitad del crecimiento de la infraestructura debe producirse en Colombia, una cuarta parte en Perú, algo menos de un cuarto en Ecuador y el pequeño resto en Bolivia. Afortunadamente, en los países donde se prevé que se implemente el grueso de las inversiones adicionales en carreteras transnacionales —Brasil, Colombia y Perú—, muchos de los enlaces que reciben inversiones óptimas transnacionales son también los que reciben inversiones óptimas nacionales.

MAPA 4.7   **Mejoras óptimas en las redes viales transnacionales, en el Mercosur y la Comunidad Andina**

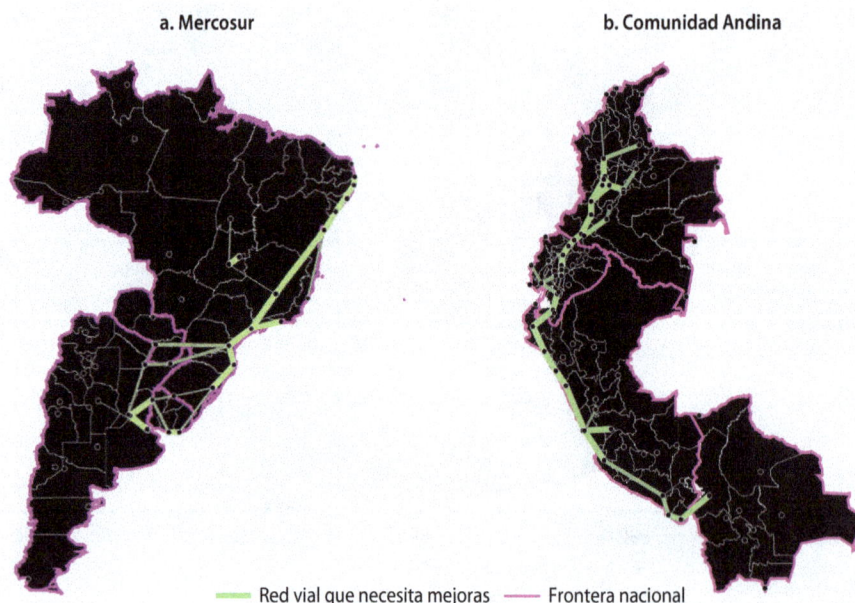

Fuente: Gorton e Ianchovichina (2021), utilizando el modelo de equilibrio general espacial de Fajgelbaum y Schaal (2020).
Nota: El Mercosur es un bloque comercial sudamericano cuyos miembros plenos son Argentina, Brasil, Paraguay y Uruguay. La Comunidad Andina es una zona de libre comercio que incluye a Bolivia, Colombia, Ecuador y Perú. Los segmentos de la red vial identificados en verde necesitan mejoras. Cuanto más gruesa y brillante es la línea, mayores son las inversiones.

GRÁFICO 4.5 **Efectos sobre el bienestar de las mejoras óptimas en las redes viales transnacionales, en el Mercosur y la Comunidad Andina**

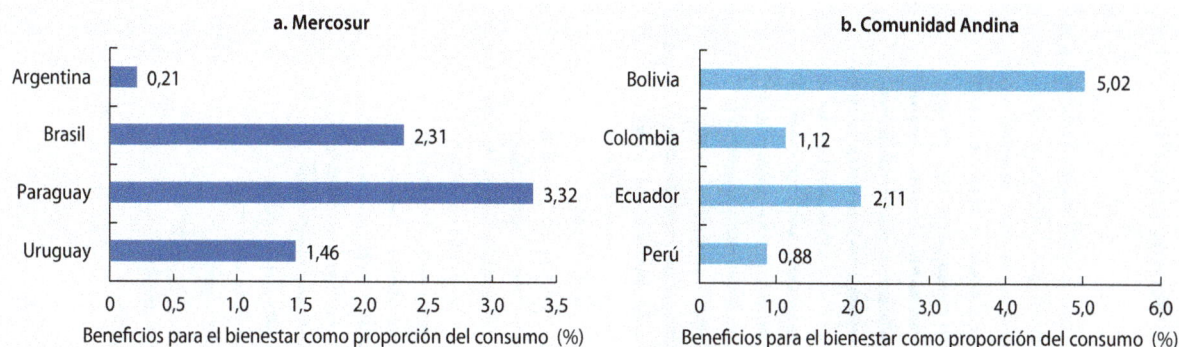

a. Mercosur

País	Beneficios
Argentina	0,21
Brasil	2,31
Paraguay	3,32
Uruguay	1,46

Beneficios para el bienestar como proporción del consumo (%)

b. Comunidad Andina

País	Beneficios
Bolivia	5,02
Colombia	1,12
Ecuador	2,11
Perú	0,88

Beneficios para el bienestar como proporción del consumo (%)

Fuente: Gorton e Ianchovichina (2021), utilizando el modelo de equilibrio general espacial de Fajgelbaum y Schaal (2020).
Nota: El Mercosur es un bloque comercial sudamericano cuyos miembros plenos son Argentina, Brasil, Paraguay y Uruguay. La Comunidad Andina es una zona de libre comercio que incluye a Bolivia, Colombia, Ecuador y Perú.

Por tanto, existe una alineación entre las necesidades internas y regionales de mejorar la conectividad vial.

Los beneficios de bienestar estimados a partir de las inversiones óptimas adicionales en la mejora de la conectividad de las carreteras internacionales en el Mercosur y la Comunidad Andina son mayores para Paraguay y Bolivia, los países miembros sin litoral y menos desarrollados de sus respectivos bloques comerciales (gráfico 4.5). En todos los países miembros, excepto Argentina y Perú, estos beneficios son comparables o mayores que los asociados a las inversiones adicionales en las redes viales nacionales.

Cómo vencer la maldición de la distancia mediante las tecnologías digitales

Durante la pandemia de COVID-19, muchos países hicieron frente a las restricciones de circulación recurriendo al trabajo desde casa. La disponibilidad de internet de alta velocidad y de tecnologías digitales para el intercambio de datos y el trabajo en equipo permitió realizar de forma virtual muchas tareas que antes requerían interacciones presenciales, lo que a su vez redujo radicalmente la necesidad de realizar viajes de negocios y desplazamientos diarios. Del mismo modo, la prestación digital de servicios (por ejemplo, citas virtuales con médicos, abogados, contadores, docentes y otros proveedores de servicios) redujo la necesidad de que los clientes visitaran a los proveedores de servicios y se desplazaran durante el día. Al reducir la necesidad de desplazarse al trabajo, las tecnologías digitales también pueden atenuar la congestión y la contaminación urbana[22].

Una comparación internacional de la capacidad de las personas para teletrabajar, de Montañés y otros (2021), indica que América Latina se ubica por detrás de otros mercados emergentes y de los países miembros de la Organización para la Cooperación y el Desarrollo Económicos (OCDE). A diferencia de la mayoría de las economías de la OCDE, donde a finales de la década de 2010 entre el 15 % y el 38 % de los trabajadores tenían empleos aptos para el trabajo desde casa (gráfico 4.6), en Argentina, Brasil, Chile y Uruguay, estas tasas oscilaban entre el 10 % y el 14 %; en todos los demás países latinoamericanos eran del 10 % o menos (gráfico 4.7).

GRÁFICO 4.6   **Proporción de trabajadores con empleos aptos para el teletrabajo, por país**

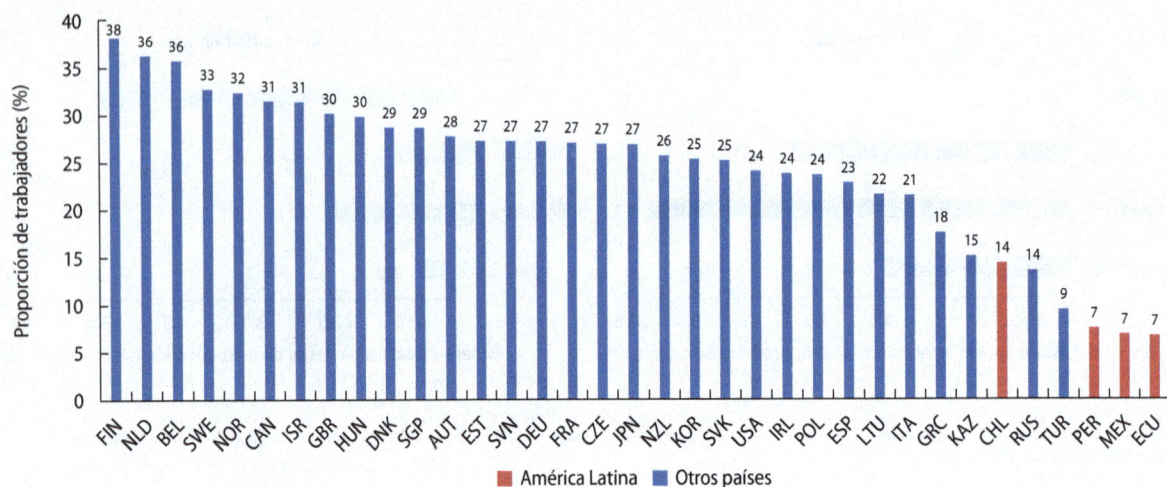

Fuente: Montañés y otros (2021), a partir de datos de Hatayama, Viollaz y Winkler (2020) y encuestas del Programa para la Evaluación Internacional de las Competencias de los Adultos (PIAAC, https://www.oecd.org/skills/piaac/).
Nota: En el eje vertical, se muestra la proporción de trabajadores que pueden trabajar desde casa. El año de referencia varía según los grupos de países. 2011-12: Alemania, Austria, Bélgica (Flandes), Canadá, Dinamarca, España, Estonia, Federación de Rusia, Finlandia, Francia, Irlanda, Italia, Japón, Noruega, Países Bajos, Polonia, Reino Unido (Inglaterra e Irlanda del Norte), República Checa, República de Corea, República Eslovaca y Suecia; 2014-15: Chile, Eslovenia, Grecia, Israel, Lituania, Nueva Zelandia, Singapur y Türkiye; 2017: Ecuador, Estados Unidos, Hungría, Kazajstán, México y Perú. Para consultar las abreviaturas de los países, véase el sitio web de la Organización Internacional de Normalización (ISO): https://www.iso.org/obp/ui/es/#search.

GRÁFICO 4.7   **Tendencias en la proporción de trabajadores con empleos aptos para el trabajo desde casa, región de ALC**

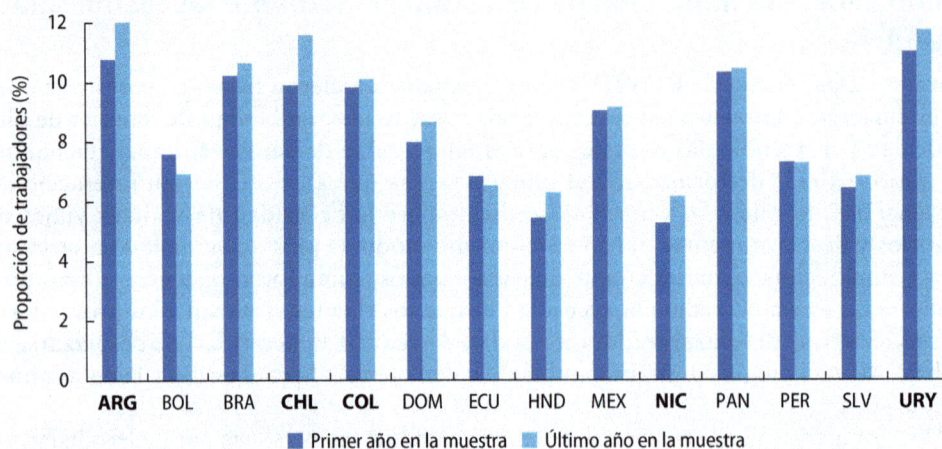

Fuente: Montañés y otros (2021), a partir de datos armonizados de la Base de Datos Socioeconómicos para América Latina y el Caribe (SEDLAC, https://www.cedlas.econo.unlp.edu.ar/wp/en/estadisticas/sedlac/) en el nivel de dos dígitos de la CIUO-08 (Clasificación Internacional Uniforme de Ocupaciones).
Nota: En el eje vertical, se muestra la proporción de trabajadores que pueden trabajar desde casa. Los países en negrita son aquellos con una brecha de al menos ocho años entre el primer y el último año disponible en la muestra. Para las abreviaturas de los países, véase la Organización Internacional de Normalización (ISO) en https://www.iso.org/obp/ui/es/#search.

En general, la proporción de trabajadores con empleos aptos para el teletrabajo aumenta con el nivel de desarrollo económico del país, la calidad y el costo de sus servicios de infraestructura digital y de tecnologías de la información y las comunicaciones (TIC), y la proporción de empleos de buena calidad (formales) en la economía. Aunque la mayoría de los países registraron un crecimiento de los empleos aptos para el teletrabajo durante la década de 2010, este crecimiento fue poco importante en muchos países, como Brasil, Colombia, El Salvador, México, Panamá y Perú, y en Bolivia y Ecuador fue negativo. Por tanto, existe heterogeneidad en la capacidad de los países para aprovechar las posibilidades del teletrabajo.

En los grupos socioeconómicos, existen grandes diferencias entre la proporción de trabajadores con capacidad para teletrabajar (gráfico 4.8). Los trabajadores más jóvenes (de 25 a 34 años), con mayor nivel de calificación y formación, las mujeres, los habitantes de zonas urbanas y los ricos tienen más probabilidades de tener empleos que les permitan trabajar desde casa que los trabajadores de más edad, menos calificados, los hombres, los habitantes de zonas rurales y los pobres, respectivamente. Los empleados formales de grandes empresas y compañías públicas y los que se dedican a servicios profesionales tienen empleos más aptos para el teletrabajo.

Montañés y otros (2021) concluyen que la educación y la formalidad del empleo son las variables predictivas más sólidas de la capacidad de teletrabajo de los trabajadores, mientras que la edad, el género y la ubicación explican solo una pequeña parte de las diferencias observadas en las tasas de teletrabajo[23]. Cuando se incluyen en el análisis los indicadores del sector económico y del acceso a internet desde el hogar, las estimaciones indican que los empleos menos aptos para el teletrabajo son los del sector de la hotelería, el comercio,

GRÁFICO 4.8 **Proporción promedio de trabajadores que pueden teletrabajar por grupo socioeconómico, región de ALC**

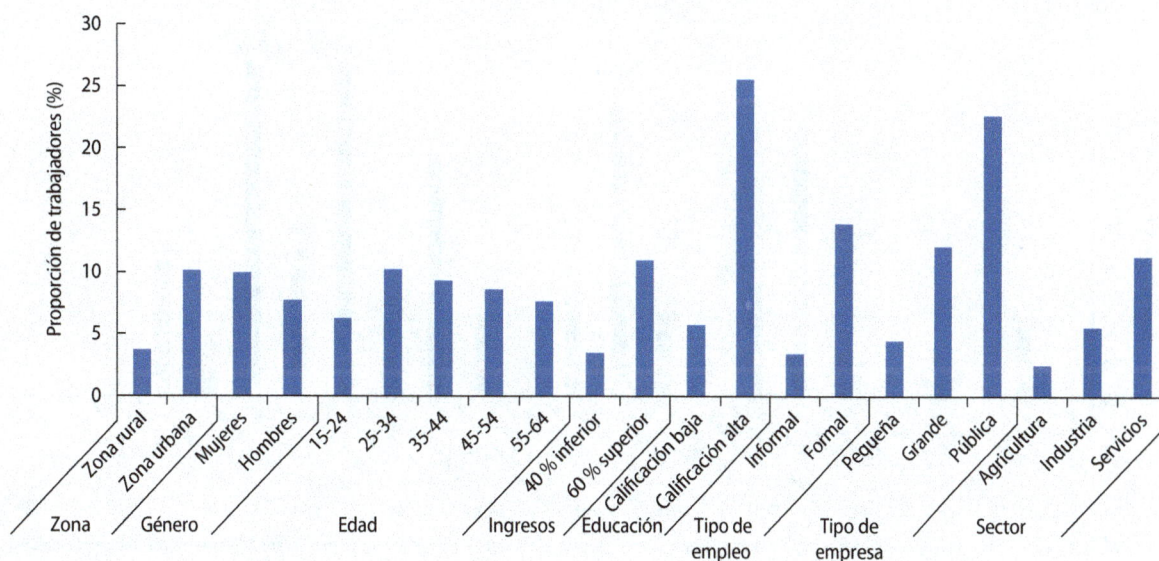

Fuente: Montañés y otros (2021), a partir de datos armonizados de la Base de Datos Socioeconómicos para América Latina y el Caribe (SEDLAC y el Banco Mundial, https://www.cedlas.econo.unlp.edu.ar/wp/en/estadisticas/sedlac/) en el nivel de dos dígitos de la CIUO-08 (Clasificación Internacional Uniforme de Ocupaciones).
Nota: En el eje vertical, se muestra, para el año más reciente de la muestra, la proporción de trabajadores que pueden trabajar desde casa, promediada en todos los países de ALC de la muestra. Los trabajadores altamente calificados son los que han completado una educación terciaria; los trabajadores poco calificados son el resto. La formalidad del empleo se define según la definición productiva, en la que se consideran trabajadores formales a los asalariados de una empresa privada importante o del sector público, a los cuentapropistas con educación universitaria y a los empleadores.

la agricultura y la construcción, mientras que los más aptos son los de la administración pública, las finanzas, los negocios, la educación y los servicios de salud. Los trabajos más aptos para el teletrabajo también suelen tener salarios bastante más altos.

Aunque, a nivel individual, la brecha rural/urbana contribuye mínimamente a explicar las diferencias observables en la capacidad de los trabajadores para teletrabajar, en la mayoría de los países, existen importantes diferencias entre los déficits rurales y urbanos de acceso a internet de los trabajadores con empleos aptos para el teletrabajo, así como importantes disparidades regionales que trascienden el ámbito urbano/rural. En Brasil, Chile y Uruguay, todos los trabajadores con empleos aptos para el trabajo desde casa tienen acceso a internet en su domicilio (gráfico 4.9). En otros países, los déficits son mayores en las zonas rurales, donde menos personas tienen empleos aptos para el teletrabajo. Por ejemplo, en las zonas rurales de México, el 73 % de los trabajadores con empleos aptos para el teletrabajo no tienen acceso a internet en casa, frente al 24 % en las zonas urbanas. En Colombia, los porcentajes respectivos son del 82 % en las zonas rurales frente al 35 % en las urbanas. En Guatemala, Nicaragua y Perú, la mayoría de los trabajadores rurales con empleos aptos para el teletrabajo (o casi todos ellos) carecen de acceso a internet en casa.

Sin embargo, el acceso a internet es solo uno de los factores que permiten el teletrabajo. La mayor parte de las diferencias a nivel subnacional en cuanto a la adecuación de los empleos al trabajo desde casa se derivan de las diferencias en la disponibilidad de puestos de trabajo que podrían desempeñarse desde casa (en función del tamaño del sector público) y de las diferencias en los niveles de calificación y educación (gráfico 4.8). No obstante, el acceso a internet es una condición necesaria para el teletrabajo y el ulterior desarrollo de la economía digital, y el acceso a servicios de internet rápidos, fiables y asequibles es clave para esta estrategia.

GRÁFICO 4.9 **Trabajadores rurales y urbanos con empleos adecuados para el teletrabajo, pero sin acceso a internet en el hogar, región de ALC**

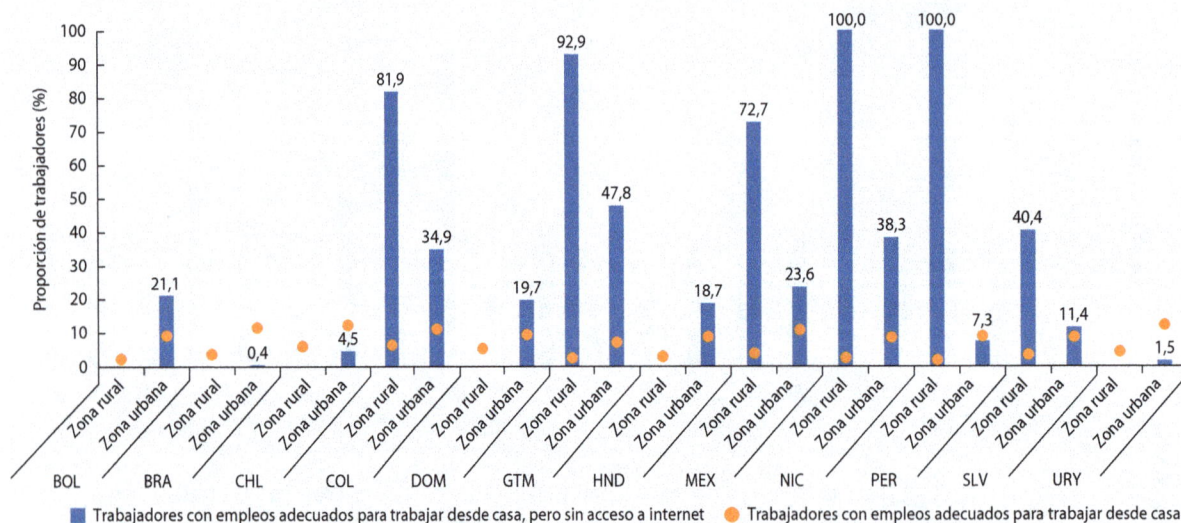

Fuente: Montañés y otros (2021), a partir de los datos de las encuestas de hogares de la Base de Datos Socioeconómicos para América Latina y el Caribe (Centro de Estudios Distributivos, Laborales y Sociales y Banco Mundial, https://www.cedlas.econo.unlp.edu.ar/wp/en/estadisticas/sedlac/).
Nota: En el caso de Bolivia, la República Dominicana y Honduras, el porcentaje nulo de trabajadores que tienen empleos que permiten trabajar desde casa, pero carecen de acceso a internet en el hogar, indica que no hay personas con empleos adecuados para el teletrabajo. En el caso de Brasil, Chile y Uruguay, el porcentaje nulo indica que todos los trabajadores con empleos adecuados para el trabajo desde casa tienen acceso a internet en el hogar. Para las siglas y abreviaturas de países, consulte la página de la Organización Internacional de Normalización (ISO): https://www.iso.org/obp/ui/es/#search.

El costo de los servicios de banda ancha varía de un país a otro y dentro de un mismo país. El costo promedio de suscripción es más alto en los países de América Central (gráfico 4.10, panel a). La asequibilidad, medida como la relación entre el costo promedio nacional de suscripción y el ingreso regional per cápita, también varía ampliamente. Los servicios de internet son menos asequibles para los residentes más pobres de la región de ALC (gráfico 4.10, panel b), en especial para aquellos que viven en zonas rurales (gráfico 4.10, panel c). En Honduras, que es un caso extremo, el costo de una suscripción de banda ancha fija representa casi el 90 % del ingreso promedio de quienes se encuentran en el 40 % más pobre de la distribución del ingreso, en comparación con el 16 % para

GRÁFICO 4.10   **Asequibilidad de internet y acceso a internet, por región y grupo de bienestar**

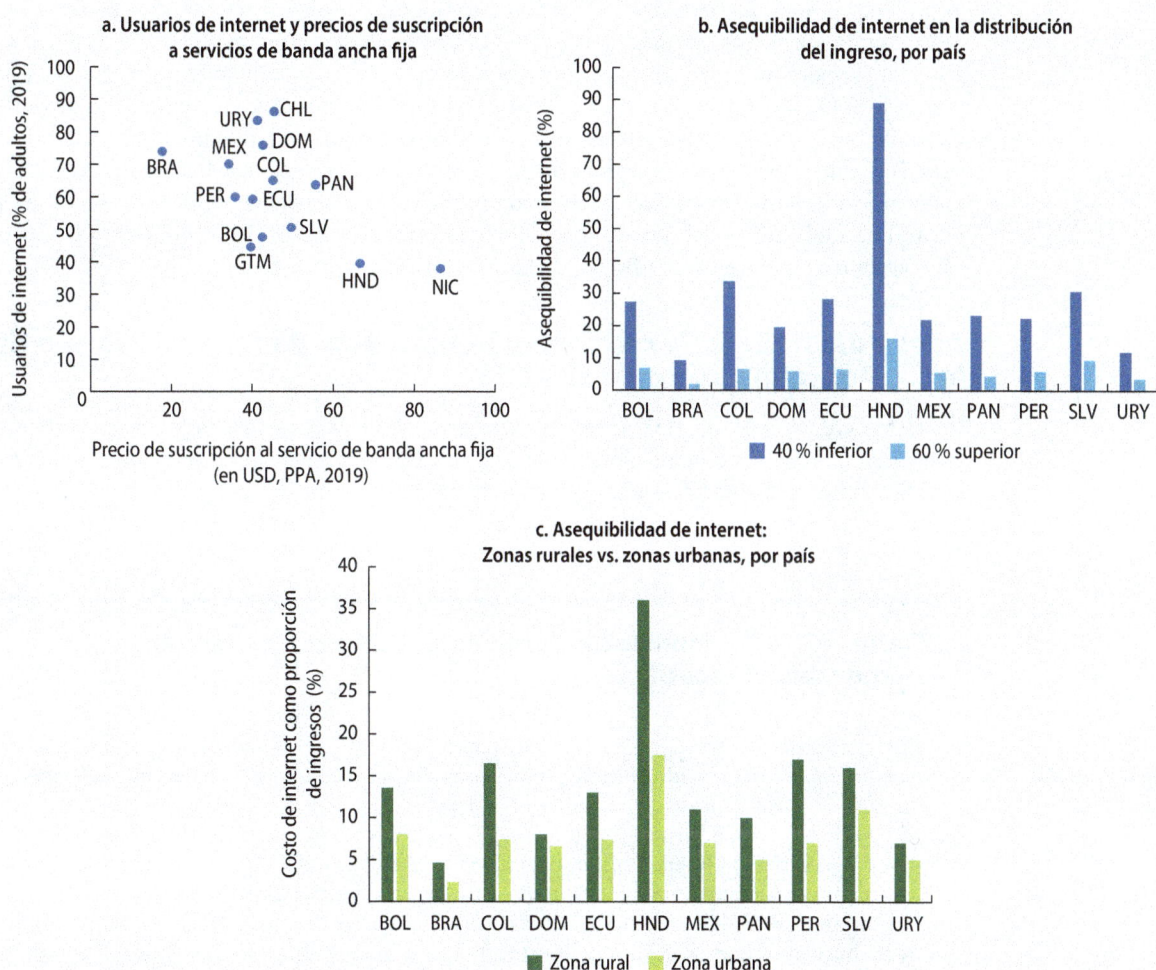

a. Usuarios de internet y precios de suscripción a servicios de banda ancha fija

b. Asequibilidad de internet en la distribución del ingreso, por país

c. Asequibilidad de internet: Zonas rurales vs. zonas urbanas, por país

Fuente: Montañés y otros (2021), a partir de datos de la Base de Datos Socioeconómicos para América Latina y el Caribe (SEDLAC y el Banco Mundial, https://www.cedlas.econo.unlp .edu.ar/wp/en/estadisticas/sedlac/) y de la Unión Internacional de Telecomunicaciones (UIT, https://www.itu.int/en/Pages/default.aspx).
Nota: Los datos sobre precios corresponden al precio mensual de un plan de banda ancha fija de 5 gigabytes (GB) (expresado en dólares internacionales de 2011 ajustados a la paridad del poder adquisitivo [PPA]). Los datos de precios de internet de la UIT corresponden a cada país y se refieren al año 2019 (panel a). La asequibilidad de internet se calcula como la relación entre el precio mensual de un plan de banda ancha fija de 5 GB y el ingreso promedio mensual per cápita a nivel regional (ambas variables expresadas en dólares internacionales de 2011 ajustados a la PPA). El 40 % más pobre se refiere a las personas que se encuentran en el 40 % inferior de la distribución del ingreso; el 60 % más rico se refiere a todas las demás personas. Para consultar las abreviaturas de los países, véase el sitio web de la Organización Internacional de Normalización (ISO): https://www.iso.org/obp/ui /es/#search.

quienes se encuentran en el 60 % más rico de los hogares. En todos los demás países, este costo varía entre el 9 % y el 34 % del ingreso promedio del 40 % más pobre.

La evidencia que se presenta en este capítulo indica que los elevados costos de transporte entre las principales zonas urbanas, y no las elevadas barreras migratorias de entrada en estas zonas, limitan el crecimiento económico a largo plazo en la región de ALC. Los elevados costos de transporte interurbano dentro del país y entre países reflejan, en parte, la subinversión en redes viales interurbanas nacionales y transnacionales. Estos resultados coinciden con las conclusiones de Quintero y Roberts (2018) y Blankespoor y otros (2017). A corto plazo, las inversiones viales óptimas adicionales pueden contribuir a reducir los elevados costos de transporte interurbano *y también* la desigualdad territorial. A largo plazo, si bien algunas zonas rezagadas quedan expuestas a una mayor competencia, se prevé que las reducciones óptimas de los costos de transporte fomenten la especialización, la innovación y la aglomeración de la actividad económica en las zonas urbanas con un acceso más amplio al mercado. Las tecnologías digitales podrían ayudar a los países a vencer la maldición de la distancia, pero, según datos recientes, en la mayoría de los países de ALC, la proporción de personas con empleos aptos para el teletrabajo es inferior a la de los países de la OCDE y los países emergentes de Europa. El desarrollo de modos de transporte alternativos, como fluviales y ferroviarios, a lo largo de rutas donde no se ha invertido lo suficiente en la mejora de la infraestructura vial también puede justificarse en función de las prioridades climáticas y de transporte público. En el siguiente capítulo, se analiza la naturaleza de la actividad económica y el empleo en las zonas urbanas de América Latina, así como otros factores que influyen en la productividad urbana.

Anexo 4A Modelo de crecimiento endógeno, datos y calibración de los costos migratorios de entrada

En el recuadro 4A.1 de este anexo, se presenta el modelo de Desmet, Nagy y Rossi-Hansberg (2018). A continuación, se describen tanto los datos necesarios para aplicar el modelo como la calibración de los costos migratorios de entrada.

RECUADRO 4A.1   Modelo de crecimiento endógeno global con heterogeneidad espacial

En el modelo de Desmet, Nagy y Rossi-Hansberg (2018), el mundo se representa por medio de un espacio bidimensional S que consiste en un continuo de ubicaciones. Cada ubicación r tiene una densidad de suelo $H(r) > 0$ y una población inicial de trabajadores $\overline{L}_0(r)$. Los consumidores deciden cuánto consumir y dónde vivir. En cada período t, los consumidores obtienen utilidad de las comodidades locales $a_t(r)$, el consumo y_t de un bien representativo, modelado como un agregado de elasticidad constante de sustitución de variedades diferenciadas. Los consumidores tienen preferencias homogéneas y no pueden tomar préstamos ni ahorrar, por lo que, en cada período, utilizan todo su ingreso, que procede de los salarios y las rentas de terrenos. Así, la utilidad de un consumidor i que elige vivir en la ubicación r en el período t se calcula de la siguiente manera:

$$u_t^i(\overline{r},r) = a_t(r) \times y_t(r) \times \varepsilon_t^i(r) \times \bar{m}(\overline{r},r)^{-1}. \qquad \text{(R4A.1.1)}$$

(El recuadro continúa en la página siguiente)

RECUADRO 4A.1 Modelo de crecimiento endógeno global con heterogeneidad espacial *(continuación)*

En esta ecuación, $\bar{r} = (r_0,\ldots,r_{t-1})$ indica el historial de ubicaciones en las que vivía el consumidor antes del período t, y $\bar{m}(\bar{r},r) = \Pi_{s=1}^{t} m(r_{s-1},r_s)$ es el costo de migración acumulado a partir de todas las elecciones anteriores $\bar{r}$ y la ubicación actual r. Las comodidades locales de la ubicación r, $a_t(r) = \bar{a}(r)\overline{L}_t(r)^{-\lambda}$, dependen del nivel fundamental y exógeno de las comodidades en r, $\bar{a}(r)$ y del parámetro que impulsa las externalidades negativas a la densidad demográfica, $\lambda > 0$. Al elegir dónde vivir, los consumidores se guían por el choque estocástico de preferencias $\varepsilon_t^i(r)$, distribuido según una distribución de Fréchet, que depende del parámetro Ω. Este parámetro determina la heterogeneidad de las preferencias de los agentes sobre dónde vivir y la intensidad de las fuerzas de congestión en la economía. Cuanto mayor sea Ω, mayores serán las fricciones para la movilidad de los consumidores en todo el S. Por último, en ausencia de fricciones de migración dentro de una ubicación, solo las barreras de entrada específicas del destino $m_2(r)$ en el período actual son relevantes para la elección de la ubicación óptima. Entonces, la población total en la ubicación r en el momento t tiene la solución en forma cerrada:

$$H(r)\overline{L}_t(r) = \frac{u_t(r)^{1/\Omega} m_2(r)^{-1/\Omega}}{\displaystyle\int_S u_t(v)^{1/\Omega} m_2(v)^{-1/\Omega} dv} \overline{L}. \qquad \text{(R4A.1.2)}$$

Aquí, $u_t(r) = a_t(r)y_t(r)$.

En cada ubicación r, las empresas producen un bien $\omega \in [0,1]$ mediante el uso de la tierra y la mano de obra, de modo que la producción por unidad de tierra del bien ω en la ubicación r en el período t se expresa de la siguiente forma:

$$q_t^{\omega}(r) = \phi_t^{\omega}(r)^{\gamma_1} z_t^{\omega}(r) L_t^{\omega}(r)^{\mu}. \qquad \text{(R4A.1.3)}$$

La productividad de la empresa depende de un parámetro de productividad local, específico para cada variedad, $z_t^{\omega}(r)$, así como de un parámetro de innovación, $\phi_t^{\omega}(r)$, obtenido a partir de una distribución de Fréchet, de modo que la productividad local en cualquier momento se ve parcialmente impulsada por las economías de aglomeración, la innovación local y la difusión de la innovación a las ubicaciones cercanas. En cada unidad de tierra, un continuo de empresas compite en cuanto a los precios. Dado que las empresas son similares en pequeñas unidades de terreno, las empresas locales se enfrentan a una competencia perfecta. La solución a la maximización estática del beneficio de una empresa es tal que el precio de envío de la variedad ω producida en r y consumida en s es proporcional al costo marginal de producción, $mc_t(r)$, en r y a los costos comerciales entre las dos ubicaciones, $\zeta(s,r)$. En ausencia de mercados de crédito, el comercio se equilibra ubicación por ubicación, de modo que el ingreso nominal local en r es igual al gasto total de todas las ubicaciones s en bienes producidos en la ubicación r. Esto implica lo siguiente:

$$w_t(r)H_t(r)\overline{L}_t(r) = \int_S \left[\frac{T_t(r)\big[mc_t(r)\zeta(s,r)\big]^{-\theta}}{\displaystyle\int_S T_t(u)\big[mc_t(u)\zeta(s,u)\big]^{-\theta} du} \right] w_t(s)H_t(s)\overline{L}_t(s)\,ds. \qquad \text{(R4A.1.4)}$$

Aquí, $w_t(r)$ indica las edades nominales y $w_t(r)H_t(r)\overline{L}_t(r)$, el ingreso. Existe un equilibrio dinámico de la economía, que es una secuencia de equilibrios estáticos en los que, en cada período t, los mercados de bienes y trabajo se despejan. Esto requiere que R4A.1.2 y R4A.1.4 se mantengan simultáneamente en cada período.

En Desmet, Nagy y Rossi-Hansberg (2018), y Conte e Ianchovichina (2022), la superficie de la Tierra se divide en unas 17 000 celdas de cuadrícula de 1° × 1°. Los costos migratorios de entrada específicos de cada destino, $m_2(r)$, se cuantifican para cada ubicación r utilizando una estrategia de calibración, a partir del cálculo de la relación entre las comodidades fundamentales ($\bar{a}(r)$) y el nivel inicial de utilidad ($u_0(r)$), ($\bar{a}(r) / u_0(r)$), para cada ubicación r del modelo, de manera que la actividad económica y la población implícitas en el modelo coincidan exactamente con la distribución espacial de la actividad económica y la población en todo el mundo para el año 2000. La principal fuente de estos datos es el conjunto de datos G-Econ (Nordhaus y otros, 2006), con datos sobre el PIB y la población a escala mundial.

Conte e Ianchovichina (2022) representan la utilidad inicial en los países de América Latina con datos geocodificados sobre el bienestar subjetivo, procedentes de varias rondas de encuestas de Latinobarómetro que abarcan el período 1997-2000. Latinobarómetro proporciona una cobertura geográfica mucho más precisa de la región de ALC que la Encuesta Mundial de Gallup (GWP); además, es representativo del nivel subnacional, mientras que la GWP es representativa del nivel nacional. Con el fin de ampliar la cobertura espacial del bienestar subjetivo dentro de los países para los que la información de Latinobarómetro era insuficiente, Conte e Ianchovichina (2022) también utilizaron los datos a nivel individual de la GWP sobre Argentina, Brasil, Colombia, Ecuador, México y Paraguay para el período 2000-15. De este modo, se obtiene información sobre el bienestar subjetivo para unas 100 coordenadas adicionales que, posteriormente, se cotejan con la cuadrícula de Desmet, Nagy y Rossi-Hansberg (2018). Para el resto del mundo, se sigue a Desmet, Nagy y Rossi-Hansberg (2018) y se utilizan las calificaciones de la Escalera de Cantril del bienestar subjetivo promedio de la GWP hacia 2000, para representar la utilidad inicial.

La Escalera de Cantril es una escala ordinal que indica cómo califican las personas a su propia vida. Las calificaciones van de 0, para la peor vida posible, a 10, para la mejor vida posible. Aunque los puntos de referencia para la peor y la mejor vida posible pueden variar entre personas, regiones y países, Desmet, Nagy y Rossi-Hansberg (2018) se abstraen de tales diferencias potenciales en los puntos de referencia basándose en la conclusión de Deaton y Stone (2013), y Stevenson y Wolfers (2013) de una relación entre el bienestar subjetivo y el logaritmo del ingreso real que es similar dentro de Estados Unidos, así como entre países. Para convertir las calificaciones ordinales del bienestar subjetivo en valores cardinales, Desmet, Nagy y Rossi-Hansberg (2018) estiman una regresión entre países del bienestar subjetivo de un individuo i residente en la ubicación r en el logaritmo de sus ingresos reales (Deaton y Stone, 2013; Kahneman y Deaton, 2010)[24].

Para que sean compatibles con la escala de 0 a 10 de la métrica de la Escalera de Cantril que se utiliza en la GWP, las respuestas registradas para la pregunta sobre satisfacción con la vida en Latinobarómetro se dividen en cuatro categorías: "muy satisfecho", "bastante satisfecho", "poco satisfecho" y "nada satisfecho" (se establecen en 10; 7,5; 5,0, y 2,5, respectivamente). Los países incluidos en este ajuste son Argentina, Bolivia, Brasil, Chile, Colombia, Costa Rica, Ecuador, El Salvador, Guatemala, Honduras, México, Nicaragua, Panamá, Paraguay, Perú, Uruguay y República Bolivariana de Venezuela. A continuación, Conte e Ianchovichina (2022) geocodifican las 536 coordenadas de las ubicaciones de las encuestas de Latinobarómetro. Luego, superponen las coordenadas en el primer nivel administrativo (estados) y se calcula el bienestar promedio en cada una de las unidades administrativas. También se normalizan los valores para que el máximo sea igual a uno dentro de cada país[25]. Por último, se coloca la cuadrícula de Desmet, Nagy y Rossi-Hansberg (2018) sobre la forma administrativa de los países de América Latina para obtener la escala de 0-1 de bienestar dentro del país y se multiplican los valores de bienestar subjetivo utilizados por Desmet, Nagy y Rossi-Hansberg (2018) por esta escala, con el fin de obtener valores heterogéneos ajustados para el bienestar subjetivo dentro de los países de América Latina. A partir de los valores de la utilidad inicial, se determinan los valores de las comodidades iniciales y se simula el modelo un período hacia el futuro. Los costos de migración de entrada que se estiman en específico para el destino, $m_2(r)$, que se muestran en el mapa 4.1, son los valores para los que la distribución de la población implícita en el modelo durante el año siguiente coincide con la que se observa en los datos. En el cuadro 1 de Conte e Ianchovichina (2022), se presenta el conjunto completo de todos los parámetros calibrados y sus fuentes.

Anexo 4B Modelo, datos y representación de las redes viales

En el recuadro 4B.1 de este anexo, se presenta el modelo de Fajgelbaum y Schaal (2020) y los efectos de equilibrio general de las mejoras viales óptimas. A continuación, se analizan los datos necesarios para aplicar el modelo y se muestra la representación de la red vial nacional de un país seleccionado.

RECUADRO 4B.1   Efectos de equilibrio general de las mejoras viales óptimas

Las inversiones en infraestructura tienen importantes efectos de equilibrio general, los que se captan en el modelo espacial de Fajgelbaum y Schaal (2020). Una mejora en un enlace de una red vial afecta a todas las demás ubicaciones de la economía. Se supone que, en las ubicaciones más pobladas de la economía, se produce un conjunto discreto de 10 bienes comercializables. Todas las demás ubicaciones producen un bien homogéneo no comercializable. El planificador social determina las inversiones óptimas en cada enlace vial jk (I_{jk}), los flujos comerciales brutos a lo largo del enlace del bien comercializado n (Q_{jk}^n), y la asignación óptima del consumo (c_j, h_j) y la producción (D_j^n) entre ubicaciones. Esto se obtiene maximizando el bienestar derivado del consumo de un bien compuesto comercializable (c_j) y un bien no comercializable (h_j) y resolviendo *conjuntamente* el problema de optimización de triple anidamiento:

$$\max_{I_{jk}} \max_{Q_{jk}^n} \max_{\{c_j,h_j,D_j^n,L_j^n,V_j^n,X_j^n\}} \sum_j L_j U\left(c_j,h_j\right). \tag{R4B.1.1}$$

Esto queda sujeto a 1) una restricción de construcción de la red, $\sum_j \sum_{k\in N(j)} \delta_{jk}^I I_{jk} \leq K$, debido a una red preexistente; 2) una restricción de flujo que asegure que, en cada ubicación j, la suma del consumo del bien n, el uso intermedio ($X_j^{1n},...,X_j^{Nn}$) y la cantidad enviada fuera de la ubicación no exceda la producción total y las importaciones del bien n en la ubicación j; 3) una restricción de compensación del mercado local de factores para el trabajo y otros factores primarios, $V_j^n = (V_j^{1n},...,V_j^{Mn})$; 4) restricciones de no negatividad sobre el consumo, los flujos comerciales internos y el uso de factores, y 5) la disponibilidad de productos básicos comercializables y bienes no comercializables en cada ubicación. Si hay movilidad laboral, también debe cumplirse una condición de compensación del mercado laboral nacional.

A diferencia de los modelos estándar con costos de transporte exógenos, los costos de transporte (τ_{jk}) son *endógenos*, lo que genera lo siguiente:

$$\tau_{jk}\left(Q,I\right) = \frac{\delta_{jk}^\tau Q^\beta}{I^\gamma}. \tag{R4B.1.2}$$

(El recuadro continúa en la página siguiente)

RECUADRO 4B.1   Efectos de equilibrio general de las mejoras viales óptimas *(continuación)*

Estos costos dependen de cuánto se invierte en cada enlace vial (I) y de la cantidad de bienes comercializables que se transportan por el enlace (Q). Los costos de transporte *disminuyen* con el aumento de las inversiones a lo largo del enlace. Sin embargo, a medida que aumenta el tráfico a lo largo del enlace, los costos de transporte se *incrementan* debido a la congestión, lo que refleja el aumento de la probabilidad de accidentes de tránsito, daños a la carretera y tiempos de viaje más largos. Por lo tanto, los flujos comerciales aumentan con la calidad de la carretera[a], disminuyen con la congestión y aumentan con las diferencias entre los precios de las dos ubicaciones. Los costos comerciales también dependen de las fricciones geográficas $\delta_{jk}^{\tau} = \delta_{0}^{\tau} dist_{jk}$. El costo por kilómetro de construcción a lo largo de cada enlace jk se calcula de esta forma:

$$\ln\left(\frac{\delta_{jk}^{I}}{dist_{jk}}\right) = \ln\left(\delta_{0}^{I}\right) - 0.11 \times 1\left(dist_{jk} > 50km\right) + 0.12 \times \ln\left(ruggedness_{jk}\right). \qquad \text{(R4B.1.3)}$$

Aquí, δ_{jk}^{I} mide los recursos asignados al enlace jk, que aumentan con la irregularidad del terreno.

Nota: El término "ruggedness" (rugosidad) se refiere a la irregularidad de la topografía.
a. La calidad de la carretera se deduce de la clase de carretera y del tipo de pavimento.

El modelo de Fajgelbaum y Schaal (2020) se implementa construyendo primero una cuadrícula en la que se describe la distribución espacial de la actividad económica y la población de un país, y una red vial discretizada que es una representación de la red vial existente en el país. Para las cuadrículas de países de América Latina relativamente pequeños, Gorton e Ianchovichina (2021) utilizan celdas de 0,5 grados de arco o celdas de 0,25 grados de arco. Sin embargo, en la mayoría de los casos, se utilizan celdas de 1 grado de arco, ya que muchos países de América Latina tienen territorios extensos. Para Brasil, incluso las celdas de 1 grado de arco son demasiado pequeñas y dan como resultado una cuadrícula de país con más de 800 celdas. Debido a que los problemas de cálculos se vuelven complejos cuando el número de celdas de cuadrícula es superior a 300 aproximadamente, Gorton e Ianchovichina (2021) utilizan como celdas de cuadrícula las mesorregiones de Brasil, que son subdivisiones administrativas de los estados brasileños. En el cuadro 4B.1, se mencionan las principales características de las cuadrículas y las redes viales de los países.

En consonancia con Fajgelbaum y Schaal (2020), Gorton e Ianchovichina (2021) obtienen los datos demográficos de la versión 4 de la publicación *Gridded Population of the World* (GPW) del Centro de Datos y Aplicaciones Socioeconómicas (SEDAC) de la NASA, y los datos de valor agregado de G-Econ 4.0 de la Universidad de Yale (Nordhaus y otros, 2006). Dado que es importante utilizar datos demográficos y de valor agregado para el mismo año, ambos conjuntos de datos se refieren a 2005, que es el último año para el que se dispone de datos de G-Econ[26]. En el caso de Brasil, el Instituto Brasileño de Geografía y Estadística proporciona datos de población y PIB por mesorregión.

Gorton e Ianchovichina (2021) ajustan las cuadrículas nacionales de Chile, Nicaragua y Perú para dar lugar a geografías particulares que plantean desafíos a la construcción de carreteras. En Perú, la ciudad de Iquitos está rodeada por una zona de reserva natural,

CUADRO 4B.1 **Resumen estadístico de las cuadrículas nacionales y las redes viales, América Latina**

País	Red actual		Red discretizada			
	Extensión de la red (km)	Cantidad promedio de carriles (por km)	Tamaño de la celda (celdas de grado de arco)	Cantidad de celdas	Extensión de la red (km)	Índice promedio de infraestructura
Argentina	855 713	1,67	1,0	294	118 406	0,73
Bolivia	121 098	1,98	1,0	101	51 248	0,56
Brasil	727 041	2,00	—a	137	109 479	1,27
Chile	118 456	1,92	1,0	69	18 226	0,88
Colombia	410 003	1,80	1,0	108	55 227	0,52
Costa Rica	20 254	1,96	0,5	22	4996	1,41
Ecuador	87 531	1,91	0,5	87	23 216	0,66
El Salvador	30 313	1,93	0,3	32	6489	1,20
Guatemala	42 981	1,92	0,5	44	10 018	0,83
México	796 553	2,09	1,0	201	102 400	1,36
Nicaragua	26 952	1,95	0,5	47	12 276	0,99
Panamá	11 196	1,96	0,5	33	4255	1,07
Paraguay	49 434	2,01	1,0	42	12 911	0,78
Perú	226 267	2,03	1,0	85	35 269	0,97
Uruguay	81 089	1,97	0,5	75	10 082	1,19
Rep. Bol. de Venezuela	123 567	1,67	1,0	84	42 280	0,63

Fuente: Gorton e Ianchovichina (2021).
Nota: El índice promedio de infraestructura es la cantidad promedio de carriles, ponderado por la distancia y el tipo de carretera, que conecta dos celdas de la cuadrícula. Una red discretizada es un gráfico compuesto por nodos y aristas; km = kilómetros.
a. En Brasil, las mesorregiones se usan como celdas de cuadrícula.

y muchas otras zonas del país están cubiertas de bosques, donde la construcción de carreteras resulta desfavorable para el medio ambiente. A partir del conjunto de datos sobre la cubierta arbórea global de la Universidad de Maryland y teniendo en cuenta que las celdas de la cuadrícula son no urbanizables si al menos el 80 % de la celda está cubierta por dosel arbóreo, se excluye el noreste de Perú de la cuadrícula. Tener en cuenta estas características geográficas es importante para diseñar redes viales óptimas y pertinentes para las políticas. Sin esta restricción, la red vial óptima conecta Iquitos con Lima y otras ciudades de los alrededores. Al mismo tiempo, según el modelo, no es óptimo construir carreteras en la región amazónica de Brasil. Por lo tanto, Gorton e Ianchovichina (2021) no necesitan imponer restricciones adicionales a la construcción en la región amazónica de Brasil. En el caso de Chile, se excluye la región meridional del país en función de la distribución de las zonas de reserva medida por el Gobierno chileno[27]. En Nicaragua, un gran lago impide la construcción de carreteras en el sureste del país. Por este motivo, la cuadrícula se limita a las celdas que no son en su mayoría de agua, basándose en los datos sobre la ubicación de las masas de agua continentales del Comité Directivo Internacional para el Mapa Global, a los que se accede a través de la Universidad de Nueva York.

Gorton e Ianchovichina (2021) miden la extensión y la calidad de la red vial existente en cada país utilizando el Proyecto de Inventario Global de Carreteras (GRIP) del Banco Mundial, y complementan estos datos con información de OpenStreetMap. Convierten cada red vial real en una red discretizada, que es un gráfico compuesto de nodos y aristas. Para cada país, miden la calidad de la infraestructura a lo largo de cada enlace de la red (es decir, la arista del gráfico) a partir de la información del GRIP sobre el tipo de carretera (autopista, troncal, primaria, secundaria, terciaria, local), el tipo de superficie (pavimentada, sin pavimentar, asfaltada, de tierra) y la cantidad de carriles a lo largo de cada segmento de carretera. También se mide la "dificultad" de cada enlace a partir del modelo de relieve global ETOPO1.

En el cuadro 4B.1, se muestran las características de las redes reales y discretizadas de 16 países de América Latina. Para todos los países, la red discretizada tiene una longitud mucho menor que la red vial real, ya que la longitud de la red discretizada corresponde al camino más corto entre cada conjunto de nodos (centroides poblacionales) de la red discretizada, mientras que la red vial real comprende miles de segmentos que conectan miles de nodos en todo el país. En otras palabras, en la red discretizada, se resumen las conexiones reales de la red vial entre los centros poblacionales de cada cuadrícula (mapa 4B.1). La infraestructura promedio, aunque está correlacionada con la cantidad promedio de carriles por kilómetro, suele ser inferior a la cantidad promedio de carriles de cada país debido a que Gorton e Ianchovichina (2021) ajustan el índice promedio de infraestructura para reflejar si los viajes se producen a través de carreteras primarias o no primarias. Por ejemplo, dado que gran parte del sur de Argentina solo puede recorrerse por carreteras no primarias, la calidad promedio de la infraestructura en las aristas discretizadas de Argentina es considerablemente inferior a la cantidad promedio de carriles, ya que los viajes entre una cantidad considerable de nodos implican viajar por carreteras no primarias. Dado que las celdas de la cuadrícula no son cuadradas ni de tamaño uniforme, en el caso de Brasil,

MAPA 4B.1   **Red vial real y discretizada, Argentina**

a. Red vial real   b. Red vial discretizada

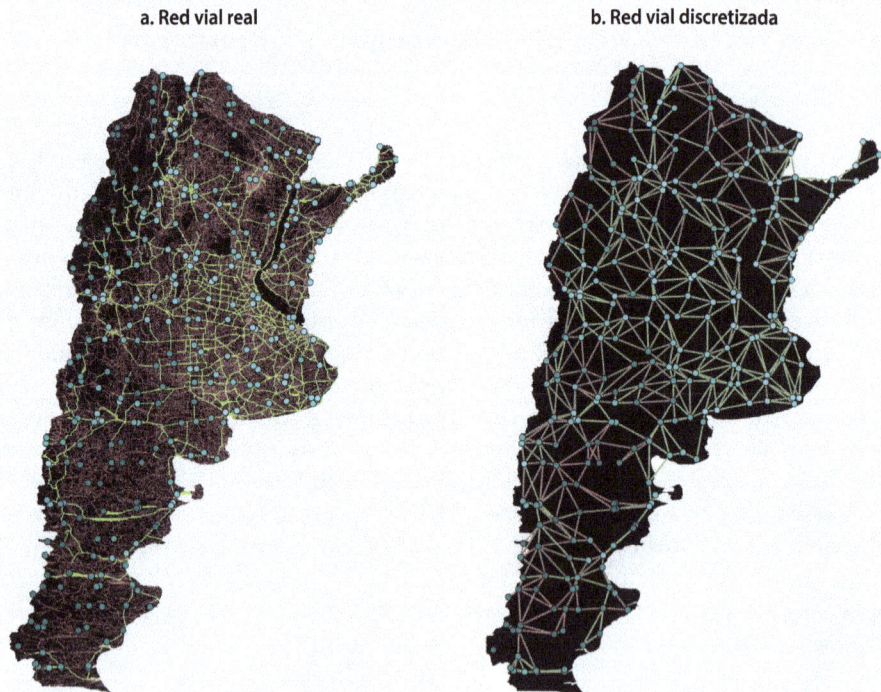

Fuente: Gorton e Ianchovichina (2021).
Nota: Una red discretizada es un gráfico compuesto por nodos y aristas.

existe una arista entre dos centroides poblacionales si comparten frontera y están a menos de 800 kilómetros el uno del otro. La información sobre los centros de población de Brasil procede de la publicación *Gridded Population of the World* del SEDAC de la NASA.

Anexo 4C Detalles de la calibración

A falta de datos sobre comercio interior y de cálculos de los parámetros a partir de estudios existentes, Gorton e Ianchovichina (2021) se basan en los parámetros que rigen la congestión, los ingresos de la infraestructura, las preferencias y la sensibilidad de los costos de transporte con respecto a la distancia de Fajgelbaum y Schaal (2020). Calibran estos últimos utilizando datos de comercio interior de España, un país muy urbanizado, cuya población se concentra en la capital y en las ciudades costeras. En línea con los resultados de otros países desarrollados como Estados Unidos, Fajgelbaum y Schaal (2020) concluyen que el comercio interno de España es muy sensible a la distancia. En una regresión del logaritmo de la proporción de importaciones territoriales observadas sobre el logaritmo de la distancia, el coeficiente de la distancia es –1,368 con un error estándar de 0,058[28]. Por tanto, un aumento del 10 % en la distancia se traduce en un descenso del 13,7 % en el comercio, mientras que en Estados Unidos un aumento del 10 % en la distancia genera un descenso del 14 % en el comercio (Duranton, 2015). Sin embargo, la respuesta que predice el modelo es mucho más moderada y coincide con las estimaciones empíricas de Colombia. Con el modelo calibrado, Fajgelbaum y Schaal (2020) concluyen que un aumento del 10 % en la distancia se traduce en un descenso del 9 % en el comercio. Esto se aproxima al resultado de Duranton (2015), quien estima que, en Colombia, un aumento similar de la distancia se traduce en una disminución del 6 % en los flujos comerciales. El autor explica la sensibilidad significativamente menor del comercio interno de Colombia con respecto a la distancia por la mayor proporción de bienes agrícolas y recursos naturales, que suelen comercializarse a distancias más largas. Por lo tanto, la elección de basarse en la parametrización de Fajgelbaum y Schaal (2020) es adecuada para un país típico de América Latina.

Notas

1. El bienestar o la utilidad se refieren al nivel de vida de las personas en una zona determinada.
2. En el anexo 4A, se proporciona información sobre los datos utilizados para representar la utilidad inicial y calibrar los costos migratorios de entrada. En el recuadro 4A.1, se analizan las características técnicas del modelo.
3. En Colombia, el Gobierno exige que los transportistas de la mayoría de los sectores, excepto agricultura y cerveza, contraten a empresas de transporte por camión a través de intermediarios. También establece precios mínimos para los servicios de dicho transporte a lo largo de las rutas más importantes del país, los cuales son obligatorios en algunas rutas, como se muestra en Cantillo y Hernández (2022).
4. Excepto en Brasil y México, las empresas que prestan estos servicios son pequeños establecimientos de baja productividad y con flotas desgastadas (Banco Mundial, 2021).
5. Allen y otros (2022), y Osborne, Pachón y Araya (2014) proporcionan evidencias de competencia imperfecta en Colombia y América Central, respectivamente.
6. A partir del enfoque de Maloney y Caicedo (2016), Restrepo Cadavid y Cineas (2018) concluyen que el 40 % de la variación en las densidades demográficas subnacionales en la región se puede explicar por variables fundamentales de ubicación, como la proximidad a grandes masas de agua, tierras fértiles y un terreno que ofrece una ventaja estratégica. La variación restante podría explicarse por otros factores fundamentales no medidos, como los recursos naturales o los "accidentes" históricos. Sin embargo, la fuerte persistencia de la densidad demográfica subnacional varía entre países (Maloney y Caicedo, 2016). Es superior al promedio en Colombia y México, e inferior al promedio en Argentina y Uruguay (Restrepo Cadavid y Cineas, 2018).

7. Se ha demostrado que las reducciones de los costos de transporte aumentan la concentración espacial de las empresas (Ghani, Goswami y Kerr, 2016), la creación de empresas (Holl, 2004), el empleo (Mesquita Moreira y otros, 2013) y la eficiencia de las empresas (Datta, 2012).

8. En Brasil, se desplazó la misma cantidad de personas hacia afuera de las áreas metropolitanas que hacia adentro, y las que salieron de dichas áreas se reubicaron en ciudades intermedias (secundarias), lo que aumentó sus salarios reales. Solo perdieron en términos nominales los migrantes internos poco calificados (Egger, 2021).

9. El presente estudio se centra en las carreteras porque es el modo de transporte dominante en América Latina. El desarrollo de modos de transporte alternativos (como fluviales y ferroviarios) a lo largo de rutas donde no se ha invertido lo suficiente en infraestructura vial puede justificarse en función de otras prioridades (como el clima o el transporte público).

10. Este ahorro es posible porque las inversiones óptimas en infraestructura pueden representarse como funciones de los precios óptimos, lo que evita una búsqueda directa en el espacio de la red.

11. En el modelo, no se tienen en cuenta las carreteras más pequeñas que conectan con las vías principales. Una red discretizada es un gráfico compuesto por nodos y aristas.

12. Las fuerzas de aglomeración minimizan el sesgo de los resultados debido al desfase temporal de los datos económicos y demográficos iniciales.

13. En el modelo, no se distingue entre el mantenimiento de carreteras y las inversiones en nueva infraestructura. Dentro del modelo, la sobreinversión y la subinversión son conceptos relativos. Por tanto, en los países que invierten poco en sus carreteras de manera crónica, es posible que incluso las vías identificadas como enlaces en los que se produjo un exceso de inversiones hayan recibido inversiones en infraestructura que no sean lo suficientemente elevadas.

14. El Mercosur es un bloque comercial sudamericano establecido mediante el Tratado de Asunción en 1991, cuyos miembros plenos son Argentina, Brasil, Paraguay y Uruguay. La República Bolivariana de Venezuela fue suspendida indefinidamente en diciembre de 2016. La Comunidad Andina es una zona de libre comercio que incluye a Bolivia, Colombia, Ecuador y Perú.

15. El transporte por carretera es el modo más eficiente en lugares de baja densidad demográfica, donde las personas pueden ser reticentes a desplazarse a otro lugar debido a las preferencias y las barreras a la migración.

16. Los resultados de bienestar son sólidos ante cambios en el supuesto sobre la movilidad laboral entre ubicaciones (Gorton e Ianchovichina, 2021).

17. Por ejemplo, el beneficio en el bienestar aumenta del 1,2 % a cerca del 2,5 % en Colombia (Gorton e Ianchovichina, 2021).

18. En el modelo, no se distingue entre diferentes tipos de mejoras viales, como proyectos de mantenimiento o rehabilitación, proyectos para mejorar la superficie de las carreteras (por ejemplo, mediante la pavimentación de caminos de tierra o la repavimentación de carreteras degradadas), proyectos para ampliar las carreteras existentes agregando nuevos carriles, o proyectos para mejorar el flujo del tráfico, como puentes e intercambiadores.

19. Esta conclusión es coherente con la idea de que las inversiones en infraestructura realizadas con el fin de reducir los costos comerciales de una manera óptima igualan la utilidad marginal del consumo entre ubicaciones (Fajgelbaum y Schaal, 2020).

20. El tamaño del mercado depende de los costos de transporte y de la situación geográfica de la ubicación con respecto a otras ubicaciones.

21. Dado que las inversiones en infraestructura de transporte se realizan de manera óptima, los beneficios de los lugares que se vuelven más densos y productivos superan los costos de la congestión y las pérdidas de los lugares afectados por la emigración.

22. Sin embargo, hay excepciones. Stokenberga, Ivarsson y Fulponi (2023) concluyen que el comercio electrónico empeoró la congestión en Bogotá y Buenos Aires debido al aumento de la cantidad de viajes de vehículos de carga, que no se vieron compensados por la reducción muy pequeña de la cantidad de viajes de vehículos privados.

23. Montañés y otros (2021) determinan la contribución de cada uno de los factores a la probabilidad de teletrabajar estimando regresiones a nivel individual, que controlan las características individuales y laborales, y los efectos fijos del país.

24. La regresión incluye un efecto fijo de ubicación para abordar los problemas de carácter endógeno que plantea el hecho de que una ubicación con una mayor utilidad atraiga a más personas y afecte a los niveles de comodidades de la ubicación.

25. Si en una unidad administrativa no se dispone de datos sobre bienestar obtenidos de Latinobarómetro, se le asigna el mínimo del país.

26. Gorton e Ianchovichina (2021) indican que sus resultados son sólidos con respecto al uso de los datos demográficos de WorldPop. No se utilizan los datos de alumbrado nocturno para medir la actividad económica en cada celda de la cuadrícula porque esos datos pueden subestimar la magnitud de la producción en las zonas rurales. Estas zonas de alto valor agregado que producen productos básicos son comunes en América Latina.

27. Para obtener información más detallada, visite http://areasprotegidas.mma.gob.cl/areas-protegidas/.

28. Estos resultados se presentan en el gráfico 4, panel a, de Fajgelbaum y Schaal (2020).

Bibliografía

Alder, S. 2019. "Chinese Roads in India: The Effect of Transport Infrastructure on Economic Development." Unpublished manuscript, University of North Carolina, Chapel Hill.

Allen, T., and C. Arkolakis. 2014. "Trade and the Topography of the Spatial Economy." *Quarterly Journal of Economics* 129 (3): 1085–1140.

Allen, T., and C. Arkolakis. 2019. "The Welfare Effects of Transportation Infrastructure Improvements." NBER Working Paper 25487, National Bureau of Economic Research, Cambridge, MA.

Allen, T., D. Atkin, S. C. Cantillo, and C. Hernández. 2022. "Trucks." https://sites.google.com/site/treballen/research.

Blankespoor, B., T. Bougna, R. Garduno-Rivera, and H. Selod. 2017. "Roads and the Geography of Economic Activities in Mexico." Policy Research Working Paper 8226, World Bank, Washington, DC.

Burger, M., M. Hendriks, and E. Ianchovichina. 2022. "Happy but Unequal: Differences in Subjective Well-Being across Individuals and Space." *Applied Research in Quality of Life* 17 (3): 1343–87.

Cantillo, S. C., and C. Hernández. 2022. "A Toolkit for Setting and Evaluating Price Floors." Social Science Research Network. https://doi.org/10.2139/ssrn.4207884.

Conte, B., and E. Ianchovichina. 2022. "Spatial Development and Mobility Frictions in Latin America: Theory-Based Empirical Evidence." Policy Research Working Paper 10071, World Bank, Washington, DC.

Das, A., E. Ghani, A. Grover, W. Kerr, and R. Nanda. 2019. "Infrastructure and Finance: Evidence from India's GQ Highway Network." Working Paper No. 19-121, Harvard Business School, Boston, MA.

Datta, S. 2012. "The Impact of Improved Highways on Indian Firms." *Journal of Development Economics* 99 (1): 46–57.

Deaton, A., and A. Stone. 2013. "Two Happiness Puzzles." *American Economic Review* 103 (3): 591–97.

Desmet, K., D. Nagy, and E. Rossi-Hansberg. 2018. "The Geography of Development." *Journal of Political Economy* 126 (3): 903–83.

Duranton, G. 2015. "Roads and Trade in Colombia." *Economics of Transportation* 4 (1): 16–36.

Egger, E.-M. 2021. "Migrating Out of Mega-cities: Evidence from Brazil." *IZA Journal of Development and Migration* 12 (1): 1–35.

Fajgelbaum, P., and E. Schaal. 2020. "Optimal Transport Networks in Spatial Equilibrium." *Econometrica* 88 (4): 1411–52.

Fay, M., L. Andrés, C. Fox, U. Narloch, S. Straub, and M. Slawson. 2017. *Rethinking Infrastructure in Latin America and the Caribbean: Spending Better to Achieve More.* Washington, DC: World Bank.

Ferreyra, M. M., and M. Roberts, eds. 2018. *Raising the Bar for Productive Cities in Latin America and the Caribbean.* Washington, DC: World Bank.

Ghani, E., A. Goswami, and W. Kerr. 2016. "Highway to Success: The Impact of the Golden Quadrilateral Project for the Location and Performance of Indian Manufacturing." *Economic Journal* 126 (591): 317–57.

Ghani, E., A. Grover, and W. Kerr. 2013. "Highway to Success in India: The Impact of the Golden Quadrilateral Project for the Location and Performance of Manufacturing." Policy Research Working Paper 6320, World Bank, Washington, DC.

Gollin, D., M. Kirchberger, and D. Lagakos. 2017. "In Search of a Spatial Equilibrium in the Developing World." NBER Working Paper 23916, National Bureau of Economic Research, Cambridge, MA.

Gorton, N., and E. Ianchovichina. 2021. "Trade Networks in Latin America: Spatial Inefficiencies and Optimal Expansions." Policy Research Working Paper 9843, World Bank, Washington, DC.

Hatayama, M., M. Viollaz, and H. Winkler. 2020. "Jobs' Amenability to Working from Home." Policy Research Working Paper 9241, World Bank, Washington, DC.

Holl, A. 2004. "Transport Infrastructure, Agglomeration Economies, and Firm Birth: Empirical Evidence from Portugal." *Journal of Regional Science* 44 (4): 693–712.

Hsieh, C.-T., and E. Moretti. 2019. "Housing Constraints and Spatial Misallocation." *American Economic Journal: Macroeconomics* 11 (2): 1–39.

Kahneman, D., and A. Deaton. 2010. "High Income Improves Evaluation of Life but Not Emotional Well-Being." *Proceedings of the National Academy of Sciences* 107 (38): 16489–93.

Kilroy, A., L. Francis, M. Mukim, and S. Negri. 2015. *Competitive Cities for Jobs and Growth: What, Who, and How.* Washington, DC: World Bank.

Maloney, W., and F. V. Caicedo. 2016. "The Persistence of (Subnational) Fortune." *Economic Journal* 126 (598): 2363–401.

Mesquita Moreira, M., J. Blyde, C. Volpe, and D. Molina. 2013. *Too Far to Export: Domestic Transport Costs and Regional Export Disparities in Latin America and the Caribbean.* Washington, DC: Inter-American Development Bank.

Montañés, R., J. Barreto, C. Bonilla, D. Sánchez, and H. Winkler. 2021. "Working from Home in Latin America and the Caribbean: Enabling Factors and Inequality Implications." Background paper prepared for this report, World Bank, Washington, DC.

Nordhaus, W., A. Azam, D. Novoa, K. Hood, N. Victor, M. Mohammed, A. Miltner, et al. 2006. "The G-Econ Database on Gridded Output: Methods and Data." Working paper, Yale University, New Haven, CT.

Osborne, T., M. Pachón, and G. Araya. 2014. "What Drives the High Price of Road Freight Transport in Central America?" Policy Research Working Paper 6844, World Bank, Washington, DC.

Quintero, L., and M. Roberts. 2018. "Explaining Spatial Variations in Productivity: Evidence from Latin America and the Caribbean." Policy Research Working Paper 8560, World Bank, Washington, DC.

Restrepo Cadavid, P., and G. Cineas. 2018. "Urbanization, Economic Development, and Structural Transformation." In *Raising the Bar for Productive Cities in Latin America and the Caribbean*, edited by M. M. Ferreyra and M. Roberts. Washington, DC: World Bank.

Roberts, M. 2018. "The Many Dimensions of Urbanization and the Productivity of Cities in Latin America and the Caribbean." In *Raising the Bar for Productive Cities in Latin America and the Caribbean*, edited by M. M. Ferreyra and M. Roberts. Washington, DC: World Bank.

Rodríguez-Pose, A., and J. Griffiths. 2021. "Developing Intermediate Cities." *Regional Science Policy and Practice* 13 (3): 441–56.

Stevenson, B., and J. Wolfers. 2013. "Subjective Well-Being and Income: Is There Any Evidence of Satiation?" *American Economic Review* 103 (3): 598–604.

Stokenberga, A., E. Ivarsson, and J. Fulponi. 2023. "A Net Cure or Curse? Tracking the Impact of E-Commerce on Urban Freight Transport Intensity in Bogotá and Buenos Aires." Policy Research Working Paper 10485, World Bank, Washington, DC.

World Bank. 2009. *World Development Report 2009: Reshaping Economic Geography.* Washington, DC: World Bank.

World Bank. 2020. *Territorial Development in Argentina: Diagnosing Key Bottlenecks as the First Step toward Effective Policy.* Washington, DC: World Bank.

World Bank. 2021. "Regulation and Performance of Logistics Services Markets in Latin America." Background paper, *Productive Competition in Latin America and the Caribbean.* World Bank, Washington, DC.

PARTE
III
La productividad urbana

Las ciudades de América Latina y el Caribe (ALC) revisten importancia sistémica para el crecimiento económico general. La mayor parte de la fuerza laboral de la región se concentra en áreas metropolitanas grandes y densamente pobladas. A mediados de la década de 2010, la proporción de latinoamericanos que vivían en grandes ciudades de 1 millón de habitantes o más se aproximaba al 40 % —era más alta que la proporción correspondiente registrada en Asia, África y Europa (Naciones Unidas, 2016)—, y más del 60 % de las ciudades latinoamericanas acusaba una densidad demográfica superior al promedio mundial (Roberts, 2018).

La teoría económica sugiere que una concentración espacial tan elevada puede generar importantes economías de aglomeración que pueden contribuir significativamente a la productividad urbana a través de los canales relacionados tanto con la oferta como con la demanda. Por el lado de la oferta, la coubicación puede aumentar la productividad de las empresas y los trabajadores a través del intercambio, la correspondencia de recursos y el aprendizaje (Duranton y Puga, 2004; Puga, 2010). Las empresas y las personas se benefician de compartir obras de infraestructura (como el metro y los aeropuertos) y opciones culturales y educativas (como los museos y las universidades). La presencia de una gran cantidad de trabajadores con diversas habilidades y de numerosos proveedores de productos intermedios facilita la conexión de los trabajadores y los insumos con las empresas, lo que aumenta la calidad y cantidad de la producción a través de la especialización (Marshall, 1890) y promueve la innovación a través del aprendizaje práctico y el aprendizaje que se adquiere a partir de la diversidad (Jacobs, 1961). Estos mecanismos para generar externalidades de aglomeración por el lado de la oferta ocupan un lugar central en la literatura sobre la economía de aglomeración. Por el lado de la demanda, la coubicación puede generar beneficios de aglomeración espacial (Fujita, 1988), dado que la proximidad aumenta el tamaño de los mercados para las empresas y los consumidores al reducir los costos de transporte (Alcácer y Chung, 2014) y los costos de búsqueda, y mejora el bienestar posibilitando un acceso más amplio a una mayor variedad de bienes y servicios.

Sin embargo, el efecto *neto* de la alta densidad puede ser pequeño o incluso negativo cuando no existen mecanismos institucionales que puedan coordinar el suministro de bienes y servicios públicos, y abordar las externalidades negativas de la densidad demográfica asociadas con la congestión del tráfico y de viviendas, la delincuencia, la degradación ambiental, y las enfermedades. Grover, Lall y Maloney (2022) proporcionan evidencias de los altos costos de la aglomeración que se observan en países de ingreso bajo y mediano, donde la urbanización ha generado economías de aglomeración "estériles"[1]. En la mayoría de los países de la región de ALC, el efecto positivo de la densidad demográfica sobre los salarios se ve totalmente compensado por el mayor costo de operar en las ciudades.

Son ejemplos de ello los países de América Central (Costa Rica, El Salvador, Guatemala, Honduras y Nicaragua), Chile, Colombia (Duranton, 2016; Quintero y Roberts, 2018) y México (Quintero y Roberts, 2018). Los únicos países donde se han observado beneficios netos pequeños pero positivos relacionados con la densidad demográfica son Brasil (Chauvin y otros, 2017; Quintero y Roberts, 2018) y Perú (Quintero y Roberts, 2018).

En el capítulo 5 se señala que la desindustrialización ha llevado a que disminuya la productividad urbana en la región de ALC, debido a que ha modificado la composición del empleo de las áreas urbanas, sobre todo las más grandes, y lo ha orientado hacia los sectores de bienes y servicios no comercializables de baja productividad. En comparación con los bienes y servicios comercializables, dichas actividades suelen verse *menos* beneficiadas por la densidad demográfica, y los beneficios de la aglomeración son relativamente *menores* debido a la congestión, que constituye un problema importante en las grandes ciudades de la región.

Nota

1. Según Grover, Lall y Maloney (2022), las economías de aglomeración son "estériles" cuando los costos de la aglomeración son tan altos que superan los beneficios *puros* (brutos). Utilizando censos de la actividad manufacturera de cuatro países, Grover y Maloney (2022) concluyen que la elasticidad de la productividad física total de los factores con respecto a la densidad demográfica es negativa en Colombia, Etiopía e Indonesia y positiva únicamente en Chile.

Bibliografía

Alcácer, J., and W. Chung. 2014. "Location Strategies for Agglomeration Economies." *Strategic Management Journal* 35 (12): 1749–61.

Chauvin, J. P., E. Glaeser, Y. Ma, and K. Tobio. 2017. "What Is Different about Urbanization in Rich and Poor Countries? Cities in Brazil, China, India, and the United States." *Journal of Urban Economics* 98: 17–49.

Duranton, G. 2016. "Agglomeration Effects in Colombia." *Journal of Regional Science* 56 (2): 210–38.

Duranton, G., and D. Puga. 2004. "Micro-foundations of Urban Agglomeration Economies." In *Handbook of Regional and Urban Economics* 4: 2063–117.

Fujita, M. 1988. "A Monopolistic Competition Model of Spatial Agglomeration: Differentiated Product Approach." *Regional Science and Urban Economics* 18 (1): 87–124.

Grover, A., S. Lall, and W. Maloney. 2022. *Place, Productivity, and Prosperity: Revisiting Spatially Targeted Policies for Regional Development*. Washington, DC: World Bank.

Grover, A., and W. F. Maloney. 2022. "Proximity without Productivity: Agglomeration Effects with Plant-Level Output and Price Data." Policy Research Working Paper 9977, World Bank, Washington, DC.

Jacobs, J. 1961. *The Death and Life of Great American Cities*. New York: Vintage Books.

Marshall, A. 1890. *Principles of Economics*. London: Macmillan.

Puga, D. 2010. "The Magnitude and Causes of Agglomeration Economies." *Journal of Regional Science* 50 (1): 203–19.

Quintero, L., and M. Roberts. 2018. "Explaining Spatial Variations in Productivity: Evidence from Latin America and the Caribbean." Policy Research Working Paper 8560, World Bank, Washington, DC.

Roberts, M. 2018. "The Many Dimensions of Urbanization and the Productivity of Cities in Latin America and the Caribbean." In *Raising the Bar for Productive Cities in Latin America and the Caribbean*, edited by M. M. Ferreyra and M. Roberts. Washington, DC: World Bank.

United Nations. 2016. *The World Cities Data Booklet*. New York: United Nations.

Desindustrialización, aglomeración y congestión | 5

La mayoría de los habitantes de las áreas urbanas de América Latina y el Caribe (ALC) viven en ciudades que tienen una mayor densidad demográfica que la norma mundial. Aunque se ven beneficiados por externalidades de aglomeración sólidas, positivas y *relacionadas con las habilidades*, no logran capitalizar los beneficios más amplios que ofrece la aglomeración a través de la coubicación y el acceso al mercado (Ferreyra y Roberts, 2018). Las evidencias sugieren que en la mayoría de los países de ALC los beneficios netos de la densidad demográfica son insignificantes (Quintero y Roberts, 2018), y que la productividad urbana es inferior a los niveles máximos de productividad urbana que se observan en economías avanzadas como Estados Unidos (Restrepo Cadavid y Cineas, 2018). En estudios anteriores se ha sugerido que las economías de aglomeración "estériles" responden a la existencia de mecanismos institucionales deficientes que no permiten abordar de manera eficaz los costos de la alta densidad demográfica (Ferreyra y Roberts, 2018), sobre todo en las ciudades más grandes, donde los Gobiernos locales también enfrentan costos de coordinación que reducen la productividad (Duque y otros, 2019).

En este capítulo se analizan los factores estructurales y espaciales que pueden haber menoscabado los beneficios de la densidad demográfica en la región de ALC. Se examina cómo el perfil de empleo de las ciudades difiere dentro de los países y entre ellos, y cómo estas diferencias en la actividad económica afectan la capacidad de las empresas para beneficiarse de las economías de aglomeración. Se sostiene que los ingresos de los latinoamericanos podrían equipararse más rápidamente con los de las economías avanzadas si una mayor proporción de la fuerza laboral mayoritariamente urbana de la región estuviera empleada en los sectores de bienes y servicios comercializables. Dicha equiparación puede lograrse con mayor rapidez a través de los bienes y servicios comercializables porque los niveles de productividad de los sectores comercializables varían poco de un país a otro (Duarte y Restuccia, 2010, 2020), y el comercio internacional afecta positivamente la innovación y el crecimiento endógenos a través del acceso a los mercados, las ventajas comparativas, la competencia y los efectos secundarios de los conocimientos (Melitz y Redding, 2021). Cada uno de estos canales tiene el potencial de generar ganancias dinámicas a partir del comercio, ganancias que tienden a ser mucho mayores que las estáticas. Según Duarte y Restuccia (2010), la equiparación de la productividad en el sector manufacturero explica alrededor del 50 % de los aumentos registrados en la productividad general de los países, mientras que la baja productividad y la falta de equiparación de los servicios explican la desaceleración, el estancamiento y el declive observado en ellos. Jedwab, Ianchovichina y Haslop (2022) concluyen que los salarios son más altos en los sectores de bienes y servicios comercializables que en los de bienes y servicios no comercializables. Asimismo, en los países donde la proporción de trabajadores de los sectores de bienes y servicios comercializables urbanos es baja, el capital humano se emplea en sectores menos productivos y los beneficios de la experiencia en las zonas urbanas suelen ser menores.

Las economías de aglomeración también pueden ser mayores en los países donde la proporción de empleo en los sectores de bienes y servicios comercializables es desproporcionadamente alta. Las empresas de dichos sectores tienden a beneficiarse más de la coubicación que las que operan en los sectores de bienes y servicios no comercializables (Burger, Ianchovichina y Akbar, 2022; Venables, 2017a). Los beneficios son especialmente considerables para las empresas que dependen en mayor medida de trabajadores calificados, ya que las ciudades ofrecen abundantes oportunidades para compartir, vincular recursos y aprender. Por el contrario, estos beneficios tienden a ser relativamente pequeños para las empresas de los sectores de bienes y servicios no comercializables, como el comercio minorista, los servicios personales y la construcción, dado que emplean mano de obra relativamente poco calificada, representan una gran proporción de la actividad económica y rara vez se ven beneficiadas por las economías de escala cuando se aglomeran (Venables, 2017a). Las empresas más pequeñas de los sectores de bienes y servicios no comercializables también están expuestas a una fuerte competencia en mercados urbanos más grandes y con mayor densidad de población. De hecho, según Burger, Ianchovichina y Akbar (2022), los beneficios de la densidad demográfica urbana son heterogéneos y mayores para los establecimientos formales que suministran bienes y servicios comercializables, especialmente las empresas de exportación y de propiedad extranjera, que para las empresas que prestan servicios en el mercado local. Estas últimas suelen ser más pequeñas, menos experimentadas e informales.

La congestión también puede ser más perjudicial para las empresas de los sectores de bienes y servicios no comercializables, ya que dependen del acceso a los mercados locales. Aunque estos mercados tienen el potencial de expandirse en ciudades más grandes y más densamente pobladas, la congestión del tráfico y la competencia intensa pueden reducir considerablemente su tamaño. Burger, Ianchovichina y Akbar (2022) concluyen que la congestión reduce los beneficios de la aglomeración de todas las empresas, pero que dicho efecto es más pronunciado en el caso de los servicios[1] que en el de las manufacturas y las empresas nacionales más pequeñas y menos experimentadas que abastecen al mercado interno (gráfico 5.1).

GRÁFICO 5.1 **El efecto moderador de la congestión en los beneficios "puros" de la densidad urbana, por sector y tipo de empresa**

Fuente: Burger, Ianchovichina y Akbar (2022), utilizando datos geocodificados empresariales de 38 526 establecimientos formales en 356 áreas metropolitanas de 80 economías en desarrollo extraídos de las encuestas a empresas realizadas por el Banco Mundial (https://www.enterprisesurveys.org/en/enterprisesurveys) y una nueva base de datos mundial sobre movilidad y congestión en las ciudades (Akbar y otros, 2022).
Nota: La diferencia en la pendiente indica la diferencia en la velocidad con que el aumento de la congestión reduce los beneficios de la densidad para los respectivos tipos de empresas. Los beneficios de la densidad urbana son las economías de aglomeración puras, que reflejan tanto las externalidades relacionadas con el tamaño del mercado por el lado de la demanda como las relacionadas con el aprendizaje por el lado de la oferta, una vez contemplados los efectos de la calidad debido a la clasificación y los posibles efectos de la productividad en la densidad (causalidad inversa).

Los perfiles del empleo urbano

Venables (2020) aporta cierta intuición sobre las diferencias en la composición del empleo a lo largo de la jerarquía urbana de un país haciendo hincapié en la importancia de las economías de aglomeración, que capitalizan los beneficios que las empresas obtienen gracias a la presencia de otras empresas en la misma área. Con el desarrollo, estas fuerzas de aglomeración permiten que las ciudades de producción, donde el porcentaje de empleo en los sectores de bienes y servicios comercializables es desproporcionadamente alto, crezcan y adquieran importancia global. Sin embargo, las mismas fuerzas de aglomeración que permiten que las ciudades de producción alcancen un tamaño considerable hacen que resulte difícil iniciar nuevas actividades comercializables en otros lugares. Por otra parte, la adaptación a las conmociones (positivas o negativas) aumenta las cantidades de ciudades de consumo, donde el porcentaje de empleo en los sectores de bienes y servicios comercializables es desproporcionadamente bajo. Sin embargo, no está claro en qué medida las ciudades con el mismo tamaño de población ubicadas en países que tienen niveles de ingresos similares difieren en cuanto a la proporción de empleo en los sectores de bienes y servicios comercializables y no comercializables, ni qué tipos de ciudades dominan la jerarquía urbana en los distintos países.

Para responder a estas preguntas, Jedwab, Ianchovichina y Haslop (2022) obtienen la composición sectorial del empleo de 6865 áreas urbanas funcionales (AUF) de todo el mundo, utilizando microdatos sobre 74 países disponibles desde hace poco tiempo que abarcan el período 1960-2015. Estas áreas urbanas albergan a 3000 millones de personas y representan tres cuartas partes de la población urbana del mundo. Los autores clasifican cada área urbana en tres tipos de ciudades: de producción, de consumo y neutral. Una *ciudad de producción* registra un porcentaje de empleo desproporcionadamente alto en el sector de bienes y servicios comercializables; una *ciudad de consumo* muestra un porcentaje de empleo desproporcionadamente bajo en dicho sector, y una *ciudad neutral* exhibe una proporción de empleo en el sector que no es ni demasiado baja ni demasiado alta. En el recuadro 5.1 se detallan los datos y la metodología utilizados para clasificar las ciudades

RECUADRO 5.1   Datos y metodología para clasificar las ciudades en función de la composición del empleo

Para clasificarlas, Jedwab, Ianchovichina y Haslop (2022) utilizan microdatos censales de la Serie Integrada de Microdatos de Uso Público (IPUMS) correspondientes a 76 países y 191 años-país (1960-2015). Los microdatos incluyen información sobre la unidad administrativa en que vive el encuestado, el sector al que pertenece y si vive en un área urbana. Los datos se procesan seleccionando primero las observaciones urbanas y obteniendo observaciones sobre la unidad administrativa de segundo nivel del residente. Los residentes empleados en el sector de bienes y servicios comercializables urbanos, que incluyen manufacturas y servicios comercializables (finanzas, seguros y bienes inmuebles), se identifican en cada unidad administrativa, y esta información se utiliza para calcular las proporciones de mano de obra para cada área urbana funcional (AUF). Debido a que los censos se realizan solo cada 10 a 15 años, para cada combinación país-AUF se utiliza la observación más cercana al año 2000 (dentro del período 1990-2015). De esta manera, Jedwab, Ianchovichina y Haslop obtienen datos sobre la proporción del empleo en 6865 AUF. Los datos sobre el tamaño de la población de estas AUF (alrededor del año 2000) se han obtenido de la base de datos del proyecto Capa Global de Asentamientos Humanos.

Los 3000 millones de personas que viven en las 6865 AUF representan el 75 % de la población urbana mundial. Las pruebas de Kolmogorov-Smirnov confirman que la distribución global del tamaño de las ciudades no difiere mucho de la de su muestra. Sin embargo, en IPUMS no se dispone de datos sobre algunas grandes economías avanzadas (como Japón). Para mejorar la representatividad de la muestra, Jedwab, Ianchovichina y Haslop (2022) dividen a todos los países del mundo en 10 deciles en función de su producto interno bruto logarítmico per cápita (en términos de paridad de poder adquisitivo) del año 2000, aproximadamente. A partir de las diferencias entre la proporción que cada decil representa en la población urbana mundial y en su muestra, crean ponderaciones que aumentan la representación de los países de ingreso alto.

Con el objetivo de identificar qué ciudades tienen altas proporciones de empleo en los sectores de bienes y servicios comercializables en comparación con otras ciudades del mismo tamaño y teniendo en cuenta un determinado nivel de desarrollo económico urbano, Jedwab, Ianchovichina y Haslop (2022) clasifican las AUF en 10 deciles. Sobre la base de un rango de población a escala logarítmica de 10,8 (50 000) a 17,2 (30 millones), los umbrales resultantes son 95 000, 180 000, 341 000, 648 000, 1 227 000, 2 306 000, 4 377 000, 8 351 000 y 15 570 000. Los dos grupos superiores se combinan, dado que contienen pocas AUF (22 y 13, respectivamente). Utilizando esta muestra y la población de cada AUF como ponderaciones, Jedwab, Ianchovichina y Haslop hacen una regresión de la proporción de empleo de cada AUF en la industria manufacturera y en el sector financiero, inmobiliario y de seguros alrededor del año 2000 a partir de ocho categorías de tamaño ficticias (CAT) (omitiendo la más baja de 50 000 a 95 000) y sus interacciones con la proporción urbana (URB) del país de la AUF en el año 2000, así como una variable ficticia que permite identificar si la AUF es la ciudad capital (CAP). Para la AUF a del país c y la categoría de población p, el modelo es

$$\text{MFGFIRE}_{a,c,2000} = \alpha + \sum_{p=2}^{9} \beta_p 1(\text{CAT}_\alpha = p) + \sum_{p=2}^{9} \gamma_p 1(\text{CAT}_\alpha = p) * \text{URB}_c \\ + \delta \text{URB}_c + \xi \text{CAP}_\alpha + \mu_a. \tag{R5.1.1}$$

El residuo de regresión μ determina en qué medida la AUF registra una proporción de empleo alta o baja en el sector de bienes y servicios comercializables, dado su tamaño y el nivel de desarrollo económico de su país. En la clasificación de Jedwab, Ianchovichina y Haslop (2022), una ciudad de producción es cualquier AUF con un valor residual superior a cinco. Esta definición distingue, además, entre ciudades de producción con un valor bajo (5-10), medio (10-15) o alto (>15). Una ciudad de consumo es cualquier AUF con un valor residual inferior a –5, y también se distingue entre ciudades de consumo con un valor bajo (–5, –10), medio (–10, –15) o alto (>–15). Las ciudades en el rango (–5, 5) se clasifican como neutrales.

en función de la composición del empleo, y en el mapa 1.1 del capítulo 1 se muestra la distribución mundial de las ciudades de producción (azul), de consumo (rojo) y neutrales (gris) alrededor del año 2000. Las ciudades de producción se encuentran principalmente en Europa, China e India, mientras que las ciudades de consumo son comunes en países de África subsahariana ricos en recursos, partes del sudeste asiático y Oriente Medio. La característica destacable de la "urbanización de la producción" de China es que está respaldada por todo el sistema urbano (Jedwab, Ianchovichina y Haslop, 2022). En India, existe una mezcla de ciudades especializadas en producción y en consumo (mapa 1.1).

En América del Sur, las ciudades son principalmente de consumo y neutrales. Las de Colombia, Haití, Perú y la República Bolivariana de Venezuela son en su mayoría de consumo. Las de Argentina, Bolivia, Ecuador y Chile son una mezcla de los tipos de consumo y neutral (mapa 5.1). En Brasil, México y los países de Centroamérica existe una mezcla de ciudades de consumo, de producción y neutrales. Sin embargo, las ciudades de producción

MAPA 5.1   **Distribución de ciudades de consumo, ciudades de producción y ciudades neutrales en América, hacia el año 2000**

a. América del Norte, América Central y el Caribe

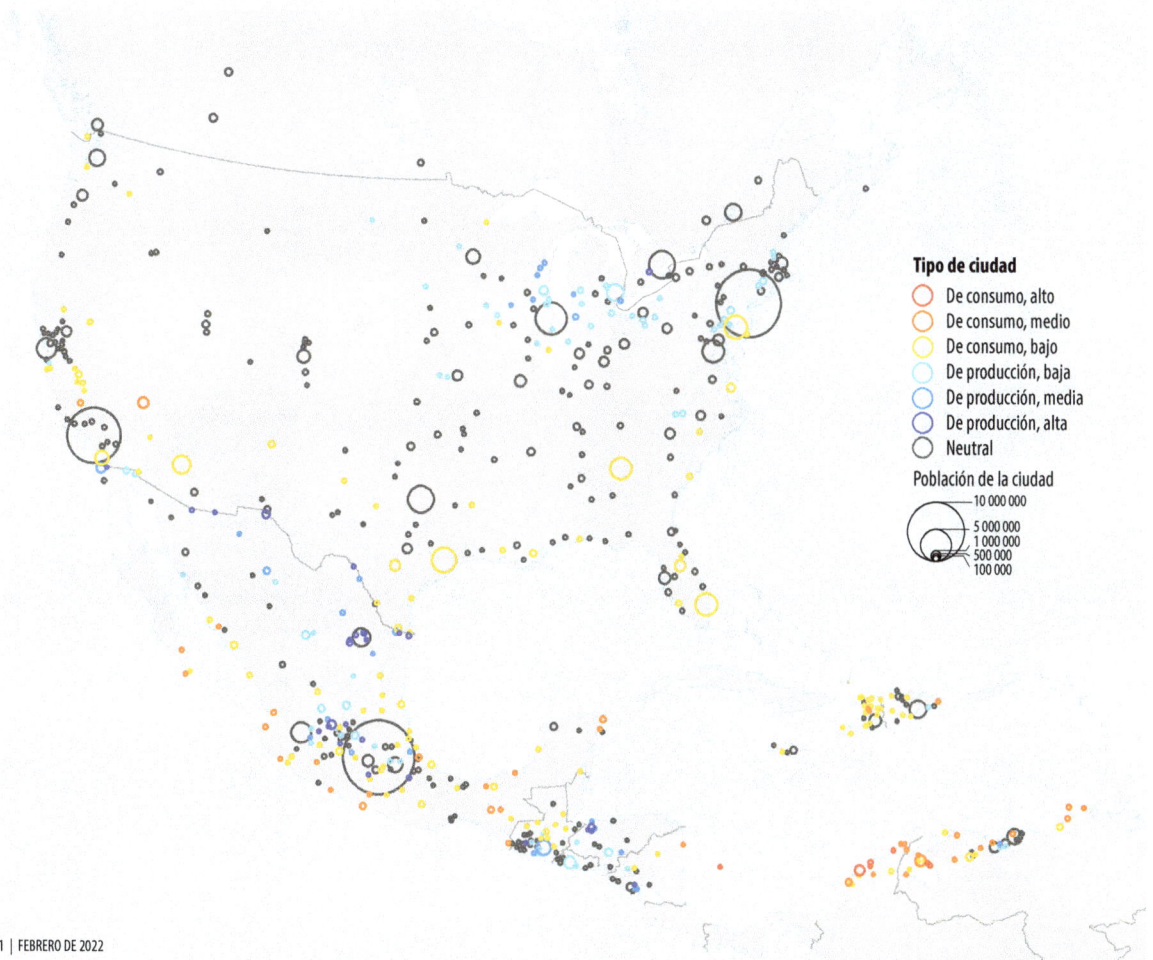

Tipo de ciudad
- De consumo, alto
- De consumo, medio
- De consumo, bajo
- De producción, baja
- De producción, media
- De producción, alta
- Neutral

Población de la ciudad
- 10 000 000
- 5 000 000
- 1 000 000
- 500 000
- 100 000

(El mapa continúa en la página siguiente)

MAPA 5.1 **Distribución de ciudades de consumo, ciudades de producción y ciudades neutrales en América, hacia el año 2000** *(continuación)*

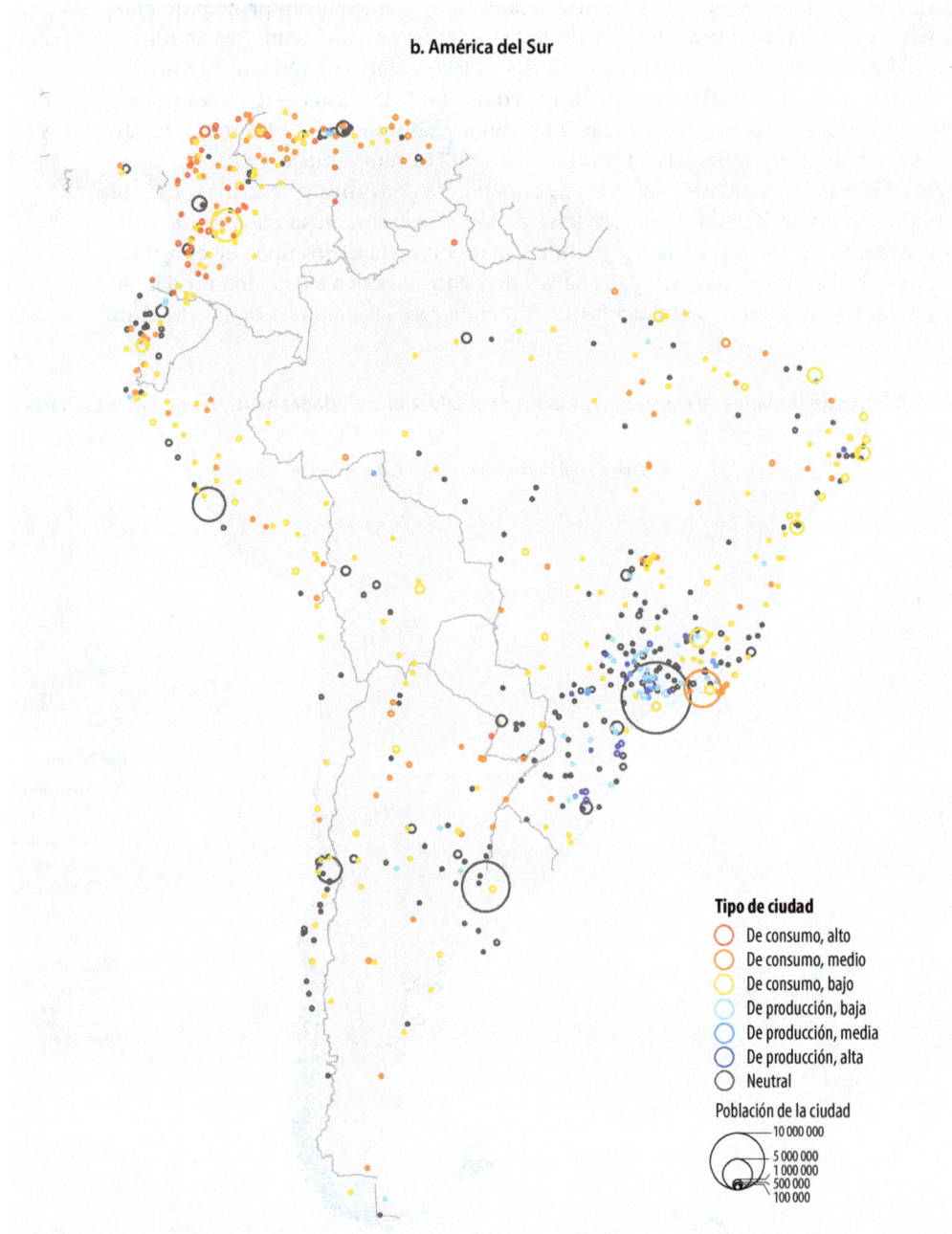

b. América del Sur

Tipo de ciudad
- De consumo, alto
- De consumo, medio
- De consumo, bajo
- De producción, baja
- De producción, media
- De producción, alta
- Neutral

Población de la ciudad
- 10 000 000
- 5 000 000
- 1 000 000
- 500 000
- 100 000

BIRF 46276 | FEBRERO DE 2022

Fuente: Jedwab, Ianchovichina y Haslop (2022), utilizando datos censales de la Serie Integrada de Microdatos de Uso Público (IPUMS, https://www .ipums.org/) y la base de datos del proyecto Capa Global de Asentamientos Humanos (https://ghsl.jrc.ec.europa.eu/download.php).
Nota: Los tonos más claros de cada color indican valores más bajos en cuanto a la medida en que una ciudad puede clasificarse como cada tipo específico.

de estos países son pequeñas. De las 25 principales megaciudades cuya población supera los 10 millones de habitantes, 4 se encuentran en América Latina, pero ninguna es una gran ciudad de producción importante a nivel mundial (cuadro 5.1). Las ciudades de producción más grandes del mundo se encuentran en China, India, Viet Nam y Europa, y las de consumo más grandes están en Brasil e Indonesia. De las 25 ciudades más grandes de América Latina, solo 2 son de producción (Ciudad de Guatemala y San Salvador), 7 son de consumo (Río de Janeiro, Bogotá, Belo Horizonte, Recife, Fortaleza, Salvador y Guayaquil) y el resto son neutrales (cuadro 5.2).

CUADRO 5.1 **Perfil de empleo de las megaciudades mundiales con una población de más de 10 millones de habitantes, según la clasificación del recuadro 5.1, hacia el año 2000**

Clasificación	Ciudad	País	Categoría	Residuos (%)	Población, década de 2000 (en millones)
1	Delhi	India	Neutral	−1,7	30,1
2	Yakarta	Indonesia	De consumo, bajo	−5,3	29,8
3	Shanghái	China	De producción, media	10,2	26,9
4	Manila	Filipinas	Neutral	1,6	25,0
5	El Cairo	Egipto, Rep. Árabe de	Neutral	−0,8	23,5
6	Calcuta	India	De consumo, bajo	−5,8	23,1
7	Mumbai	India	Neutral	−2,1	22,3
8	**São Paulo**	**Brasil**	**Neutral**	**0,5**	**21,7**
9	**Ciudad de México**	**México**	**Neutral**	**1,6**	**21,4**
10	Beijing	China	Neutral	3,0	21,3
11	Nueva York	Estados Unidos	Neutral	−4,4	19,5
12	Guangzhou	China	De producción, alta	15,7	16,7
13	Bangkok	Tailandia	Neutral	1,3	16,3
14	Los Ángeles	Estados Unidos	Neutral	−2,5	15,7
15	**Buenos Aires**	**Argentina**	**Neutral**	**0,3**	**15,0**
16	Estambul	Türkiye	De producción, baja	6,3	14,8
17	Teherán	Irán, Rep. Islámica del	Neutral	1,2	13,4
18	Ho Chi Minh	Viet Nam	De producción, baja	6,6	12,8
19	Jieyang	China	Neutral	−3,1	12,7
20	Lagos	Nigeria	De consumo, alto	−18,1	12,3
21	Bangalore	India	De producción, baja	5,3	11,9
22	Chengdu	China	De consumo, bajo	−6,7	11,7
23	Suzhou	China	De producción, baja	9,9	11,4
24	París	Francia	De producción, baja	7,7	11,2
25	**Río de Janeiro**	**Brasil**	**De consumo, medio**	**−10,2**	**10,8**
26	Surabaya	Indonesia	De consumo, medio	−11,7	10,8
27	Chennai	India	De consumo, bajo	−8,8	10,6

Fuente: Jedwab, Ianchovichina y Haslop (2022).

CUADRO 5.2 **Perfil de empleo de las ciudades más grandes de América Latina y el Caribe, según la clasificación del recuadro 5.1, hacia el año 2000**

Ciudad	País	Categoría	Residuos (%)	Población, década de 2000 (en millones)
São Paulo	Brasil	Neutral	0,5	21,7
Ciudad de México	México	Neutral	1,6	21,4
Buenos Aires	Argentina	Neutral	0,3	15,0
Río de Janeiro	Brasil	De consumo, medio	−10,2	10,8
Lima	Perú	Neutral	−1,9	9,7
Bogotá	Colombia	De consumo, bajo	−8,5	9,1
Santiago	Chile	Neutral	2,2	7,1
Guadalajara	México	Neutral	1,3	5,2
Belo Horizonte	Brasil	De consumo, bajo	−9,2	5,0
Monterrey	México	Neutral	4,8	4,5
Santo Domingo	República Dominicana	Neutral	−1,3	4,2
Recife	Brasil	De consumo, bajo	−9,1	3,7
Fortaleza	Brasil	De consumo, bajo	−5,3	3,6
Medellín	Colombia	Neutral	0,3	3,6
Caracas	Rep. Bol. de Venezuela	Neutral	0	3,6
Ciudad de Guatemala	Guatemala	De producción, media	11,3	3,5
Puebla	México	Neutral	3,7	3,4
El Salvador	Brasil	De consumo, bajo	−9,5	3,3
Curitiba	Brasil	Neutral	−0,8	3,0
Guayaquil	Ecuador	De consumo, bajo	−8,5	2,9
Porto Alegre	Brasil	Neutral	−2,8	2,9
Puerto Príncipe	Haití	Neutral	−4,7	2,8
Quito	Ecuador	Neutral	−2,0	2,7
San Salvador	El Salvador	De producción, baja	6,5	2,8
Campinas	Brasil	Neutral	2,8	2,5

Fuente: Jedwab, Ianchovichina y Haslop (2022).

La desindustrialización de las ciudades de América Latina

En América Latina y el Caribe, la proporción de empleo en los sectores de bienes y servicios comercializables urbanos viene disminuyendo desde la década de 1980, sobre todo en las ciudades más grandes (gráfico 1.1 del capítulo 1). La fuerte caída del empleo en el sector manufacturero (gráfico 2.4, panel a, del capítulo 2) no pudo compensarse con el aumento del empleo en los servicios comercializables urbanos (gráfico 2.4, panel b). La desindustrialización de las áreas urbanas de la región de ALC, observada a nivel regional (gráfico 1.1), se produjo en todas las grandes economías latinoamericanas, pero en grados diferentes (gráfico 5.2). La proporción de empleo en el sector de bienes y servicios comercializables disminuyó principalmente en las ciudades más grandes de Brasil. En la década de 1980, esta proporción fue de alrededor del 45 %, y en la de 2010 había caído al 30 %. Una evolución similar se observó en México, donde la ciudad más grande, Ciudad de México, perdió empleos comercializables, y la proporción de empleo en los sectores de bienes y servicios comercializables disminuyó de alrededor del 40 % a menos del 30 %. En la década

GRÁFICO 5.2   Evolución de la proporción de empleo en los sectores de bienes y servicios comercializables, por tamaño de ciudad y década, región de ALC

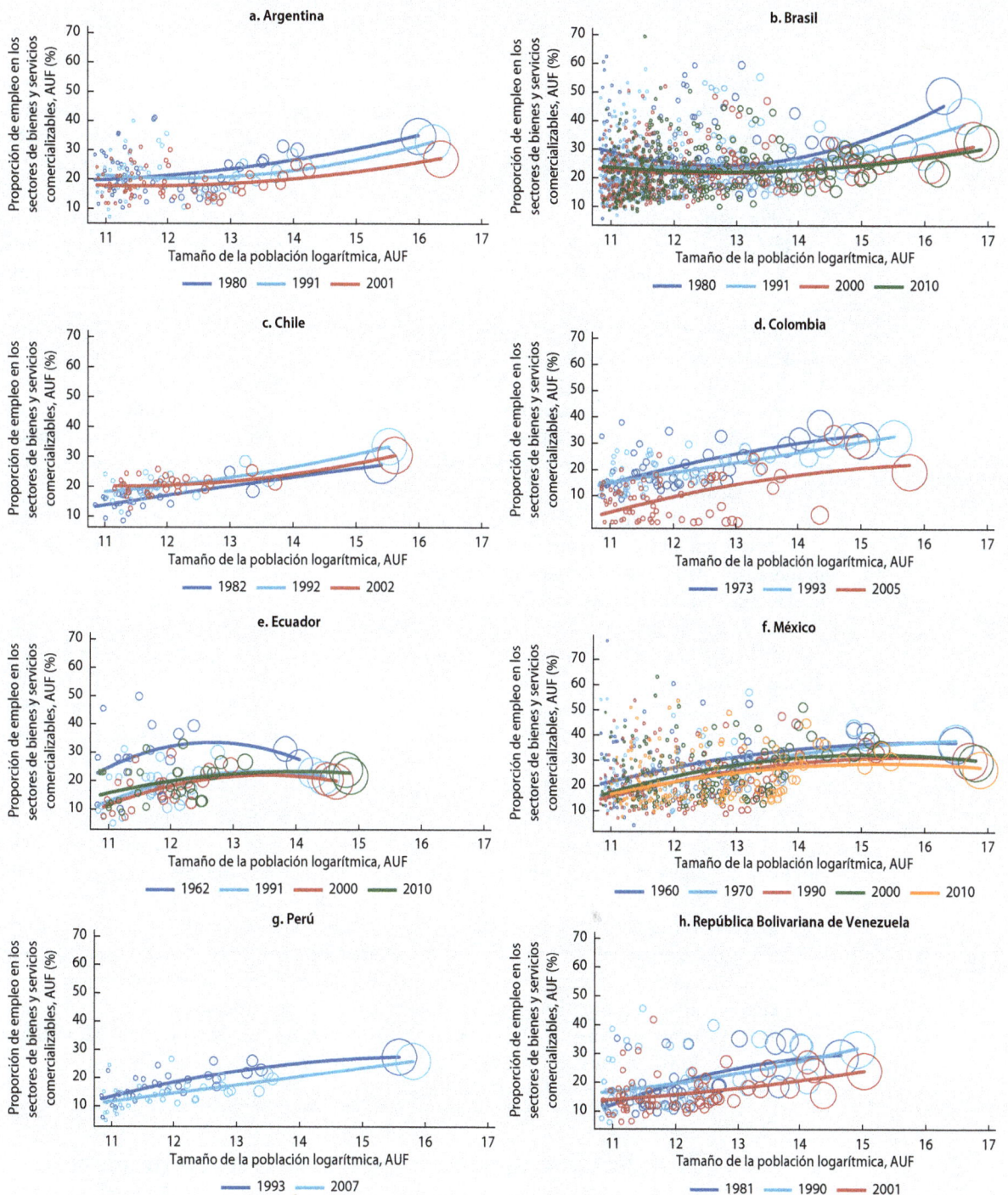

Fuente: Jedwab, Ianchovichina y Haslop (2022), utilizando datos censales de la Serie Integrada de Microdatos de Uso Público (IPUMS, https://www.ipums.org/) y la base de datos del proyecto Capa Global de Asentamientos Humanos (https://ghsl.jrc.ec.europa.eu/download.php).
Nota: El gráfico muestra el desplazamiento vertical (hacia abajo), a lo largo del tiempo, de la línea de tendencia que vincula la proporción de empleo correspondiente al sector de bienes y servicios comercializables, que incluye las manufacturas y los servicios comercializables (como las finanzas, los seguros y los servicios inmobiliarios), con el tamaño de las áreas urbanas funcionales (AUF), representadas de manera indirecta con el logaritmo del número de habitantes del área en cuestión.

de 2000, dicha proporción aumentó en las zonas urbanas mexicanas más pequeñas, lo que refleja el impulso que recibieron las manufacturas en las regiones fronterizas del norte luego de la entrada en vigor del Tratado de Libre Comercio de América del Norte en 1994.

En Argentina y la República Bolivariana de Venezuela, la caída de la manufactura fue más pronunciada en las ciudades más grandes y menos pronunciada en las áreas urbanas más pequeñas. En Perú, la disminución de los empleos en los sectores de bienes y servicios comercializables fue más pronunciada en las zonas urbanas medianas, mientras que en Colombia y Ecuador se perdieron empleos en el sector manufacturero de ciudades de todos los tamaños (gráfico 5.2). En Colombia, la desindustrialización se produjo con relativa rapidez entre mediados de la década de 1990 y mediados de la década de 2000; en Ecuador, la mayor parte de dicho fenómeno tuvo lugar en las décadas de 1970 y 1980. Solo Chile fue capaz de desafiar esta tendencia hasta principios de la década de 1990. Posteriormente, la proporción de empleo en el sector manufacturero disminuyó en las ciudades chilenas más grandes del país.

América Latina comenzó a desindustrializarse luego de abandonar los esfuerzos por industrializarse a través de políticas de sustitución de importaciones (Beylis y otros, 2020)[2]. La desindustrialización fue pronunciada en las ciudades más grandes de América Latina (gráfico 5.2). En Brasil, las ciudades más grandes —Belo Horizonte, Río de Janeiro y São Paulo— experimentaron caídas más notorias en el empleo formal y los ingresos debido a que estuvieron expuestas a mayores recortes arancelarios durante el período de liberalización (Dix-Carneiro y Kovak, 2017). Los trabajadores que perdieron sus empleos en el sector manufacturero no emigraron a las zonas rurales, sino que optaron por empleos informales y de menor calidad en el sector no comercializable (Dix-Carneiro y Kovak, 2017). De esta manera, la estructura de empleo de las ciudades más grandes de la región se orientó hacia los bienes y servicios no comercializables.

Otro hecho importante fue el auge de las materias primas que tuvo lugar desde principios de la década de 2000 hasta mediados de la década de 2010. Como el mayor exportador de productos agrícolas al resto del mundo y el tercer mayor exportador de combustibles y productos mineros (después de África subsahariana y Oriente Medio y África del Norte), América Latina se benefició con el aumento de los ingresos provenientes de los recursos naturales a través de exportaciones de productos básicos que requieren un uso intensivo de capital y de mano de obra (Jedwab, Ianchovichina y Haslop, 2022). Debido a que los combustibles, los productos minerales y unos pocos cultivos comerciales de alto rendimiento requieren poca mano de obra, el aumento de los ingresos por exportaciones de recursos aumentó los ingresos y el gasto en bienes y servicios importados, así como la demanda de bienes y servicios no comercializables urbanos, por lo que el empleo se orientó hacia este sector (Gollin, Jedwab y Vollrath, 2016). En consonancia con la naturaleza eficiente del sector agroindustrial de América Latina, el auge de productos básicos no hizo crecer la población rural en la región de ALC, pero sí desaceleró el ritmo de la migración del campo a la ciudad (Rodríguez-Vignoli y Rowe, 2018). En plena década de 2000, la fuerte competencia, especialmente de China tras su incorporación a la Organización Mundial del Comercio en 2001, así como la acelerada adopción de tecnologías que ahorran mano de obra, también redujo el empleo manufacturero.

La desindustrialización debilitó las economías de aglomeración

El cambio en la composición del empleo urbano hacia los bienes y servicios no comercializables no solo frenó el crecimiento de la productividad laboral en las zonas urbanas, sino que también debilitó el potencial de los países de ALC para beneficiarse de las economías de aglomeración. Basándose en datos geocodificados de 38 526 establecimientos formales en 356 áreas metropolitanas de 80 economías en desarrollo, Burger, Ianchovichina y Akbar (2022) muestran que los llamados beneficios "puros"[3] de la densidad urbana en términos de productividad laboral son insignificantes y más bajos para las empresas que prestan servicios[4] que para los establecimientos manufactureros (gráfico 5.3). Estos beneficios también son menores en el caso de las empresas nacionales más pequeñas, más nuevas y con menos experiencia, y son mayores en el caso de los establecimientos de propiedad extranjera y los exportadores (gráfico 5.3). Dicho de otra manera, las economías de aglomeración "pura" suelen ser mayores en las ciudades donde hay muchas empresas manufactureras exportadoras establecidas. Desafortunadamente, la evidencia de que en muchas grandes ciudades latinoamericanas el porcentaje de bienes y servicios comercializables es desproporcionadamente bajo sugiere que muchas empresas urbanas de la región son establecimientos orientados al mercado interno que prestan servicios no comercializables. También son menos propensas que las empresas de otras regiones a convertirse en exportadoras (Lederman y otros, 2014) y participar en cadenas de valor mundiales (Rocha y Ruta, 2022).

Los resultados de Burger, Ianchovichina y Akbar (2022) son congruentes con las predicciones de la teoría económica urbana. Venables (2017a) sostiene que los beneficios de la coubicación desde el punto de vista de la oferta son relativamente pequeños para las empresas de los sectores de bienes y servicios no comercializables, como el comercio minorista, los servicios personales, la construcción, la administración pública y la gestión de propiedades. En cambio, estos beneficios son relativamente considerables para las empresas del sector de bienes y servicios comercializables, sobre todo aquellas que utilizan mano de obra más calificada (Andersson, Klaesson y Larsson, 2014; Bacolod, Blum

GRÁFICO 5.3   Economías de aglomeración heterogéneas "puras"

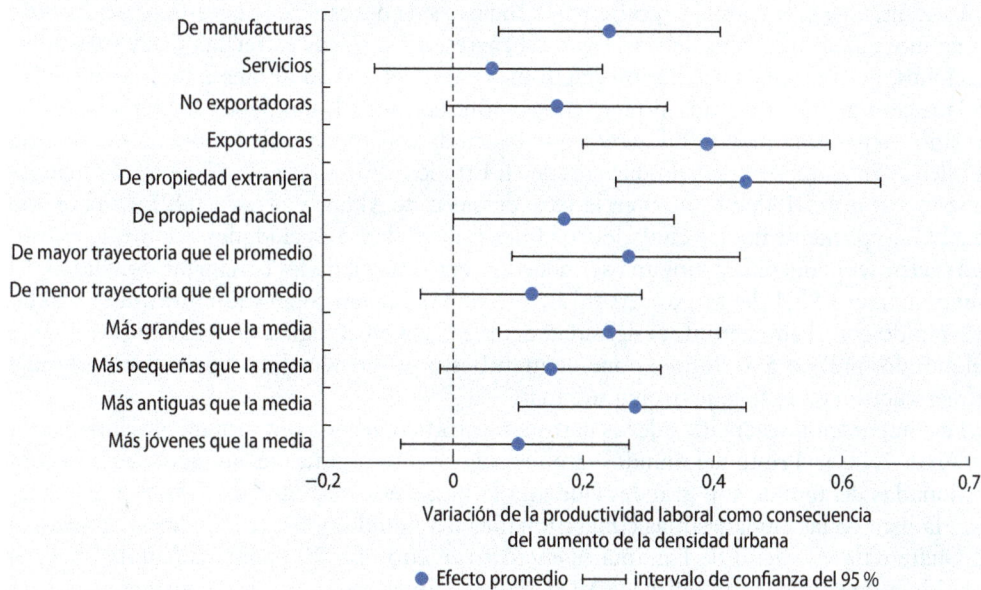

Variación de la productividad laboral como consecuencia del aumento de la densidad urbana

● Efecto promedio   ├────┤ intervalo de confianza del 95 %

Fuente: Burger, Ianchovichina y Akbar (2022).
Nota: En el gráfico se muestran los efectos "puros" de las aglomeración por tipo de empresa —es decir, el cambio estimado en la productividad laboral, medido como el logaritmo natural de las ventas por trabajador que surge del aumento de la densidad urbana después de controlar las características de la empresa, las deseconomías de aglomeración a nivel metropolitano y de las empresas, los promedios a nivel metropolitano de las variables a nivel de las empresas, y los efectos fijos de la industria, el país y el año— basados en datos geocodificados de empresas relativos a 38 526 establecimientos en 356 áreas metropolitanas de 80 economías en desarrollo. Un coeficiente de 0,1 significa que, si la densidad urbana se duplica, la productividad laboral aumenta un 10 %. Los servicios incluyen empresas que participan en actividades comercializables o no comercializables.

y Strange, 2009; Matano, Obaco y Royuela, 2020; Stavropoulos, van Oort y Burger, 2020; Venables, 2017a). Las habilidades cognitivas que ayudan a las personas a absorber y procesar mejor la información y el conocimiento son más valiosas en mercados más concentrados. Tales habilidades mejoran los beneficios de la equiparación (Behrens y Robert-Nicoud, 2015) y los efectos indirectos de los conocimientos entre las empresas (Caragliu y Nijkamp, 2012).

Los problemas de movilidad y las economías de aglomeración

La congestión del tráfico y la escasa movilidad urbana son costos bien conocidos de la aglomeración. Investigaciones recientes sobre movilidad urbana realizadas por Akbar y otros (2022) revelan que el tráfico por carretera suele ser mucho más lento en los países de ingreso bajo y mediano, principalmente debido a las deficiencias de infraestructura que se observan en las áreas metropolitanas en desarrollo de rápido crecimiento. La congestión es un problema mayor en las economías relativamente desarrolladas. Para que se pueda entender mejor la naturaleza de los problemas de movilidad urbana de ALC, en esta sección se toma como base el trabajo de Akbar y otros (2022), quienes establecen índices de movilidad urbana y congestión en 1228 ciudades de todo el mundo, de las cuales 195 se encuentran en ALC. En el recuadro 5.2 se describen los detalles de la estimación, y en el anexo 5A se proporciona información adicional sobre la forma en que Akbar y otros delinean las ciudades y las instancias de viajes seleccionadas como muestra. Los índices se utilizan luego para estudiar la relación entre la densidad y la movilidad o la congestión, teniendo en cuenta el nivel de desarrollo del país, en la muestra mundial de ciudades y en las ciudades de ALC.

Los resultados sugieren que, como era de esperar, en todos los países la movilidad urbana disminuye con la densidad urbana, principalmente debido a la baja movilidad sin congestión, no a la congestión (gráfico 5.4). Incluso sin congestión, la densificación conduce a una movilidad más lenta debido a que las carreteras son más estrechas y hay más intersecciones, pero también acorta los viajes, mejorando el acceso al mercado. Sin embargo, en la región de ALC, cuando no hay congestión, las ciudades, independientemente de su tamaño, tienen una movilidad menor que las ciudades comparables del resto del mundo (gráfico 5.5). A diferencia de lo que sucede en Estados Unidos, donde 87 de las 100 ciudades con mejor movilidad figuran en la base de datos de Akbar y otros (2022), en la región de ALC simplemente no hay ciudades con buena movilidad. Las ciudades con mejor movilidad suelen ser pequeñas, y ninguna se encuentra entre las ciudades con mejor movilidad del mundo (cuadro 5A.1 del anexo). Asimismo, la movilidad sin congestión disminuye mucho más rápido con el aumento de la densidad demográfica en la región de ALC que en el resto del mundo (gráfico 5.4), lo que pone de manifiesto problemas de planificación urbana e infraestructura en toda la jerarquía urbana.

La comparación sistemática de los patrones de tráfico urbano por tamaño de ciudad en la región de ALC y el resto del mundo[5] también sugiere que algunas de las ciudades más congestionadas del mundo son grandes ciudades latinoamericanas (gráfico 5.5). Bogotá encabeza la lista de las ciudades más congestionadas del mundo, y Ciudad de México, Ciudad de Guatemala y Ciudad de Panamá se encuentran entre las 20 primeras (cuadro 5.3). Si bien Lima no se encuentra entre las 10 ciudades latinoamericanas más congestionadas, es la 15.ª ciudad latinoamericana más congestionada y la ciudad con la velocidad de circulación sin congestión más lenta de la región. Asimismo, resulta llamativo que cuatro de las cinco ciudades más grandes de ALC se encuentren entre las 10 ciudades más lentas de la región y también sean lentas en comparación con el resto del mundo. Bogotá y Ciudad de

RECUADRO 5.2   Índices de movilidad y congestión en las ciudades

La estimación de los índices de movilidad y congestión urbanas[a] que realizan Akbar y otros (2022) se basa en un conjunto de aproximadamente 538 millones de instancias de viaje consultadas en Google Maps entre junio y octubre de 2019. Cada instancia de viaje es uno de los 20 millones de combinaciones de orígenes y destinos seleccionados aleatoriamente, consultados en uno de los aproximadamente 21 momentos del día y días de la semana seleccionados al azar. En cada caso, Akbar y otros (2022) registran la estimación de Google de la duración y la distancia de las rutas más recomendadas y rápidas, y obtienen medidas de velocidad en tiempo real con y sin tráfico. Luego realizan una regresión de la velocidad de viaje en función de la distancia del viaje y la distancia al centro de la ciudad, incluyendo variables de control para el momento del día en la ciudad, el día de la semana, el clima y, en ocasiones, el tipo de carretera que se toma. Los efectos fijos estimados de la ciudad son los índices de referencia de la movilidad urbana, que son comparables entre ciudades. Utilizando una canasta comparable de viajes en cada ciudad, se calculan índices de movilidad específicos de la ciudad con elasticidad de sustitución constante, que son directamente análogos a los índices de precios. A continuación, dado que observan los mismos viajes en distintos momentos del día, realizan estimaciones análogas y calculan índices de movilidad urbana sin tráfico. La diferencia entre este índice y el índice de referencia es el índice de congestión. En consecuencia, el índice de movilidad general se descompone exactamente en el índice de congestión y el índice de movilidad sin congestión, y cada índice puede relacionarse con las características de la ciudad para realizar comparaciones entre ciudades.

Los datos de movilidad de Akbar y otros (2022) ofrecen varias ventajas con respecto a las fuentes alternativas, como los datos de INRIX y TomTom, que se han utilizado en estudios anteriores sobre este tema en la región de ALC (véase, por ejemplo, Selod y Soumahoro, 2018). En primer lugar, los índices de movilidad se basan en millones de viajes realizados en Google Maps, que se simulan durante el mismo período utilizando la misma estrategia de muestreo de viajes para ciudades de todo el mundo. Esta simulación se realizó precisamente para facilitar el análisis entre países del tipo que se realiza aquí. En segundo lugar, Akbar y otros (2022) muestran que sus índices de movilidad son sólidos en comparación con diversas estrategias alternativas de muestreo de viajes, como variaciones en la ponderación de los destinos de viaje, las direcciones de viaje o los momentos del día. Los índices también condicionan el efecto de las características de los viajes que pueden variar sistemáticamente entre ciudades y sesgarían cualquier estimación de velocidad basada en viajes reales. En tercer lugar, utilizando datos de India, Akbar y otros (2018) muestran que las velocidades previstas de los viajes simulados siguen siendo comparables con las de los viajes reales en las ciudades, incluidas las ciudades relativamente pequeñas donde cabría preocuparse más por la calidad deficiente de los datos.

a. El índice de movilidad y el índice de velocidad se utilizan indistintamente.

México —las ciudades y capitales más grandes de dos de las economías más desarrolladas de América Latina que integran la Organización para la Cooperación y el Desarrollo Económicos— no solo se encuentran entre las ciudades más lentas de ALC, sino también entre las más congestionadas (cuadro 5.3). Otras grandes ciudades con problemas de congestión y movilidad son Ciudad de Guatemala, Medellín y São Paulo. En el cuadro 5A.1 del anexo se incluye la clasificación completa de las ciudades de ALC.

GRÁFICO 5.4   **Cómo varían la movilidad urbana, la congestión y la movilidad sin congestión según la densidad, para el mundo y la región de ALC**

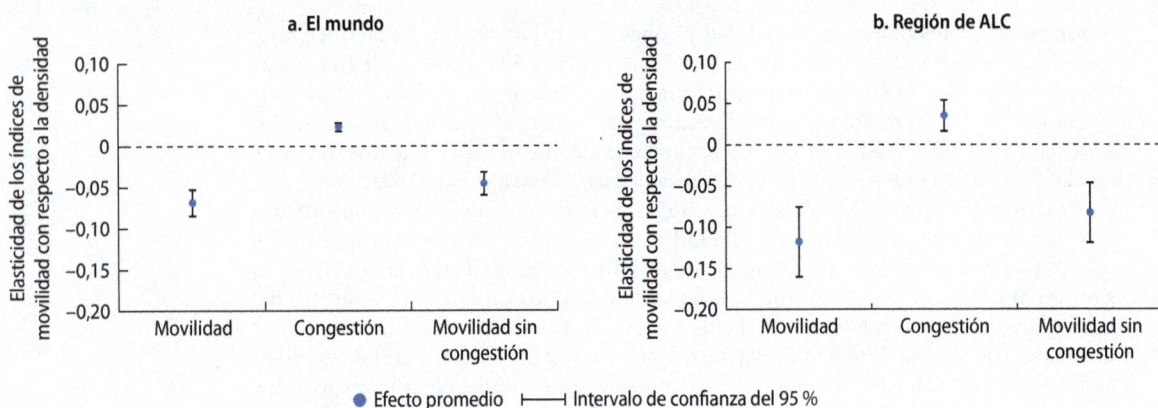

Fuente: Akbar (2022), con datos de Akbar y otros (2022).
Nota: Los gráficos muestran el efecto promedio de la densidad en la movilidad, así como el intervalo de confianza del 95 %. La elaboración de índices de movilidad permite derivar la elasticidad de la movilidad con respecto a la densidad restando la elasticidad de la congestión a la elasticidad de la movilidad sin congestión. Este enfoque revela que la mayor parte de los efectos de la densidad en la movilidad se debe a sus efectos en la movilidad sin congestión y no en la congestión propiamente dicha. La región de ALC comprende Argentina, Bolivia, Brasil, Colombia, Costa Rica, República Dominicana, Ecuador, El Salvador, Guatemala, Honduras, Jamaica, México, Nicaragua, Paraguay, Perú, Trinidad y Tabago, Uruguay y la República Bolivariana de Venezuela.

GRÁFICO 5.5   **Distribución de los índices de movilidad sin congestión y de congestión, por tamaño de ciudad, región de ALC y resto del mundo**

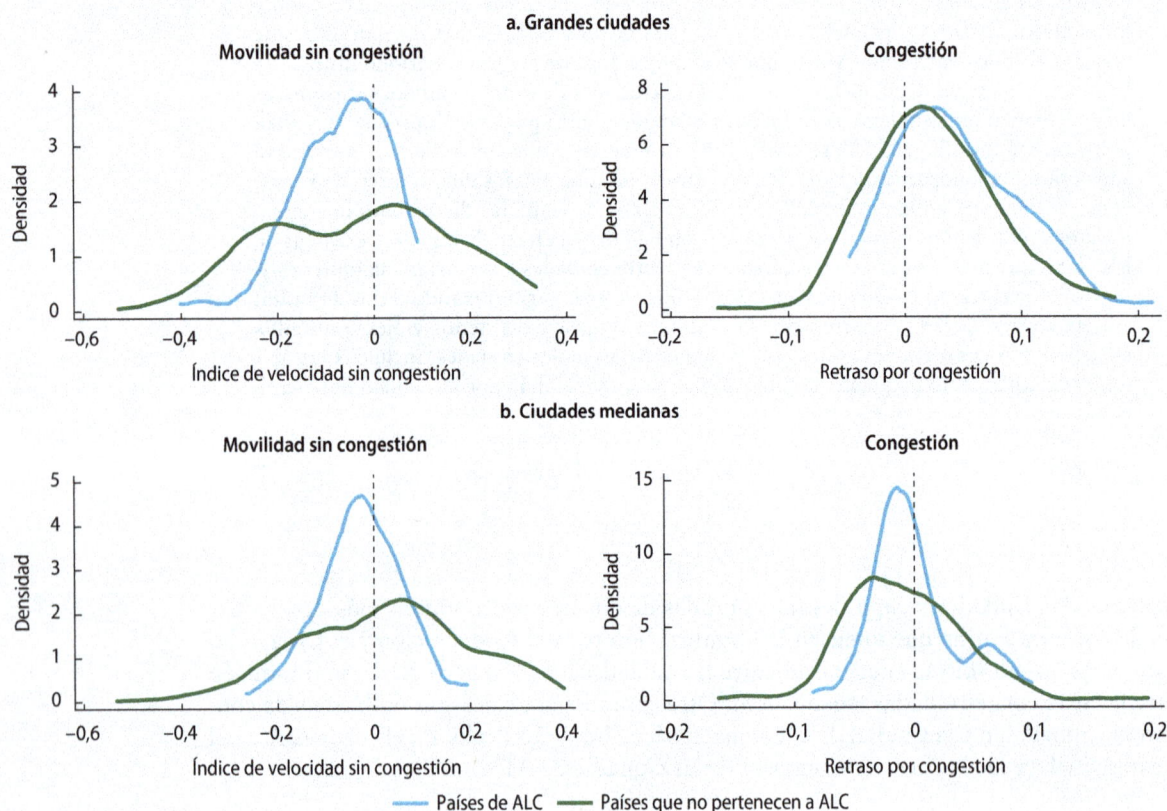

(El gráfico continúa en la página siguiente)

GRÁFICO 5.5 **Distribución de los índices de movilidad sin congestión y de congestión, por tamaño de ciudad, región de ALC y resto del mundo** *(continuación)*

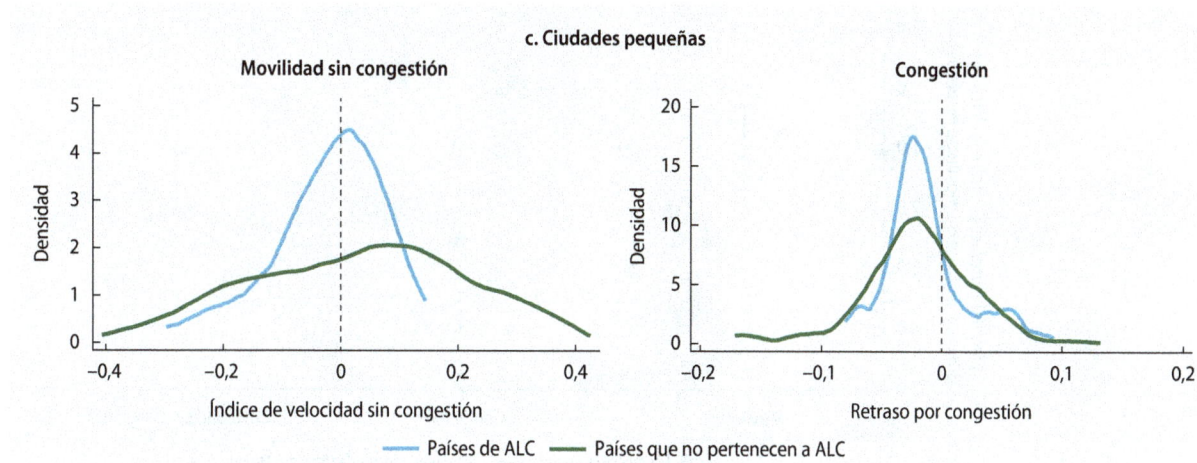

c. Ciudades pequeñas

Fuente: Akbar (2022), a partir de datos de Akbar y otros (2022).

CUADRO 5.3 **Clasificación mundial: Las 10 ciudades más lentas y congestionadas de la región de ALC**

Las más lentas				Las más congestionadas			
Clasificación mundial	Ciudad	País	Índice	Clasificación mundial	Ciudad	País	Índice
19	Lima	Perú	−0,41	1	Bogotá	Colombia	0,21
25	Bogotá	Colombia	−0,40	10	Ciudad de México	México	0,15
33	Ciudad de México	México	−0,36	15	Ciudad de Guatemala	Guatemala	0,14
38	La Paz	Bolivia	−0,36	19	Ciudad de Panamá	Panamá	0,13
63	São Paulo	Brasil	−0,30	22	Santo Domingo	República Dominicana	0,13
67	Huancayo	Perú	−0,30	24	Medellín	Colombia	0,12
69	Ciudad de Guatemala	Guatemala	−0,29	25	Río de Janeiro	Brasil	0,12
73	Cusco	Perú	−0,29	32	São Paulo	Brasil	0,12
75	Oaxaca de Juárez	México	−0,28	38	San José	Costa Rica	0,11
85	Medellín	Colombia	−0,27	41	Recife	Brasil	0,11

Fuente: Akbar (2022), con datos de Akbar y otros (2022).

Burger, Ianchovichina y Akbar (2022) utilizan la nueva base de datos de índices de movilidad de Akbar y otros (2022) presentada en esta sección para examinar cómo varían los beneficios de la densidad específicos de las empresas en función de la movilidad urbana sin congestión y la congestión. Los resultados obtenidos sugieren que las economías de aglomeración se pierden principalmente debido a la congestión (gráfico 5.6), lo que limita la capacidad de las empresas para beneficiarse de las economías de escala externas (véanse también Collier y Venables, 2016; Gerritse y Arribas-Bel, 2018; Venables, 2017b) y constituye un problema particularmente grave en las ciudades más grandes de la región de ALC (gráfico 5.5, panel a). La congestión es especialmente perjudicial para las economías de aglomeración en las ciudades de *megaconsumo*, donde los servicios no comercializables desempeñan un papel desproporcionadamente importante. Aunque los mercados de

GRÁFICO 5.6   **El efecto moderador de la movilidad y la congestión urbanas en los beneficios de la densidad, región de ALC**

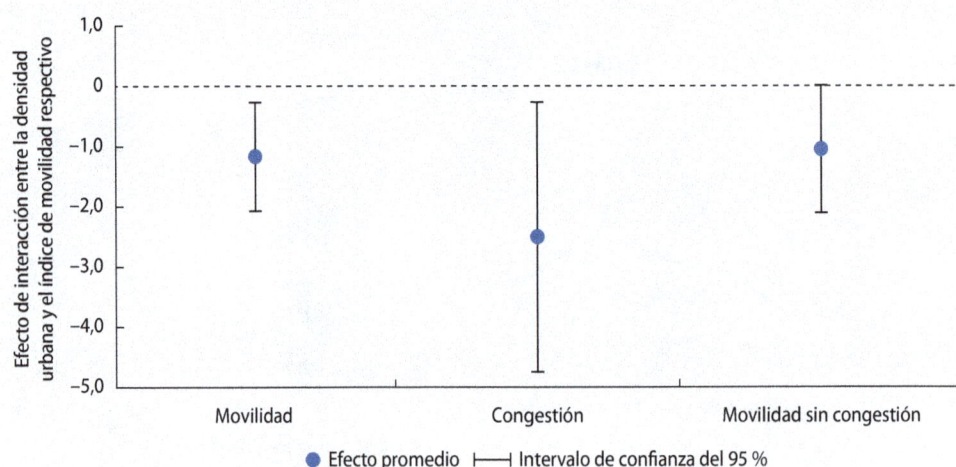

Fuente: Burger, Ianchovichina y Akbar (2022).
Nota: El gráfico muestra las estimaciones puntuales, con intervalos de confianza del 95 %.

servicios no comercializables son potencialmente más grandes en ciudades más grandes y densas, la congestión del tráfico y la competencia pueden reducir considerablemente su tamaño debido a que dichos servicios a menudo se brindan cara a cara durante las horas pico de actividad. Las empresas manufactureras pueden enfrentar mejor la congestión utilizando el almacenamiento y transportando insumos y productos finales durante las horas de menor tráfico. En efecto, en este informe se muestra que, si bien la congestión del tráfico reduce los beneficios de la aglomeración para todas las empresas, el efecto es mucho más acentuado en el caso de las empresas de servicios y las empresas locales, más pequeñas y de menor trayectoria que operan en el mercado interno (gráfico 5.1).

Además de sus efectos en las economías de aglomeración, los problemas de conectividad intraurbana afectan a la productividad a través de diversos canales. Se ha demostrado que estas cuestiones son importantes para el empleo en Estados Unidos (Duranton y Turner, 2012), el comercio interno en ese mismo país (Duranton, Morrow y Turner, 2014) y las compras de bienes durables que realizan los hogares en México, dado que afectan el valor de las propiedades y el acceso al crédito (González-Navarro y Quintana-Domeque, 2016). La congestión también tiene efectos de largo alcance. No solo perjudica la productividad de la economía urbana, especialmente de los servicios no comercializables, sino que también reduce la calidad de vida en la ciudad aumentando la contaminación y limitando el acceso a los mercados. Según TomTom, los habitantes de Bogotá, la ciudad más congestionada del mundo, pierden 9,6 días al año atascados en el tráfico, lo que equivale al doble del tiempo que se pierde en el tráfico en Madrid. En Lima, los residentes pasan unos 8,7 días al año atrapados en el tráfico.

Por último, una comparación de los índices de movilidad entre diferentes tipos de viajes en ciudades de ALC sugiere que hay poca variación de velocidad durante la noche entre los diferentes tipos de viaje (gráfico 5.7). Durante el día, los viajes más vulnerables a la congestión son los radiales desde y hacia el centro de la ciudad, lo que resulta esperable en las ciudades de ALC debido a su naturaleza monocéntrica. Los viajes más cercanos al centro de la ciudad se realizan a velocidades diurnas más bajas que los viajes más lejanos. Además, son más lentos durante la noche, lo que sugiere que la diferencia puede atribuirse

GRÁFICO 5.7   Velocidades urbanas a lo largo del día, región de ALC

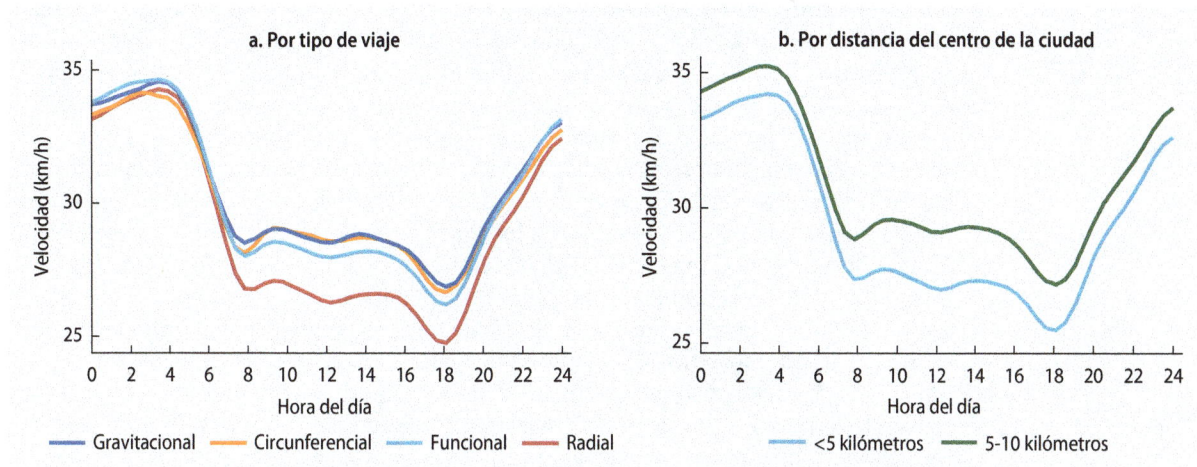

a. Por tipo de viaje

b. Por distancia del centro de la ciudad

Gravitacional — Circunferencial — Funcional — Radial

<5 kilómetros — 5-10 kilómetros

Fuente: Akbar (2022), a partir de datos de Akbar y otros (2022).
Nota: Un *viaje radial* conecta una ubicación aleatoria cercana al centro de la ciudad con una ubicación aleatoria más distante en la periferia de la ciudad. Un *viaje circunferencial* conecta una ubicación aleatoria que se encuentra como mínimo a 2 kilómetros del centro de la ciudad con un destino situado a la misma distancia del centro, pero con una separación de aproximadamente 30 grados angulares. Un *viaje gravitacional* conecta dos ubicaciones aleatorias cuya distancia entre sí se calcula a partir de una distribución que imita la distribución de distancias observada en muchos estudios de viajes. Un *viaje funcional* conecta una ubicación aleatoria de la ciudad con la ubicación de varios lugares muy visitados (como escuelas y centros culturales). En el panel a, todos los viajes están limitados a entre 5 y 10 kilómetros de longitud. km/h = kilómetros por hora.

no solo a la congestión del centro de la ciudad durante las horas pico del día, sino también a las diferencias en la infraestructura de viaje entre el centro y la periferia, así como a los problemas de accesibilidad.

En este capítulo se sostiene que la ausencia de grandes ciudades de producción en la región de ALC limita el potencial de esta última para alcanzar los niveles de vida de las economías avanzadas e incluso podría explicar por qué algunos países de ALC están atrapados en la trampa del ingreso mediano. La desindustrialización y el auge de la economía de los recursos han reducido el crecimiento de la productividad laboral en las zonas urbanas al modificar la composición del empleo y orientarlo hacia los sectores de bienes y servicios no comercializables de baja productividad. Los bienes y servicios no comercializables ofrecen menores beneficios relacionados con la experiencia, se ven menos favorecidos por la densidad demográfica y tienen un potencial mucho más limitado para generar niveles considerables de productividad dinámica que los bienes y servicios comercializables. La capacidad de las empresas de los sectores de bienes y servicios no comercializables para beneficiarse de la densidad urbana también se ve relativamente más obstaculizada por la congestión del tráfico, que constituye un problema especialmente grave en las ciudades de consumo más densas y grandes de ALC, como Bogotá, Guayaquil y Río de Janeiro[6]. En el capítulo 6 se examinan más de cerca algunas de las ciudades más grandes de ALC para comprender mejor los factores espaciales internos que limitan la productividad urbana.

Anexo 5A Datos para la elaboración de índices de movilidad urbana y clasificación de las ciudades de ALC a partir de estos índices

Akbar y otros (2022) incluyen 1228 ciudades que en 2018 tenían una población estimada de al menos 300 000 habitantes o que son capitales de países. Asimismo, excluyen ciudades de China y la República de Corea, donde Google Maps está restringido, y algunas otras ciudades que carecen de datos creíbles sobre viajes en tiempo real. La ubicación de las ciudades se obtiene de las Naciones Unidas, y la extensión espacial de cada ciudad se define en el modelo de asentamiento del proyecto Capa Global de Asentamientos Humanos como las celdas contiguas circundantes de 1 kilómetro de la cuadrícula urbana[7]. En algunos casos, varios polígonos urbanos se combinan en una sola ciudad, o un polígono urbano se divide en varias ciudades. Las extensiones de las ciudades suelen ser mucho más pequeñas que las áreas metropolitanas y las AUF (véase Moreno-Monroy, Schiavina y Veneri, 2021). Este enfoque es adecuado para medir la velocidad y la congestión en áreas con mucho tráfico.

Para muestrear los orígenes y destinos de los viajes dentro de las ciudades, Akbar y otros (2022) restringen aún más las áreas solo a los píxeles construidos de 38 metros de la capa construida del proyecto Capa Global de Asentamientos Humanos (Corbane y otros, 2020). Definen *viaje* como una combinación ordenada de puntos (origen y destino) separados por al menos 1 kilómetro en línea recta, e *instancia de viaje* como un viaje realizado a una hora específica en un día específico. La cantidad de viajes en cada ciudad es proporcional a la raíz cuadrada de la población de la ciudad. Para identificar los orígenes y destinos de los viajes, se utilizan varias estrategias de muestreo, cada una de las cuales refleja diferentes tipos de desplazamientos urbanos (por ejemplo, viajes radiales desde y hacia el centro de las ciudades o viajes a lugares como escuelas o áreas recreativas), y verifican que conduzcan a resultados similares. Cada viaje se consulta en varios momentos del día y días de la semana para que la distribución agregada de los horarios de salida en las instancias de viaje imite la distribución de las horas de salida que figuran en la Encuesta Nacional de Viajes de los Hogares de Estados Unidos. Se da prioridad a los horarios de salida nocturnos que son menos frecuentes para asegurarse de que la mayoría de los viajes tengan al menos una instancia durante las horas tranquilas, lo que resulta importante para medir la congestión de manera precisa. El cuadro 5A.1 muestra la clasificación de las ciudades de ALC basada en los índices de movilidad de las ciudades.

CUADRO 5A.1 Clasificación de las ciudades de ALC basada en la velocidad y la congestión (que muestra primero las más congestionadas/lentas)

Las más lentas				Las más congestionadas			
Clasifi-cación	Ciudad	País	Índice de velocidad	Clasifi-cación	Ciudad	País	Índice de congestión
19	Lima	Perú	−0,41	1	Bogotá	Colombia	0,21
25	Bogotá	Colombia	−0,40	10	Ciudad de México	México	0,15
33	Ciudad de México	México	−0,36	15	Ciudad de Guatemala	Guatemala	0,14
38	La Paz	Bolivia	−0,36	19	Ciudad de Panamá	Panamá	0,13
63	São Paulo	Brasil	−0,30	22	Santo Domingo	República Dominicana	0,13
67	Huancayo	Perú	−0,30	24	Medellín	Colombia	0,12
69	Ciudad de Guatemala	Guatemala	−0,29	25	Río de Janeiro	Brasil	0,12
73	Cusco	Perú	−0,29	32	São Paulo	Brasil	0,12
75	Oaxaca de Juárez	México	−0,28	38	San José	Costa Rica	0,11
85	Medellín	Colombia	−0,27	41	Recife	Brasil	0,11
94	Belén	Brasil	−0,26	43	Cali	Colombia	0,11
96	Pasto	Colombia	−0,26	45	Santiago	Chile	0,10
97	Recife	Brasil	−0,26	50	Maceió	Brasil	0,10
98	Buenos Aires	Argentina	−0,26	53	Puerto España	Trinidad y Tabago	0,10
106	Río de Janeiro	Brasil	−0,25	56	Lima	Perú	0,10

(El cuadro continúa en la página siguiente)

CUADRO 5A.1 **Clasificación de las ciudades de ALC basada en la velocidad y la congestión (que muestra primero las más congestionadas/lentas)** *(continuación)*

Las más lentas				Las más congestionadas			
Clasifi-cación	Ciudad	País	Índice de velocidad	Clasifi-cación	Ciudad	País	Índice de congestión
107	Santos	Brasil	−0,25	60	Pereira	Colombia	0,09
116	Arequipa	Perú	−0,23	61	Pasto	Colombia	0,09
122	Asunción	Paraguay	−0,23	71	Quito	Ecuador	0,09
123	Santo Domingo	República Dominicana	−0,23	75	Buenos Aires	Argentina	0,09
128	Barranquilla	Colombia	−0,22	80	San Salvador	El Salvador	0,08
129	Cali	Colombia	−0,22	81	El Salvador	Brasil	0,08
133	Cuernavaca	México	−0,22	94	Santiago	República Dominicana	0,08
152	Oruro	Bolivia	−0,20	103	Cuenca	Ecuador	0,07
157	Quito	Ecuador	−0,20	110	Manaos	Brasil	0,07
161	Puebla	México	−0,19	111	Belén	Brasil	0,07
164	San José	Costa Rica	−0,19	117	Porto Alegre	Brasil	0,07
182	Gran São Luís	Brasil	−0,18	122	Villavicencio	Colombia	0,07
194	Maceió	Brasil	−0,17	126	Arequipa	Perú	0,07
196	Trujillo	Perú	−0,17	128	Cartagena	Colombia	0,07
200	Puerto Vallarta	México	−0,17	129	Temuco	Chile	0,06
202	Cartagena	Colombia	−0,17	137	Barranquilla	Colombia	0,06
210	Acapulco de Juárez	México	−0,17	139	Ibagué	Colombia	0,06
213	El Salvador	Brasil	−0,17	141	Valparaíso	Chile	0,06
214	Xalapa	México	−0,17	150	Gran São Luís	Brasil	0,06
219	San Salvador	El Salvador	−0,16	154	Kingston	Jamaica	0,06
225	Uruapan	México	−0,16	158	Alajuela	Costa Rica	0,06
230	Fortaleza	Brasil	−0,16	160	Belo Horizonte	Brasil	0,06
232	Pereira	Colombia	−0,15	167	Tijuana	México	0,06
235	Guadalajara	México	−0,15	170	Guayaquil	Ecuador	0,06
248	Cuautla Morelos	México	−0,14	178	Florianópolis	Brasil	0,05
252	Cúcuta	Colombia	−0,14	186	Valledupar	Colombia	0,05
260	Cochabamba	Bolivia	−0,14	189	Ciudad del Este	Paraguay	0,05
261	Belo Horizonte	Brasil	−0,14	191	Cusco	Perú	0,05
268	Veracruz	México	−0,13	195	La Serena-Coquimbo	Chile	0,05
269	Santiago	República Dominicana	−0,13	211	Fortaleza	Brasil	0,05
270	Tehuacán	México	−0,13	213	Concepción	Chile	0,05
272	Iquitos	Perú	−0,13	218	Victoria	Brasil	0,05
279	Toluca de Lerdo	México	−0,13	222	Heredia	Costa Rica	0,05
288	Bucaramanga	Colombia	−0,13	233	Guadalajara	México	0,04
290	Morelia	México	−0,13	241	Bucaramanga	Colombia	0,04
294	León de los Aldama	México	−0,12	246	Asunción	Paraguay	0,04
297	Ibagué	Colombia	−0,12	264	Monterrey	México	0,04
305	Ciudad de Panamá	Panamá	−0,12	276	Caracas	Rep. Bol. de Venezuela	0,03

(El cuadro continúa en la página siguiente)

CUADRO 5A.1   **Clasificación de las ciudades de ALC basada en la velocidad y la congestión (que muestra primero las más congestionadas/lentas)** *(continuación)*

	Las más lentas				Las más congestionadas		
Clasifi-cación	Ciudad	País	Índice de velocidad	Clasifi-cación	Ciudad	País	Índice de congestión
318	Neiva	Colombia	−0,11	279	Puebla	México	0,03
321	Villavicencio	Colombia	−0,11	282	Curitiba	Brasil	0,03
326	Tepic	México	−0,11	284	Toluca de Lerdo	México	0,03
340	Tuxtla Gutiérrez	México	−0,10	297	Santa Marta	Colombia	0,03
350	Tijuana	México	−0,10	323	Manizales	Colombia	0,03
352	Santa Marta	Colombia	−0,10	325	Blumenau	Brasil	0,03
359	Victoria	Brasil	−0,09	342	León de los Aldama	México	0,02
360	Santiago	Chile	−0,09	347	Posadas	Argentina	0,02
368	Matamoros	México	−0,09	349	Montevideo	Uruguay	0,02
372	Montería	Colombia	−0,09	352	Goiânia	Brasil	0,02
373	Valparaíso	Chile	−0,09	354	Morelia	México	0,02
374	Tampico	México	−0,09	355	Neiva	Colombia	0,02
375	Juiz de Fora	Brasil	−0,09	363	Tegucigalpa	Honduras	0,02
380	Heredia	Costa Rica	−0,09	365	Brasilia	Brasil	0,02
386	Alajuela	Costa Rica	−0,08	372	Santos	Brasil	0,02
392	Manaos	Brasil	−0,08	373	Juiz de Fora	Brasil	0,02
397	Natal	Brasil	−0,08	374	Córdoba	Argentina	0,02
401	Piura	Perú	−0,07	377	Querétaro	México	0,02
402	Corrientes	Argentina	−0,07	391	Ciudad Juárez	México	0,02
407	Orizaba	México	−0,07	405	Oaxaca de Juárez	México	0,02
408	Manizales	Colombia	−0,07	420	San Pedro Sula	Honduras	0,02
409	Puerto España	Trinidad y Tabago	−0,07	434	Xalapa	México	0,01
411	Buenaventura	Colombia	−0,07	435	San Miguel de Tucumán	Argentina	0,01
416	Porto Alegre	Brasil	−0,07	454	Neuquén	Argentina	0,01
419	Guayaquil	Ecuador	−0,07	464	Joinville	Brasil	0,01
438	Neuquén	Argentina	−0,06	467	Rosario	Argentina	0,01
440	Managua	Nicaragua	−0,06	470	San Luis Potosí	México	0,01
441	Tlaxcala	México	−0,06	483	João Pessoa	Brasil	0,01
448	Ciudad Juárez	México	−0,06	485	Natal	Brasil	0,01
451	Temuco	Chile	−0,06	486	Piura	Perú	0,01
452	Córdoba	México	−0,06	497	Mexicali	México	0,01
457	Ciudad del Este	Paraguay	−0,05	503	La Plata	Argentina	0,01
460	Feira de Santana	Brasil	−0,05	506	Cuiabá	Brasil	0
462	Cuenca	Ecuador	−0,05	507	Mendoza	Argentina	0
463	Ensenada	México	−0,05	512	Los Mochis	México	0
464	Querétaro	México	−0,05	513	Campinas	Brasil	0
470	La Plata	Argentina	−0,05	528	Cúcuta	Colombia	0

(El cuadro continúa en la página siguiente)

CUADRO 5A.1 Clasificación de las ciudades de ALC basada en la velocidad y la congestión (que muestra primero las más congestionadas/lentas) *(continuación)*

Clasifi-cación	Ciudad	País	Índice de velocidad	Clasifi-cación	Ciudad	País	Índice de congestión
472	Juazeiro do Norte	Brasil	−0,05	540	Puerto Vallarta	México	0
479	Teresina	Brasil	−0,05	558	Campos dos Goytacazes	Brasil	0
483	Cancún	México	−0,05	559	Cancún	México	0
488	Valledupar	Colombia	−0,04	562	Feira de Santana	Brasil	0
489	Irapuato	México	−0,04	564	Huancayo	Perú	0
491	Montes Claros	Brasil	−0,04	568	Culiacán	México	0
495	Caracas	Rep. Bol. de Venezuela	−0,04	585	Tehuacán	México	0
497	Poza Rica de Hidalgo	México	−0,04	586	Villahermosa	México	0
499	Curitiba	Brasil	−0,04	591	Managua	Nicaragua	0
509	Caruaru	Brasil	−0,03	592	Teresina	Brasil	0
512	Aracaju	Brasil	−0,03	594	Tepic	México	0
517	Volta Redonda	Brasil	−0,03	598	Tampico	México	0
519	Montevideo	Uruguay	−0,03	611	Resistencia	Argentina	−0,01
522	Monterrey	México	−0,03	614	Montes Claros	Brasil	−0,01
525	La Serena-Coquimbo	Chile	−0,03	616	Veracruz	México	−0,01
530	Mérida	México	−0,03	618	Caruaru	Brasil	−0,01
539	Campina Grande	Brasil	−0,02	624	Santa Cruz	Bolivia	−0,01
545	Río Branco	Brasil	−0,02	625	Jundiaí	Brasil	−0,01
546	Tegucigalpa	Honduras	−0,02	626	Pelotas	Brasil	−0,01
548	Kingston	Jamaica	−0,02	628	Aracaju	Brasil	−0,01
554	Culiacán	México	−0,02	630	Sorocaba	Brasil	−0,01
556	Santa Cruz	Bolivia	−0,02	643	Cuernavaca	México	−0,01
558	Los Mochis	México	−0,02	650	Aguascalientes	México	−0,01
559	Aguascalientes	México	−0,02	657	Durango	México	−0,01
560	Campos dos Goytacazes	Brasil	−0,02	663	Tacna	Perú	−0,01
562	João Pessoa	Brasil	−0,02	665	Caxias do Sul	Brasil	−0,01
566	Salta	Argentina	−0,01	667	Volta Redonda	Brasil	−0,01
571	San Luis Potosí	México	−0,01	668	São José dos Campos	Brasil	−0,01
575	Colima	México	−0,01	677	Tuxtla Gutiérrez	México	−0,01
578	Durango	México	−0,01	682	Santa Fe	Argentina	−0,01
580	San Miguel de Tucumán	Argentina	−0,01	683	San Juan	Argentina	−0,01
582	Pachuca de Soto	México	−0,01	687	Armenia	Colombia	−0,01
600	Sorocaba	Brasil	0	688	Macapá	Brasil	−0,01
601	Córdoba	Argentina	0	690	Mérida	México	−0,01
608	Cuiabá	Brasil	0	698	Corrientes	Argentina	−0,01
610	Coatzacoalcos	México	0	704	Nuevo Laredo	México	−0,02
612	Celaya	México	0	705	Saltillo	México	−0,02

(El cuadro continúa en la página siguiente)

CUADRO 5A.1 **Clasificación de las ciudades de ALC basada en la velocidad y la congestión (que muestra primero las más congestionadas/lentas)** *(continuación)*

Las más lentas				Las más congestionadas			
Clasifi-cación	Ciudad	País	Índice de velocidad	Clasifi-cación	Ciudad	País	Índice de congestión
614	Mar del Plata	Argentina	0	716	Maringá	Brasil	−0,02
615	San Pedro Sula	Honduras	0	718	Valencia	Rep. Bol. de Venezuela	−0,02
618	Mazatlán	México	0	723	Porto Velho	Brasil	−0,02
628	Rosario	Argentina	0,01	725	Mar del Plata	Argentina	−0,02
629	Villahermosa	México	0,01	730	Trujillo	Perú	−0,02
634	Armenia	Colombia	0,01	734	Matamoros	México	−0,02
638	Posadas	Argentina	0,01	735	Acapulco de Juárez	México	−0,02
640	Mexicali	México	0,01	738	Salta	Argentina	−0,02
645	Goiânia	Brasil	0,02	745	Zacatecas	México	−0,02
646	Nuevo Laredo	México	0,02	750	São José do Rio Preto	Brasil	−0,02
647	Barcelona-Puerto La Cruz	Rep. Bol. de Venezuela	0,02	759	Boa Vista	Brasil	−0,02
650	Campo Grande	Brasil	0,02	760	Londrina	Brasil	−0,02
659	Santa Fe	Argentina	0,02	761	Campina Grande	Brasil	−0,02
671	Resistencia	Argentina	0,02	765	Ensenada	México	−0,02
679	Reynosa	México	0,03	782	Juazeiro do Norte	Brasil	−0,02
688	Vitória da Conquista	Brasil	0,03	787	Franca	Brasil	−0,02
691	Porto Velho	Brasil	0,03	789	Santiago del Estero	Argentina	−0,02
698	Florianópolis	Brasil	0,03	791	Ribeirão Preto	Brasil	−0,02
707	Ciudad Victoria	México	0,03	792	La Laguna	México	−0,02
710	Concepción	Chile	0,04	807	Cochabamba	Bolivia	−0,02
712	Petrolina	Brasil	0,04	808	Ciudad Obregón	México	−0,02
714	Macapá	Brasil	0,04	810	Petrolina	Brasil	−0,02
720	Zacatecas	México	0,04	811	Anápolis	Brasil	−0,02
724	Valencia	Rep. Bol. de Venezuela	0,04	815	Colima	México	−0,02
745	Maracaibo	Rep. Bol. de Venezuela	0,05	818	Reynosa	México	−0,02
746	Pelotas	Brasil	0,05	819	Campo Grande	Brasil	−0,02
751	Brasilia	Brasil	0,05	830	Tlaxcala	México	−0,03
754	Campinas	Brasil	0,05	832	Maracay	Rep. Bol. de Venezuela	−0,03
758	Saltillo	México	0,06	833	Barquisimeto	Rep. Bol. de Venezuela	−0,03
762	São José do Rio Preto	Brasil	0,06	838	Ponta Grossa	Brasil	−0,03
793	Barquisimeto	Rep. Bol. de Venezuela	0,07	840	Uruapan	México	−0,03
798	Maracay	Rep. Bol. de Venezuela	0,07	841	Uberlândia	Brasil	−0,03
800	Uberaba	Brasil	0,07	843	Bahía Blanca	Argentina	−0,03
801	São José dos Campos	Brasil	0,07	847	Barcelona-Puerto La Cruz	Rep. Bol. de Venezuela	−0,03
802	Joinville	Brasil	0,07	851	Uberaba	Brasil	−0,03
803	Monclova	México	0,07	867	Montería	Colombia	−0,03
806	Piracicaba	Brasil	0,07	869	Taubaté	Brasil	−0,03

(El cuadro continúa en la página siguiente)

CUADRO 5A.1 **Clasificación de las ciudades de ALC basada en la velocidad y la congestión (que muestra primero las más congestionadas/lentas)** *(continuación)*

Las más lentas				Las más congestionadas			
Clasifi-cación	Ciudad	País	Índice de velocidad	Clasifi-cación	Ciudad	País	Índice de congestión
808	Mendoza	Argentina	0,07	874	Coatzacoalcos	México	−0,03
810	Taubaté	Brasil	0,07	880	Cascavel	Brasil	−0,03
815	Jundiaí	Brasil	0,08	887	Mazatlán	México	−0,03
817	Tacna	Perú	0,08	906	Chihuahua	México	−0,03
819	Bahía Blanca	Argentina	0,08	911	Vitória da Conquista	Brasil	−0,03
821	Santiago del Estero	Argentina	0,08	914	Irapuato	México	−0,03
832	San Salvador de Jujuy	Argentina	0,09	928	Hermosillo	México	−0,04
843	Ciudad Obregón	México	0,09	930	Buenaventura	Colombia	−0,04
852	Bauru	Brasil	0,09	931	Ciudad Guayana	Rep. Bol. de Venezuela	−0,04
854	Boa Vista	Brasil	0,10	940	Celaya	México	−0,04
862	Caxias do Sul	Brasil	0,10	950	Piracicaba	Brasil	−0,04
864	Uberlândia	Brasil	0,10	955	Bauru	Brasil	−0,04
865	Ponta Grossa	Brasil	0,10	956	San Salvador de Jujuy	Argentina	−0,04
869	Maringá	Brasil	0,10	957	Ciudad Victoria	México	−0,04
874	Ribeirão Preto	Brasil	0,10	965	Córdoba	México	−0,04
880	La Laguna	México	0,11	972	Pachuca de Soto	México	−0,04
882	Hermosillo	México	0,11	975	Monclova	México	−0,04
885	Londrina	Brasil	0,11	988	Ipatinga	Brasil	−0,04
899	Blumenau	Brasil	0,12	991	Orizaba	México	−0,04
900	Ipatinga	Brasil	0,12	998	Poza Rica de Hidalgo	México	−0,04
926	Chihuahua	México	0,13	1012	La Paz	Bolivia	−0,05
933	Guarenas-Guatire	Rep. Bol. de Venezuela	0,13	1023	Maracaibo	Rep. Bol. de Venezuela	−0,05
968	Anápolis	Brasil	0,15	1079	Barinas	Rep. Bol. de Venezuela	−0,06
969	Cabimas	Rep. Bol. de Venezuela	0,15	1090	Cuautla Morelos	México	−0,06
970	Cascavel	Brasil	0,15	1102	Maturín	Rep. Bol. de Venezuela	−0,06
980	Barinas	Rep. Bol. de Venezuela	0,16	1117	Guarenas-Guatire	Rep. Bol. de Venezuela	−0,06
990	Acarigua-Araure	Rep. Bol. de Venezuela	0,17	1124	Acarigua-Araure	Rep. Bol. de Venezuela	−0,07
991	Franca	Brasil	0,17	1147	Río Branco	Brasil	−0,07
999	Maturín	Rep. Bol. de Venezuela	0,17	1150	Iquitos	Perú	−0,07
1025	San Juan	Argentina	0,20	1167	Oruro	Bolivia	−0,08
1071	Ciudad Guayana	Rep. Bol. de Venezuela	0,23	1171	Cabimas	Rep. Bol. de Venezuela	−0,08

Fuente: Akbar y otros (2022).
Nota: El índice de velocidad se calcula teniendo en cuenta el efecto fijo estimado de la ciudad y se centra en la media. El factor de congestión se mide a partir de una regresión similar utilizando la duración del viaje a escala logarítmica menos la duración del viaje a escala logarítmica sin el tráfico como variable dependiente, y también se centra en la media.

Notas

1. Esta conclusión se aplica a los servicios no comercializables porque los servicios incluyen los bienes y servicios no comercializables, y la proporción de dichos bienes y servicios en los servicios es significativa (Burger, Ianchovichina y Akbar, 2022).
2. Con la adopción de tecnologías que ahorran mano de obra y el crecimiento de los servicios que requieren un alto nivel de conocimiento, muchos países desarrollados también debieron hacer frente a la desindustrialización. En la región de ALC, la desindustrialización se produjo prematuramente a un nivel de desarrollo mucho más bajo (Beylis y otros, 2020) y no estuvo acompañada de una gran expansión de los servicios comercializables (Jedwab, Ianchovichina y Haslop, 2022).
3. Las economías de aglomeración "puras" reflejan tanto las externalidades relacionadas con el tamaño del mercado por el lado de la demanda como las externalidades de aprendizaje por el lado de la oferta, una vez contemplados los efectos de la calidad debido a la clasificación y los posibles efectos de la productividad en la densidad (causalidad inversa). Estos beneficios pueden reducirse sustancialmente e incluso compensarse por completo con las deseconomías de aglomeración o los costos de congestión. Por lo tanto, las economías de aglomeración neta pueden ser mucho más pequeñas que los beneficios de la aglomeración "pura".
4. Los datos no permiten a Burger, Ianchovichina y Akbar (2022) diferenciar entre servicios comercializables y no comercializables.
5. En el caso del acceso a los mercados intraurbanos, no es posible realizar esa comparación porque no se dispone de fuentes de datos sobre la accesibilidad urbana en un gran conjunto de ciudades de países en desarrollo.
6. Akbar y Duranton (2017) concluyen que, en Bogotá, la pérdida de bienestar por la congestión es pequeña, pero también reconocen que se necesita más trabajo para explorar los factores determinantes de la velocidad sin congestión (y la congestión) y cómo se correlacionan con otras características urbanas, como la composición de la red vial, la elevación del terreno y la densidad de la luz nocturna.
7. M. Pesaresi y S. Freire, *GHS-SMOD R2016A—GHS settlement grid, following the REGIO Model 2014 in application to GHSL Landsat and CIESIN GPW v4-Multitemporal (1975-1990-2000-2015)*, Centro Común de Investigación, Comisión Europea, Bruselas, 2016.

Bibliografía

Akbar, P. A. 2022. "Mobility and Congestion in Urban Areas in Latin America and the Caribbean." Background paper prepared for this report, World Bank, Washington, DC.

Akbar, P. A., V. Couture, G. Duranton, and A. Storeygard. 2018. "Mobility and Congestion in Urban India." NBER Working Paper 25218, National Bureau of Economic Research, Cambridge, MA.

Akbar, P. A., V. Couture, G. Duranton, and A. Storeygard. 2022. "The Fast, the Slow, and the Congested: Urban Transportation in Rich and Poor Countries." CEPR Press Discussion Paper No. 18401, Centre for Economic Policy Research, London. https://cepr.org/publications/dp18401.

Akbar, P. A., and G. Duranton. 2017. "Measuring the Cost of Congestion in a Highly Congested City: Bogotá." University of Pennsylvania, Philadelphia.

Andersson, M., J. Klaesson, and J. P. Larsson. 2014. "The Sources of the Urban Wage Premium by Worker Skills: Spatial Sorting or Agglomeration Economies?" *Papers in Regional Science* 93 (4): 727–47.

Bacolod, M., B. S. Blum, and W. C. Strange. 2009. "Skills in the City." *Journal of Urban Economics* 65 (2): 136–53.

Behrens, K., and F. Robert-Nicoud. 2015. "Agglomeration Theory with Heterogeneous Agents." *Handbook of Regional and Urban Economics* 5: 171–245.

Beylis, G., R. Fattal-Jaef, R. Sinha, M. Morris, and A. Sebastian. 2020. *Going Viral: COVID-19 and the Accelerated Transformation of Jobs in Latin America and the Caribbean*. World Bank Latin American and Caribbean Studies. Washington, DC: World Bank.

Burger, M., E. Ianchovichina, and P. Akbar. 2022. "Heterogenous Agglomeration Economies in the Developing Countries: The Roles of Firm Characteristics, Sector Tradability, and Urban Mobility." Policy Research Working Paper 9954, World Bank, Washington, DC.

Caragliu, A., and P. Nijkamp. 2012. "The Impact of Regional Absorptive Capacity on Spatial Knowledge Spillovers: The Cohen and Levinthal Model Revisited." *Applied Economics* 44 (11): 1363–74.

Collier, P., and A. J. Venables. 2016. "Urban Infrastructure for Development." *Oxford Review of Economic Policy* 32 (3): 391–409.

Corbane, C., M. Pesaresi, P. Politis, A. Florczyk, M. Melchiorri, S. Freire, M. Schiavina, et al. 2020. "The Grey-Green Divide: Multi-temporal Analysis of Greenness across 10,000 Urban Centres Derived from the Global Human Settlement Layer (GHSL)." *International Journal of Digital Earth* 13 (1): 101–18.

Dix-Carneiro, R., and B. Kovak. 2017. "Trade Liberalization and Regional Dynamics." 107 (10): 2908–46.

Duarte, M., and D. Restuccia. 2010. "The Role of the Structural Transformation in Aggregate Productivity." *Quarterly Journal of Economics* 125 (1): 129–73.

Duarte, M., and D. Restuccia. 2020. "Relative Prices and Sectoral Productivity." *Journal of the European Economic Association* 18 (3): 1400–43.

Duque, J. C., N. Lozano-Gracia, J. Patiño, and P. Restrepo. 2019. "Institutional Fragmentation and Metropolitan Coordination in Latin American Cities: What Consequences for Productivity and Growth?" Policy Research Working Paper 8696, World Bank, Washington, DC.

Duranton, G., P. Morrow, and M. Turner. 2014. "Roads and Trade: Evidence from the US." *Review of Economic Studies* 81 (2): 681–724.

Duranton, G., and M. Turner. 2012. "Urban Growth and Transportation." *Review of Economic Studies* 79 (4): 1407–40.

Ferreyra, M. M., and M. Roberts, eds. 2018. *Raising the Bar for Productive Cities in Latin America and the Caribbean.* Washington, DC: World Bank.

Gerritse, M., and D. Arribas-Bel. 2018. "Concrete Agglomeration Benefits: Do Roads Improve Urban Connections or Just Attract More People?" *Regional Studies* 52 (8): 1134–49.

Gollin, D., R. Jedwab, and D. Vollrath. 2016. "Urbanization with and without Industrialization." *Journal of Economic Growth* 21 (1): 35–70.

González-Navarro, M., and C. Quintana-Domeque. 2016. "Paving Streets for the Poor: Experimental Analysis of Infrastructure Effects." *Review of Economics and Statistics* 98 (2): 254–67.

Jedwab, R., E. Ianchovichina, and F. Haslop. 2022. "Consumption Cities versus Production Cities: New Considerations and Evidence." Policy Research Working Paper 10105, World Bank, Washington, DC.

Lederman, D., J. Messina, S. Pienknagura, and R. Jamele. 2014. *Latin American Entrepreneurs: Many Firms but Little Innovation.* World Bank Latin American and Caribbean Studies. Washington, DC: World Bank.

Matano, A., M. Obaco, and V. Royuela. 2020. "What Drives the Spatial Wage Premium in Formal and Informal Labor Markets? The Case of Ecuador." *Journal of Regional Science* 60 (4): 823–47.

Melitz, M., and S. Redding. 2021. "Trade and Innovation." NBER Working Paper 28945, National Bureau of Economic Research, Cambridge, MA.

Moreno-Monroy, A., M. Schiavina, and P. Veneri. 2021. "Metropolitan Areas in the World: Delineation and Population Trends." *Journal of Urban Economics* 125: 103242.

Quintero, L., and M. Roberts. 2018. "Explaining Spatial Variations in Productivity: Evidence from Latin America and the Caribbean." Policy Research Working Paper 8560, World Bank, Washington, DC.

Restrepo Cadavid, P., and G. Cineas. 2018. "Urbanization, Economic Development, and Structural Transformation." In *Raising the Bar for Productive Cities in Latin America and the Caribbean,* edited by M. M. Ferreyra and M. Roberts. Washington, DC: World Bank.

Rocha, N., and M. Ruta. 2022. *Deep Trade Agreements: Anchoring Global Value Chains in Latin America and the Caribbean.* Washington, DC: World Bank.

Rodríguez-Vignoli, J., and F. Rowe. 2018. "How Is Internal Migration Reshaping Metropolitan Populations in Latin America? A New Method and New Evidence." *Population Studies* 72 (2): 253–73.

Selod, H., and S. Soumahoro. 2018. "Transport Infrastructure and Agglomeration in Cities." In *Raising the Bar for Productive Cities in Latin America and the Caribbean*, edited by M. M. Ferreyra and M. Roberts. Washington, DC: World Bank.

Stavropoulos, S., F. G. van Oort, and M. J. Burger. 2020. "Heterogeneous Relatedness and Firm Productivity." *Annals of Regional Science* 65: 403–37.

Venables, A. 2017a. "Breaking into Tradables: Urban Form and Urban Function in a Developing City." *Journal of Urban Economics* 98 (C): 88–97.

Venables, A. 2017b. "Expanding Cities and Connecting Cities: Appraising the Effects of Transport Improvements." *Journal of Transport Economics and Policy (JTEP)* 51 (1): 1–19.

Venables, A. 2020. "Winners and Losers in the Urban System." In *Urban Empires: Cities as Global Rulers in the New Urban World*, edited by E. Glaeser, K. Kourtit, and P. Nijkamp. New York: Routledge.

Segregación e informalidad

La desigualdad urbana es una característica de las ciudades desde la antigüedad. Utilizando datos sobre el tamaño de las viviendas de 63 asentamientos diferentes que abarcan 4 continentes y 110 siglos, un equipo de arqueólogos calculó los índices de Gini de desigualdad urbana (Kohler y otros, 2017). Sus estimaciones sugieren que la desigualdad aumentó a medida que los cazadores y recolectores hicieron la transición a la vida agrícola, y que durante los primeros 25 siglos este aumento fue similar en América y Eurasia. La desigualdad se estancó en América, pero siguió aumentando en Eurasia, lo que refleja la capacidad de los euroasiáticos para cultivar parcelas de tierra mucho más grandes utilizando animales de granja de gran tamaño, a diferencia de lo que sucedió en América, donde la práctica de cultivar la tierra a mano se mantuvo. La distribución desigual de los animales grandes dentro de los asentamientos finalmente se tradujo en una distribución desigual de los excedentes agrícolas y en una creciente desigualdad. Con el tiempo, la desigualdad aumentó no solo en Europa, sino también en las colonias establecidas por los europeos en otras partes del mundo, entre ellas, América. En 1784, el nivel de desigualdad era elevado en las ciudades de Nueva España, que incluía los territorios de lo que hoy es México, América Central, Cuba y partes de Estados Unidos, como lo indica el índice de Gini estimado en 0,63. En 1872, unos 100 años después, el índice de Gini en Brasil era de 0,43 (Milanovic, Lindert y Williamson, 2011).

La desigualdad de ingresos sigue siendo un fenómeno urbano en América Latina y el Caribe. Las diferencias de ingresos dentro de los municipios explican el 80 % de la desigualdad de ingresos en la región (Acemoglu y Dell, 2010). Dicha desigualdad también aumenta más rápido con el tamaño de las ciudades en América Latina que en Estados Unidos (Ferreyra y Roberts, 2018). En América Latina, un aumento del 10 % en la población urbana se asocia a un aumento del 0,29 % en la desigualdad de ingresos, mientras que, en las ciudades estadounidenses, el aumento correspondiente es de solo el 0,12 % (Ferreyra y Roberts, 2018).

A menudo, las ciudades altamente desiguales son ciudades segregadas, divididas en zonas pobres y prósperas alejadas entre sí. De hecho, los datos de los países de ingreso alto sugieren que la desigualdad de ingresos y la segregación van de la mano. Ambas aumentaron en Estados Unidos en las décadas de 1980 y 1990 (Reardon y Bischoff, 2011) y en Europa en la década de 2000 (Musterd y otros, 2016).

La segregación residencial, que refleja la distribución de los habitantes de los barrios de la ciudad según los ingresos, puede indicar las preferencias de las personas por vivir cerca de quienes tienen un estatus socioeconómico similar o por acceder a viviendas y servicios en zonas céntricas de la ciudad. Sin embargo, si los servicios públicos y los empleos son de mala calidad o están completamente ausentes en los vecindarios de bajos ingresos, la segregación residencial puede perjudicar a los pobres y vulnerables a través de su efecto negativo en la escolarización (Baum-Snow y Lutz, 2011; Katz, Kling y Liebman, 2001), la salud (Acevedo-García y otros, 2003; Alexander y Currie, 2017) y la movilidad intergeneracional (Chetty, Hendren y Katz, 2016). La segregación también puede perjudicar el bienestar de los residentes debido a la desigualdad en el acceso a las oportunidades (Organización para la Cooperación y el Desarrollo Económicos [OCDE], 2018) y a las limitaciones relacionadas con el capital social (Chetty y otros, 2022; Granovetter, 1973). Los lazos fuertes con amigos y vecinos son de poca utilidad si no hay recursos para compartir o si nadie tiene acceso a empleos de buena calidad (Granovetter, 1973); en cambio, tener lazos fuertes con un grupo diverso de amigos puede ayudar a los niños pobres a mejorar su situación socioeconómica durante la edad adulta (Chetty y otros, 2022). Es poco probable que tales amistades se desarrollen en una ciudad dividida. En el capítulo 6 se analizan las dimensiones espaciales de la desigualdad urbana y la informalidad, y sus implicaciones para la productividad y el crecimiento económico en algunas de las ciudades más grandes de América Latina.

Bibliografía

Acemoglu, D., and M. Dell. 2010. "Productivity Differences between and within Countries." *American Economic Journal: Macroeconomics* 2 (1): 169–88.

Acevedo-García, D., K. Lochner, T. Osypuk, and S. Subramanian. 2003. "Future Directions in Residential Segregation and Health Research: A Multilevel Approach." *American Journal of Public Health* 93 (2): 215–21.

Alexander, D., and J. Currie. 2017. "Is It Who You Are or Where You Live? Residential Segregation and Racial Gaps in Childhood Asthma." *Journal of Health Economics* 55: 186–200.

Baum-Snow, N., and B. Lutz. 2011. "School Desegregation, School Choice, and Changes in Residential Location Patterns by Race." *American Economic Review* 101: 3019–46.

Chetty, R., N. Hendren, and L. F. Katz. 2016. "The Effects of Exposure to Better Neighborhoods on Children: New Evidence from the Moving to Opportunity Experiment." *American Economic Review* 106 (4): 855–902.

Chetty, R., M. Jackson, T. Kuchler, J. Stroebel, N. Hendren, R. Fluegge, S. Gong, et al. 2022. "Social Capital I: Measurement and Associations with Economic Mobility." *Nature* 608: 108–21.

Ferreyra, M. M., and M. Roberts. 2018. *Raising the Bar for Productive Cities in Latin America and the Caribbean.* Washington, DC: World Bank.

Granovetter, M. 1973. "The Strength of Weak Ties Theory." *American Journal of Sociology* 78 (6): 1360–80.

Katz, L., J. Kling, and J. Liebman. 2001. "Moving to Opportunities in Boston: Early Results of a Randomized Mobility Experiment." *Quarterly Journal of Economics* 116 (2): 607–54.

Kohler, T., M. Smith, A. Bogaard, G. Feinman, C. Peterson, A. Betzenhauser, M. Pailes, et al. 2017. "Greater Post-Neolithic Wealth Disparities in Eurasia than in North America and Mesoamerica." *Nature* 551 (7682): 619–22.

Milanovic, B., P. Lindert, and J. Williamson. 2011. "Pre-industrial Inequality." *Economic Journal* 121 (551): 255–72.

Musterd, S., S. Marcinczak, M. van Ham, and T. Tammaru. 2016. "Socioeconomic Segregation in European Capital Cities: Increasing Separation between Poor and Rich." *Urban Geography* 38 (7): 1062–83.

OECD (Organisation for Economic Co-operation and Development). 2018. *Divided Cities: Understanding Intra-urban Inequalities.* Paris: OECD.

Reardon, S., and K. Bischoff. 2011. "Income Inequality and Income Segregation." *American Journal of Sociology* 116: 1092–153.

Las trampas de la desigualdad, la segregación y la informalidad urbanas

6

¿Existe un vínculo entre la segregación por ingresos —la dimensión espacial de la desigualdad de ingresos intraurbana— y la productividad urbana? Utilizando datos recientemente disponibles de encuestas de población y de ciudades, en este capítulo se arroja luz sobre esta cuestión documentando primero la desigualdad socioeconómica y la segregación que se observan en las áreas metropolitanas más grandes de Brasil, Colombia y México. A continuación, se examinan los vínculos entre la segregación residencial y la productividad urbana en Bogotá y las pérdidas de eficiencia asociadas con la segregación residencial en el mercado laboral y la informalidad en Ciudad de México.

La literatura sobre las principales causas y consecuencias de la segregación por ingresos urbana se ha centrado principalmente en Estados Unidos. Schelling (1969) demostró que las preferencias por la composición de los trabajadores dentro de un barrio pueden conducir a la segregación urbana, incluso en una ciudad integrada. Trabajos teóricos más recientes muestran que, cuando los hogares tienen preferencias sobre la composición de sus barrios, puede generarse un escenario de segregación que afecte el bienestar a través del consumo de bienes públicos (Bayer, McMillan y Rueben, 2005; Becker y Murphy, 2000). Caetano y Macartney (2021), Caetano y Maheshri (2017) y Card, Mas y Rothstein (2008) proporcionan evidencias sobre el "punto de inflexión" de Schelling, es decir, cuando la proporción minoritaria de habitantes de un vecindario crece de tal manera que todos los habitantes mayoritarios se van (Schelling, 1969).

Divisiones dentro de las ciudades latinoamericanas

Se ha trabajado relativamente poco sobre la segregación por ingresos en América Latina. La OCDE ha presentado trabajos sobre Brasil de Moreno-Monroy (2018), y Peters y Skop (2007) se han centrado en la segregación socioespacial en Lima, Perú. El mayor desafío para documentar la segregación por ingresos es obtener datos representativos por debajo del nivel municipal en las áreas metropolitanas. Las áreas más pequeñas para las que los datos del censo son representativos son los "barrios", que comprenden varios distritos censales adyacentes. Este capítulo se basa en datos de censos de población de Brasil (2010), Colombia (2018) y México (2010 y 2020) para caracterizar la dispersión intraurbana de las tasas de pobreza en las ciudades más grandes de Brasil y las vulnerabilidades socioeconómicas en las ciudades más grandes de Colombia y México. En el anexo 6A se detallan los *índices de vulnerabilidad socioeconómica* y la metodología para estimarlos.

La incidencia de la pobreza que se muestra en el mapa 6.1 revela que, en Brasil, Brasilia, Río de Janeiro y São Paulo son ciudades segregadas. Esta segregación es más evidente en la capital, Brasilia, donde los habitantes pobres viven principalmente fuera del centro de la ciudad. En São Paulo, los pobres viven sobre todo en la zona sur y, en menor medida, en otras partes de la periferia urbana. Río de Janeiro se muestra como una ciudad ligeramente menos segregada. La mayor parte de las personas acomodadas vive en los barrios de la zona oeste, y los pobres se concentran en el centro norte y se reparten entre los barrios de la zona este. Los patrones espaciales de vulnerabilidad socioeconómica que se observan en las áreas metropolitanas más grandes de Colombia y México sugieren, de manera similar, que se trata de áreas metropolitanas segregadas (mapa 6.2). Aunque los patrones difieren

MAPA 6.1 **Incidencia de la pobreza intraurbana a nivel barrial en las mayores áreas metropolitanas, Brasil, 2010**

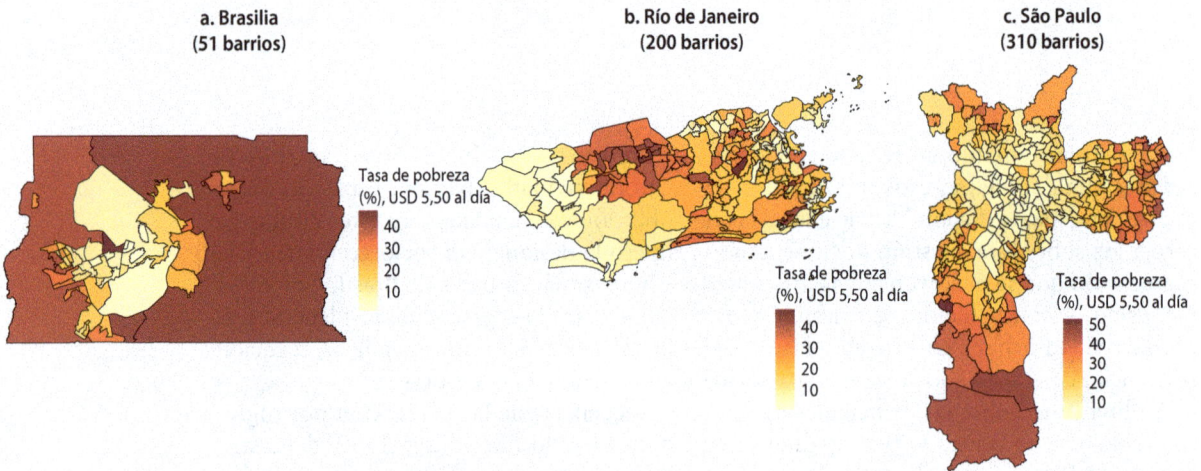

a. Brasilia
(51 barrios)

b. Río de Janeiro
(200 barrios)

c. São Paulo
(310 barrios)

Fuente: Van der Weide, Ferreira de Souza y Barbosa (2020).

MAPA 6.2 **Vulnerabilidad socioeconómica a nivel barrial en las mayores áreas metropolitanas, Colombia y México**

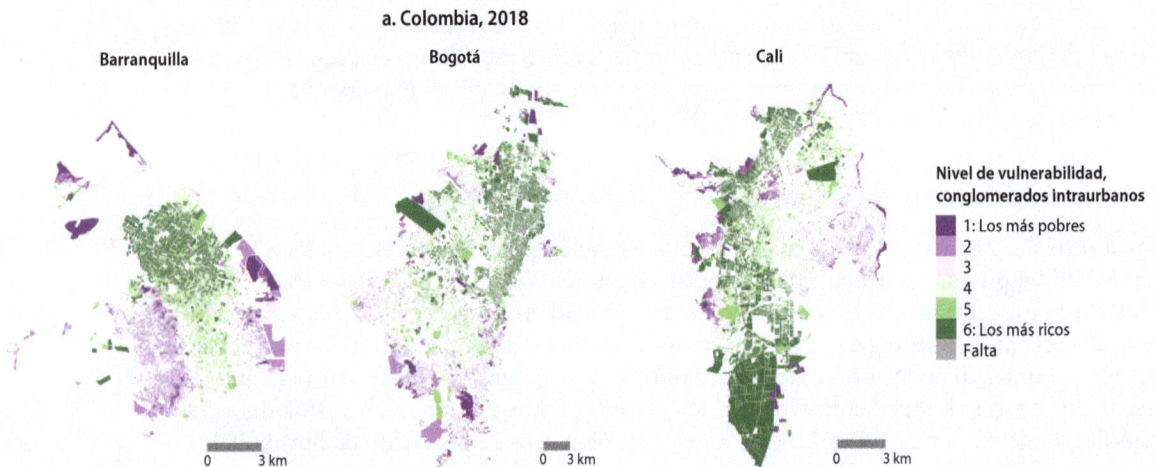

a. Colombia, 2018

Barranquilla

Bogotá

Cali

Nivel de vulnerabilidad,
conglomerados intraurbanos

1: Los más pobres
2
3
4
5
6: Los más ricos
Falta

(El mapa continúa en la página siguiente)

MAPA 6.2 **Vulnerabilidad socioeconómica a nivel barrial en las mayores áreas metropolitanas, Colombia y México** *(continuación)*

a. Colombia, 2018 *(continuación)*

Cartagena

Medellín

Nivel de vulnerabilidad, conglomerados intraurbanos

- 1: Los más pobres
- 2
- 3
- 4
- 5
- 6: Los más ricos
- Falta

b. México, 2020

Guadalajara

Monterrey

Puebla-Tlaxcala

Tijuana

Toluca

Valle de México

Nivel de vulnerabilidad, conglomerados intraurbanos

- 1: Los más pobres
- 2
- 3
- 4
- 5
- 6: Los más ricos
- Falta

Fuentes: Panel a: Duque y otros (2021); panel b: Duque y otros (2022).
Nota: Los datos corresponden al año más reciente disponible. En las referencias, 1 se refiere a las áreas con mayor vulnerabilidad y 6, a las menos vulnerables.

entre ciudades, en todos los casos muestran que en algunas partes de estas ciudades hay una mayor prevalencia de habitantes que enfrentan dificultades en múltiples dimensiones socioeconómicas. En Colombia, la incidencia de las personas más vulnerables —las que pertenecen a los conglomerados 1 a 3 del mapa 6.2— es más alta en las ciudades más grandes y más baja en las más pequeñas (gráfico 6.1). En México, el porcentaje de personas

GRÁFICO 6.1   **Proporción de la población, por grupo de vulnerabilidad socioeconómica y tamaño de ciudad, Colombia y México**

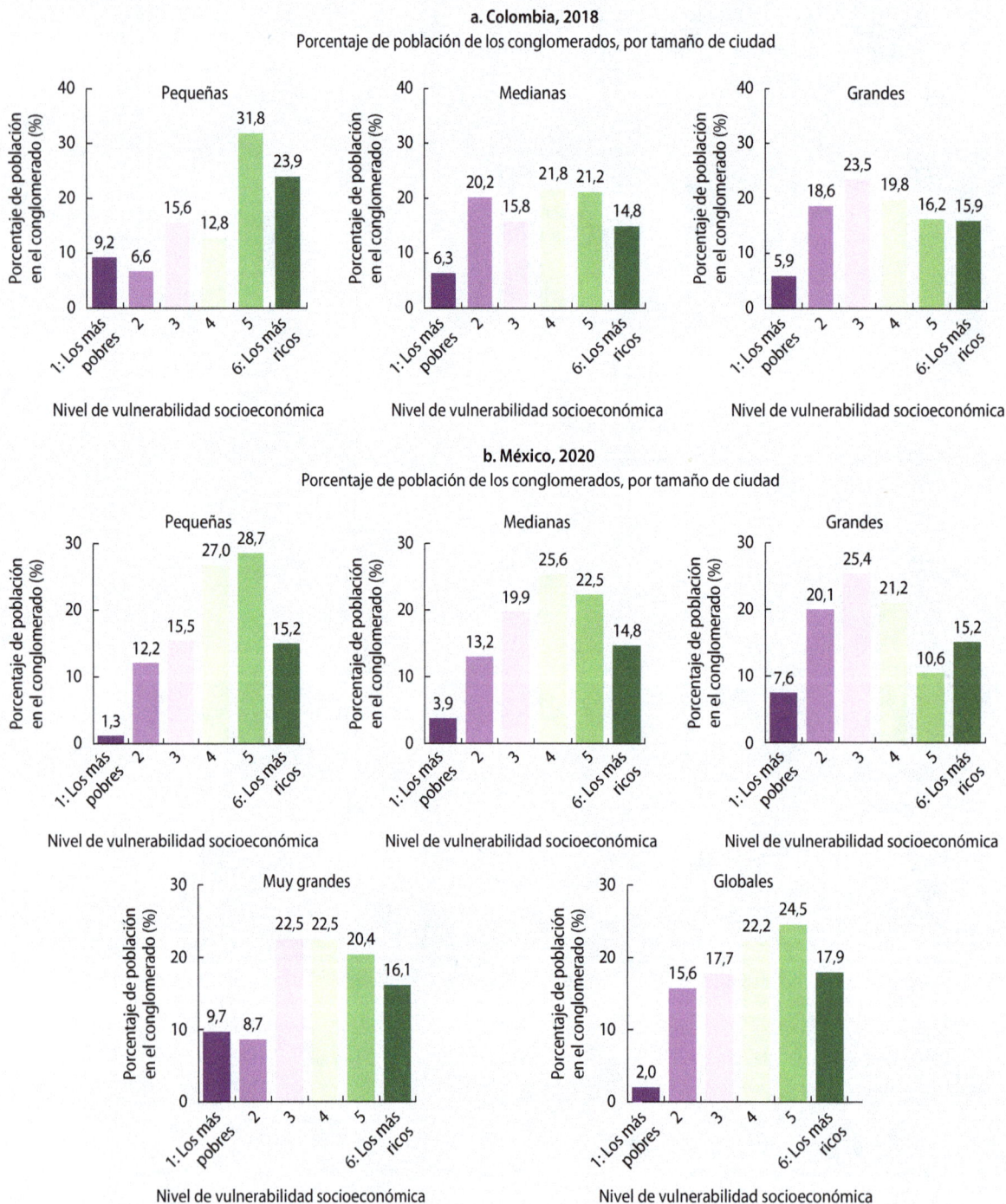

a. Colombia, 2018
Porcentaje de población de los conglomerados, por tamaño de ciudad

b. México, 2020
Porcentaje de población de los conglomerados, por tamaño de ciudad

Fuentes: Panel a: Duque y otros (2021); panel b: Duque y otros (2022).
Nota: En el eje x, 1 se refiere a las áreas con el mayor nivel de vulnerabilidad socioeconómica y 6, a las que tienen el nivel más bajo de vulnerabilidad socioeconómica. Tamaño de las ciudades por población en Colombia: pequeñas = <100 000; medianas = 100 000-1 millón; grandes = >1 millón. Tamaño de las ciudades por población en México: pequeñas = <500 000; medianas = 500 000-900 000; grandes = 900 000-2 millones; muy grandes = 2 millones-10 millones, y globales (solo área metropolitana de Ciudad de México) = 21,2 millones.

vulnerables es más alto en las grandes áreas metropolitanas, cuya población oscila entre 900 000 y 2 millones de habitantes, y no en sus megalópolis, que tienen una población de más de 2 millones (gráfico 6.1).

Si bien disminuyó en la década de 2010, la prevalencia de la vulnerabilidad socioeconómica urbana fue mayor a finales de la década de 2020 en México que en Colombia en 2018 (gráfico 6.2). A diferencia de lo que ha venido sucediendo en Colombia, donde la vulnerabilidad ha sido más alta en el norte y más baja en las ciudades más grandes del centro del país (gráfico 6.2, panel a), en México la vulnerabilidad ha sido mayor en la capital, Ciudad de México, y en las ciudades del centro y el sur que en el norte del país (gráfico 6.2, panel b). Tanto en Colombia como en México, el escaso acceso a una vivienda digna es la principal fuente de vulnerabilidad socioeconómica. Además, la deficiencia de los servicios educativos en Colombia y las malas condiciones del mercado laboral en México son otras de las principales fuentes de vulnerabilidad (Duque y otros, 2021, 2022).

Los patrones espaciales revelan vulnerabilidades superpuestas en las principales ciudades de Colombia y México (mapa 6.3). Por ejemplo, en Bogotá, los hogares vulnerables en términos de educación, vivienda y condiciones del mercado laboral se concentran en el sur, y los de baja vulnerabilidad viven en el norte (mapa 6.3, panel a). En el noreste de Medellín, el suroeste y sureste de Barranquilla, las regiones periféricas de Cali y el norte y sur de Cartagena (mapa 6.3, panel a), se observa un alto grado vulnerabilidad en múltiples dimensiones. En las principales ciudades de México, la vulnerabilidad socioeconómica suele ser baja en todas las dimensiones del centro y alta en la periferia (mapa 6.3, panel b)[1].

GRÁFICO 6.2 **Histogramas y mapas de países de los puntajes compuestos de vulnerabilidad de las áreas metropolitanas, Colombia y México**

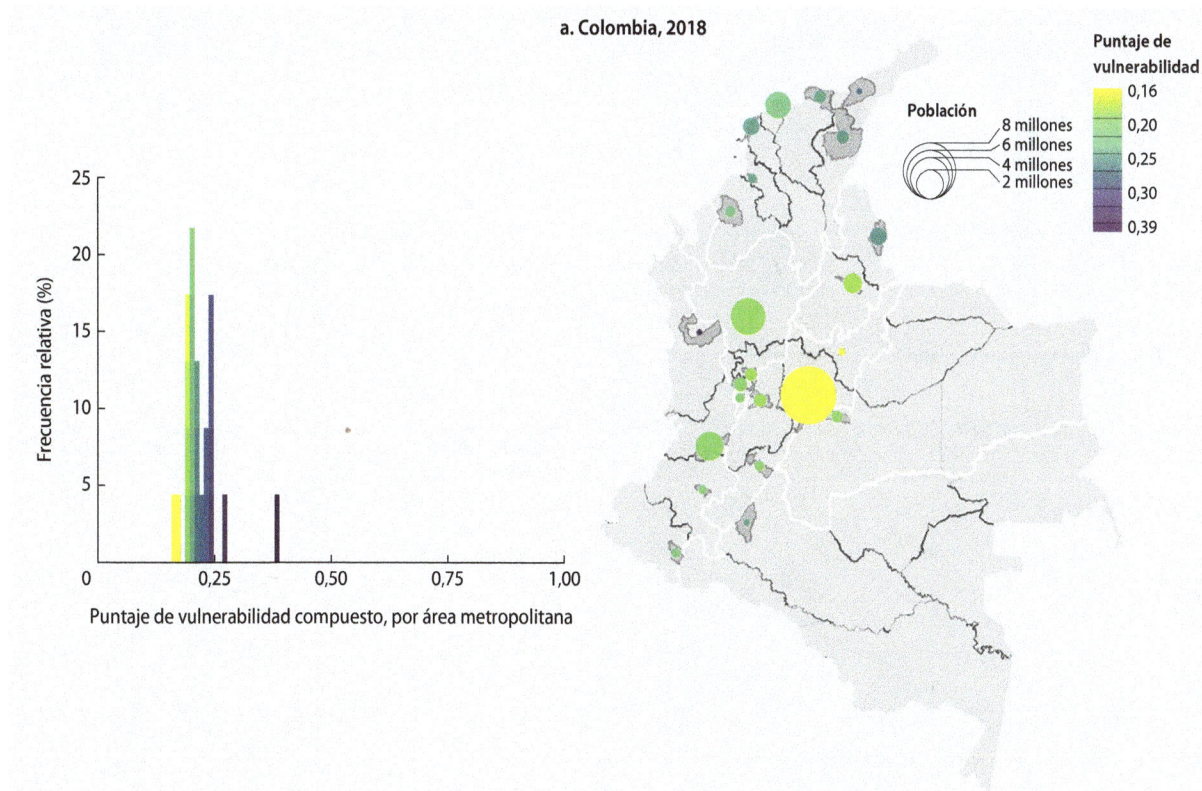

a. Colombia, 2018

(El gráfico continúa en la página siguiente)

GRÁFICO 6.2 **Histogramas y mapas de países de los puntajes compuestos de vulnerabilidad de las áreas metropolitanas, Colombia y México *(continuación)***

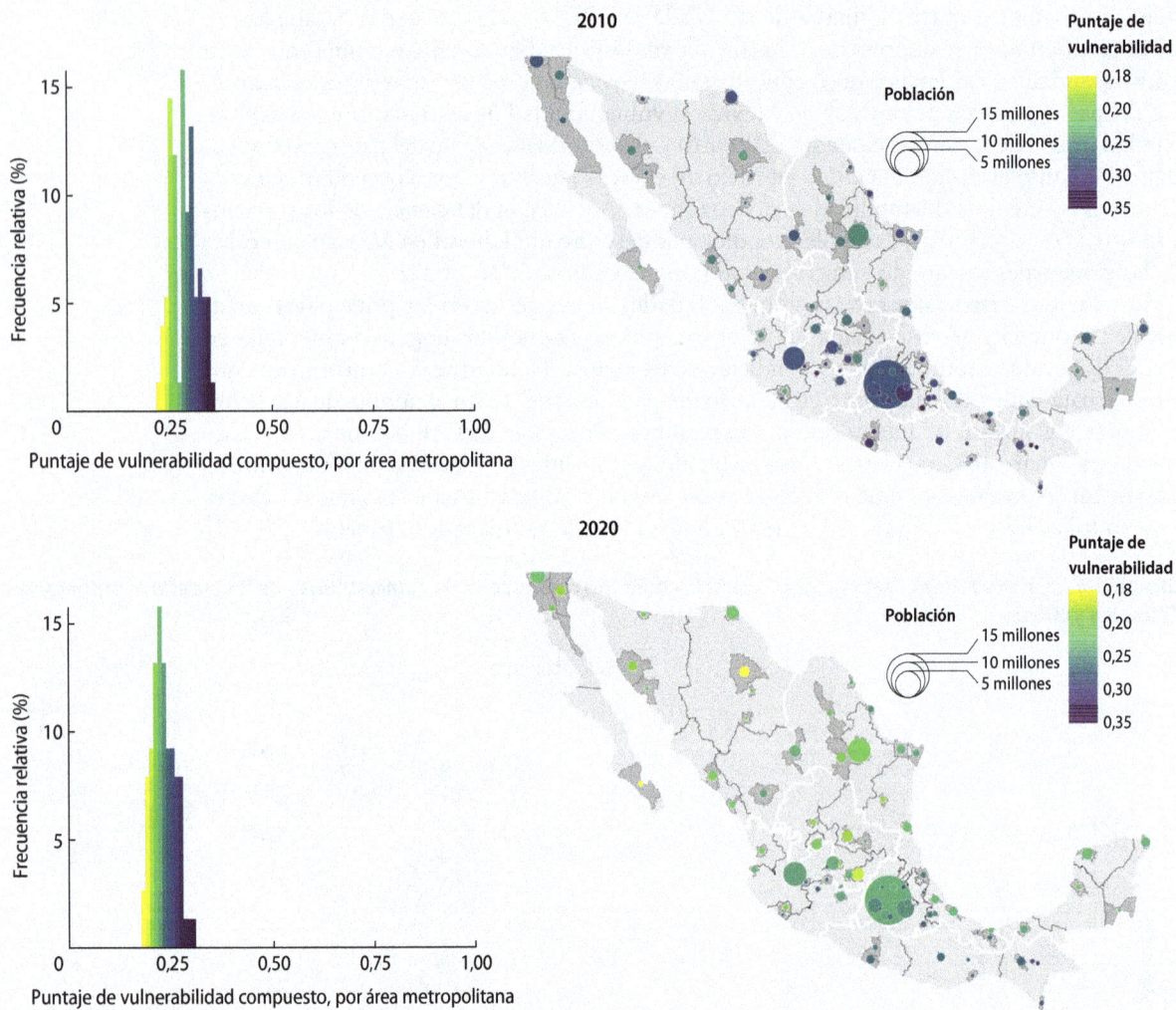

b. México, 2010, 2020

Fuentes: Panel a: Duque y otros (2021); panel b: Duque y otros (2022).
Nota: El puntaje de vulnerabilidad compuesto es el promedio de los cinco puntajes de vulnerabilidad por dimensión en México y los cuatro puntajes de vulnerabilidad por dimensión en Colombia. Para obtener detalles sobre las dimensiones de la vulnerabilidad, véase el cuadro 6A.1 del anexo 6A.

MAPA 6.3 **Conglomerados creados a partir de los indicadores locales de asociación espacial, por dimensión de vulnerabilidad y ciudad, Colombia y México**

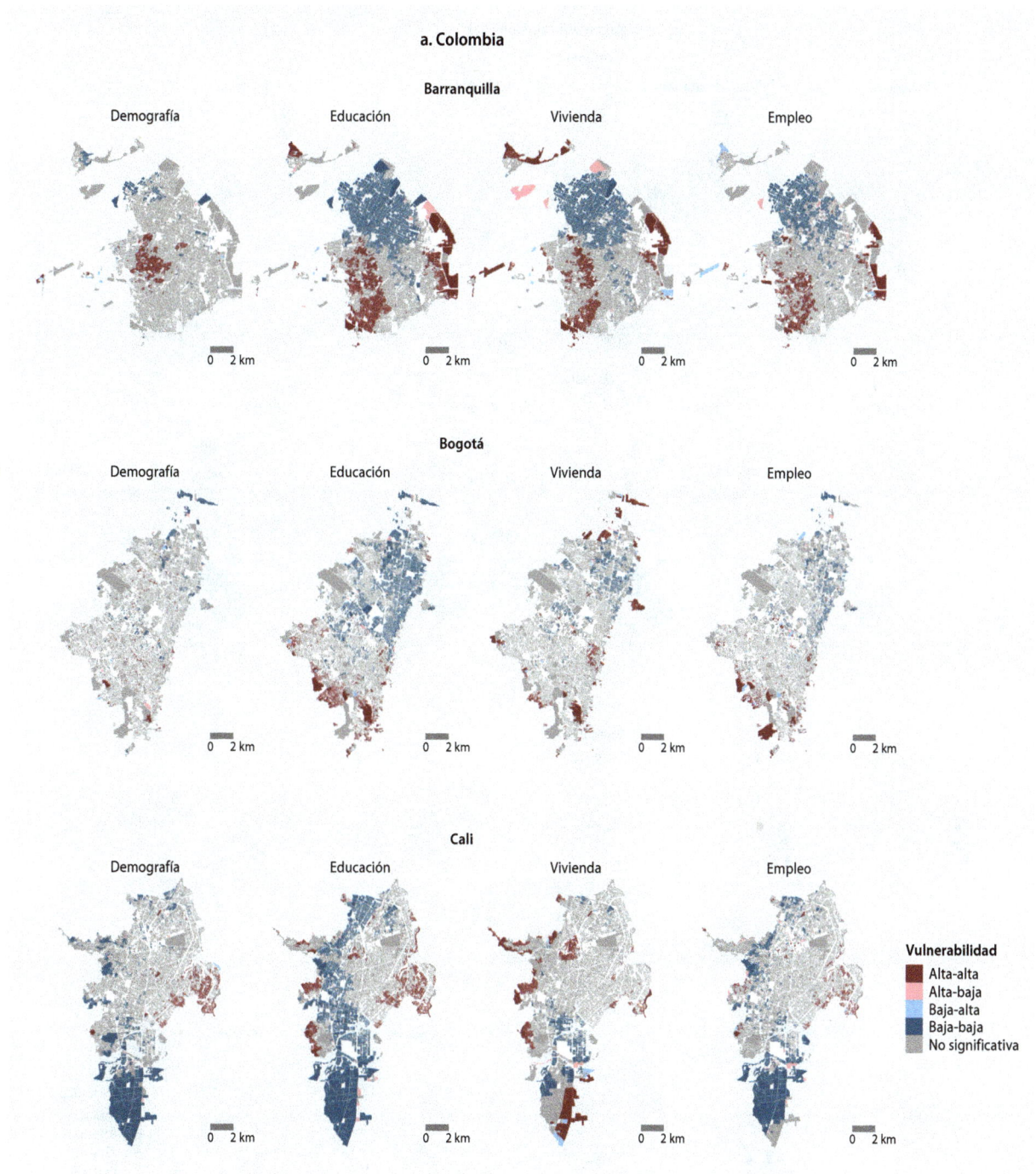

a. Colombia

Barranquilla

| Demografía | Educación | Vivienda | Empleo |

Bogotá

| Demografía | Educación | Vivienda | Empleo |

Cali

| Demografía | Educación | Vivienda | Empleo |

Vulnerabilidad
- Alta-alta
- Alta-baja
- Baja-alta
- Baja-baja
- No significativa

(El mapa continúa en la página siguiente)

MAPA 6.3 **Conglomerados creados a partir de los indicadores locales de asociación espacial, por dimensión de vulnerabilidad y ciudad, Colombia y México** *(continuación)*

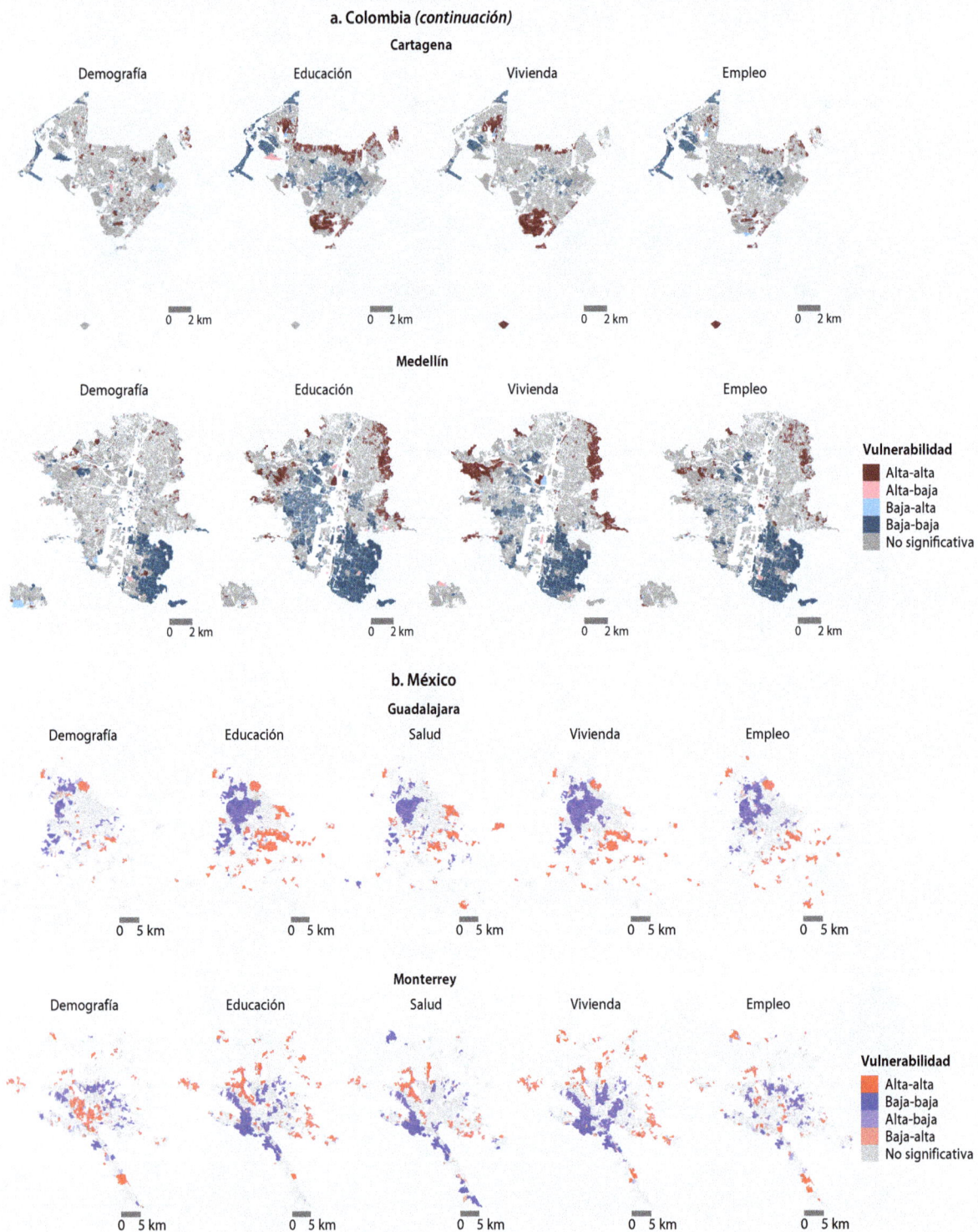

a. Colombia *(continuación)*

Cartagena

Demografía	Educación	Vivienda	Empleo

Medellín

Demografía	Educación	Vivienda	Empleo

Vulnerabilidad
- Alta-alta
- Alta-baja
- Baja-alta
- Baja-baja
- No significativa

b. México

Guadalajara

Demografía	Educación	Salud	Vivienda	Empleo

Monterrey

Demografía	Educación	Salud	Vivienda	Empleo

Vulnerabilidad
- Alta-alta
- Baja-baja
- Alta-baja
- Baja-alta
- No significativa

(El mapa continúa en la página siguiente)

MAPA 6.3   Conglomerados creados a partir de los indicadores locales de asociación espacial, por dimensión de vulnerabilidad y ciudad, Colombia y México *(continuación)*

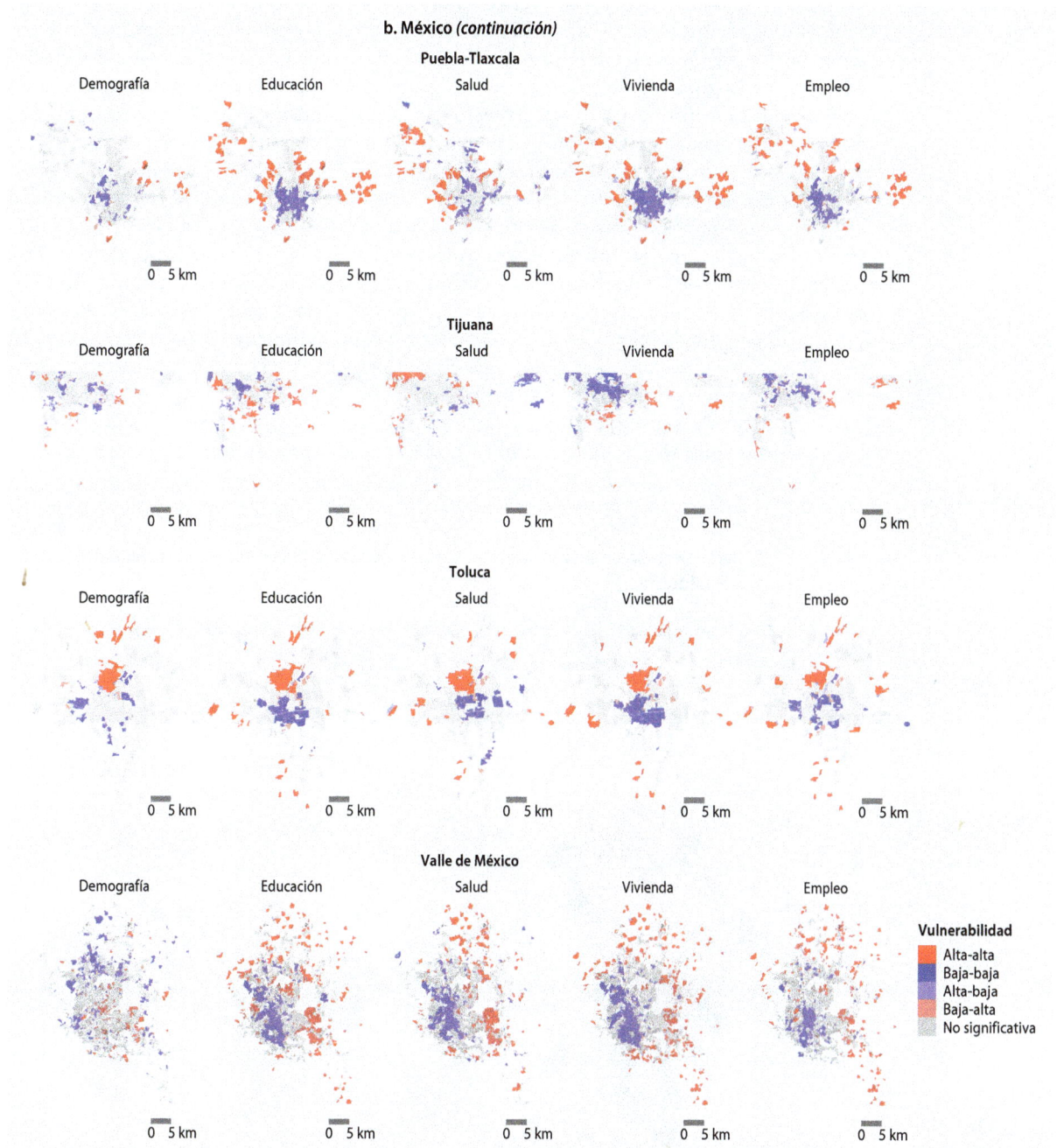

b. México *(continuación)*

Puebla-Tlaxcala

Demografía   Educación   Salud   Vivienda   Empleo

0   5 km   0   5 km   0   5 km   0   5 km   0   5 km

Tijuana

Demografía   Educación   Salud   Vivienda   Empleo

0   5 km   0   5 km   0   5 km   0   5 km   0   5 km

Toluca

Demografía   Educación   Salud   Vivienda   Empleo

0   5 km   0   5 km   0   5 km   0   5 km   0   5 km

Valle de México

Demografía   Educación   Salud   Vivienda   Empleo

0   5 km   0   5 km   0   5 km   0   5 km   0   5 km

Vulnerabilidad
- Alta-alta
- Baja-baja
- Alta-baja
- Baja-alta
- No significativa

Fuentes: Panel a: Duque y otros (2021); panel b: Duque y otros (2022).
Nota: Estos mapas de los indicadores locales de asociación espacial proporcionan una indicación del grado de agrupamiento espacial significativo de valores similares de vulnerabilidad en la dimensión respectiva alrededor de cada observación (Anselin, 1995). Alta-alta = conglomerado estadísticamente significativo de alta vulnerabilidad; baja-baja = conglomerado estadísticamente significativo de baja vulnerabilidad; alta-baja = valor atípico de alta vulnerabilidad rodeado principalmente por áreas de baja vulnerabilidad; baja-alta = valor atípico de baja vulnerabilidad rodeado principalmente por áreas de alta vulnerabilidad.

Productividad y segregación barrial en Bogotá

Bogotá, un caso de especial interés, es una ciudad con niveles relativamente altos de desigualdad de ingresos y riqueza relacionada con la vivienda. De acuerdo con Heil, Ianchovichina y Quintero (2022), si bien el coeficiente de Gini a nivel nacional fue de 0,5 en 2018, en Bogotá fue de 0,55 en 2017. Dichos autores utilizan datos de una encuesta de ciudades multipropósito única y precios de las viviendas del catastro de Bogotá. Las divisiones espaciales en función de las condiciones socioeconómicas (mapas 6.2 y 6.3) son indicativas de la segregación residencial (mapa 6.4). El 20 % más pobre de los habitantes de las zonas urbanas tiende a concentrarse en el sur de la ciudad, aunque también hay pobres en muchas otras partes de esta (mapa 6.4, panel a). En cambio, el 20 % más rico de los habitantes de Bogotá vive mayormente en la próspera zona norte de la ciudad (mapa 6.4, panel a). La distribución de la riqueza relacionada con las viviendas es similar, con diferencias en su extremo inferior. Las propiedades en el 10 % superior de la distribución de precios de las viviendas se encuentran principalmente en el norte (mapa 6.4, panel b), y las menos costosas se encuentran solo en el sur y en pequeñas secciones a lo largo de la periferia este (mapa 6.4, panel b).

Los índices de segregación por ingresos y basada en la riqueza relacionada con las viviendas, que se presentan en el recuadro 6.1, confirman que la segregación por

MAPA 6.4 **Distribución espacial de los habitantes de bajos y altos ingresos y de las viviendas menos y más caras, Bogotá**

a. Porcentaje de población en el 20 % inferior y en el 20 % superior de la distribución del ingreso, 2017

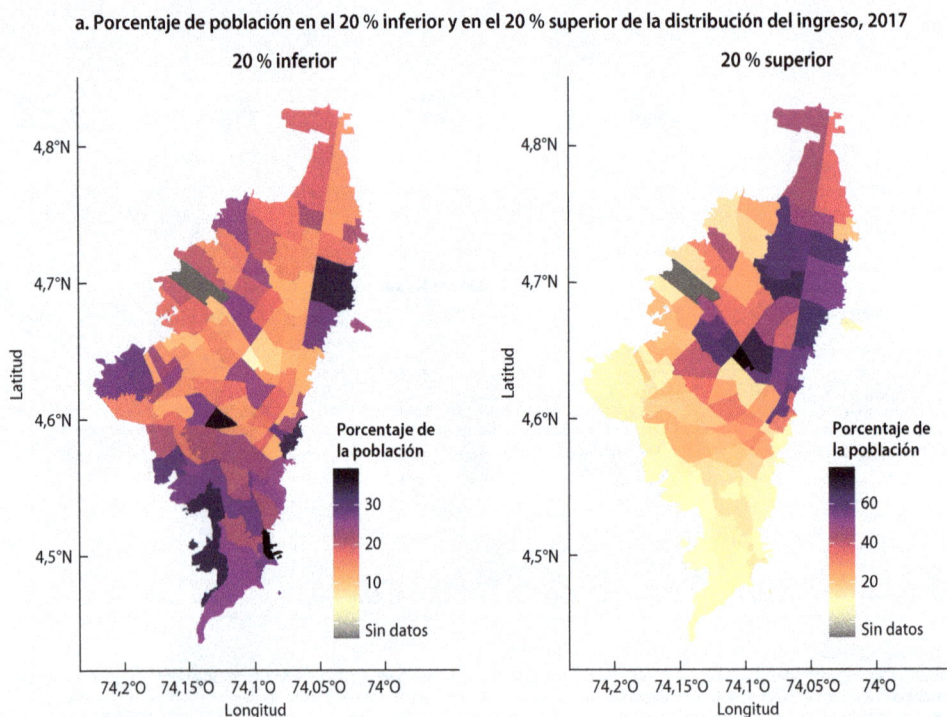

(El mapa continúa en la página siguiente)

MAPA 6.4   Distribución espacial de los habitantes de bajos y altos ingresos y de las viviendas menos y más caras, Bogotá *(continuación)*

b. Porcentaje de unidades habitacionales en el 10 % inferior
y en el 10 % superior de la distribución de viviendas, 2014

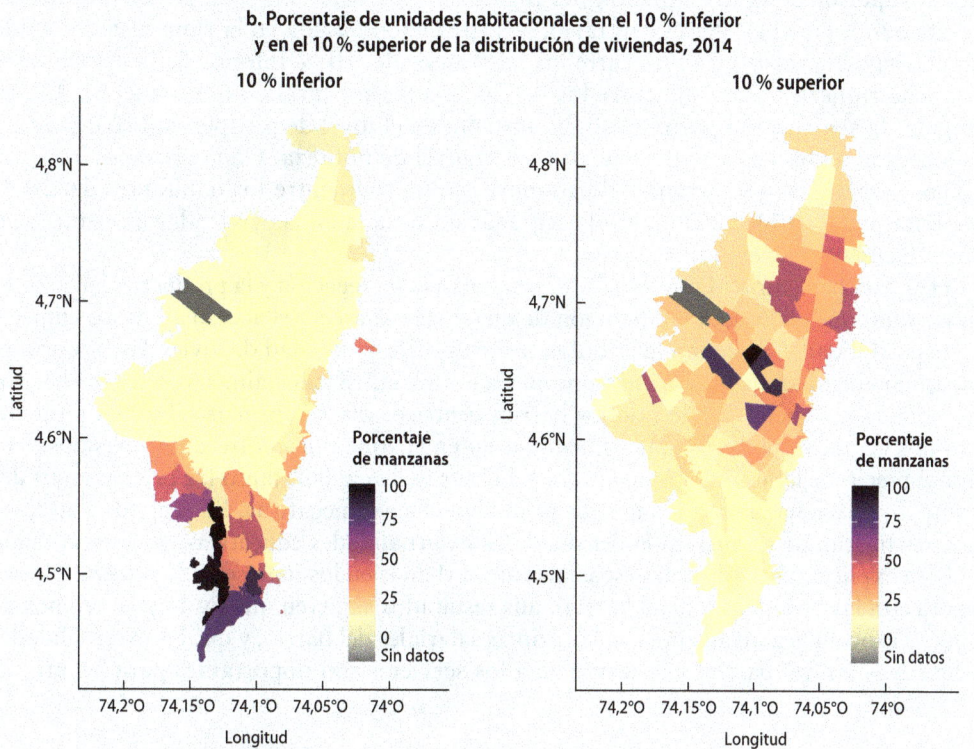

Fuente: Heil, Ianchovichina y Quintero (2022).
Nota: El ingreso utilizado es el total mensual de una encuesta multipropósito realizada en conjunto por la Secretaría Distrital de Planeación de la Alcaldía Mayor de Bogotá y el Departamento Administrativo Nacional de Estadística. En cada mapa, la zona gris indica que no se dispone de información.

RECUADRO 6.1   Índice de segregación

Heil, Ianchovichina y Quintero (2022) utilizan el índice de la teoría de la información, *H(p)*, en diferentes rangos de percentiles de ingreso *p* de la distribución del ingreso. Debido a que solo se observan unos pocos percentiles, la función *H(p)* se aproxima utilizando la interpolación polinómica a partir de la *p* observada (véase Bischoff y Reardon, 2014). El índice, también conocido como el índice de Theil (Theil, 1972), se define de la siguiente manera:

$$H(p) = 1 - \sum_{j \in J} \frac{t_j E_j(p)}{TE(p)}, \qquad \text{(R6.1.1)}$$

donde *T* es la población del área metropolitana; t_j es la población del barrio *j*; E_j es el valor de la entropía de la unidad *j*, y *E(p)* denota la entropía de la población en toda la ciudad cuando se divide en estos dos grupos,

$$E(p) = p \log_2 \frac{1}{p} + (1-p) \log_2 \frac{1}{1-p}. \qquad \text{(R6.1.2)}$$

ingresos es considerablemente menor que la segregación relacionada con las viviendas. Al final de la década, la segregación por ingresos era más alta entre los habitantes del 20 % superior de la distribución del ingreso y más baja entre los del 20 % inferior (gráfico 6.3, panel a). Por el contrario, la segregación basada en la riqueza relacionada con las viviendas fue más alta entre los habitantes del 20 % inferior de la distribución de dicha riqueza y más baja entre los del 20 % superior (gráfico 6.3, panel b). Así, en Bogotá, la segregación por ingresos se sustenta en el nivel de prosperidad económica y la segregación basada en las viviendas, en el nivel de pobreza. Con el tiempo, la segregación por ingresos se estancó y disminuyó, sobre todo entre los habitantes del 20 % superior, entre 2011 y 2017, pero la segregación basada en las viviendas aumentó considerablemente entre 2000 y 2014.

Heil, Ianchovichina y Quintero (2022) vinculan la segregación y la productividad urbana mostrando que en Bogotá la ubicación de una vivienda afecta el acceso a buenos empleos y las posibilidades de acumular riqueza a través de la propiedad de viviendas. En primer lugar, documentan que las primas por ubicación varían sustancialmente entre los barrios de la ciudad. Concluyen que solo los barrios céntricos ofrecen primas salariales positivas por ubicación, y que otros lugares, sobre todo en la zona norte, ofrecen primas positivas por el precio de la vivienda (mapa 6.5). En el sur de la ciudad, tanto las primas salariales como las relacionadas con los precios de la vivienda son negativas. En segundo lugar, los autores buscan determinar si la densidad, las externalidades educativas y la conectividad pueden explicar las variaciones espaciales intraurbanas en los ingresos y la riqueza relacionadas con las viviendas a nivel barrial. Sus resultados sugieren que los largos tiempos de viaje se asocian negativamente con las primas salariales del barrio, y que las externalidades educativas a nivel barrial y la distancia a los servicios son importantes para las primas

GRÁFICO 6.3   **Segregación por ingresos y basada en la riqueza relacionada con las viviendas a lo largo de la distribución**

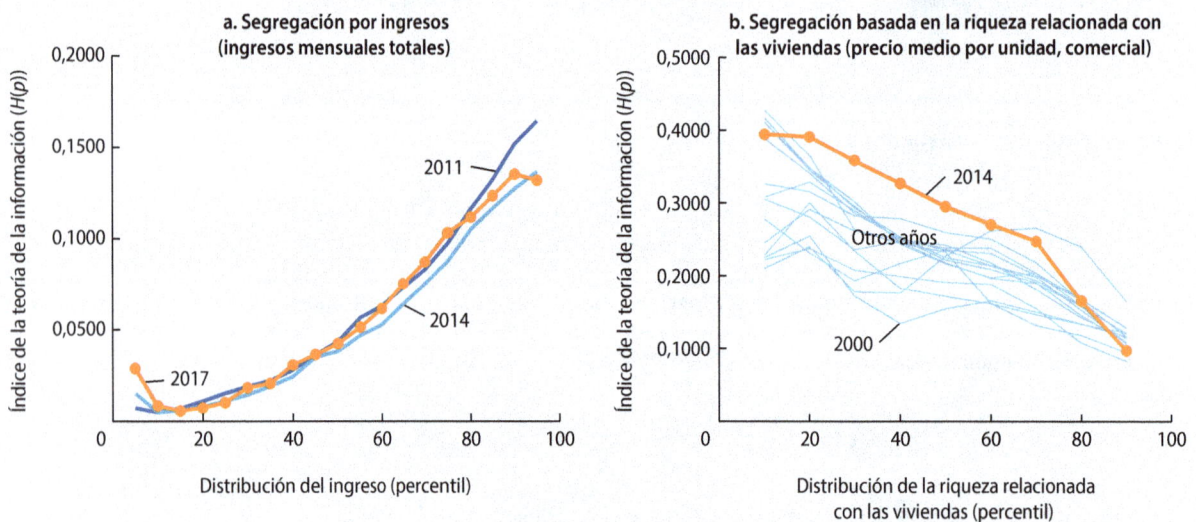

Fuente: Heil, Ianchovichina y Quintero (2022), utilizando el índice de la teoría de la información definido con la ecuación R6.1.1 en el recuadro 6.1.
Nota: El panel a muestra que los habitantes de mayores ingresos se segregaban más del resto en el espacio urbano, mientras que el panel b muestra que las personas que vivían en casas más caras se segregaban menos del resto en el espacio urbano.

MAPA 6.5   **Productividad barrial y primas relacionadas con el precio de la vivienda, Bogotá**

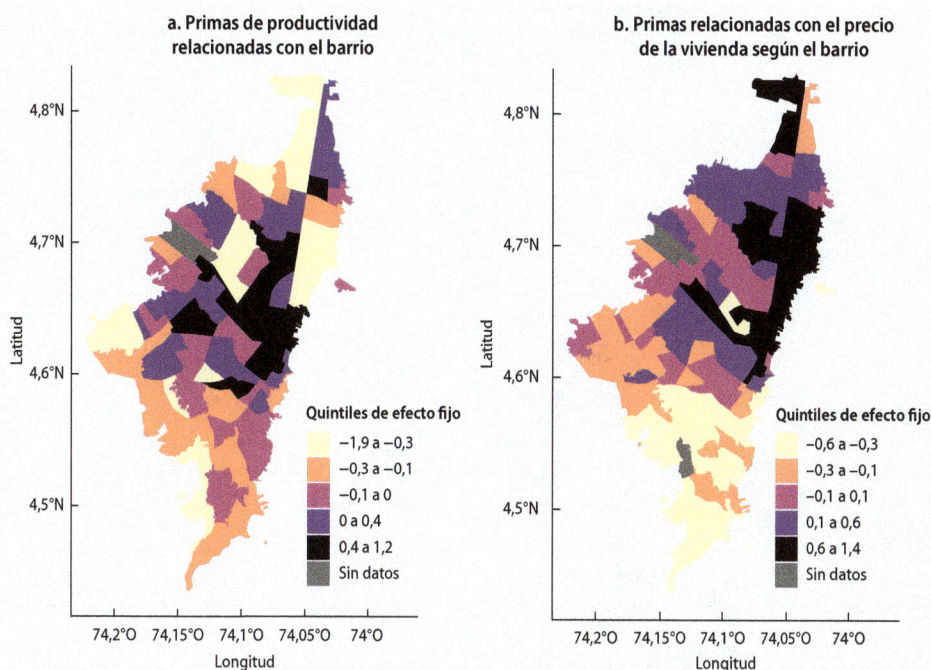

a. Primas de productividad relacionadas con el barrio

Quintiles de efecto fijo
- −1,9 a −0,3
- −0,3 a −0,1
- −0,1 a 0
- 0 a 0,4
- 0,4 a 1,2
- Sin datos

b. Primas relacionadas con el precio de la vivienda según el barrio

Quintiles de efecto fijo
- −0,6 a −0,3
- −0,3 a −0,1
- −0,1 a 0,1
- 0,1 a 0,6
- 0,6 a 1,4
- Sin datos

Fuente: Heil, Ianchovichina y Quintero (2022), tomando como base la Encuesta Multipropósito de 2017 (https://www.sdp.gov.co/gestion-estudios-estrategicos/estudios-macro/encuesta-multiproposito).

Nota: En el panel a, la prima salarial relacionada con el barrio es la fracción de los salarios por hora (calculados en unidades de moneda local de 2017 en forma logarítmica) que no puede explicarse por características individuales observables no geográficas (transferibles). Se trata de los efectos fijos estimados en una regresión de los salarios por hora registrados en forma logarítmica de una persona *i* en el barrio (unidad de planeamiento zonal) *j* en función de un conjunto de características del trabajador, que incluyen años de educación, edad, edad al cuadrado, género, estado civil y condición del trabajador como trabajador doméstico o migrante. En el panel b, las primas relacionadas con los precios de las viviendas en los barrios son los efectos fijos en una regresión de los precios de las viviendas registrados en forma logarítmica (en unidades de moneda local de 2014 por metro cuadrado) en la *manzana m* en función de un conjunto de características de la vivienda en la manzana, que incluyen la densidad habitacional, la densidad de población, la cantidad promedio de habitaciones por persona y la proporción de habitantes con electricidad, internet, alcantarillado y agua corriente.

relacionadas con el precio de la vivienda y, en última instancia, para la acumulación de riqueza a través de la propiedad de viviendas.

Por lo tanto, los habitantes del sur de la ciudad están doblemente desfavorecidos con respecto a los del norte, dado que viven en zonas mal comunicadas y están lejos de las empresas que ofrecen empleos de mejor calidad (mapa 6.6). El sistema de tránsito rápido de autobuses TransMilenio viene aliviando la congestión desde 2000, pero Bogotá sigue siendo la ciudad más congestionada del mundo y la segunda ciudad con el tráfico más lento de la región (Akbar, 2022). Los habitantes del sur tampoco pueden generar riqueza a través de la propiedad de viviendas debido a las externalidades negativas que se observan en la educación a nivel barrial y al escaso acceso a opciones que mejoran la vida del consumidor y a los servicios públicos (mapa 6.6). En resumen, la segregación residencial reduce la productividad urbana al limitar la extensión geográfica de las economías de aglomeración.

MAPA 6.6 **Externalidades educativas y distancia a los servicios, Bogotá**

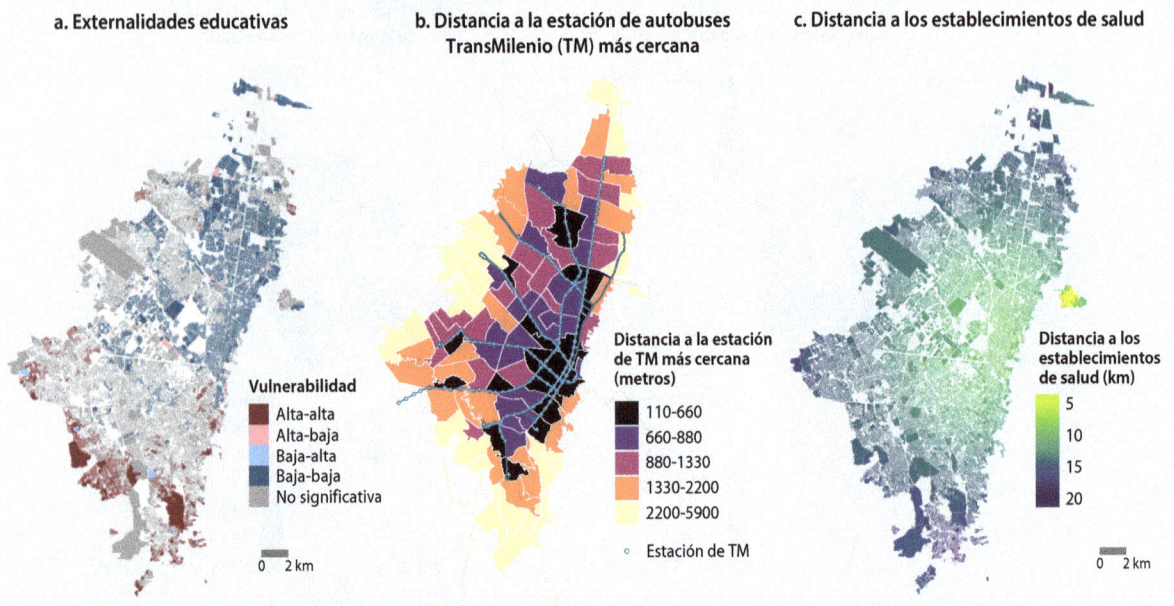

a. Externalidades educativas

b. Distancia a la estación de autobuses TransMilenio (TM) más cercana

c. Distancia a los establecimientos de salud

Vulnerabilidad
- Alta-alta
- Alta-baja
- Baja-alta
- Baja-baja
- No significativa

Distancia a la estación de TM más cercana (metros)
- 110-660
- 660-880
- 880-1330
- 1330-2200
- 2200-5900
- Estación de TM

Distancia a los establecimientos de salud (km)
- 5
- 10
- 15
- 20

Fuentes: Paneles a y c: Duque y otros (2021); panel b: Heil, Ianchovichina y Quintero (2022).
Nota: En el panel a, el mapa de los indicadores locales de asociación espacial indica el grado de agrupamiento espacial significativo de valores similares de vulnerabilidad en la educación alrededor de cada punto de observación (Anselin, 1995). Alta-alta = conglomerado estadísticamente significativo de alta vulnerabilidad; alta-baja = valor atípico de alta vulnerabilidad rodeado principalmente por áreas de baja vulnerabilidad; baja-alta = valor atípico de baja vulnerabilidad rodeado principalmente por áreas de alta vulnerabilidad; baja-baja = conglomerado estadísticamente significativo de baja vulnerabilidad; km = kilómetros.

Segregación del mercado laboral residencial y trampas de la informalidad en Ciudad de México

La *segmentación* del mercado laboral residencial, definida en términos de la medida en que los habitantes de las zonas urbanas tienen acceso a empleos formales de buena calidad en un tiempo de desplazamiento razonable (menos de 60 minutos) y a un costo también razonable, está relacionada con la *segregación* en el mercado laboral, pero se diferencia claramente de ella. Una ciudad tiene un mercado laboral segmentado espacialmente cuando un gran porcentaje de la fuerza laboral puede acceder solo a una fracción de todos los trabajos dentro de parámetros razonables en lo que respecta a tiempo y costos de viaje. Si el acceso al mercado para quienes viajan diariamente a su lugar de trabajo es comparable en todos los grupos socioeconómicos, una ciudad puede estar *segmentada* espacialmente, lo que no significa que haya *segregación*; en otras palabras, puede tener un problema de accesibilidad, pero no de segregación.

La segmentación y la segregación debilitan las economías de aglomeración, dado que en las ciudades segmentadas o con segregación hay menos oportunidades para compartir, vincular recursos y aprender. La segregación residencial en el mercado laboral también puede dar lugar a una economía urbana dual en la que las personas relativamente pobres y vulnerables están atrapadas en la pobreza y la informalidad. La falta de acceso al mercado y la limitada disponibilidad de servicios de alta calidad y mano de obra calificada en las zonas de bajos ingresos de una ciudad llevan a que por lo general las empresas locales que prestan servicios en dichas zonas sean informales. Debido a que el costo de transporte representa una gran parte de los ingresos de los habitantes relativamente poco calificados, estos a menudo trabajan de manera informal cerca de sus hogares (Suárez, Murata y Campos, 2015) y adquieren la mayoría de los bienes y servicios de empresas informales locales (Bachas, Gadenne y Jensen, 2020). Si una fracción considerable de la fuerza laboral de una ciudad tiene poco acceso a los empleos formales en relación con los informales, la segregación residencial en el mercado laboral puede conducir a la mala asignación espacial señalada por Hsieh y Klenow (2009), puesto que la economía informal en la periferia de la ciudad no paga impuestos y es menos productiva que la formal.

Basándose en información de diversas fuentes presentadas en el anexo 6B, Ianchovichina y Zárate (2021) encuentran evidencias de segregación residencial en el mercado laboral y de una economía urbana de naturaleza dual en Ciudad de México. Identifican tres grupos de ingresos en función del estatus sociodemográfico de la persona, que es un indicador de los ingresos del hogar. El *estatus sociodemográfico* se define como parte de la estratificación de la encuesta (*estrato sociodemográfico*) a nivel de la unidad primaria de muestreo (*manzana*). Los tres grupos de ingresos son: 1) los habitantes con nivel sociodemográfico bajo y mediano bajo[2], que representan el 59 % de la población de Ciudad de México; 2) los habitantes con nivel sociodemográfico mediano alto, que representan el 30 % de la población, y 3) los habitantes con nivel sociodemográfico alto, que representan el 11 %. Como es de esperar, la proporción de personas que tienen educación terciaria, poseen un automóvil y utilizan el transporte privado es mayor en los grupos socioeconómicos de ingresos altos que en los medianos altos, medianos bajos y bajos (gráfico 6.4).

Los trabajadores de bajos ingresos tienden a vivir, trabajar y comprar principalmente en la periferia de Ciudad de México (mapa 6.7), donde la proporción de trabajadores

GRÁFICO 6.4 **Características de los grupos sociodemográficos, Ciudad de México, 2017**

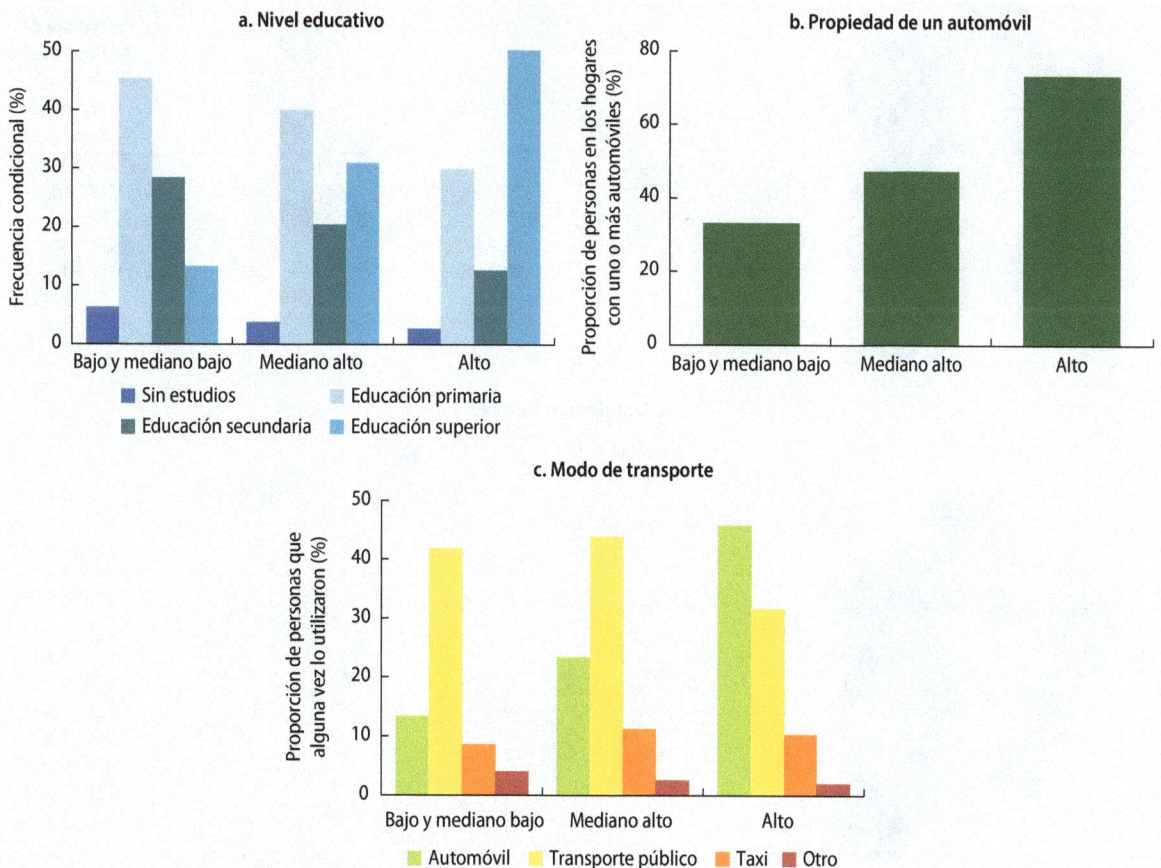

Fuente: Ianchovichina y Zárate (2021).
Nota: En el panel c, "Proporción de personas que alguna vez lo utilizaron" se refiere a la proporción de personas de cada grupo socioeconómico que utilizaron un automóvil, transporte público, un taxi u otro modo de transporte al menos una vez.

MAPA 6.7 Destinos de viaje, por grupo de ingreso, Ciudad de México

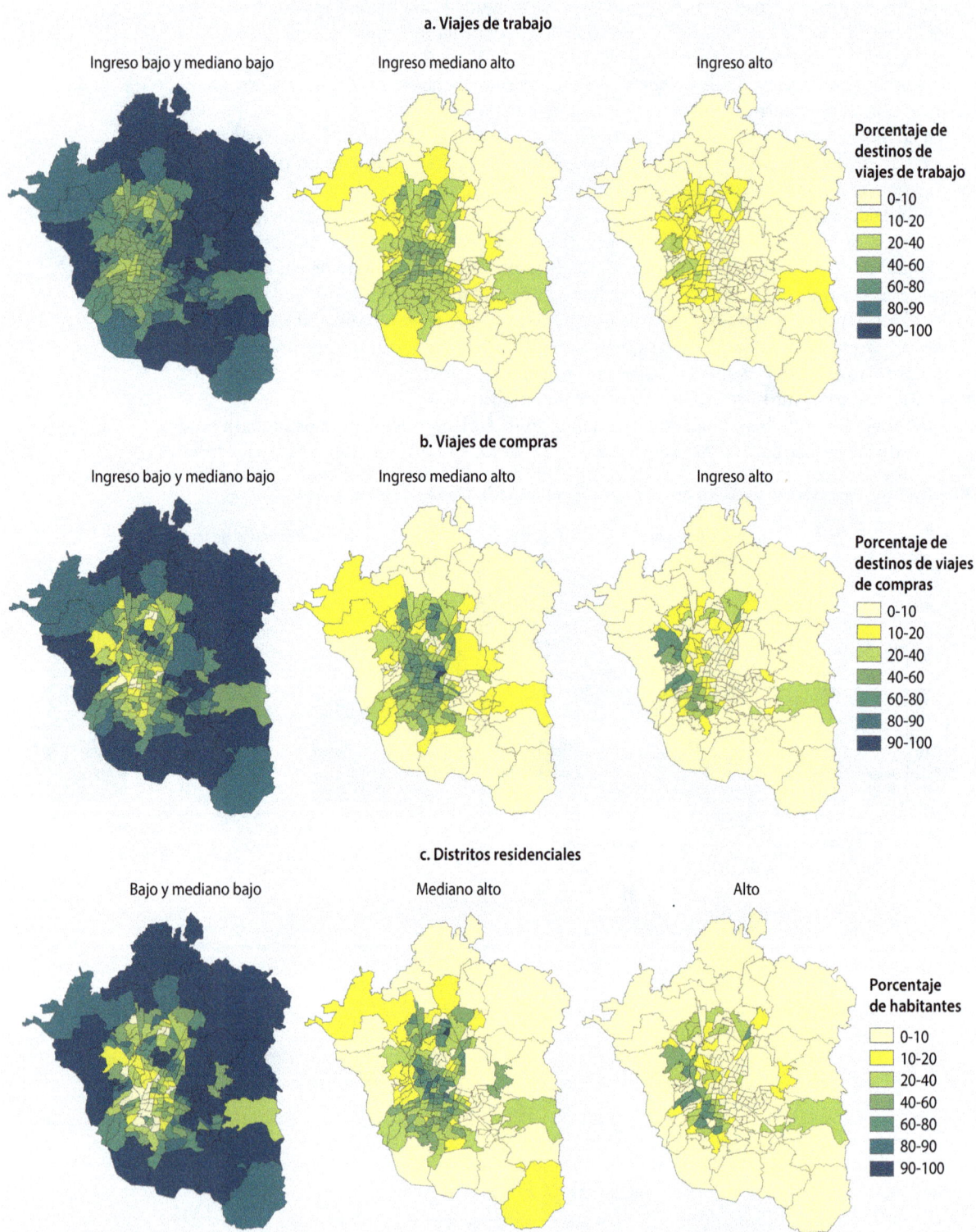

a. Viajes de trabajo

Ingreso bajo y mediano bajo   Ingreso mediano alto   Ingreso alto

Porcentaje de
destinos de
viajes de trabajo

- 0-10
- 10-20
- 20-40
- 40-60
- 60-80
- 80-90
- 90-100

b. Viajes de compras

Ingreso bajo y mediano bajo   Ingreso mediano alto   Ingreso alto

Porcentaje de
destinos de viajes
de compras

- 0-10
- 10-20
- 20-40
- 40-60
- 60-80
- 80-90
- 90-100

c. Distritos residenciales

Bajo y mediano bajo   Mediano alto   Alto

Porcentaje
de habitantes

- 0-10
- 10-20
- 20-40
- 40-60
- 60-80
- 80-90
- 90-100

Fuente: Ianchovichina y Zárate (2021).
Nota: El ingreso se representa a través del estatus de tres grupos sociodemográficos: bajo y mediano bajo, mediano alto, y alto.

altamente calificados es baja y las tasas de informalidad son altas (mapa 6.8). En cambio, los trabajadores de ingresos medianos altos y altos viven, trabajan y compran principalmente en lugares céntricos de las ciudades (mapa 6.7), donde la proporción de trabajadores altamente calificados es alta y las tasas de informalidad son bajas (mapa 6.8). Debido a que la mayoría de los trabajadores altamente calificados se ubican en lugares céntricos de la ciudad con más opciones y comodidades (gráfico 6.5) y precios de viviendas más altos, las diferencias entre los trabajadores de ingreso alto y bajo se asocian con diferencias en la elección de los barrios y no tanto con consideraciones relativas a los tiempos de viaje una vez incluidos los efectos fijos de los modos de transporte. Ianchovichina y Zárate (2021) documentan la existencia de trampas de la informalidad, caracterizadas por una superposición espacial de áreas periféricas con alta concentración de trabajadores informales, viviendas de trabajadores informales y trabajadores poco calificados, que se encuentran lejos del núcleo urbano donde la concentración de trabajadores formales, viviendas de trabajadores formales y trabajadores altamente calificados es elevada.

MAPA 6.8   Distribución espacial en Ciudad de México: Un núcleo moderno y una periferia informal

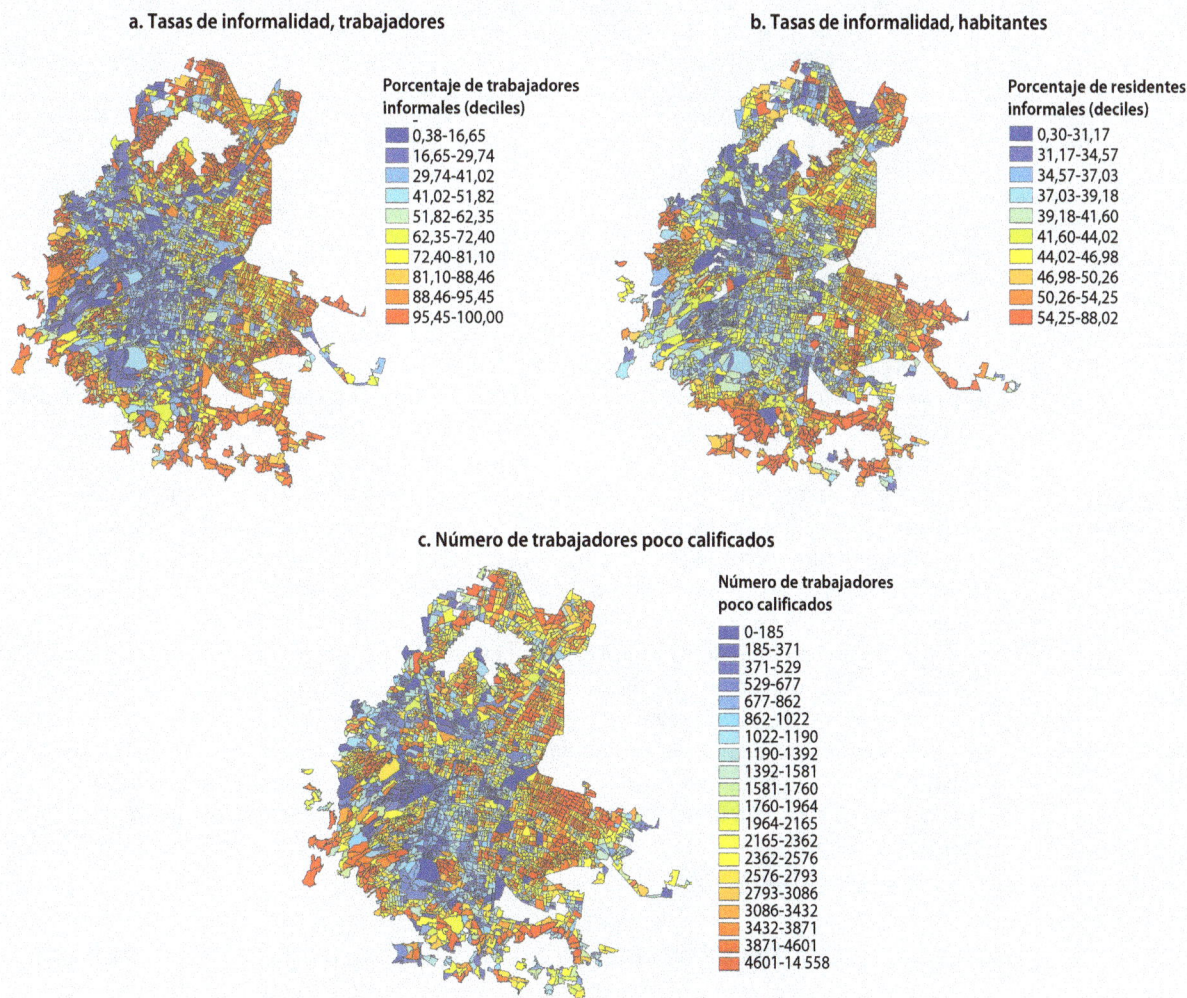

a. Tasas de informalidad, trabajadores

Porcentaje de trabajadores informales (deciles)
- 0,38-16,65
- 16,65-29,74
- 29,74-41,02
- 41,02-51,82
- 51,82-62,35
- 62,35-72,40
- 72,40-81,10
- 81,10-88,46
- 88,46-95,45
- 95,45-100,00

b. Tasas de informalidad, habitantes

Porcentaje de residentes informales (deciles)
- 0,30-31,17
- 31,17-34,57
- 34,57-37,03
- 37,03-39,18
- 39,18-41,60
- 41,60-44,02
- 44,02-46,98
- 46,98-50,26
- 50,26-54,25
- 54,25-88,02

c. Número de trabajadores poco calificados

Número de trabajadores poco calificados
- 0-185
- 185-371
- 371-529
- 529-677
- 677-862
- 862-1022
- 1022-1190
- 1190-1392
- 1392-1581
- 1581-1760
- 1760-1964
- 1964-2165
- 2165-2362
- 2362-2576
- 2576-2793
- 2793-3086
- 3086-3432
- 3432-3871
- 3871-4601
- 4601-14 558

Fuentes: Paneles a y b: Zárate (2022); panel c: Ianchovichina y Zárate (2021).
Nota: Los mapas muestran las tasas de informalidad de trabajadores y habitantes, y la cantidad de trabajadores poco calificados en cada sección censal.

GRÁFICO 6.5   **Relación entre la cantidad de trabajadores de un lugar con la proporción de calles con elementos que mejoran la calidad de vida en dicho lugar, por nivel de habilidad, Ciudad de México**

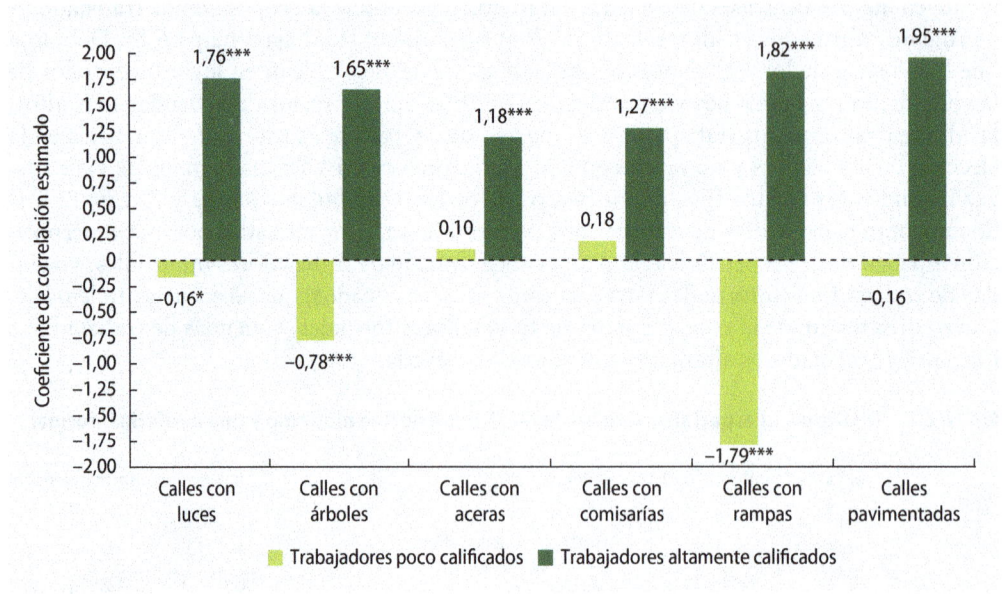

Fuente: Ianchovichina y Zárate (2021).
Nota: En el gráfico se muestra que en los lugares donde viven muchos trabajadores poco calificados suele haber una baja proporción de calles con elementos que mejoran la calidad de vida, como luces, árboles y rampas. Por el contrario, en los lugares donde viven muchos trabajadores altamente calificados se observa una gran proporción de calles con diversos elementos de ese tipo. La cantidad de trabajadores se calcula a nivel censal, y la proporción de calles con un elemento específico que mejora la calidad de vida se calcula a nivel de las alcaldías.
Nivel de importancia: * = 10 %, *** = 1 %.

En otras grandes ciudades latinoamericanas, como Buenos Aires, Lima y Santiago, los pobres se han trasladado a asentamientos de bajos ingresos ubicados en las afueras en busca de viviendas asequibles. Sin embargo, los asentamientos de la periferia urbana a menudo tienen un acceso limitado al transporte público asequible y a otros servicios, y hay pocas fuentes de empleo formal en las proximidades de las viviendas (Negrete y Paquette, 2011). Así, la distancia del hogar al lugar de trabajo formal ha aumentado para los pobres y vulnerables (Kim y Zangerling, 2016; Muzzini y otros, 2017; Sabatini, 1999; Tuirán, 2000), lo que implica una mayor segregación residencial en el mercado laboral en Argentina, Chile y Perú.

Utilizando el modelo de equilibrio general espacial descrito en el anexo 6C, Ianchovichina y Zárate (2021) muestran que dicha segregación, explicada por los altos alquileres en las áreas céntricas y la preferencia de los trabajadores altamente calificados por mejores opciones y servicios, da lugar a una mala asignación de los recursos derivada de la economía urbana informal. Dado que las empresas informales no pagan impuestos, existe una heterogeneidad en el producto marginal de la mano de obra entre los establecimientos ubicados en barrios urbanos céntricos y periféricos, lo que genera una asignación de recursos deficiente (Hsieh y Klenow, 2009).

Cómo reducir las pérdidas asociadas a la segregación residencial

En el caso de Ciudad de México, las pérdidas de eficiencia debidas a la segregación residencial pueden reducirse con una mejor conectividad intraurbana. Zárate (2022) muestra que una nueva línea de metro que conecte los barrios periféricos con lugares céntricos mejoraría el bienestar general en un 1,3 % y reduciría la informalidad en 4 puntos porcentuales en las localidades beneficiadas por la nueva línea. La mejora de la conectividad con las zonas de bajos ingresos compensaría los efectos de desplazamiento que puedan resultar de la mejora en la calidad de la vivienda y el aumento de los precios y alquileres de viviendas en las proximidades de las estaciones de metro recién inauguradas. Pfutze, Rodríguez-Castelán y Valderrama-González (2018) concluyen que ese tipo de desplazamiento ocurrió en Colombia cerca de las estaciones de autobuses de tránsito rápido recién inauguradas en Barranquilla, y Tsivanidis (2019) concluye lo mismo con respecto al sistema de tránsito rápido de autobuses en Bogotá[3].

Las políticas para mejorar las opciones y los servicios o el acceso a viviendas asequibles para los trabajadores poco calificados en lugares céntricos podrían complementar los esfuerzos por mejorar la conectividad con los barrios de bajos ingresos. Se estima que aumentar en un 15 % el acceso a viviendas asequibles para los trabajadores de bajos ingresos en las zonas céntricas de las ciudades mejora el bienestar general en alrededor de un 1,6 % (sin afectar la utilidad agregada de los trabajadores altamente calificados) y reducirá la tasa de informalidad en aproximadamente un 1 % (gráfico 6.6), lo que equivale a una reducción de 1,5 puntos porcentuales de la informalidad agregada. Por el contrario, la gentrificación de la periferia produce efectos insignificantes en el bienestar y la informalidad, y no es una forma eficaz de reducir la mala asignación espacial y la informalidad en Ciudad de México (Ianchovichina y Zárate, 2021). Por lo tanto, en dicha ciudad, mejorar la conectividad con las zonas donde los pobres están atrapados en la pobreza es la forma más eficaz de reducir la mala asignación espacial y la informalidad. Dicha medida debe ir acompañada de políticas destinadas a mejorar el acceso de los habitantes poco calificados a viviendas asequibles en las zonas céntricas o cerca de ellas.

Sin embargo, estas medidas pueden ser insuficientes para abordar el problema que plantea la economía urbana dual. Los proyectos de vivienda asequible (como el Bando 2) en el distrito central de negocios de Ciudad de México han demostrado ser

GRÁFICO 6.6 **Efectos de la mejora del acceso a viviendas asequibles para los trabajadores poco calificados en lugares céntricos de Ciudad de México**

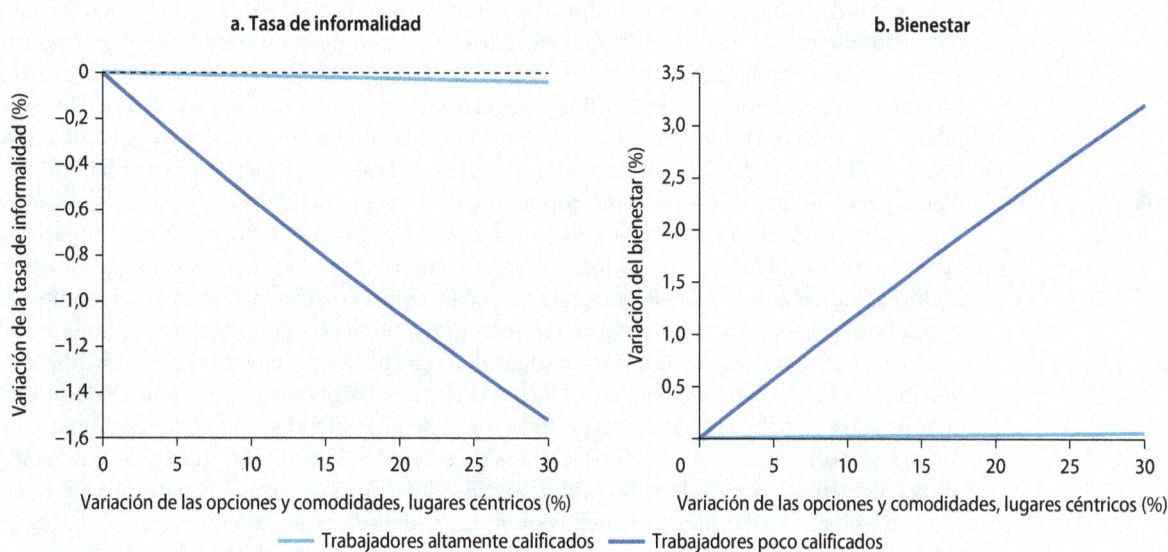

difíciles de implementar. También puede ser necesario hacer frente a la delincuencia y resolver las deficiencias de larga data en infraestructura básica y servicios públicos, y las carencias en dichas áreas. Además, la proximidad a los puestos de trabajo puede no ser suficiente para mejorar los medios de subsistencia. Nuevas evidencias indican que para ayudar a los habitantes de barrios marginales en Argentina a encontrar mejores oportunidades de trabajo se necesita la intermediación laboral combinada con mejoras en los niveles de vida.

En este capítulo se muestra que muchas grandes ciudades de América Latina son desiguales y están divididas en partes pobres y prósperas geográficamente distantes entre sí. Utilizando ejemplos de Colombia y México, se revela que tales divisiones debilitan las economías de aglomeración y generan ineficiencias económicas. Las divisiones urbanas —acentuadas por problemas de conectividad intraurbana— reducen los beneficios de la densidad demográfica al limitar su alcance geográfico. En las ciudades divididas, los grandes beneficios de compartir, vincular recursos y aprender se limitan a los barrios de los distritos económicos centrales donde operan las empresas formales, el consumidor cuenta con numerosas opciones que le facilitan la experiencia y los habitantes disfrutan de infraestructura básica y servicios públicos de mejor calidad. Lo contrario sucede en los barrios de bajos ingresos, cuyos habitantes a menudo enfrentan múltiples privaciones en términos de acceso a infraestructura básica, servicios públicos y viviendas. Por lo general, en la periferia urbana, las empresas y los trabajadores son, en su mayoría, informales. La existencia de una economía urbana dual —una economía formal de alta productividad en los distritos económicos centrales y otra informal, de baja productividad, en los barrios de bajos ingresos— da lugar a una mala asignación espacial, debido a que las empresas informales no pagan impuestos. Esa mala asignación en las ciudades más grandes de la región podría socavar el crecimiento de la producción total. En el siguiente capítulo se resumen las conclusiones de este estudio y sus implicaciones en materia de políticas.

Anexo 6A Índices de vulnerabilidad socioeconómica

Duque y otros (2021, 2022) crean índices de vulnerabilidad socioeconómica que reflejan las vulnerabilidades en cinco dimensiones diferentes: vivienda, demografía, educación, trabajo y salud. El índice de vulnerabilidad compuesto es el promedio de los cinco puntajes correspondientes a cada dimensión. Los datos utilizados en el cómputo de los índices provienen de los censos de población mexicanos de 2010 y 2020, recopilados por el Instituto Nacional de Estadística y Geografía, y del censo de población colombiano de 2018, recopilado por el Departamento Administrativo Nacional de Estadística. En México, los datos abarcan 75 áreas metropolitanas a nivel de barrio urbano (área geoestadística básica/manzana), y en Colombia, 23 áreas metropolitanas a nivel de manzana.

En la mayoría de los casos, la vulnerabilidad se mide como el porcentaje de hogares sin acceso a 15 variables de interés (como servicios de electricidad, internet, agua, alcantarillado y salud), el porcentaje de personas que no cumplen con ciertos parámetros (como alfabetización, asistencia escolar, educación terciaria y empleo) y el porcentaje de hogares que son vulnerables debido a sus características demográficas (por ejemplo, están encabezados por una mujer, hablan una lengua indígena o tienen una persona con discapacidad). En el cuadro 6A.1 se presentan las cinco dimensiones de la vulnerabilidad socioeconómica. Los índices se normalizan para utilizar valores de entre 0 y 1, de modo que los números más altos representen niveles de vulnerabilidad más altos. Para analizar los patrones espaciales intraurbanos de vulnerabilidad socioeconómica e identificar las dimensiones y las áreas en las que la vulnerabilidad es más alta, se utilizan mapas de los indicadores locales de asociación espacial.

CUADRO 6A.1   Dimensiones de la vulnerabilidad, Colombia y México

Dimensión	Indicadores
Demografía	Porcentaje de hogares encabezados por mujeres Porcentaje de población étnica Porcentaje de discapacitados Dependencia demográfica de menores y adultos mayores en los hogares
Educación	Tasa de analfabetismo entre los mayores de 15 años Tasa de ausentismo escolar entre los jóvenes de 5 a 14 años Porcentaje de personas mayores de 18 años sin educación terciaria Porcentaje de hogares con jefes que no tienen estudios superiores (solo en Colombia)
Salud	Porcentaje de personas sin acceso a servicios de salud (solo en México)
Vivienda	Porcentaje de hogares sin acceso a la electricidad Porcentaje de hogares sin acceso al servicio de internet Porcentaje de hogares sin acceso al agua Porcentaje de hogares sin alcantarillado adecuado Porcentaje de hogares con hacinamiento Porcentaje de hogares sin servicio de recolección de basura (solo en Colombia) Porcentaje de hogares sin servicio de gas natural (solo en Colombia)
Empleo	Índice de desempleo Porcentaje de hogares con alta tasa de dependencia económica Porcentaje de trabajo infantil en la población de 10 a 14 años (solo en Colombia) Porcentaje de personas económicamente activas que trabajaron durante la última semana y no percibieron ingresos (solo en Colombia) Porcentaje de jóvenes que no estudian ni trabajan (solo en Colombia)

Fuentes: Duque y otros (2021, 2022).

Duque y otros (2021, 2022) proporcionan detalles sobre la metodología para confeccionar los mapas de los indicadores locales de asociación espacial. Utilizan la definición de *área metropolitana* del Consejo Nacional de Población de México y el Departamento Administrativo Nacional de Estadística, que agrupa los municipios ubicados alrededor de las principales ciudades colombianas en 23 áreas metropolitanas.

Anexo 6B Fuentes de datos sobre empleo, movilidad y residencia en Ciudad de México

Los datos sobre la ubicación de las empresas y los trabajadores provienen de los censos económicos de 1999, 2004, 2009 y 2014 del Instituto Nacional de Estadística y Geografía, y de los censos de población de 2000 y 2010. Estos datos se agregan a nivel de distrito censal y municipal. La información sobre seguridad social contenida en los censos se utiliza para identificar la situación (in)formal de los trabajadores y los establecimientos.

La información sobre la cantidad de viajes y sus características se extrae de la encuesta origen-destino de 2017. Los datos del microcenso de 2015 se utilizan para crear flujos de desplazamiento tanto para el sector formal como para el informal por tipo de habilidad, lo que permite a Ianchovichina y Zárate (2021) estimar las elasticidades de desplazamiento que reflejan la facilidad con que los trabajadores poco calificados y los altamente calificados que viven en distintos lugares de la ciudad pueden pasar del sector informal al formal y viceversa.

La información sobre los precios de las viviendas proviene de vivanuncios.com.mx, el principal sitio web de clasificados de México, y una encuesta del Instituto Nacional de Estadística y Geografía de 2014 es la fuente de información sobre las características de los distintos lugares, como el acceso al transporte, la cantidad de luces en la vía pública y el acceso a servicios esenciales.

Anexo 6C Un modelo de equilibrio general espacial de una ciudad segregada con informalidad

El modelo de Ianchovichina y Zárate (2021) se basa en Zárate (2022) y está estrechamente relacionado con Fajgelbaum y otros (2019), que estudian cómo las diferencias en las tasas impositivas efectivas pueden generar una mala asignación espacial. Asimismo, se apoya en trabajos recientes de la literatura cuantitativa urbana (Ahlfeldt y otros, 2015; Allen, Arkolakis y Li, 2015; Tsivanidis, 2019).

La ciudad está representada en el modelo como una economía urbana cerrada con una cantidad fija de trabajadores en cada grupo y desarrolladores inmobiliarios que viven en el lugar donde ofrecen los espacios de superficie. Cada habitante de la ciudad obtiene utilidad (en forma de una función de Cobb-Douglas) del consumo de un bien compuesto y de una vivienda en el lugar i. La persona viaja al lugar j para trabajar en uno de los sectores s y pertenece a uno de los grupos de trabajadores g.

En cada lugar j y sector s, las empresas homogéneas producen una variedad diferenciada v y operan en un contexto de competencia monopolística. Los consumidores tienen preferencias por las variedades v que dan cuenta de una elasticidad de sustitución constante, y las empresas utilizan una función de producción de Cobb-Douglas para producir cada variedad. Los insumos de la producción son la mano de obra y el espacio comercial, pero las empresas también incurren en un costo fijo de producción. Los hogares y las empresas pagan el mismo precio por la superficie. Con entrada libre, la cantidad de empresas es proporcional a la cantidad de trabajadores y la superficie comercial del lugar, lo que genera efectos de aglomeración en equilibrio.

Los desarrolladores inmobiliarios maximizan las ganancias y desarrollan el espacio utilizando los factores tecnología, capital y terreno de Cobb-Douglas. Debido a que el precio del capital se determina en los mercados internacionales, es exógeno y se fija en 1. En equilibrio, los beneficios de los desarrolladores inmobiliarios equivalen a 0; la oferta de trabajo es igual a la demanda de trabajo para cada tipo de trabajador g; las ventas totales de cada lugar j son iguales a los gastos totales, y los ingresos públicos son iguales al gasto público agregado.

Por último, utilizando datos sobre la cantidad de trabajadores, los habitantes y la superficie, así como las elasticidades clave de Zárate (2022), es posible recuperar los valores de los parámetros de comodidades y productividad, y computar los desplazamientos y los flujos comerciales por grupo y sector. Para estimar las elasticidades de desplazamiento se utilizan ecuaciones y datos de gravedad de la encuesta intercensal de 2015.

Notas

1. Para obtener información sobre la concentración espacial de las características de la vulnerabilidad de los hogares en muchas otras ciudades de México y Colombia, véase Duque y otros (2021, 2022).
2. Solo el 1 % de los habitantes de Ciudad de México tiene un nivel sociodemográfico bajo. Por lo tanto, este grupo se fusiona con el segundo grupo más bajo, el mediano bajo.
3. En este caso, los trabajadores altamente calificados se mudaron a barrios caros y con todas las comodidades en el norte de la ciudad, mientras que los poco calificados se reubicaron en los barrios pobres del sur.

Bibliografía

Ahlfeldt, G. M., S. J. Redding, D. M. Sturm, and N. Wolf. 2015. "The Economics of Density: Evidence from the Berlin Wall." *Econometrica* 83: 2127–89.

Akbar, P. 2022. "Mobility and Congestion in Urban Areas in Latin America and the Caribbean." Background paper prepared for this report, World Bank, Washington, DC.

Allen, T., C. Arkolakis, and X. Li. 2015. "On the Existence and Uniqueness of Trade Equilibria." Working paper, Yale University, New Haven, CT.

Anselin, L. 1995. "Local Indicators of Spatial Association—LISA." *Geographical Analysis* 27 (2): 93–115.

Bachas, P., L. Gadenne, and A. Jensen. 2020. "Informality, Consumption Taxes and Redistribution." Policy Research Working Paper 9267, World Bank, Washington, DC.

Bayer, P., R. McMillan, and K. Rueben. 2005. "Residential Segregation in General Equilibrium." NBER Working Paper 11095, National Bureau of Economic Research, Cambridge, MA.

Becker, G. S., and K. M. Murphy. 2000. *Social Economics: Market Behavior in a Social Environment.* Cambridge, MA: Harvard University Press.

Bischoff, K., and S. Reardon. 2014. "Income Inequality and Income Segregation." *American Journal of Sociology* 116: 1092–1153.

Caetano, G., and H. Macartney. 2021. "What Determines School Segregation? The Crucial Role of Neighborhood Factors." *Journal of Public Economics* 194 (C).

Caetano, G., and V. Maheshri. 2017. "School Segregation and the Identification of Tipping Behavior." *Journal of Public Economics* 148 (C): 115–35.

Card, D., A. Mas, and J. Rothstein. 2008. "Tipping and the Dynamics of Segregation." *Quarterly Journal of Economics* 123 (1): 177–218.

Duque, J. C., N. Lozano-Gracia, G. García, J. Ospina, J. Patiño, and R. Curiel. 2022. "Intraurban Inequality in Mexican Cities." Background paper prepared for this report, Universidad EAFIT, Medellín, Colombia.

Duque, J. C., N. Lozano-Gracia, M. Quiñones, G. García, J. Ospina, J. Patiño, and K. Montoya. 2021. "Intraurban Inequality in Colombian Cities." Unpublished manuscript, Universidad EAFIT, Medellín, Colombia.

Fajgelbaum, P. D., E. Morales, J. C. S. Serrato, and O. Zidar. 2019. "State Taxes and Spatial Misallocation." *Review of Economic Studies* 86 (1): 333–76.

Heil, A., E. Ianchovichina, and L. Quintero. 2022. "Spatial Variations in Income and Wealth in a Segregated City: Evidence from Bogotá." Background paper prepared for this report, World Bank, Washington, DC.

Hsieh, C.-T., and P. Klenow. 2009. "Misallocation and Manufacturing TFP in China and India." *Quarterly Journal of Economics* 124 (4): 1403–48.

Ianchovichina, E., and R. Zárate. 2021. "Segregation, Informality, and Misallocation." Unpublished manuscript, World Bank, Washington, DC.

Kim, Y., and B. Zangerling, eds. 2016. *Mexico Urbanization Review: Managing Spatial Growth for Productive and Livable Cities in Mexico.* Washington, DC: World Bank.

Moreno-Monroy, A. 2018. "Income Segregation in Brazilian Cities: The Role of Vertical Neighborhoods." In *Divided Cities: Understanding Intra-urban Inequalities.* Paris: Organisation for Economic Co-operation and Development.

Muzzini, E., B. Puig, S. Anapolsky, T. Lonnberg, and V. Mora. 2017. *Leveraging the Potential of Argentine Cities: A Framework for Policy Action.* Washington, DC: World Bank.

Negrete, M. E., and C. Paquette. 2011. "La interacción entre transporte público y urbanización en la Zona Metropolitana de la Ciudad de México: Un modelo expansivo que llega a sus límites." *Territorios* (25): 15–33.

Peters, P., and E. Skop. 2007. "Socio-spatial Segregation in Metropolitan Lima, Peru." *Journal of Latin American Geography* 6 (1): 149–71.

Pfutze, T., C. Rodríguez-Castelán, and D. Valderrama-González. 2018. "Urban Transport Infrastructure and Household Welfare: Evidence from Colombia." Policy Research Working Paper 8341, World Bank, Washington, DC.

Sabatini, F. 1999. "Tendencias de la segregación residencial urbana en Latinoamérica: Reflexiones a partir del caso de Santiago de Chile." Pontificia Universidad Católica de Chile, Instituto de Estudios Urbanos.

Schelling, T. C. 1969. "Models of Segregation." *American Economic Review* 59 (2): 488–93.

Suárez, M., M. Murata, and J. Campos. 2015. "Why Do the Poor Travel Less? Urban Structure, Commuting and Economic Informality in Mexico City." *Urban Studies* 53 (12): 2548–66.

Theil, H. 1972. *Statistical Decomposition Analysis.* Amsterdam: North-Holland.

Tsivanidis, N. 2019. "Evaluating the Impact of Urban Transit Infrastructure: Evidence from Bogota's TransMilenio." University of California, Berkeley.

Tuirán, R. 2000. "Tendencias recientes de la movilidad territorial en algunas zonas metropolitanas de México." *El Mercado de Valores* 60 (3): 47–61.

Van der Weide, R., P. Ferreira de Souza, and R. Barbosa. 2020. "Intergenerational Mobility in Education in Brazil." Unpublished manuscript, World Bank, Washington, DC.

Zárate, R. 2022. "Spatial Misallocation, Informality, and Transit Improvements: Evidence from Mexico City." Policy Research Working Paper 9990, World Bank, Washington, DC.

Aprovechar el desarrollo espacial para lograr un crecimiento inclusivo más rápido | 7

En el presente informe se identifican tres desafíos relacionados con la productividad espacial que limitan el crecimiento económico en América Latina y el Caribe (ALC): 1) la desindustrialización de las ciudades, 2) los problemas de conectividad interurbana e intraurbana y 3) las divisiones dentro de las ciudades.

Resumen de las principales conclusiones

Del análisis empírico presentado en este informe se desprenden cinco conclusiones principales.

En primer lugar, entre principios de la década de 2000 y finales de la de 2010, la desigualdad regional se vio reducida por una notable convergencia en la productividad laboral y por ubicación dentro de los países. Sin embargo, la menor desigualdad territorial viene acompañada de buenas y malas noticias. La buena noticia es que las regiones relativamente pobres, en su mayoría rurales, comenzaron a recuperarse gracias a las mejoras en la productividad agrícola y las inversiones en las zonas mineras. La mala noticia es el escaso crecimiento de la productividad urbana asociado a la desindustrialización de las ciudades de la región de ALC.

En segundo lugar, la convergencia redujo las disparidades de ingreso con las principales áreas metropolitanas, incluidas las brechas que podrían aprovecharse migrando a estas zonas privilegiadas, que se desindustrializaron pero continuaron atrayendo migrantes. Entre los residentes situados en el 40 % más bajo de la distribución de ingresos, estas brechas se han vuelto insignificantes en la mayoría de los países de ALC, excepto en Bolivia, Brasil, Panamá y Perú, donde la desigualdad regional se mantuvo elevada.

En tercer lugar, como consecuencia de la desindustrialización, el empleo urbano se ha orientado hacia actividades no comercializables menos dinámicas y de baja productividad, como el comercio minorista, los servicios personales y la construcción. Estas actividades ofrecen salarios más bajos y menos beneficios en función de la experiencia, tienen un potencial más limitado para generar niveles considerables de productividad dinámica y se ven menos favorecidas por los beneficios internos de las economías de escala que las manufacturas y los servicios comercializables. Este cambio obstaculiza el crecimiento de la productividad en todo el país, dado que la fuerza laboral de la región es principalmente urbana. Asimismo, limita la productividad urbana por ubicación, debido a que los bienes y servicios no comercializables se ven beneficiados en menor medida por las economías de aglomeración que los bienes y servicios comercializables urbanos, y los beneficios de la aglomeración se reducen más rápidamente con el aumento de la congestión, que constituye un problema importante en las áreas metropolitanas más grandes de la región de ALC.

En cuarto lugar, los problemas de conectividad afectan negativamente el desempeño de la red de ciudades de la región, dado que limitan el acceso a los mercados, los efectos indirectos del conocimiento y la capacidad de las empresas para especializarse y beneficiarse de las economías de escala internas en áreas urbanas más pequeñas[1]. Los elevados costos del transporte interurbano reflejan en distinta medida en los distintos países una gran variedad de problemas, entre ellos, la escasez y distribución ineficiente de las inversiones en mejoras viales, los problemas con el retorno de carga, la competencia imperfecta, las regulaciones gubernamentales y las fricciones en materia de información. Las tecnologías digitales pueden aprovecharse para superar las deficiencias de la infraestructura de transporte, pero los avances regionales en la ampliación del acceso a servicios de internet de alta velocidad asequibles, sobre todo entre el 40 % más pobre de la población y las comunidades rurales, han sido lentos.

En quinto lugar, las divisiones dentro de las ciudades, reforzadas por largos y costosos desplazamientos, especialmente en algunas de las principales áreas metropolitanas de la región, afectan la productividad urbana limitando el alcance geográfico de las economías de aglomeración a los distritos económicos centrales. Las divisiones también generan una asignación espacial inadecuada producto de las trampas de la informalidad que existen en los barrios de bajos ingresos, a menudo situados en la periferia urbana. Además, las deficiencias en la infraestructura básica y los servicios públicos en estas zonas de bajos ingresos reducen la empleabilidad, la productividad y la resiliencia de los habitantes con menos recursos, dado que contribuyen a que estén más expuestos a las conmociones climáticas, las enfermedades y los delitos.

Prioridades en materia de políticas

Las evidencias empíricas sugieren que, durante la década dorada, el modelo de desarrollo de la región de ALC impulsado por los productos básicos generó convergencia en la productividad territorial y los niveles de vida, pero solo permitió lograr un crecimiento económico de corta duración. Para acelerar el crecimiento de manera sostenible e inclusiva y escapar de la trampa del ingreso mediano, la región necesita combinar su modelo de desarrollo impulsado por los recursos con uno que permita provechar mejor las habilidades y el trabajo de los trabajadores urbanos. Para elaborar este modelo de desarrollo dual, los países deberán mejorar la *productividad y competitividad* de su economía urbana y aumentar la eficiencia con la que transforman la riqueza natural en *capital humano, infraestructura* e *instituciones*. Si la región lleva a cabo estas tareas exitosamente, el crecimiento económico se verá impulsado por dos motores —el urbano y el rural— y superará los bajos niveles del pasado sin diferencias territoriales en los niveles de vida. La transición hacia un modelo de desarrollo dual depende de que los países puedan superar desafíos de desarrollo multidimensionales en todas las escalas geográficas: nacional, regional y local.

Prioridades nacionales en materia de competitividad

Los países deben abordar las deficiencias en materia de competitividad que afectan a toda la economía y limitan el crecimiento económico, en particular el de los bienes y servicios comercializables urbanos. Los Gobiernos deben proteger la estabilidad macroeconómica[2], mejorar la calidad de la educación pública y el acceso a ella[3], abordar las brechas de habilidades[4], impulsar la capacidad de innovación a nivel nacional[5] y reducir las distorsiones normativas y regulatorias. Es posible atraer inversiones y estimular el crecimiento de las exportaciones simplificando las regulaciones y haciéndolas más previsibles, aumentando la transparencia de los marcos jurídicos y la protección de la propiedad, reforzando la política de competencia, mejorando el acceso al financiamiento, fortaleciendo el Estado de derecho, facilitando el comercio y la inversión, y armonizando las reglamentaciones locales[6]. Mejorar el estado de la infraestructura de conectividad internacional y la logística (por ejemplo, los puertos) también ayudará a fortalecer la competitividad de las exportaciones de la región de ALC[7] permitiendo a las empresas aprovechar los cambios globales en la producción, como los vinculados al crecimiento verde[8], la impresión 3D y la servicificación de las manufacturas[9]. El escaso aumento de la proporción de empleo en los sectores de servicios comercializables durante los últimos 30 años indica que los países de ALC también deben implementar reformas integrales que aceleren la competencia y la innovación en dichos sectores, además de cerrar las brechas de habilidades que limitan la disponibilidad de personal capacitado en ellos.

Los avances en estas áreas deben ir acompañados del fortalecimiento de las instituciones nacionales que pueden ayudar a gestionar la volatilidad de los ingresos provenientes de los productos básicos, siguiendo el ejemplo de Chile, que ha creado instituciones de alta calidad para gestionar los ingresos provenientes de los recursos, brindar servicios sociales y regular el sector privado (Gill y otros, 2014). En un contexto de margen fiscal limitado y prioridades contrapuestas, el uso eficiente de los ingresos derivados de los recursos es crucial para que los países puedan financiar las necesidades de infraestructura de la región, que, según las estimaciones, representarán el 3,4 % del producto interno bruto (PIB) regional por año durante el período 2015-30 (Rozenberg y Fay, 2019).

Otra prioridad nacional es mejorar los sistemas fiscales intergubernamentales. En un informe del Banco Interamericano de Desarrollo (BID) y la Comisión Económica para América Latina y el Caribe (CEPAL) se señala que la participación subnacional en el gasto público agregado de la región se duplicó entre 1985 y 2010, y se estabilizó en un 26 % en 2019 (BID y CEPAL, 2022). Sin embargo, los Gobiernos subnacionales tienen facultades tributarias limitadas y siguen dependiendo en gran medida de las transferencias del Gobierno central para financiar la educación, la salud, el transporte, la seguridad y muchos otros servicios comunitarios esenciales. Resulta, por lo tanto, imprescindible no solo mejorar la eficiencia del gasto subnacional y la capacidad de los Gobiernos subnacionales para movilizar sus propios recursos, sino también proteger la inversión pública subnacional y permitir el acceso responsable de los Gobiernos subnacionales a los mercados financieros.

Prioridades de integración regional

Las mejoras óptimas de las carreteras nacionales que conectan las zonas más pobladas y productivas de los países de ALC pueden generar un dividendo de crecimiento anual estimado en alrededor del 1 % del consumo regional (Gorton e Ianchovichina, 2021) y un aumento del valor actual descontado del ingreso regional per cápita del 15 % para 2100 (Conte e Ianchovichina, 2022). La coordinación de estas mejoras viales óptimas a nivel nacional con los asociados regionales del Mercosur o de la Comunidad Andina podría contribuir a la conectividad transnacional y así generar beneficios adicionales en términos de producción sin aumentar significativamente los costos en que incurra cada país.

Aunque se trata de beneficios significativos, los costos de inversión estimados asociados con las mejoras en las carreteras interestatales también son considerables, y para el período 2015-30 equivaldrían a un promedio de entre el 0,65 % y el 0,85 % del PIB regional en varios escenarios (Rozenberg y Fay, 2019). En muchos países, los Gobiernos tendrán que complementar estas inversiones con otras inversiones en servicios ambientales para abordar, por ejemplo, los problemas asociados a las inundaciones de carreteras. El costo anual promedio de la protección contra inundaciones por sí solo es de alrededor del 0,2 % del PIB de ALC (Rozenberg y Fay, 2019).

Dado que los proyectos de infraestructura avanzan lentamente y requieren recursos financieros que a menudo son insuficientes debido a las prioridades contrapuestas, los Gobiernos deben eliminar las regulaciones que limitan la competencia en el sector del transporte e incrementan los precios a lo largo de ciertas rutas. También deben combinar estas inversiones en infraestructura con otras complementarias en bienes y servicios públicos locales. En India, se ha demostrado que los beneficios económicos generados por la construcción de la autopista Cuadrilátero Dorado son mayores en los distritos situados a lo largo de la autopista que cuentan con mejor acceso a la educación y a los servicios financieros (Das y otros, 2019; Ghani, Grover y Kerr, 2013). En Argentina, se ha comprobado que estas inversiones complementarias aumentan los efectos de las inversiones viales en términos de bienestar a lo largo de los corredores que unen Buenos Aires con el noroeste en alrededor de un 45 % y con la Mesopotamia en alrededor de un 65 % (Banco Mundial, 2020). Además, las autoridades deben acelerar las inversiones en las tecnologías de la información y las comunicaciones que sean necesarias para mejorar la conectividad. Cerrar las brechas de educación, de conocimientos y de información con las principales áreas metropolitanas contribuirá a la difusión tecnológica y aumentará la empleabilidad de los habitantes de regiones rezagadas y su potencial para beneficiarse de la migración a los centros urbanos regionales y nacionales, y del empleo en dichos centros.

Prioridades locales en materia de productividad

¿Cómo pueden las ciudades de ALC impulsar el aumento de la productividad a nivel nacional? El promedio relativamente bajo de las primas de productividad urbana de la región (mapa PG.2) y su avanzado nivel de urbanización implican un aumento limitado de la productividad a nivel nacional derivado de la migración de las zonas rurales a las urbanas, salvo en algunos de los países de ingreso bajo, donde la agricultura todavía emplea a un gran segmento de la población. Para mejorar la contribución urbana al crecimiento de la productividad, más áreas urbanas de ALC deben convertirse en ciudades "de producción" y su desempeño en términos de productividad debe superar el promedio nacional. Dos ejemplos de ciudades estadounidenses que han transformado y aumentado con éxito su productividad a lo largo de los años son Boston y Pittsburgh. La historia de Boston ilustra la manera en que diferentes tipos de capital humano y una base industrial diversificada han contribuido a que la ciudad se vuelva más próspera y resiliente a lo largo de tres siglos y medio (Glaeser, 2003). La historia de Pittsburgh demuestra que las ciudades desindustrializadas pueden recuperarse orientándose hacia los servicios comercializables y mejorando su habitabilidad (King y Crommelin, 2021).

En un informe del Banco Mundial se identifican 750 ciudades "competitivas" que han proporcionado un buen entorno en el que el sector privado puede generar empleo y aumentar la productividad y los ingresos (Kilroy y otros, 2015). En los países de ingreso bajo, mediano y mediano alto, estas ciudades son, en su mayoría, ciudades "de producción" especializadas en manufacturas y servicios comercializables. Entre 2005 y 2010, muchas ciudades competitivas superaron los promedios nacionales en términos de crecimiento del empleo (73 %). Sin embargo, fueron menos las que lograron hacerlo en términos de productividad (42 %) y crecimiento de la producción (50 %), y una proporción mucho menor de ciudades supercompetitivas superó las medias nacionales en las tres áreas (18 %), lo que indica que existen compensaciones entre dichas áreas. En cambio, no se observaron tales compensaciones entre el crecimiento del empleo en los sectores de bienes y servicios comercializables y no comercializables (Kilroy y otros, 2015)[10]. Las ciudades en las que el crecimiento del empleo en los sectores de bienes y servicios comercializables fue más rápido también registraron un alto crecimiento del empleo en los sectores de bienes y servicios no comercializables. En las ciudades menos competitivas, el crecimiento del empleo fue bajo en el sector de bienes y servicios comercializables y no comercializables (Kilroy y otros, 2015).

Si bien no existe ninguna receta para convertirse en una ciudad competitiva exitosa, Kilroy y otros (2015) han identificado un conjunto de requisitos previos que pueden ayudar a las ciudades a reinventarse y volverse competitivas, entre ellos, instituciones locales adecuadas, apoyo y financiamiento empresarial, habilidades e innovación, e infraestructura y acceso a la tierra. Los Gobiernos locales de las ciudades competitivas facilitan y agilizan la concesión de permisos; garantizan la seguridad pública, el cumplimiento de la ley y el acceso a servicios esenciales, como agua, saneamiento, carreteras de acceso y electricidad; proporcionan terrenos y espacios de oficina de bajo costo, buenos servicios de logística y capacitación en habilidades, y superan con éxito los problemas de fragmentación que podrían obstaculizar los avances o aumentar los costos de la prestación de servicios y afectar su calidad.

Las autoridades locales de ALC deben ser más eficientes a la hora de proporcionar infraestructura que mejore la movilidad intraurbana y de implementar políticas destinadas a reducir la congestión. Rozenberg y Fay (2019) concluyen que las autoridades de las ciudades pueden satisfacer la demanda de movilidad urbana con un costo de inversión en infraestructura relativamente bajo de alrededor del 0,45 % del PIB de la región a través de la planificación integrada del uso de la tierra y el transporte; una mayor utilización de los sistemas de transporte público integrados (que incluyen medios masivos como el metro y el tránsito rápido de autobuses), y la adopción de políticas que aumenten la ocupación ferroviaria, desalienten el transporte privado[11] y mejoren la gestión del tráfico. Estas últimas políticas incluyen tarifas por congestión; restricciones a vehículos de alta ocupación; gestión del estacionamiento; mejor acceso a infraestructura de internet y servicios digitales asequibles, rápidos y confiables, y reducción de los subsidios a los combustibles. Los países podrían adoptar estrategias de desarrollo orientadas al transporte público para garantizar que las políticas relativas al uso de la tierra, la zonificación y la altura de los edificios se ajusten de manera proactiva con el fin de aprovechar la mayor accesibilidad que brinda la inversión en transporte público. De este modo, el crecimiento de la población y el desarrollo urbano se canalizarán hacia las zonas a las que se puede acceder con mayor eficiencia.

Los Gobiernos locales también deben seguir trabajando para mejorar la infraestructura urbana básica y el acceso a los servicios públicos, sobre todo en los barrios pobres donde los servicios son deficientes o no se prestan en la medida adecuada. Mejorar la habitabilidad de las ciudades de la región de ALC generará crecimiento, ya que las ciudades con trabajadores calificados tienen una productividad más alta que otras ciudades, y las ciudades más habitables atraen a trabajadores talentosos y calificados (Glaeser y Xiong, 2017). Invertir en aspectos que mejoran la experiencia del consumidor relacionados con el aire limpio, el transporte público, la educación pública y los servicios sanitarios estimula la innovación en las ciudades chinas (Zhang, Partridge y Song, 2020), mientras que las inversiones en capital humano y en bienes y servicios públicos desempeñan un papel importante en la actividad de patentamiento en las áreas metropolitanas de Estados Unidos, sobre todo en las que tienen ventajas naturales limitadas (Mulligan, 2020).

Por último, pero no por eso menos importante, aunque los costos de entrada asociados con la vivienda no parecen generar pérdidas de eficiencia sustanciales en la región de ALC, los Gobiernos locales deben mejorar la oferta de viviendas de calidad asequibles, que son escasas en los barrios de bajos ingresos. Como parte de esta agenda, deben abordar los problemas de larga data relacionados con la gestión de la tierra y establecer instituciones que garanticen la fluidez de los mercados de tierras. Michaels y otros (2021) concluyen que dividir la tierra de la periferia urbana en parcelas conectadas a carreteras y redes de abastecimiento de agua permite el crecimiento de barrios con edificios más grandes y mejor diseñados, y viviendas de mejor calidad que lo observado en zonas similares donde no se invirtió en infraestructura básica. Sin embargo, el debate sobre los méritos de mejorar y comenzar nuevos proyectos en barrios de bajos ingresos existentes está vigente (Duranton y Venables, 2020), lo que sugiere que las prácticas de uso y gestión de las tierras urbanas en la región de ALC siguen siendo áreas que requieren mayor estudio.

En el presente informe se identifican las prioridades en materia de políticas que exigen distinto grado de atención a nivel nacional, regional y local en todos los países de ALC. Dado que la cantidad de reformas e inversiones recomendables propuestas es elevada, los Gobiernos deberán diseñar sus propias estrategias específicas para el país o la ciudad en cuestión teniendo en cuenta sus circunstancias y condiciones iniciales. De hecho, en este informe no se analiza el cómo y el quién de estas estrategias. Sin embargo, en un estudio reciente de Grover, Lall y Maloney (2022) se brinda orientación sobre los pasos que deben seguir los Gobiernos para evaluar el mérito de las políticas centradas en áreas geográficas específicas y las principales partes interesadas con las que deben trabajar para progresar y aumentar las posibilidades de que el paquete de reformas promueva tanto la inclusión espacial como la transformación económica. En el informe de Kilroy y otros (2015) se hace lo mismo a nivel de las ciudades, especificando las partes interesadas y los pasos que las autoridades locales deben seguir para lograr que las ciudades sean más competitivas.

Notas

1. Las economías de escala internas surgen de los costos fijos de producción internos de una empresa.
2. Según la Comisión sobre Crecimiento y Desarrollo (2008), la estabilidad macroeconómica es un ingrediente clave de cualquier estrategia exitosa para mantener tasas de crecimiento elevadas durante más de dos décadas.
3. El Banco Mundial (2022) ofrece estrategias para cerrar las brechas de aprendizaje que se generaron durante la pandemia de COVID-19.
4. Ferreyra y otros (2021) analizan en profundidad los programas de ciclo corto de la región de ALC. Estos programas ofrecen una forma de responder a las necesidades de la economía local brindando capacitación a las personas durante un tiempo más corto y a un costo menor que los programas universitarios de cuatro años.
5. Ferreyra y otros (2017) documentan la expansión de la educación superior en la región de ALC y sugieren políticas para mejorar su calidad.
6. Estas cuestiones se describen en profundidad en Rocha y Ruta (2022).
7. Si bien el análisis de la logística internacional excede el alcance del presente estudio, en un informe reciente del Banco Interamericano de Desarrollo elaborado por Calatayud y Montes (2021) se concluye que la región de ALC está sumamente rezagada frente a otras regiones en lo que respecta a desempeño logístico.

8. En un próximo informe del Banco Mundial, titulado tentativamente *Opportunities for Latin America and the Caribbean in a Greening World* (Oportunidades para América Latina y el Caribe en un mundo cada vez más verde), se analizan las oportunidades de crecimiento verde en la región.

9. Nayyar, Hallward-Driemeier y Davies (2021) analizan las perspectivas de desarrollo impulsado por los servicios.

10. En la región de ALC, Bucaramanga en Colombia y Saltillo en México son ejemplos de "ciudades competitivas" exitosas que superaron a sus economías nacionales tanto en términos de empleo como de producción.

11. Algunos países han invertido en infraestructura para ciclistas con el fin de ayudar a la población a alejarse de los medios de transporte motorizados privados y han adoptado políticas de optimización del tráfico para mejorar los flujos de transporte.

Bibliografía

Calatayud, A., and L. Montes. 2021. *Logistics in Latin America and the Caribbean: Opportunities, Challenges and Courses of Action*. Washington, DC: Inter-American Development Bank.

Commission on Growth and Development. 2008. *The Growth Report: Strategies for Sustained Growth and Inclusive Development*. Washington, DC: World Bank.

Conte, B., and E. Ianchovichina. 2022. "Spatial Development and Mobility Frictions in Latin America: Theory-Based Empirical Evidence." Policy Research Working Paper 10071, World Bank, Washington, DC.

Das, A., E. Ghani, A. Grover, W. Kerr, and R. Nanda. 2019. "Infrastructure and Finance: Evidence from India's GQ Highway Network." Working Paper No. 19-121, Harvard Business School, Boston, MA.

Duranton, G., and A. Venables. 2020. "Place-Based Policies for Development." In *Handbook of Regional Science*, edited by M. Fisher and P. Nijkamp. Berlin: Springer.

Ferreyra, M. M., C. Avitabile, J. Botero Álvarez, F. Haimovich Paz, and S. Urzúa. 2017. *At a Crossroads: Higher Education in Latin America and the Caribbean*. Washington, DC: World Bank.

Ferreyra, M. M., L. Dinarte, S. Urzúa, and M. Bassi. 2021. *The Fast Track to New Skills: Short-Cycle Higher Education Programs in Latin America and the Caribbean*. Washington, DC: World Bank.

Ghani, E., A. Grover, and W. Kerr. 2013. "Highway to Success in India: The Impact of the Golden Quadrilateral Project for the Location and Performance of Manufacturing." Policy Research Working Paper 6320, World Bank, Washington, DC.

Gill, I., I. Izvorski, W. van Eeghen, and D. De Rosa. 2014. *Diversified Development: Making the Most of Natural Resources in Eurasia*. Washington, DC: World Bank.

Glaeser, E. 2003. "Reinventing Boston: 1640–2003." NBER Working Paper 10166, National Bureau of Economic Research, Cambridge, MA.

Glaeser, E., and W. Xiong. 2017. "Urban Productivity in the Developing World." NBER Working Paper 23279, National Bureau of Economic Research, Cambridge, MA.

Gorton, N., and E. Ianchovichina. 2021. "Trade Networks in Latin America: Spatial Inefficiencies and Optimal Expansions." Policy Research Working Paper 9843, World Bank, Washington, DC.

Grover, A., S. Lall, and W. Maloney. 2022. *Place, Productivity, and Prosperity: Revisiting Spatially Targeted Policies for Regional Development*. Washington, DC: World Bank.

IDB (Inter-American Development Bank) and CEPAL (Economic Commission for Latin America and the Caribbean). 2022. "Panorama de las relaciones fiscales entre niveles de gobierno de países de América Latina y el Caribe." Washington, DC: IDB and CEPAL.

Kilroy, A., L. Francis, M. Mukim, and S. Negri. 2015. *Competitive Cities for Jobs and Growth: What, Who, and How*. Washington, DC: World Bank.

King, C., and L. Crommelin. 2021. "A Different Perspective on Post-industrial Labor Market Restructuring in Detroit and Pittsburgh." *Journal of Urban Affairs* 43 (7): 975–94.

Michaels, G., D. Nigmatulina, F. Rauch, R. Regan, N. Baruah, and A. Dahlstrand. 2021. "Planning Ahead for Better Neighborhoods: Long-Run Evidence from Tanzania." *Journal of Political Economy* 129 (7): 2112–156.

Mulligan, G. 2020. "Revisiting Patent Generation in US Metropolitan Areas: 1990–2015." *Applied Spatial Analysis and Policy* 14: 473–96.

Nayyar, G., M. Hallward-Driemeier, and E. Davies. 2021. *At Your Service? The Promise of Services-Led Development*. Washington, DC: World Bank.

Rocha, N., and M. Ruta, eds. 2022. *Deep Trade Agreements: Anchoring Global Value Chains in Latin America and the Caribbean*. Washington, DC: World Bank.

Rozenberg, J., and M. Fay, eds. 2019. *Beyond the Gap: How Countries Can Afford the Infrastructure They Need while Protecting the Planet*. Sustainable Infrastructure Series. Washington, DC: World Bank.

World Bank. 2020. *Territorial Development in Argentina: Diagnosing Key Bottlenecks as the First Step toward Effective Policy*. Washington, DC: World Bank.

World Bank. 2022. *Two Years After: Saving a Generation*. Washington, DC: World Bank.

Zhang, M., M. Partridge, and H. Song. 2020. "Amenities and the Geography of Innovation: Evidence from Chinese Cities." *Annals of Regional Science* 65: 105–45.

www.ingramcontent.com/pod-product-compliance
Lightning Source LLC
Chambersburg PA
CBHW061401210326
41598CB00035B/6055